2026
메가랜드
공인중개사
표준 이론서

2차 | 부동산공시법

공인중개사 자격시험에서 부동산공시법령은 부동산세법과 함께 형식적으로는 하나의 시험과목으로서 부동산공시법령 24문제, 부동산세법 16문제로 구성되어 있으나 실질적으로는 전혀 다른 내용을 담고 있습니다.

부동산공시법령은 다시 「공간정보의 구축 및 관리 등에 관한 법률」과 「부동산등기법」으로 나뉘고, 전자는 지적법이라고 약칭하며 조금 수월한 과목으로 평가되고, 「부동산등기법」은 이해와 암기를 심층적으로 요하는 다소 까다로운 과목으로 평가됩니다. 2022년 제33회 시험은 공법과 세법의 난이도가 높았고, 2023년 제34회 시험에서는 중개사법과 세법의 난이도가 높게 출제되었으며, 2024년 제35회 시험에서는 중개사법과 세법, 공법의 난이도가 모두 높게 출제되었습니다. 다만, 제36회 시험에서 공시법은 조금은 낯선 지문들이 배치되어 어려운 듯 보인 문제들도 있었지만, 전반적으로 정답은 확실히 고를 수 있는 문제들이 많아서 기본에 충실하신 분들은 합격점을 받는 데 큰 지장이 없었던 시험이었다고 평가할 수 있습니다.

이번 2026년 대비 메가랜드 부동산공시법령 표준 이론서는 제33회, 제34회, 제35회 및 제36회 최신 기출문제를 철저히 분석하고, 이를 반영하여 새로운 경향에 따른 학습법에 초점을 맞추어 재정비하고 다음과 같은 원칙에 따라 집필하였습니다.

첫째 이론서의 분량은 가능한 필요 최소한으로 하였습니다. 지나치게 어려우면서 시험에 자주 나오지 않는 부분은 과감하게 삭제하고 반드시 알아야 할 내용 위주로 구성하였습니다.

둘째 본문의 흐름에 지장을 주지 않도록 보조단을 활용하여 관련 기출지문과 참고, 학습 tip들을 적절한 위치에 담았고 기존의 메타인지 학습체크를 정비하였습니다.

셋째 이론서의 큰 흐름과 별도로 참고, 심화, 보충 등의 코너를 마련하여 이 부분들만 다시 반복 학습함으로써 학습효율을 높이고자 하였습니다.

넷째 각 단원별로 제36회 기출문제를 포함한 최신의 기출문제를 삽입하였고 5년이 지난 기출문제들은 과감히 삭제하였으며, 가장 표준적인 문제들을 적재적소에 배치하고 있습니다.

다섯째 2025년 「부동산등기법」의 개정 사항을 반영하였으며, 기존의 오탈자 및 오류 등을 모두 수정하여 교재의 완성도를 높였습니다.

수험생 여러분의 따뜻한 애정과 매서운 지적을 늘 기다리며, 수험생의 눈높이에 맞지 않거나 오류가 있는 부분, 추가로 개정되는 최신 법령 등은 편저자와 메가랜드가 늘 책임지고 수정 보완하여 메가랜드 홈페이지(www.megaland.co.kr)에 공지하겠습니다.

마지막으로 본 교재를 출간함에 있어 편저자보다 더욱 큰 역할을 해주신 메가엠디 컨텐츠사업실에 깊은 감사를 드립니다.

메가랜드 부동산교육연구소
편저자 일동

공인중개사 시험요강

공인중개사 자격시험 Licensed Real Estate Agent

국토교통부에서 소관하고 한국산업인력공단이 시행하는 공인중개사 자격시험은 부동산 중개업을 건전하게 지도·육성하고, 공정하고 투명한 부동산 거래질서를 확립함으로써 국민경제에 이바지함을 그 목적으로 합니다.

- **연 1회** 10월 31일 예정
- **1·2차 동시** 응시 가능
- **절대평가** 평균 60점
- **객관식** 5지 선택형

시험 일정

원서 접수	시험일	합격자 발표
2026년 8월 3일~ 8월 7일 예정	2026년 10월 31일 예정	2026년 11월 말 예정

* 2021년부터 원서 접수기간 및 방식이 변경되었습니다(정기 접수 5일 및 빈자리 접수 2일).
* 정확한 시험 일정은 한국산업인력공단(www.q-net.or.kr) 홈페이지에서 확인 가능합니다.
* 원서 접수기간 중에는 24시간 접수 가능하며(단, 마지막 날은 18시까지), 접수기간 종료 후에는 응시원서 접수가 불가합니다.

응시 자격 제한 없음

* 단, ①「공인중개사법」제4조의3에 따라 시험 부정행위로 처분받은 날로부터 시험시행일 전일까지 5년이 경과되지 않은 자, ② 제6조에 따라 공인중개사 자격이 취소된 후 3년이 경과하지 않은 자, ③ 시행규칙 제2조에 따른 기자격취득자는 응시할 수 없음

시험과목 및 방법

구분	시험과목	문항 수	시험시간	시험방법
제1차 1교시 2과목	1. 부동산학개론(부동산감정평가론 포함) 2. 민법 및 민사특별법 중 부동산 중개에 관련되는 규정	과목당 40문항 1번~80번	100분 (09:30~11:10)	객관식 5지 선택형
제2차 1교시 2과목	1. 공인중개사의 업무 및 부동산 거래신고 등에 관한 법령 및 중개실무 2. 부동산공법 중 부동산 중개에 관련되는 규정	과목당 40문항 1번~80번	100분 (13:00~14:40)	
제2차 2교시 1과목	부동산공시에 관한 법령(부동산등기법, 공간정보의 구축 및 관리 등에 관한 법률) 및 부동산 관련 세법	40문항 1번~40번	50분 (15:30~16:20)	

합격 기준

절대평가

- **1차 시험:** 매 과목 100점을 만점으로 하여 매 과목 40점 이상, 전 과목 평균 60점 이상 득점
- **2차 시험:** 매 과목 100점을 만점으로 하여 매 과목 40점 이상, 전 과목 평균 60점 이상 득점

* 당해 연도 1차 시험 합격자는 다음 연도 1차 시험이 면제되며, 1·2차 시험 응시자 중 1차 시험에 불합격한 자의 2차 시험은 무효로 함(「공인중개사법 시행령」 제5조 제3항)

원서 접수

PC Q-net(www.q-net.or.kr) 홈페이지 또는 모바일 Q-net(APP)을 통하여 접수

- 공단 지역본부 및 지사에서 인터넷접수 도우미서비스를 제공받을 수 있습니다.
- 내방시 준비물: 신분증, 사진(3.5*4.5) 1매, 전자결제 수단(신용카드, 계좌이체, 가상계좌)
- 수험자는 응시원서에 반드시 본인 사진을 첨부하여야 하며, 타인의 사진 첨부 등으로 인하여 신분 확인이 불가능할 경우 시험에 응시할 수 없습니다.
- 응시수수료(제36회 시험 기준)
    - 1·2차 시험 동시 응시자 — 28,000원
    - 1차 시험 응시자 — 13,700원
    - 2차 시험 응시자(전년도 1차 시험 합격자) — 14,300원

자격증 교부는 응시원서 접수시 입력한 인터넷 회원정보 화면의 주민등록상 주소지의 시·도지사 명의로, 시·도지사가 교부합니다(회원가입시 등록한 최종 합격자의 사진 파일을 공단에서 시·도로 발송하여 자격증용 사진으로 활용).

* 시·도별로 준비물이 다를 수 있습니다.

출제경향 및 학습방법

편	장	제32회	제33회	제34회	제35회	제36회	합계	비율
공간정보의 구축 및 관리 등에 관한 법률	지적의 의의와 등록사항	3	2	3	5	3	16	50.0%
	지적공부	5	4	1	3	3	16	
	토지의 이동과 지적정리	1	4	4	4	3	16	
	지적측량	3	2	4	0	3	12	
	소계	12	12	12	12	12	60	
부동산등기법	부동산등기 총설	1	0	2	0	0	3	50.0%
	등기설비	1	1	1	0	0	3	
	등기총론	4	3	5	5	5	22	
	여러 가지 권리의 등기	5	5	3	5	4	22	
	여러 가지 등기	1	3	1	2	3	10	
	소계	12	12	12	12	12	60	
총계		24	24	24	24	24	120	100.0%

제36회 총평

제36회 부동산공시법령 문제는 조금 낯선 지문과 문제들을 섞어 넣으면서도 대부분 명확한 정답을 배치하여, 기본기에 충실한 수험생들이라면 크게 흔들리지 않고 합격점을 받을 수 있었을 것입니다. 지적법에서도 상급문제 비중을 높이고 중급문제 수를 줄여 난도를 높이는 듯 보였으나 하급문제를 6문제 정도 출제하여 기본득점을 보장하였고, 「부동산등기법」문제에서도 상급문제는 2문제 정도에 그치고 대부분 중급문제들을 배치하여 난도를 약간 낮추었다고 볼 수 있습니다.

「공간정보의 구축 및 관리 등에 관한 법률」에서는 초반에는 약간 수월한 문제를 배치하였으나 이후 박스문제나 기존 기출문제에서 전혀 다루지 않았던 문제, 지문이 긴 문제 등을 출제하는 등 평균 난이도를 높이려는 의도를 뚜렷이 하고 있어서 지적법도 2~3개의 문제는 틀린다는 전제로 어느 정도 학습을 하여야 10문제 정도 득점할 수 있도록 하여 과거 단답형 출제로 쉬운 과목이라는 인상을 주지 않으려 애쓴 흔적이 보입니다.

「부동산등기법」에서는 기존 기출문제만으로는 해결할 수 없는 수준의 문제가 2문제 정도 있었고, 나머지는 대부분 중급 난도로 기존 기출문제로 충분히 정답을 찾을 수 있으나 처음 등장하는 낯선 지문들도 곳곳에 끼워 넣어 약간의 혼란을 초래하는 전략을 쓴 것으로 보입니다.

구체적으로 살펴보면,

지적법에서 초반에 측량을 요하지 않는 토지이동으로서 합병을 정답으로 하는 문제, 정원의 지목을 묻는 문제 등 단답형의 수월한 문제로 출발하였으나 연속지적도 관리와 같은 의외의 문제를 출제하기도 하였습니다. 축척변경절차와 관련해서는 예상대로 긴 지문들로 세부적인 내용의 암기 여부를 물었고, 지상경계에 관한 문제는 처음 출제되는 지문을 정답으로 출제하기도 하였습니다. 작년에 출제되지 않았던 지적측량파트에서도 지적측량적부심사의 구체적 절차에 관한 날짜를 묻는 문제를 박스 문제로 출제하였고, 늘 출제되는 지적공부의 공통등록사항에 관한 문제, 직권정정사유를 묻는 문제, 지적위원회에 관한 문제가 출제되었습니다.

「부동산등기법」에서는 공동신청과 단독신청에 관한 문제로 시작하여, 합병요건문제로 이어지며 손쉽게 출발하였으나, 15번 문제는 굉장히 생소한 관공서의 허가서 첨부 여부에 관한 문제로 수험생들을 당황하게 만들려는 의도가 보였습니다. 「민법」상 조합명의로는 등기할 수 없음을 묻는 단순한 문제에도 소유권포기에 관한 지문, 낯선 전세권변경에 관한 지문을 섞어 넣어 수험생이 안심하지 못하게 만들고자 하였습니다. 이후 부기등기 문제, 소유권보존등기 문제 등은 예상되던 출제였고, 임차권에 관련한 문제에서는 공유지분에 대한 임차권등기를 할 수 없다는 점을 묻는 단순한 문제이면서도 처음 보는 지문들을 섞어 두었습니다. 이후 가등기에 기한 본등기가 실행되는 경우 직권말소 대상에 관한 문제는 예측가능한 문제였고, 이의신청에 관하여도 흔히 출제되지 않는 부분을 출제하였습니다.

학습방법

기출문제 중 반복적으로 출제되는 부분에 대해서는 철저한 학습이 필요하고, 반대로 기출문제 중에서도 자주 출제되지 않으면서 지나치게 어려운 부분은 과감하게 배제하고 공부하는 것이 효과적입니다. 여전히 기출문제의 학습만으로도 합격권의 점수를 받을 수 있는 수준의 출제가 이루어지고 있습니다. 기출문제에 대한 철저한 학습과 동시에 낯선 지문을 자신 있게 거를 수 있는 문제풀이 요령을 길러야 하겠습니다.

「공간정보의 구축 및 관리 등에 관한 법률」의 경우에는 철저하게 규정 위주의 암기와 문제풀이 연습이 필요합니다. 스토리텔링에 익한 암기법으로는 득점에 한계가 있으므로 특정 용어들을 기준으로 기본서에 정리된 규정들을 반복학습하여 시험장에서 정확히 기억해 낼 수 있도록 하는 다소 지루한 학습과정이 필요합니다. 지적공부의 등록사항, 직권정정사유, 복구자료, 축척변경절차 등을 암기할 수밖에 없는 현실입니다.

「부동산등기법」의 경우 모든 문제를 다 풀어내겠다는 생각보다는 선별된 빈출내용을 집중공략하여 기존 기출문제를 바탕으로 한 문제는 철저하게 득점하여야 하고, 신경향 문제들은 전반적인 등기법의 이해를 바탕으로 정답을 추론해 내는 능력, 정확한 법률용어를 선별해 낼 수 있는 독해력을 키워서 대비해야 하겠습니다.

시험 직전 문제풀이 과정에서는 5개 선지의 내용을 모두 알아야 한다는 생각은 버리고, 학습하면서 접해보지 못했던 지문은 정답이 아닐 가능성이 높으므로 과감히 배제하는 요령을 습득하는 것도 중요한 전략입니다. 다만, 이 전략을 활용하기 위해서 학습범위 전반을 아우르는 학습이 필요하다는 점을 다시 한번 강조합니다.

혼자 교재만을 읽으며 학습하게 되면 지나치게 지엽적인 내용에 치우쳐서 넓은 범위를 보지 못할 우려가 있으므로, 각 교재에 적합한 강의를 적극 활용하시기를 마지막으로 당부드리며, 선별된 기출문제를 충분히 반복학습하신 후에 메가랜드가 준비한 실전형 예상, 응용 문제풀이로 마무리 훈련까지 충실히 하신다면 제37회 시험에 충분한 대비가 될 것입니다.

메타인지 학습법

메가랜드만의 메타인지 학습법을 완벽하게 실행할 수 있도록
❶ 계획 ⋯ ❷ 실행 ⋯ ❸ 피드백 과정을 미리보기 ⋯ 본문 ⋯ 메타인지 학습체크로 재구성하였습니다.

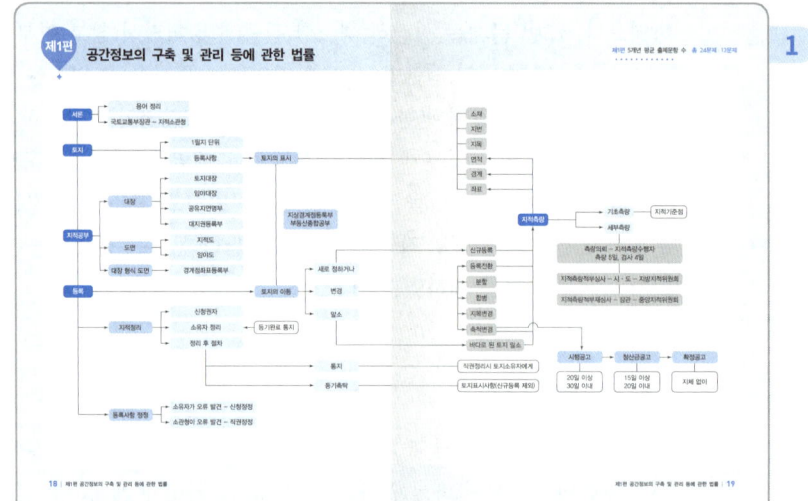

1 계획 - 미리보기

단원을 학습하기 전, 미리보기를 통해 전반적인 이론 체계와 핵심내용을 쉽고 빠르게 한눈에 파악하고, 학습 방향을 올바르게 설정할 수 있습니다.

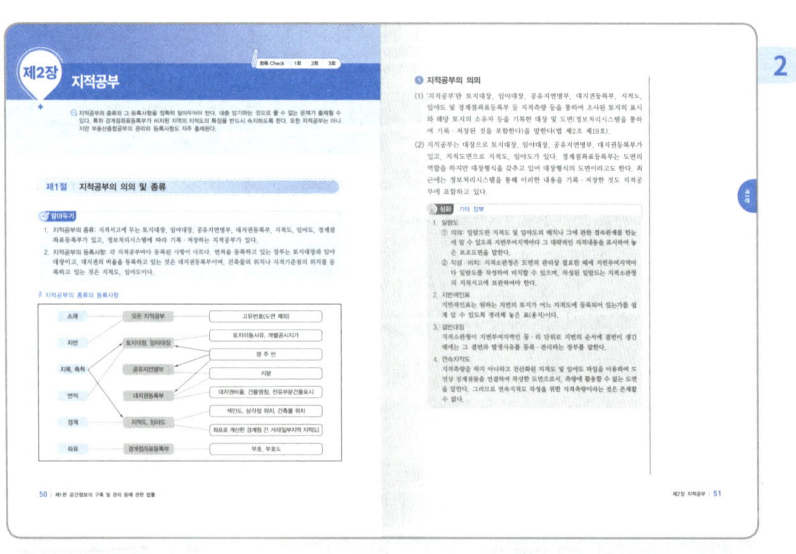

2 실행 - 본문

높은 가독성과 짜임새 있는 구성으로 학습 효과를 극대화하였으며, 다양한 학습요소를 통해 핵심내용을 전략적으로 학습할 수 있습니다.

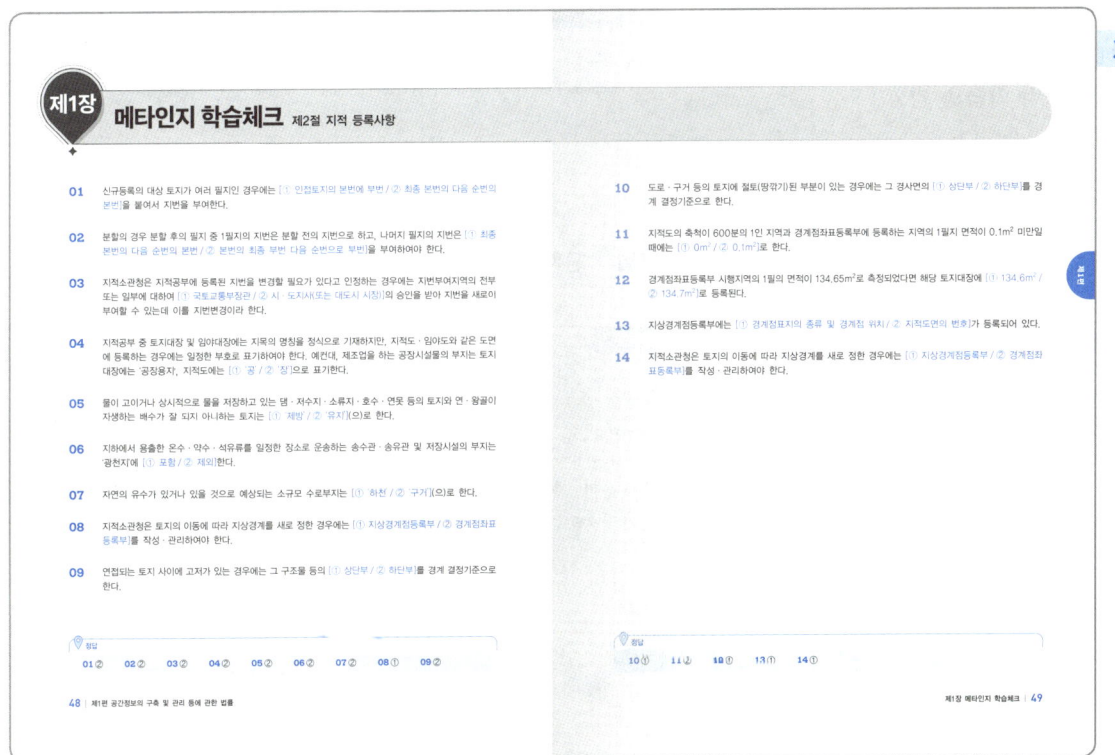

3 피드백 - 메타인지 학습체크

학습이 끝나면 자신이 현재 무엇을 알고 무엇을 모르는지 '메타인지 학습체크'를 통해 점검하고, 자신의 학습 정도를 파악하여 아직 완벽하게 숙지되지 않은 부분을 집중 학습할 수 있습니다.

이 책의 구성 및 특징

단원열기

학습 시작 전, 단원열기를 통해 중점적으로 학습해야 할 내용을 확인할 수 있도록 함으로써 학습의 방향을 제시하였습니다.

일러스트 및 도표

이해하기 어려운 이론을 일러스트, 그래프, 도표 등을 통해 알기 쉽게 표현하여 학습의 재미와 능률을 높였습니다.

제2장 등기설비

회독 Check 1회 2회 3회

- 등기설비 중 등기부의 편성과 내용, 구분건물 등기기록의 특징을 집중적으로 공부한다.
- 등기기록과 그 부속서류의 보관과 공개에 관한 내용도 가끔씩 출제되므로 기본적인 사항을 확인해 둔다.

제1절 | 등기소와 등기관

알아두기

1. 등기부의 형식: 부동산등기기록은 1부동산 1등기기록으로 구성되는 물적 편성이며, 갑구에는 소유권에 관한 사항을, 을구에는 소유권 이외의 권리에 관한 사항을 등기한다.
2. 구분건물의 등기기록: 아파트와 같은 구분건물의 등기기록은 일반건물의 등기기록과는 그 형식과 내용이 다를 수밖에 없다. 어떠한 특징을 갖고 있는지 또한 구분건물 등기기록에 기록되는 대지권의 등기는 어떠한 내용과 효력을 지니고 있는지 공부하여야 한다.
3. 등기 공개제도: 증명서 발급제도와 열람신청제도를 간략히 공부하며 등기기록 등의 관리에 관하여도 알아보아야 한다.

등기설비

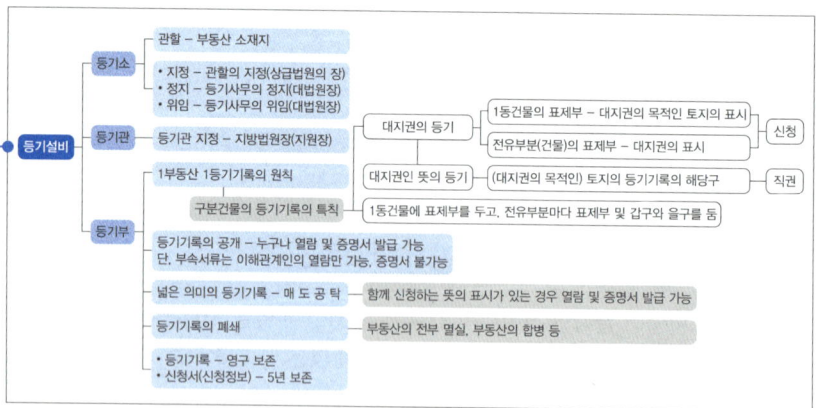

170 | 제2편 부동산등기법

1 등기소의 의의와 관할

(1) 등기사무는 부동산의 소재지를 관할하는 지방법원, 그 지원(支院) 또는 등기소(이하 '등기소'라 한다)에서 담당한다.

> **참고** 등기소의 관할
> 1. 관할의 지정
>   ① 부동산이 여러 등기소의 관할구역에 걸쳐 있는 경우 그 부동산에 대한 최초의 등기신청을 하고자 하는 자는 각 등기소를 관할하는 상급법원의 장에게 관할 등기소의 지정을 신청하여야 한다.
>   ② 관할 등기소의 지정신청은 해당 부동산의 소재지를 관할하는 등기소 중 어느 한 등기소에 신청서를 제출하는 방법으로 한다.
>   ③ 관할 등기소의 지정신청서를 받은 등기소는 그 신청서를 지체 없이 상급법원의 장에게 송부하여야 하고, 상급법원의 장은 부동산의 소재지를 관할하는 등기소 중 어느 한 등기소를 관할 등기소로 지정하여야 한다.
> 2. 관할의 위임
>   대법원장은 어느 등기소의 관할에 속하는 사무를 다른 등기소에 위임하게 할 수 있다(법 제8조).

(2) 관할 등기소가 다른 여러 개의 부동산과 관련하여 등기목적과 등기원인이 동일하거나 그 밖에 대법원규칙으로 정하는 등기신청이 있는 경우에는 그 중 하나의 관할 등기소에서 해당 신청에 따른 등기사무를 담당할 수 있다.

> **예제**
> 구분건물 등기기록의 표제부에 기록되지 않는 사항은? 제24회
> ① 전유부분의 등기기록의 표제부에 건물번호
> ② 대지권이 있는 경우, 전유부분의 등기기록의 표제부에 대지권의 표시에 관한 사항
> ③ 1동 건물의 등기기록의 표제부에 소재와 지번
> ④ 대지권이 있는 경우, 1동 건물의 등기기록의 표제부에 대지권의 목적인 토지의 표시에 관한 사항
> ⑤ 대지권등기를 하였을 경우, 1동 건물의 등기기록의 표제부에 소유권이 대지권이라는 뜻
>
> **해설** ⑤ 대지권이라는 뜻의 등기는 대지권의 목적인 토지의 등기기록 갑구 또는 을구에 직권으로 등기한다. 그러므로 표제부에 등기하는 사항이 아니다.
>
> | 등기기록 | | 대지권등기의 내용 | 등기방법 |
> |---|---|---|---|
> | 건물 등기기록 | 1동 전체 표제부 | 대지권의 목적인 토지의 표시 | 신청 |
> | | 전유부분 표제부 | 대지권의 표시(대지권의 종류, 비율) | |
> | 토지 등기기록 | 갑구 또는 을구 | 대지권인 뜻(취지)의 등기 | 직권 |
>
> **정답** ⑤

참고 등기소의 관할
등기소의 관할은 권리자의 주소지가 아니라 등기할 권리의 목적인 부동산의 소재지를 기준으로 정하여지는 것이 원칙이다. 대체로 행정구역인 시·군·구와 유사하나, 별도의 법률과 규칙에 의한 재판 관할구역을 기준으로 정하여진다.
다만, 일부 예외를 인정한다.

참고 대법원장은 어느 등기소의 관할에 속하는 사무를 다른 등기소에 위임하게 할 수 있다.

1달 완성 학습플래너

기본학습이 어느 정도 진행된 수험생이라면, 학습의 방향을 정하고 학습능력과 상황에 맞게 '1달 완성' 계획표를 직접 작성하여 메가랜드 강의와 함께 학습해 보세요.

Sample Plan

Day 1	Day 2	Day 3	Day 4	Day 5	Day 6	Day 7
개론 제1편~ 제2편	민법 제1편 제1장 ~제4장	중개 제1편 제1장 ~제3장	공법 제1편 제1장 ~제3장	공시 제1편 제1장~ 제3장 세법 제1편~	복습	...

Self Plan

Day 1	Day 2	Day 3	Day 4	Day 5	Day 6	Day 7

Day 8	Day 9	Day 10	Day 11	Day 12	Day 13	Day 14

Day 15	Day 16	Day 17	Day 18	Day 19	Day 20	Day 21

Day 22	Day 23	Day 24	Day 25	Day 26	Day 27	Day 28

Day 29	Day 30	Day 31

합격 키워드 확인하기

편	장	합격 키워드
제1편	제1장	지번, 지목, 면적, 지상경계점등록부
	제2장	지적공부의 등록사항, 부동산종합공부, 지적공부의 복구
	제3장	토지의 이동, 등록사항정정, 축척변경, 소유자정리, 등기촉탁, 지적정리의 통지
	제4장	지적측량, 지적측량기준점, 지적측량적부심사, 지적위원회
제2편	제1장	등기사항, 등기의 효력
	제2장	등기기록의 보관·관리, 폐쇄등기기록, 등기기록의 열람, 증명서 발급, 구분건물의 등기기록, 대지권등기
	제3장	등기당사자능력, 직권등기와 신청등기, 공동신청과 단독신청, 대위신청, 신청정보, 등기필정보, 주소증명정보, 인감증명, 부동산등기용 등록번호 증명번호, 토지대장정보
	제4장	소유권보존등기, 소유권이전등기, 지상권설정등기, 지역권설정등기, 전세권설정등기, 저당권설정등기, 임차권등기
	제5장	변경등기, 경정등기, 말소등기, 가등기, 부기등기

제1편 공간정보의 구축 및 관리 등에 관한 법률

◆ **제1장** 지적의 의의와 등록사항
    제1절 지적제도의 의의   20
    제2절 지적 등록사항   26

◆ **제2장** 지적공부
    제1절 지적공부의 의의 및 종류   50
    제2절 지적공부 등의 관리와 지적전산자료   70

◆ **제3장** 토지의 이동과 지적정리
    제1절 토지의 이동   81
    제2절 축척변경   97
    제3절 지적정리와 정리 후 절차   109

◆ **제4장** 지적측량
    제1절 서설   118
    제2절 지적측량의 절차   121
    제3절 지적기준점   125
    제4절 지적위원회 및 지적측량적부심사   128

제 2 편 부동산등기법

◆ 제 1 장 부동산등기 총설
- 제 1 절 부동산등기의 의의와 등기의 종류 — 142
- 제 2 절 등기사항과 등기의 효력 — 151

◆ 제 2 장 등기설비
- 제 1 절 등기소와 등기관 — 170
- 제 2 절 등기부 — 173
- 제 3 절 등기기록의 보관, 증명서 발급과 열람 — 185

◆ 제 3 장 등기총론
- 제 1 절 등기절차의 개시방법 — 189
- 제 2 절 등기신청 의무 — 199
- 제 3 절 등기신청당사자 — 201
- 제 4 절 등기절차와 첨부정보 — 221
- 제 5 절 등기관의 처분과 이의신청 — 244

◆ 제 4 장 여러 가지 권리의 등기
- 제 1 절 소유권보존등기 — 261
- 제 2 절 소유권이전등기 등 — 272
- 제 3 절 소유권 이외 권리 — 290

◆ 제 5 장 여러 가지 등기
- 제 1 절 변경등기와 경정등기 — 313
- 제 2 절 말소등기와 말소회복등기 — 323
- 제 3 절 부기등기와 가등기 — 332

제 1 편
공간정보의 구축 및 관리 등에 관한 법률

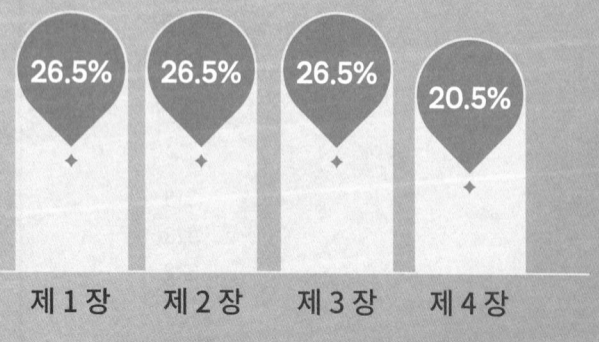

◆ 최근 5개년 **출제경향 분석**

www.megaland.co.kr

◆ 제 1 장 | 지적의 의의와 등록사항
◆ 제 2 장 | 지적공부
◆ 제 3 장 | 토지의 이동과 지적정리
◆ 제 4 장 | 지적측량

제1편 공간정보의 구축 및 관리 등에 관한 법률

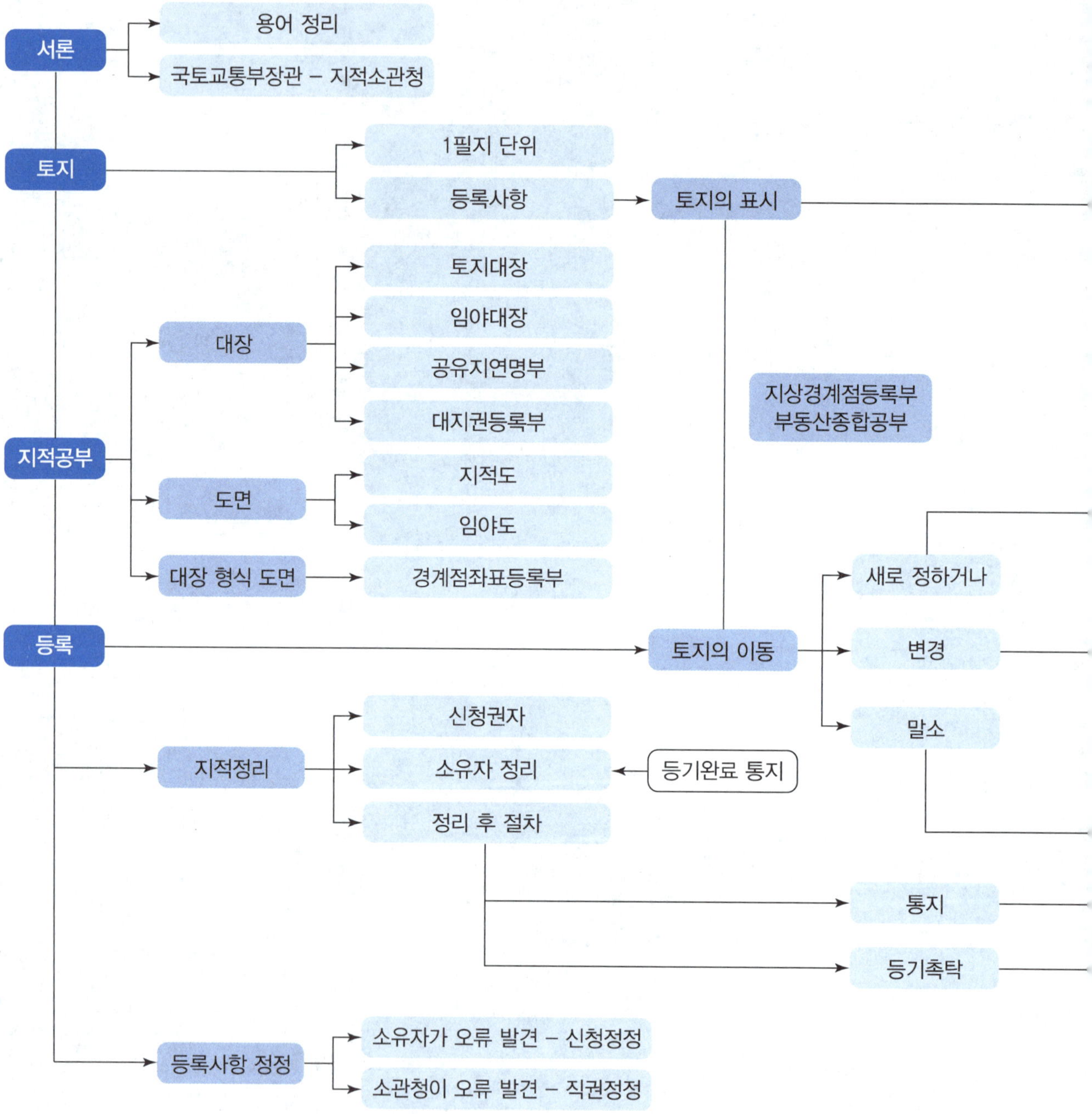

```
서론 ─┬─ 용어 정리
      └─ 국토교통부장관 – 지적소관청

토지 ─┬─ 1필지 단위
      └─ 등록사항 ─→ 토지의 표시

지적공부 ─┬─ 대장 ─┬─ 토지대장
          │        ├─ 임야대장
          │        ├─ 공유지연명부
          │        └─ 대지권등록부
          ├─ 도면 ─┬─ 지적도
          │        └─ 임야도
          └─ 대장 형식 도면 ─ 경계점좌표등록부

                    지상경계점등록부
                    부동산종합공부

등록 ─────────→ 토지의 이동 ─┬─ 새로 정하거나
                              ├─ 변경
                              └─ 말소

    ├─ 지적정리 ─┬─ 신청권자
    │            ├─ 소유자 정리 ←─ 등기완료 통지
    │            └─ 정리 후 절차 ─┬─ 통지
    │                              └─ 등기촉탁
    └─ 등록사항 정정 ─┬─ 소유자가 오류 발견 – 신청정정
                      └─ 소관청이 오류 발견 – 직권정정
```

제1편 5개년 평균 출제문항 수 총 24문제 | 12문제

```
                ┌── 소재
                ├── 지번
                ├── 지목
                ├── 면적 ◄─────────┐
                ├── 경계           │
                └── 좌표           │
                                   │
                         ┌─────────┴─── 지적측량 ──┬── 기초측량 ── 지적기준점
                                                   └── 세부측량
                                                         │
                                              ┌──────────┴──────────┐
                                              │ 측량의뢰 – 지적측량수행자 │
                                              │    측량 5일, 검사 4일    │
                                              └─────────────────────┘

                                              지적측량적부심사 – 시·도 – 지방지적위원회
                                                         │
                                              지적측량적부재심사 – 장관 – 중앙지적위원회

                ┌── 신규등록 ──────┐
                ├── 등록전환       │
                ├── 분할           │
                ├── 합병           │
                ├── 지목변경       │
                ├── 축척변경 ──────┘
                └── 바다로 된 토지 말소

                ── 직권정리시 토지소유자에게
                ── 토지표시사항(신규등록 제외)
```

시행공고 → 청산금공고 → 확정공고

- 시행공고: 20일 이상 30일 이내
- 청산금공고: 15일 이상 20일 이내
- 확정공고: 지체 없이

제1편 공간정보의 구축 및 관리 등에 관한 법률 | 19

제1장 지적의 의의와 등록사항

- 지적의 의의와 등록사항에서는 도해지적과 수치지적의 차이를 이해하고, 각 등록사항(지번, 지목, 경계, 좌표 등)을 정하는 방법을 숙지한다.
- 토지소유자의 신청이 없어서 지적소관청이 직권으로 토지이동현황조사계획을 수립하여 지적공부를 정리하는 절차를 철저히 공부한다.

제1절 | 지적제도의 의의

🎯 알아두기

1. **지적의 필요성**: 국가는 그 기반이 되는 영토인 토지를 조사하여 관리할 필요가 있다. 또한 토지를 1필지, 1필지 정해 주어서 각 토지의 「민법」상 소유권이 어디까지인지 공식적으로 확인해 줄 필요가 있다. 따라서 토지에 관한 정보를 조사·측량하여 국가의 공적 장부인 지적공부에 등록하여 관리하는 제도가 필요하다.
2. **지적공부의 관리·운영주체**: 국토교통부장관은 모든 토지를 필지마다 조사·측량하여 소재·지번·지목·면적·경계 또는 좌표 등을 지적공부에 등록하여야 한다. 다만, 구체적 지적공부는 지적소관청이 각 지적소관청의 청사에 마련된 지적서고에 영구 보존함이 원칙이다.

📌 「공간정보의 구축 및 관리 등에 관한 법률」(지적법) 도해

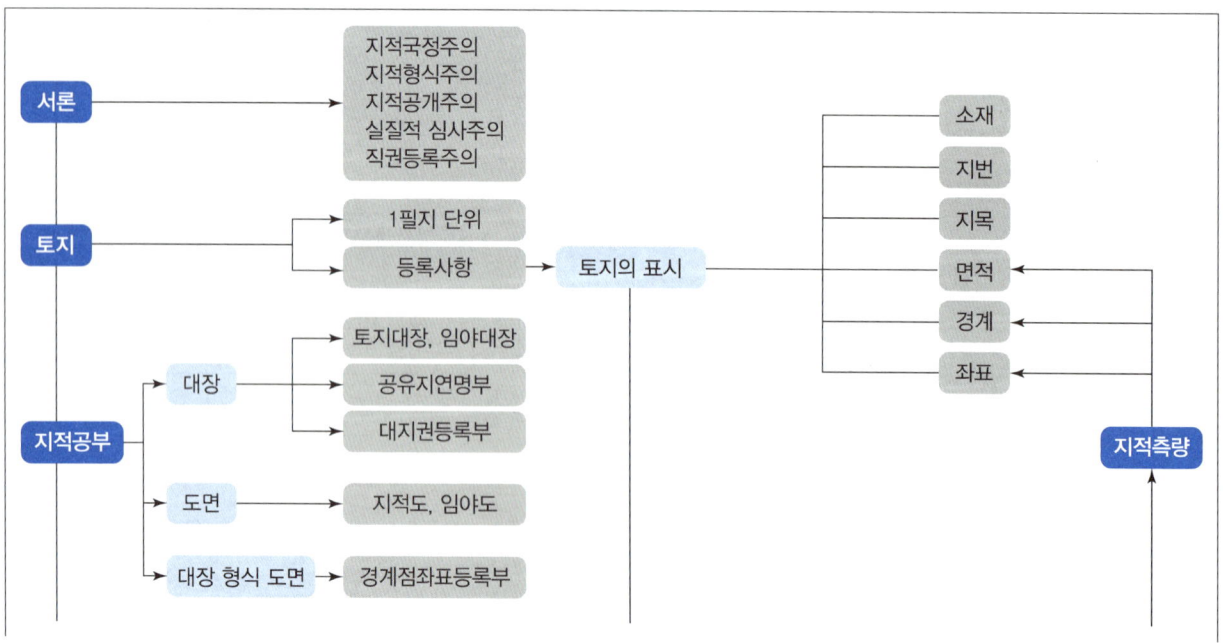

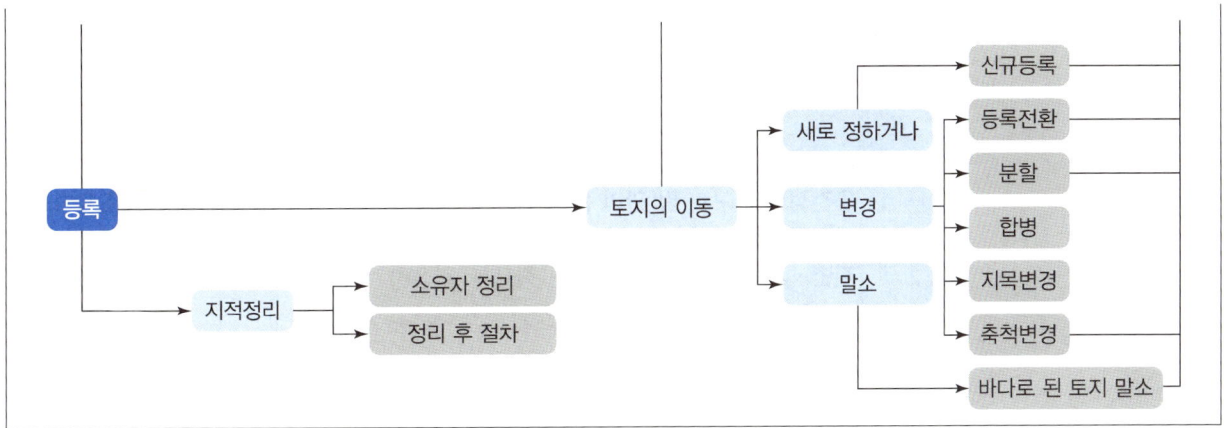

❶ 공간정보의 구축 및 관리 등에 관한 법령상 토지의 등록 제32회, 제33회

(1) 토지의 조사·등록

국토교통부장관은 모든 토지에 대하여 필지별로 소재·지번·지목·면적·경계 또는 좌표 등을 조사·측량하여 지적공부에 등록하여야 한다(법 제64조 제1항).

(2) 토지이동의 신청

지적공부에 등록하는 지번·지목·면적·경계 또는 좌표는 토지의 이동이 있을 때 토지소유자의 신청을 받아 지적소관청이 결정한다. 다만, 신청이 없으면 지적소관청이 직권으로 조사·측량하여 결정할 수 있다.

(3) 직권에 의한 토지이동정리의 절차

① 지적소관청은 토지의 이동현황을 직권으로 조사·측량하여 토지의 지번·지목·면적·경계 또는 좌표를 결정하려는 때에는 토지이동현황조사계획을 수립하여야 한다.

② 토지이동현황조사계획은 시·군·구별로 수립하되, 부득이한 사유가 있는 때에는 읍·면·동별로 수립할 수 있다.

③ 지적소관청은 토지이동현황조사계획에 따라 토지의 이동현황을 조사한 때에는 토지이동조사부에 토지의 이동현황을 적어야 한다.

④ 지적소관청은 토지이동현황조사결과에 따라 토지의 지번·지목·면적·경계 또는 좌표를 결정한 때에는 이에 따라 지적공부를 정리하여야 한다.

⑤ 지적소관청은 지적공부를 정리하려는 때에는 토지이동조사부를 근거로 토지이동조서를 작성하여 토지이동정리결의서에 첨부하여야 하며,

참고
1. 「공간정보의 구축 및 관리 등에 관한 법률」 ⇨ 제1편에서는 이를 '지적법' 또는 '법'이라 한다.
2. 「공간정보의 구축 및 관리 등에 관한 법률 시행령」 ⇨ 제1편에서는 이를 '영'이라 한다.
3. 「공간정보의 구축 및 관리 등에 관한 법률 시행규칙」 ⇨ 제1편에서는 이를 '규칙'이라 한다.

기출 지적소관청이 토지이동현황조사계획을 수립하는 경우 시·도지사나 대도시 시장의 승인을 받을 필요가 없다.

토지이동조서의 아래 부분 여백에 '「공간정보의 구축 및 관리 등에 관한 법률」제64조 제2항 단서에 따른 직권정리'라고 적어야 한다.

> **예제**
>
> 1. 공간정보의 구축 및 관리 등에 관한 법령상 토지의 이동이 있을 때 토지소유자의 신청이 없어 지적소관청이 토지의 이동현황을 직권으로 조사·측량하여 토지의 지번·지목·면적·경계 또는 좌표를 결정하기 위해 수립하는 계획은? 제32회
>
>   ① 토지이동현황조사계획 　② 토지조사계획
>   ③ 토지등록계획 　　　　　④ 토지조사·측량계획
>   ⑤ 토지조사·등록계획
>
>   **해설** ① 지적소관청은 토지의 이동현황을 직권으로 조사·측량하여 토지의 지번·지목·면적·경계 또는 좌표를 결정하려는 때에는 토지이동현황조사계획을 수립하여야 한다.
>   **정답** ①
>
> 2. 공간정보의 구축 및 관리 등에 관한 법령상 토지의 조사·등록에 관한 설명이다. ( )에 들어갈 내용으로 옳은 것은? 제33회
>
>   > 지적소관청은 토지의 이동현황을 직권으로 조사·측량하여 토지의 지번·지목·면적·경계 또는 좌표를 결정하려는 때에는 토지이동현황조사계획을 수립하여야 한다. 이 경우 토지이동현황조사계획은 (㉠)별로 수립하되, 부득이한 사유가 있는 때에는 (㉡)별로 수립할 수 있다.
>
> | | ㉠ | ㉡ | | ㉠ | ㉡ |
> |---|---|---|---|---|---|
> | ① | 시·군·구 | 읍·면·동 | ② | 시·군·구 | 시·도 |
> | ③ | 읍·면·동 | 시·군·구 | ④ | 읍·면·동 | 시·도 |
> | ⑤ | 시·도 | 시·군·구 | | | |
>
>   **해설** ① 토지이동현황조사계획은 시·군·구별로 수립하되, 부득이한 사유가 있는 때에는 읍·면·동별로 수립할 수 있다.
>   **정답** ①

> **참고** 지적제도와 부동산등기제도의 비교
>
> | 구분 | 지적제도 | 부동산등기제도 |
> |---|---|---|
> | 근거법 | 「공간정보의 구축 및 관리 등에 관한 법률」 | 「부동산등기법」 |
> | 주요 내용 | 토지에 관한 사실관계 (토지의 표시, 현황) | 토지 및 건물에 관한 권리관계 |
> | 담당기관 | 국토교통부(지적소관청) | 법원(등기소) |

❷ 공간정보의 구축 및 관리 등에 관한 법령상 주요 용어의 정의

(1) 지적공부

토지대장, 임야대장, 공유지연명부, 대지권등록부, 지적도, 임야도 및 경계점좌표등록부 등 지적측량 등을 통하여 조사된 토지의 표시와 해당 토지의 소유자 등을 기록한 대장 및 도면(정보처리시스템을 통하여 기록·저장된 것을 포함한다)을 말한다.

(2) 지적소관청

지적공부를 관리하는 특별자치시장, 시장(「제주특별자치도 설치 및 국제자유도시 조성을 위한 특별법」 제10조 제2항에 따른 행정시의 시장을 포함하며, 「지방자치법」 제3조 제3항에 따라 자치구가 아닌 구를 두는 시의 시장은 제외한다)·군수 또는 구청장(자치구가 아닌 구의 구청장을 포함한다)을 말한다.

(3) 필지

대통령령으로 정하는 바에 따라 구획되는 토지의 등록단위를 말한다.

> **참고** 1필지 성립요건
>
> 어떠한 토지가 1필지로 성립되기 위해서는 동일한 지번부여지역 안의 토지로서 소유자와 용도가 같고 지반이 연속되어 있어야 한다. 구체적으로 1필지로 정할 수 있는 기준을 살펴보면 다음과 같다.
>
> 1. 지번부여지역이 동일할 것
>   '지번부여지역'이라 함은 지번을 부여하는 단위지역으로 동·리 또는 이에 준하는 지역을 말한다. 소유자가 동일하고 지반이 연속하여도 지번부여지역이 다른 경우에는 1필지라 할 수 없다.
> 2. 소유자가 동일할 것
>   공유토지라면 지분도 동일하여야 한다.
> 3. 지목(용도)이 동일할 것
> 4. 축척이 동일할 것
> 5. 지반이 연속될 것
>   도로나 하천 등의 지형지물에 의하여 토지가 단절되어 있는 경우에는 별개의 필지로 하여야 한다(따라서, 합병하려는 각 필지가 서로 연접하지 않은 경우는 합병이 제한된다).
> 6. 등기 여부가 동일할 것
>   1필지가 되기 위해서는 전부가 미등기되어 있거나 전부가 등기되어 있어야 한다.

Tip 합필제한 사유 중 '합병하려는 각 필지의 지반이 연속되지 아니한 경우'를 '합병하려는 각 필지가 서로 연접하지 않은 경우'로 개정(영 제66조 제3항 제2호-2020.6.9.)하여 의미를 명확히 하고 있다.

(4) 토지의 표시

지적공부에 토지의 소재·지번(地番)·지목(地目)·면적·경계 또는 좌표를 등록한 것을 말한다.

(5) 토지의 이동

토지의 표시를 새로 정하거나 변경 또는 말소하는 것을 말한다.

(6) 축척변경

지적도에 등록된 경계점의 정밀도를 높이기 위하여 작은 축척을 큰 축척으로 변경하여 등록하는 것을 말한다.

(7) 지적측량

토지를 지적공부에 등록하거나 지적공부에 등록된 경계점을 지상에 복원하기 위하여 필지의 경계 또는 좌표와 면적을 정하는 측량을 말하며, 지적확정측량 및 지적재조사측량을 포함한다.

기출 지적제도는 토지를 등록한다는 점에서 부동산등기제도가 토지등기부와 건물등기부를 두고 있는 것과 구별된다.

> **참고** 지적제도의 분류
>
> 1. 토지의 경계표시방법에 따른 분류
>   ① 도해지적: 토지의 경계를 도면 위에 선으로 표시하여 등록하는 지적제도를 말한다. 토지의 형상을 쉽게 파악할 수 있고 고도의 기술을 요하지 않으므로 측량비용이 저렴하다는 장점이 있으나, 정밀도가 떨어진다는 단점이 있다.
>   ② 수치지적: 토지의 경계점을 좌표(평면직각종횡선수치)로 표시하여 등록하는 지적제도를 말한다. 수치지적은 고도의 측량기술을 요하므로 측량성과가 정밀하다는 장점이 있으나, 일반인이 이해하기 어려우며 측량비용이 많이 소요된다는 단점이 있다. 우리나라는 1975년 개정 지적법에서 수치지적제도를 도입하여 현재는 일부 지역의 토지에 대하여 경계점좌표등록부를 비치하게 하고 있다.
> 2. 등록차원에 따른 분류
>   ① 2차원지적: 토지의 경계·면적 등의 등록사항을 수평면상의 값으로만 등록하는 지적제도를 말한다. 현행 우리나라의 지적법령은 2차원지적을 따르고 있다.
>   ② 3차원지적: 수평지적에 높이를 추가하여 지상과 지하의 등록사항을 입체적으로 등록하는 지적제도를 말한다.

메타인지 학습체크 제1절 지적제도의 의의

01 지적공부에 등록하는 지번·지목·면적·경계 또는 좌표는 토지의 이동이 있을 때 토지소유자의 신청이 없으면 [① 국토교통부장관 / ② 지적소관청]이 직권으로 조사·측량하여 결정할 수 있다.

02 지적소관청은 토지의 이동현황을 직권으로 조사·측량하여 지번·지목·면적·경계 또는 좌표를 결정하려는 때에는 [① 토지이동현황조사계획 / ② 토지이용현황조사계획]을 수립하여야 한다.

03 지적소관청은 토지의 이동, 지번변경 등에 따른 사유(신규등록은 제외)로 [① 토지의 표시 / ② 소유자]변경에 관한 등기를 할 필요가 있는 경우에는 지체 없이 관할 등기관서에 그 등기를 촉탁하여야 한다.

04 지적소관청은 토지의 이동현황을 직권으로 조사·측량하여 토지의 지번·지목·면적·경계 또는 좌표를 결정하려는 때에는 토지이동현황조사계획을 수립하여야 한다. 이 경우 토지이동현황조사계획은 [① 시·군·구별로 수립하되, 부득이한 사유가 있는 때에는 읍·면·동별 / ② 시·도별로 수립하되, 부득이한 사유가 있는 때에는 시·군·구별]로 수립할 수 있다.

정답

01 ② 02 ① 03 ① 04 ①

제2절 | 지적 등록사항

🎯 알아두기

1. **지적공부의 주요 등록**: 지적공부에는 토지의 소재·지번·지목·면적·경계·좌표 등을 등록한다. 이 중 소재지는 주로 행정구역으로 정해지므로 지적법령상의 결정과정을 고민할 필요는 적지만 지번과 지목의 결정에 관하여는 구체적인 내용까지 알아두어야 한다.
2. **지번과 지목**: 지번은 지적소관청이 순차적으로 아라비아 숫자로 부여하고, 지목은 각 필지의 용도를 조사하여 그 종류를 정한다.
3. **면적과 경계**: 면적은 원칙적으로 지적측량에 의하여 정하는 데 반해, 경계는 지상경계를 정하고 이를 측량하여 지적도나 임야도에 등록한다.
4. **지상경계와 도상경계**: 지적법령상 '경계'란 필지별로 경계점들을 직선으로 연결하여 지적공부에 등록한 선을 말한다. 이는 지적공부 중에서도 지적도나 임야도에 그려진 직선인 도상경계를 의미한다. 다만, 이러한 지적도면상의 경계를 등록하기 위해서는 실제 지표상의 경계인 지상경계를 먼저 정하여 측량하여야 한다. 그러므로 먼저 지상경계 설정은 어떠한 기준으로 하는지를 학습할 필요가 있다.
5. **면적의 측정**: '면적'이란 지적공부에 등록한 필지의 수평면상 넓이를 말한다. 면적은 세부측량을 하는 경우 필지마다 측정하여야 한다. 다만, 토지이동의 사유 중에서 면적 측정대상이 아닌 경우도 있으므로 주의하여야 한다.

🔑 토지의 표시

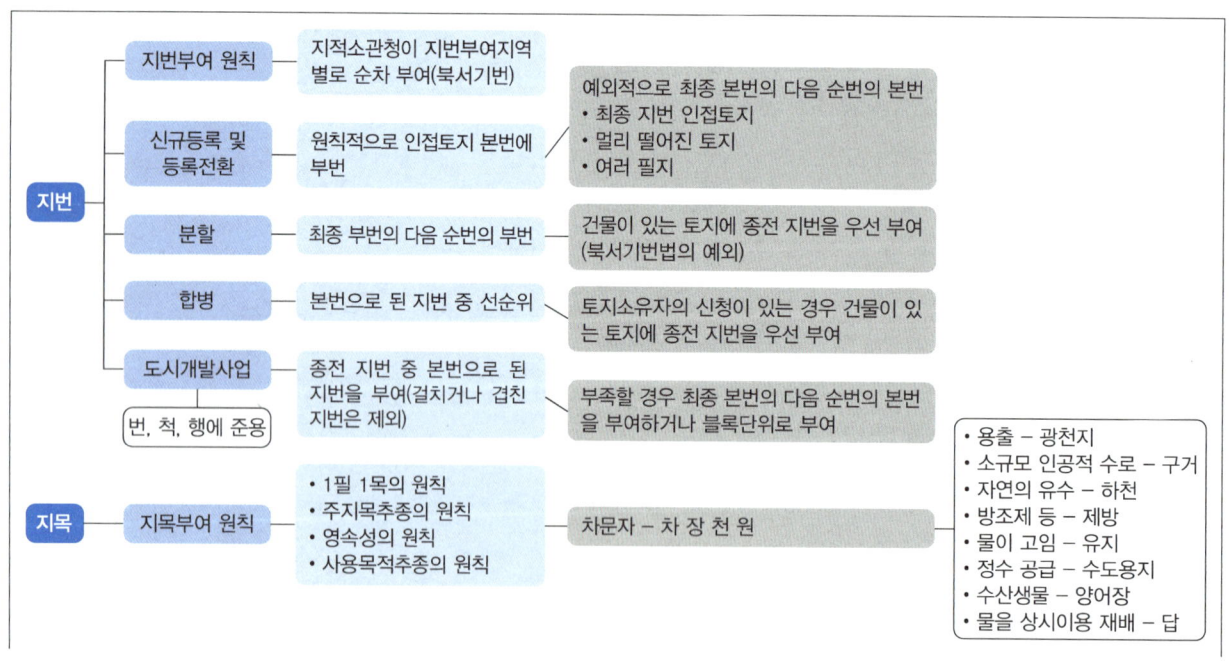

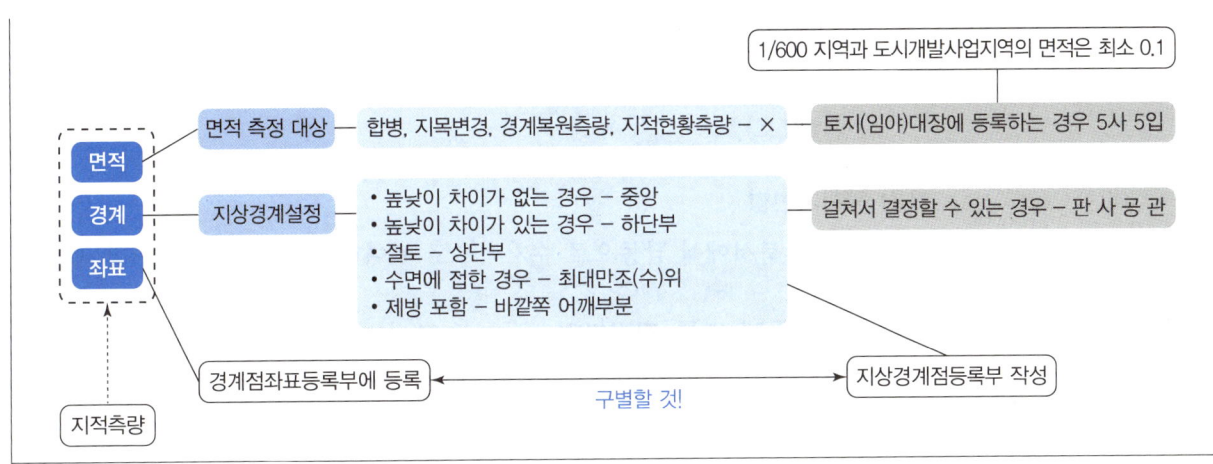

1 지번 제35회

1. 지번의 의의

'지번'이라 함은 필지에 부여하여 지적공부에 등록한 번호를 말한다(법 제2조 제22호). 토지에 지번을 부여함으로써 특정성과 개별성이 부여되고 토지의 위치를 정확하게 할 수 있다.

2. 지번의 표기와 구성

(1) 지번의 표기

지번은 아라비아 숫자로 표기하되, 임야대장 및 임야도에 등록하는 토지의 지번은 숫자 앞에 '산'자를 붙인다(영 제56조 제1항). 지번 앞에 '산'이 붙는 것과 붙지 않는 것은 등록되는 지적공부상의 차이가 있을 뿐 지목과는 아무 관련이 없다.

(2) 지번의 구성

지번은 본번과 부번으로 구성하되, 본번과 부번 사이에 '-' 표시로 연결한다. 이 경우 '-' 표시는 '의'라고 읽는다(영 제56조 제2항). 지번은 본번만으로 구성할 수 있고(단식지번, 예 120, 117, 산100), 본번과 부번으로도 구성할 수 있지만(복식지번, 예 120-1, 117-37, 산100-2 등) 부번만으로는 구성할 수 없다.

3. 지번부여의 기본원칙

(1) 지번은 지적소관청이 지번부여지역별로 차례대로 부여한다(법 제66조 제1항 제1호).

(2) 북서기번법

지번은 북서에서 남동으로 순차적으로 부여한다(영 제56조 제3항 제1호).

4. 토지이동에 따른 지번부여

(1) 신규등록 및 등록전환(영 제56조 제3항 제2호)

① 원칙: 신규등록 및 등록전환의 경우에는 그 지번부여지역 안에서 인접토지의 본번에 부번을 붙여서 지번을 부여한다. 예를 들어 신규등록 및 등록전환하는 토지의 인접토지의 지번이 234라면 신규등록 및 등록전환 대상 토지의 지번은 234-1로 부여한다.

② 예외: 다음에 해당하는 경우에는 그 지번부여지역의 최종 본번의 다음 순번부터 본번으로 하여 순차적으로 지번을 부여할 수 있다. 예를 들어 최종 지번이 567번지라면 568번지부터 순차로 부여한다.
  ㉠ 대상 토지가 그 지번부여지역 안의 최종 지번의 토지에 인접하여 있는 경우
  ㉡ 대상 토지가 이미 등록된 토지와 멀리 떨어져 있어서 등록된 토지의 본번에 부번을 부여하는 것이 불합리한 경우
  ㉢ 대상 토지가 여러 필지로 되어 있는 경우

(2) 분할(영 제56조 제3항 제3호)

① 원칙: 분할의 경우에는 분할 후의 필지 중 1필지의 지번은 분할 전의 지번으로 하고, 나머지 필지의 지번은 본번의 최종 부번의 다음 순번으로 부번을 부여한다. 예를 들어 어느 지번부여지역 안의 123번지의 토지를 2필지로 분할하면 분할 후 지번은 123, 123-1이 되고, 그 후 123번지의 토지를 다시 3필지로 분할하는 경우에는 123, 123-2, 123-3으로 지번을 부여하게 된다.

② 예외: 주거·사무실 등의 건축물이 있는 필지에 대하여는 분할 전의 지번을 우선하여 부여하여야 한다.

기출
1. 신규등록 대상 토지가 그 지번부여지역의 최종 지번의 토지에 인접하여 있는 경우에는 그 지번부여지역의 최종 본번의 다음 순번부터 본번으로 하여 순차적으로 지번을 부여할 수 있다.
2. 등록전환 대상 토지가 여러 필지로 되어 있는 경우에는 그 지번부여지역의 최종 본번의 다음 순번부터 본번으로 하여 순차적으로 지번을 부여할 수 있다.

기출 분할의 경우에는 분할 후의 필지 중 1필지의 지번은 분할 전의 지번으로 하고, 나머지 필지의 지번은 본번의 최종 부번 다음 순번으로 부번을 부여한다.

참고 북서기번의 원칙을 따른다면, 주거·사무실 등의 건축물이 있는 필지의 지번이 변할 수 있으므로 이를 막기 위하여 건축물이 있는 필지에 분할 전 지번을 우선 부여하는 규정을 두어 북서기번법의 예외를 인정하고 있다.

(3) 합병(영 제56조 제3항 제4호)

① 원칙: 합병의 경우에는 합병 대상 지번 중 선순위의 지번을 그 지번으로 하되, 본번으로 된 지번이 있는 때에는 본번 중 선순위의 지번을 합병 후의 지번으로 한다.

② 예외: 토지소유자가 합병 전의 필지에 주거·사무실 등의 건축물이 있어서 그 건축물이 위치한 지번을 합병 후의 지번으로 신청할 때에는 그 지번을 합병 후의 지번으로 부여하여야 한다.

(4) 지적확정측량 시행지역(도시개발사업 등 시행지역)

① 원칙: 도시개발사업 등이 완료됨에 따라 지적확정측량을 실시한 지역 안의 각 필지에 지번을 새로이 부여하는 경우에는 다음의 지번을 제외한 본번으로 부여한다(영 제56조 제3항 제5호 본문).
   ㉠ 지적확정측량을 실시한 지역 안의 종전 지번과 지적확정측량을 실시한 지역 밖에 있는 본번이 같은 지번이 있을 때에는 그 지번
   ㉡ 지적확정측량을 실시한 지역의 경계에 걸쳐 있는 지번

② 예외: 부여할 수 있는 종전 지번의 수가 새로이 부여할 지번의 수보다 적을 때에는 ㉠ 블록 단위로 하나의 본번을 부여한 후 필지별로 부번을 부여하거나, ㉡ 그 지번부여지역의 최종 본번의 다음 순번부터 본번으로 하여 차례로 지번을 부여할 수 있다(영 제56조 제3항 제5호 단서).

③ 도시개발사업 등 준공 전 지번부여: 지적소관청은 도시개발사업 등이 준공되기 전에 사업시행자가 지번부여 신청을 하는 때에는 지번을 부여할 수 있다(영 제56조 제4항). 지번을 부여하는 때에는 도시개발사업 등 신고에 있어서의 사업계획도에 따르되, 지적확정측량 시행지역에 있어서의 지번부여방법에 따라 부여하여야 한다(규칙 제61조).

④ 지적확정측량 시행지역의 지번부여방법을 준용하는 경우: 다음에 해당하는 때에는 도시개발사업 등이 완료됨에 따라 지적확정측량을 실시한 지역 안의 지번부여방법을 준용한다(영 제56조 제3항 제6호).
   ㉠ 지번부여지역 안의 지번을 변경할 때
   ㉡ 축척변경 시행지역의 필지에 지번을 부여할 때
   ㉢ 행정구역 개편에 따라 새로이 지번을 부여할 때

기출 행정구역 개편에 따라 새로 지번을 부여할 때에는 도시개발사업 등이 완료됨에 따라 지적확정측량을 실시한 지역의 지번부여방법을 준용한다.

5. 지번변경

(1) 의의

① 지적소관청은 '지적공부에 등록된 지번을 변경할 필요'가 있다고 인정하면 시·도지사나 대도시 시장(「지방자치법」제3조 제3항에 따라 자치구가 아닌 구가 설치된 시의 시장을 말한다)의 승인을 받아 지번부여지역의 전부 또는 일부에 대하여 지번을 새로이 부여할 수 있는데(법 제66조 제2항), 이를 '지번변경'이라 한다.

② 여기서 '지적공부에 등록된 지번을 변경할 필요'라 함은 '지번부여지역 안에 있는 지번의 전부 또는 일부가 순차적으로 부여되어 있지 아니하여 지번을 새로이 부여하는 것이 타당한 때' 등을 말한다.

> **기출** 지적소관청은 지번을 변경할 필요가 있다고 인정하면 시·도지사나 대도시 시장의 승인을 받아 지번부여지역의 전부 또는 일부에 대하여 지번을 새로 부여할 수 있다.

(2) 지번변경의 절차

① 지적소관청은 지번을 변경하고자 하는 때에는 지번변경 사유를 적은 승인신청서에 지번변경 대상지역의 지번·지목·면적·소유자에 대한 상세한 내용(이하 '지번 등 명세'라 한다)을 기재하여 시·도지사 또는 대도시 시장에게 제출하여야 한다. 이 경우 시·도지사 또는 대도시 시장은 「전자정부법」제36조 제1항에 따른 행정정보의 공동이용을 통하여 지번변경 대상지역의 지적도 및 임야도를 확인하여야 한다(영 제57조 제1항).

② 지번변경의 승인신청을 받은 시·도지사 또는 대도시 시장은 지번변경 사유 등을 심사한 후 그 결과를 지적소관청에 통지하여야 한다(영 제57조 제2항).

(3) 지번부여의 방법

지번변경시 지번을 부여하는 기준은 지적확정측량을 실시한 지역 안의 지번부여방법에 의하여 지번을 부여한다(영 제56조 제3항 제6호 가목).

> **Tip** 시·도지사 또는 대도시 시장의 승인을 요하는 경우
> 1. 지번변경
> 2. 축척변경
> 3. 지적서고에 보관된 지적공부의 반출

6. 결번대장의 비치

지적소관청은 행정구역의 변경, 도시개발사업의 시행, 지번변경, 축척변경, 지번정정 등의 사유로 결번이 생긴 때에는 지체 없이 그 사유를 결번대장에 적어 영구히 보존하여야 한다(규칙 제63조).

> **기출** 지적소관청은 축척변경으로 지번에 결번이 생긴 때에는 지체 없이 그 사유를 결번대장에 적어 영구히 보존하여야 한다.

> 예제

1. 공간정보의 구축 및 관리 등에 관한 법령상 지번의 구성 및 부여방법 등에 관한 설명으로 틀린 것은? 　　　　　　　　　　　　　제29회

① 지번은 아라비아 숫자로 표기하되, 임야대장 및 임야도에 등록하는 토지의 지번은 숫자 앞에 '산'자를 붙인다.
② 지번은 북서에서 남동으로 순차적으로 부여한다.
③ 지번은 본번과 부번으로 구성하되, 본번과 부번 사이에 '-' 표시로 연결한다.
④ 지번은 국토교통부장관이 시·군·구별로 차례대로 부여한다.
⑤ 분할의 경우에는 분할 후의 필지 중 1필지의 지번은 분할 전의 지번으로 하고, 나머지 필지의 지번은 본번의 최종 부번 다음 순번으로 부번을 부여한다.

해설 ④ 지번은 지적소관청이 지번부여지역별로 차례대로 부여한다.　　　**정답** ④

2. 공간정보의 구축 및 관리 등에 관한 법령상 등록전환에 따른 지번부여시 그 지번부여지역의 최종 본번의 다음 순번부터 본번으로 하여 순차적으로 지번을 부여할 수 있는 경우에 해당하는 것을 모두 고른 것은? 　　　　　　　　　　제35회

> ㉠ 대상 토지가 여러 필지로 되어 있는 경우
> ㉡ 대상 토지가 그 지번부여지역의 최종 지번의 토지에 인접하여 있는 경우
> ㉢ 대상 토지가 이미 등록된 토지와 멀리 떨어져 있어서 등록된 토지의 본번에 부번을 부여하는 것이 불합리한 경우

① ㉠　　　　　　　　　　② ㉠, ㉡
③ ㉠, ㉢　　　　　　　　④ ㉡, ㉢
⑤ ㉠, ㉡, ㉢

해설 ⑤ 신규등록 및 등록전환의 경우 원칙적으로 그 지번부여지역의 인접토지의 본번에 부번을 붙여 지번을 부여하지만, ㉠ 대상 토지가 여러 필지로 되어 있는 경우, ㉡ 대상 토지가 그 지번부여지역의 최종 지번의 토지에 인접하여 있는 경우, ㉢ 대상 토지가 이미 등록된 토지와 멀리 떨어져 있어서 등록된 토지의 본번에 부번을 부여하는 것이 불합리한 경우에는 그 지번부여지역의 최종본번의 다음 순번부터 본번으로 하여 순차적으로 지번을 부여할 수 있다.　　　**정답** ⑤

❷ 지목 제30회, 제31회, 제32회, 제33회, 제34회, 제35회, 제36회

1. 지목의 의의

'지목'이란 토지의 주된 용도에 따라 토지의 종류를 구분하여 지적공부에 등록한 것을 말한다(법 제2조 제24호). 지목을 설정하는 이유는 토지이용의 효율성을 높이고, 토지에 대한 과세의 기준으로 삼기 위함이다.

2. 지목의 설정원칙

(1) 법정지목의 원칙(열거주의)

지목의 종류 및 명칭을 법률로 규정한다는 원칙을 말한다(법 제67조 제1항 참고).

(2) 1필 1목의 원칙

1필지의 토지에는 1개의 지목만을 설정하여야 한다는 원칙을 말한다.

(3) 주지목(주용도)추종의 원칙

1필지의 토지가 2가지 이상의 용도로 사용되고 있다 하더라도 그 용도별로 모두 지목을 설정할 수는 없고, 주된 용도에 따라 지목을 설정하여야 한다는 원칙을 말한다(영 제59조 제1항 제2호).

> 기출 1필지가 둘 이상의 용도로 사용되는 경우에는 주된 용도에 따라 지목을 설정하는 방법에 따른다.

(4) 영속성의 원칙(일시변경불변의 원칙)

다른 지목에 해당하는 용도로 변경시킬 목적이 아닌 임시적이고 일시적인 용도의 변경이 있는 경우에는 지목변경을 할 수 없다는 원칙을 말한다(영 제59조 제2항).

3. 지목의 표기방법

(1) 대장상의 표기방법

토지대장, 임야대장에 지목을 표기할 때에는 정식명칭으로 표기한다(예 주유소용지, 임야, 과수원 등).

(2) 지적도면상의 표기방법(규칙 제64조)

① 원칙: 지적도, 임야도에 지목을 표기할 때 부호로 표기하는데, 원칙적으로 지목의 명칭 중 첫 글자[頭文字]로 표기한다(예 과수원 – '과', 수도용지 – '수').
② 예외: 공장용지(장), 주차장(차), 하천(천), 유원지(원) 등은 두 번째 글자[次文字]로 표기한다.

> **예제**
>
> 공간정보의 구축 및 관리 등에 관한 법령상 지목을 지적도에 등록하는 때에 표기하는 부호로서 옳은 것은? 　　　　　　　제30회
> ① 광천지 – 천　　　　② 공장용지 – 공
> ③ 유원지 – 유　　　　④ 제방 – 제
> ⑤ 도로 – 로
>
> **해설** ① 광천지 – 광, ② 공장용지 – 장, ③ 유원지 – 원, ⑤ 도로 – 도　　**정답 ④**

4. 지목의 구분(영 제58조)

(1) 전

물을 상시적으로 이용하지 않고 곡물·원예작물(과수류 제외)·약초·뽕나무·닥나무·묘목·관상수 등의 식물을 주로 재배하는 토지와 식용으로 죽순을 재배하는 토지는 '전'으로 한다.

(2) 답

물을 상시적으로 직접 이용하여 벼·연·미나리·왕골 등의 식물을 주로 재배하는 토지는 '답'으로 한다.

(3) 과수원

사과·배·밤·호두·귤나무 등 과수류를 집단적으로 재배하는 토지와 이에 접속된 저장고 등 부속시설물의 부지는 '과수원'으로 한다. 다만, 주거용 건축물의 부지는 '대'로 한다.

(4) 목장용지

다음의 토지는 '목장용지'로 한다. 다만, 주거용 건축물의 부지는 '대'로 한다.
① 축산업 및 낙농업을 하기 위하여 초지를 조성한 토지
②「축산법」제2조 제1호에 따른 가축을 사육하는 축사 등의 부지
③ ① 및 ②의 토지와 접속된 부속시설물의 부지

(5) 임야

산림 및 원야(原野)를 이루고 있는 수림지(樹林地)·죽림지·암석지·자갈땅·모래땅·습지·황무지 등의 토지는 '임야'로 한다.

기출
1. 물을 상시적으로 이용하지 않고 닥나무·묘목·관상수 등의 식물을 주로 재배하는 토지는 '전'으로 한다.
2. 물을 상시적으로 직접 이용하여 연(蓮)·미나리·왕골 등의 식물을 주로 재배하는 토지는 '답'으로 한다.

Tip 전, 답의 구분은 경작방식에 따라 나누어진다. 즉, 물을 상시적으로 직접 이용하여 재배하는 경우는 '답'이고, 상시 이용하지 아니하고 재배하는 경우는 '전'이다. 재배가 아닌 자생의 경우에는 '유지'가 되는 경우노 있다. 즉, 연·왕골 등이 자생하는 배수가 잘 되지 아니하는 토지는 '유지'이다.

기출 호두나무를 집단적으로 재배하는 토지는 '과수원'으로 한다.

(6) 광천지

지하에서 온수·약수·석유류 등이 용출되는 용출구(湧出口)와 그 유지(維持)에 사용되는 부지는 '광천지'로 한다. 다만, 온수·약수·석유류 등을 일정한 장소로 운송하는 송수관·송유관 및 저장시설의 부지는 제외한다.

(7) 염전

바닷물을 끌어들여 소금을 채취하기 위하여 조성된 토지와 이에 접속된 제염장 등 부속시설물의 부지는 '염전'으로 한다. 다만, 천일제염방식에 의하지 아니하고 동력으로 바닷물을 끌어들여 소금을 제조하는 공장시설물의 부지는 제외한다.

> **기출** 바닷물을 끌어들여 소금을 채취하기 위하여 조성된 토지와 이에 접속된 제염장(製鹽場) 등 부속시설물의 부지는 '염전'으로 한다. 다만, 천일제염방식으로 하지 아니하고 동력으로 바닷물을 끌어들여 소금을 제조하는 공장시설물의 부지는 제외한다. 제32회

(8) 대

다음의 토지는 '대'로 한다.
① 영구적 건축물 중 주거·사무실·점포와 박물관·극장·미술관 등 문화시설과 이에 접속된 정원 및 부속시설물의 부지
②「국토의 계획 및 이용에 관한 법률」등 관계 법령에 따른 택지조성공사가 준공된 토지

> **기출** 영구적 건축물 중 주거·사무실·점포와 박물관·극장·미술관 등 문화시설과 이에 접속된 정원 및 부속시설물의 부지는 '대'로 한다.

(9) 공장용지

다음의 토지는 '공장용지'로 한다.
① 제조업을 하고 있는 공장시설물의 부지
②「산업집적활성화 및 공장설립에 관한 법률」등 관계 법령에 따른 공장부지 조성공사가 준공된 토지
③ ① 및 ②의 토지와 같은 구역 안에 있는 의료시설 등 부속시설물의 부지

> **기출** 제조업을 하고 있는 공장시설물의 부지와 같은 구역에 있는 의료시설 등 부속시설물의 부지의 지목은 '공장용지'로 한다. 제34회

> **참고** 공장용지 내 부속시설물의 부지
> 공장 안에 사원들의 여가선용 및 체력증진을 위하여 조성한 체육시설(테니스장, 족구장)일 경우 공장의 부속시설로 보아 '공장용지'로 지목을 설정하여야 한다(지적 13507-589).

(10) 학교용지

학교의 교사와 이에 접속된 체육장 등 부속시설물의 부지는 '학교용지'로 한다.

(11) 주차장

자동차 등의 주차에 필요한 독립적인 시설을 갖춘 부지와 주차전용 건축물 및 이에 접속된 부속시설물의 부지는 '주차장'으로 한다. 다만, 다음에 해당하는 시설의 부지는 제외한다.
① 「주차장법」 제2조 제1호 가목 및 다목에 따른 노상주차장 및 부설주차장(다만, 「주차장법」 제19조 제4항에 따라 시설물의 부지 인근에 설치된 부설주차장은 제외한다)
② 자동차 등의 판매목적으로 설치된 물류장 및 야외전시장

기출
1. 「주차장법」의 규정에 의해 설치된 노상주차장의 부지는 '도로'로 한다.
2. 「주차장법」 제19조 제4항의 규정에 의하여 시설물의 부지 인근에 설치된 부설주차장은 '주차장'으로 한다.

(12) 주유소용지

다음의 토지는 '주유소용지'로 한다. 다만, 자동차·선박·기차 등의 제작 또는 정비공장 안에 설치된 급유·송유시설 등의 부지는 제외한다.
① 석유·석유제품 또는 액화석유가스, 전기 또는 수소 등의 판매를 위하여 일정한 설비를 갖춘 시설물의 부지
② 저유소 및 원유저장소의 부지와 이에 접속된 부속시설물의 부지

기출 저유소(貯油所) 및 원유저장소의 부지와 이에 접속된 부속시설물의 부지는 '주유소용지'로 한다. 다만, 자동차·선박·기차 등의 제작 또는 정비공장 안에 설치된 급유·송유시설 등의 부지는 제외한다. 제32회

(13) 창고용지

물건 등을 보관하거나 저장하기 위하여 독립적으로 설치된 보관시설물의 부지와 이에 접속된 부속시설물의 부지는 '창고용지'로 한다.

(14) 도로

다음의 토지는 '도로'로 한다. 다만, 아파트·공장 등 단일 용도의 일정한 단지 안에 설치된 통로 등은 제외한다.
① 일반공중의 교통운수를 위하여 보행 또는 차량운행에 필요한 일정한 설비 또는 형태를 갖추어 이용되는 토지
② 「도로법」 등 관계 법령에 따라 도로로 개설된 토지
③ 고속도로 안의 휴게소 부지
④ 2필지 이상에 진입하는 통로로 이용되는 토지

(15) 철도용지

교통운수를 위하여 일정한 궤도 등의 설비와 형태를 갖추어 이용되는 토지와 이에 접속된 역사·차고·발전시설 및 공작창 등 부속시설물의 부지는 '철도용지'로 한다.

기출 교통운수를 위하여 일정한 궤도 등의 설비와 형태를 갖추어 이용되는 토지는 철도용지이다. 제31회

(16) 제방

조수 · 자연유수 · 모래 · 바람 등을 막기 위하여 설치된 방조제 · 방수제 · 방사제 · 방파제 등의 부지는 '제방'으로 한다.

(17) 하천

자연의 유수(流水)가 있거나 있을 것으로 예상되는 토지는 '하천'으로 한다.

(18) 구거

용수 또는 배수를 위하여 일정한 형태를 갖춘 인공적인 수로 · 둑 및 그 부속시설물의 부지와 자연의 유수(流水)가 있거나 있을 것으로 예상되는 소규모 수로부지는 '구거'로 한다.

(19) 유지

물이 고이거나 상시적으로 물을 저장하고 있는 댐 · 저수지 · 소류지 · 호수 · 연못 등의 토지와 연 · 왕골 등이 자생하는 배수가 잘 되지 아니하는 토지는 '유지'로 한다.

(20) 양어장

육상에 인공으로 조성된 수산생물의 번식 또는 양식을 위한 시설을 갖춘 부지와 이에 접속된 부속시설물의 부지는 '양어장'으로 한다.

(21) 수도용지

물을 정수하여 공급하기 위한 취수 · 저수 · 도수(導水) · 정수 · 송수 및 배수시설의 부지 및 이에 접속된 부속시설물의 부지는 '수도용지'로 한다.

(22) 공원

① 일반공중의 보건 · 휴양 및 정서생활에 이용하기 위한 시설을 갖춘 토지로서 「국토의 계획 및 이용에 관한 법률」에 따라 공원 또는 녹지로 결정 · 고시된 토지는 '공원'으로 한다.

② 다만, 「도시공원 및 녹지 등에 관한 법률」에 의한 묘지공원으로 결정 · 고시된 토지의 지목은 묘지이고, 「자연공원법」에 의한 국립공원, 도립공원, 군립공원 등은 지목을 공원으로 설정하지 아니한다.

(23) 체육용지

① 국민의 건강증진 등을 위한 체육활동에 적합한 시설과 형태를 갖춘 종합운동장·실내체육관·야구장·골프장·스키장·승마장·경륜장 등 체육시설의 토지와 이에 접속된 부속시설물의 부지는 '체육용지'로 한다.

② 다만, 체육시설로서의 영속성과 독립성이 미흡한 정구장·골프연습장·실내수영장·체육도장과 유수(流水)를 이용한 요트장 및 카누장 등의 토지는 제외한다.

(24) 유원지

① 일반공중의 위락·휴양 등에 적합한 시설물을 종합적으로 갖춘 수영장·유선장(遊船場)·낚시터·어린이놀이터·동물원·식물원·민속촌·경마장·야영장 등의 토지와 이에 접속된 부속시설물의 부지는 '유원지'로 한다.

② 다만, 이들 시설과의 거리 등으로 보아 독립적인 것으로 인정되는 숙식시설 및 유기장의 부지와 하천·구거 또는 유지[공유(公有)인 것으로 한정한다]로 분류되는 것은 제외한다.

(25) 종교용지

일반공중의 종교의식을 위하여 예배·법요·설교·제사 등을 하기 위한 교회·사찰·향교 등 건축물의 부지와 이에 접속된 부속시설물의 부지는 '종교용지'로 한다.

(26) 사적지

① 국가유산으로 지정된 역사적인 유적·고적·기념물 등을 보존하기 위하여 구획된 토지는 '사적지'로 한다.

② 다만, 학교용지·공원·종교용지 등 다른 지목으로 된 토지에 있는 유적·고적·기념물 등을 보호하기 위하여 구획된 토지는 제외한다.

(27) 묘지

① 사람의 시체나 유골이 매장된 토지,「도시공원 및 녹지 등에 관한 법률」에 따른 묘지공원으로 결정·고시된 토지 및「장사 등에 관한 법률」제2조 제9호에 따른 봉안시설과 이에 접속된 부속시설물의 부지는 '묘지'로 한다.

② 다만, 묘지의 관리를 위한 건축물의 부지는 '대'로 한다.

기출 학교용지·공원·종교용지 등 다른 지목으로 된 토지에 있는 유적·고적·기념물을 보호하기 위하여 구획된 토지는 '사적지'에서 제외한다.

기출 「도시공원 및 녹지 등에 관한 법률」에 의해 결정·고시된 묘지공원에 납골당이 설치된 부지는 '묘지'로 한다.

참고 잡종지
1. 콩나물 재배를 목적으로 농지전용허가를 받아 설치한 시설물의 부지(콩나물 재배장 및 창고)는 '잡종지'로 설정함이 타당하다(지적 01254-247).
2. 오물청소법에 의거 설치된 분뇨종말처리시설의 부지는 '잡종지'로 지목설정한다(지적 12691-19406).

기출 여객자동차터미널, 자동차운전학원 및 폐차장 등 자동차와 관련된 독립적인 시설물을 갖춘 부지는 잡종지이다. 제31회

(28) 잡종지

다음의 토지는 잡종지로 한다. 다만, 원상회복을 조건으로 돌을 캐내는 곳 또는 흙을 파내는 곳으로 허가된 토지는 제외한다.
① 갈대밭, 실외에 물건을 쌓아두는 곳, 돌을 캐내는 곳, 흙을 파내는 곳, 야외시장 및 공동우물
② 변전소, 송신소, 수신소 및 송유시설 등의 부지
③ 여객자동차터미널, 자동차운전학원 및 폐차장 등 자동차와 관련된 독립적인 시설물을 갖춘 부지
④ 공항시설 및 항만시설 부지
⑤ 도축장, 쓰레기처리장 및 오물처리장 등의 부지
⑥ 그 밖에 다른 지목에 속하지 않는 토지

예제

1. 공간정보의 구축 및 관리 등에 관한 법령상 지목의 구분에 관한 설명으로 틀린 것은? 제32회

① 바닷물을 끌어들여 소금을 채취하기 위하여 조성된 토지와 이에 접속된 제염장(製鹽場) 등 부속시설물의 부지는 '염전'으로 한다. 다만, 천일제염방식으로 하지 아니하고 동력으로 바닷물을 끌어들여 소금을 제조하는 공장시설물의 부지는 제외한다.
② 저유소(貯油所) 및 원유저장소의 부지와 이에 접속된 부속시설물의 부지는 '주유소용지'로 한다. 다만, 자동차·선박·기차 등의 제작 또는 정비공장 안에 설치된 급유·송유시설 등의 부지는 제외한다.
③ 물이 고이거나 상시적으로 물을 저장하고 있는 댐·저수지·소류지(沼溜地)·호수·연못 등의 토지와 물을 상시적으로 직접 이용하여 연(蓮)·왕골 등의 식물을 주로 재배하는 토지는 '유지'로 한다.
④ 일반공중의 보건·휴양 및 정서생활에 이용하기 위한 시설을 갖춘 토지로서 「국토의 계획 및 이용에 관한 법률」에 따라 공원 또는 녹지로 결정·고시된 토지는 '공원'으로 한다.
⑤ 용수(用水) 또는 배수(排水)를 위하여 일정한 형태를 갖춘 인공적인 수로·둑 및 그 부속시설물의 부지와 자연의 유수(流水)가 있거나 있을 것으로 예상되는 소규모 수로부지는 '구거'로 한다.

해설 ③ 물이 고이거나 상시적으로 물을 저장하고 있는 댐·저수지·소류지(沼溜地)·호수·연못 등의 토지는 '유지로 하지만, 물을 상시적으로 직접 이용하여 연·왕골 등의 식물을 주로 재배하는 토지는 '답'으로 한다. **정답 ③**

2. 공간정보의 구축 및 관리 등에 관한 법령상 지목의 구분에 관한 설명으로 옳은 것은? 제33회

① 온수·약수·석유류 등을 일정한 장소로 운송하는 송수관·송유관 및 저장시설의 부지는 '광천지'로 한다.
② 사과·배·밤·호두·귤나무 등 과수류를 집단적으로 재배하는 토지와 이에 접속된 주거용 건축물의 부지는 '과수원'으로 한다.
③ 종교용지에 있는 유적·고적·기념물 등을 보호하기 위하여 구획된 토지는 '사적지'로 한다.
④ 물을 정수하여 공급하기 위한 취수·저수·도수(導水)·정수·송수 및 배수시설의 부지 및 이에 접속된 부속시설물의 부지는 '수도용지'로 한다.
⑤ 교통운수를 위하여 일정한 궤도 등의 설비와 형태를 갖추어 이용되는 토지와 이에 접속된 차고·발전시설 등 부속시설물의 부지는 '도로'로 한다.

해설 ① 온수·약수·석유류 등을 일정한 장소로 운송하는 송수관·송유관 및 저장시설의 부지는 '광천지'에서 제외한다.
② 사과·배·밤·호두·귤나무 등 과수류를 집단적으로 재배하는 토지는 '과수원'으로 한다. 다만, 이에 접속된 주거용 건축물의 부지는 '대'로 한다.
③ 종교용지에 있는 유적·고적·기념물 등을 보호하기 위하여 구획된 토지는 '사적지'에서 제외한다.
⑤ 교통운수를 위하여 일정한 궤도 등의 설비와 형태를 갖추어 이용되는 토지와 이에 접속된 차고·발전시설 등 부속시설물의 부지는 '철도용지'로 한다. **정답 ④**

3. 공간정보의 구축 및 관리 등에 관한 법령상 지목을 '잡종지'로 정할 수 있는 기준에 대한 내용으로 틀린 것은? (단, 원상회복을 조건으로 돌을 캐내는 곳 또는 흙을 파내는 곳으로 허가된 토지는 제외함) 제35회

① 공항시설 및 항만시설 부지
② 변전소, 송신소, 수신소 및 송유시설 등의 부지
③ 도축장, 쓰레기처리장 및 오물처리장 등의 부지
④ 모래·바람 등을 막기 위하여 설치된 방사제·방파제 등의 부지
⑤ 갈대밭, 실외에 물건을 쌓아두는 곳, 돌을 캐내는 곳, 흙을 파내는 곳, 야외시장 및 공동우물

해설 ④ 조수·자연유수(自然流水)·모래·바람 등을 막기 위하여 설치된 방조제·방수제·방사제·방파제 등의 부지는 그 지목을 '제방'으로 한다. **정답 ④**

4. 공간정보의 구축 및 관리 등에 관한 법령상 영구적 건축물 중 박물관, 미술관 등 문화시설과 이에 접속된 정원의 부지에 관한 지목의 구분으로 옳은 것은? (단, 다른 조건은 고려하지 않음)　　　　　　　　　　　　　　　　　　제36회

① 대　　　　　　② 공원　　　　　　③ 사적지
④ 유원지　　　　⑤ 학교용지

해설 ①
> 영 제58조【지목의 구분】
> 8. 대
> 　가. 영구적 건축물 중 주거·사무실·점포와 박물관·극장·미술관 등 문화시설과 이에 접속된 정원 및 부속시설물의 부지
> 　나. 「국토의 계획 및 이용에 관한 법률」 등 관계 법령에 따른 택지조성공사가 준공된 토지

정답 ①

③ 경계 제30회, 제32회, 제34회, 제35회, 제36회

1. 경계의 의의

'경계'란 필지별로 경계점들을 **직선으로 연결**하여 지적공부에 등록한 선을 말한다(법 제2조 제26호). 여기서 '경계점'이란 필지를 구획하는 선의 굴곡점으로서 지적도나 임야도에 도해(圖解) 형태로 등록하거나 경계점좌표등록부에 좌표 형태로 등록하는 점을 말한다(법 제2조 제25호).

2. 경계의 결정기준

(1) 지상경계의 위치표시

① 토지의 지상경계는 둑, 담장이나 그 밖에 구획의 목표가 될 만한 구조물 및 경계점표지 등으로 구분한다(법 제65조 제1항).

② 지적소관청은 토지의 이동에 따라 지상경계를 새로 정한 경우에는 다음의 사항을 등록한 **지상경계점등록부**를 작성·관리하여야 한다(법 제65조 제2항, 규칙 제60조).

　㉠ 토지의 소재
　㉡ 지번
　㉢ 경계점좌표(경계점좌표등록부 시행지역에 한정한다)
　㉣ 경계점위치설명도
　㉤ 공부상 지목과 실제 토지이용 지목
　㉥ 경계점의 사진파일
　㉦ 경계점표지의 종류 및 경계점 위치

기출 지적공부에 등록된 경계점을 지상에 복원하는 경우에는 지상경계점등록부를 작성·관리하여야 한다. (×)　제35회

Tip 지상경계점등록부와 경계점좌표등록부를 구별하여야 한다. 경계점좌표등록부는 도시개발사업 등에 따라 새로운 지적공부에 등록하는 토지에 대하여 갖춰두는 장부이다.

기출
1. 경계점좌표는 경계점좌표등록부 시행지역의 지상경계점등록부의 등록사항이다. 제35회
2. 토지의 소재, 지번, 공부상 지목과 실제 토지이용 지목, 경계점의 사진 파일은 지상경계점등록부의 등록사항이다. 제35회

> **예제**
>
> 1. 공간정보의 구축 및 관리 등에 관한 법령상 지상경계점등록부의 등록사항으로 틀린 것은?
>   제34회
>   ① 지적도면의 번호
>   ② 토지의 소재
>   ③ 공부상 지목과 실제 토지이용 지목
>   ④ 경계점의 사진파일
>   ⑤ 경계점표지의 종류 및 경계점 위치
>
>   **해설** ① 지적도면의 번호는 지상경계점등록부의 등록사항이 아니다. **정답 ①**
>
> 2. 공간정보의 구축 및 관리 등에 관한 법령상 지상경계 및 지상경계점등록부 등에 관한 설명으로 틀린 것은?
>   제35회
>   ① 지적공부에 등록된 경계점을 지상에 복원하는 경우에는 지상경계점등록부를 작성·관리하여야 한다.
>   ② 토지의 지상경계는 둑, 담장이나 그 밖에 구획의 목표가 될 만한 구조물 및 경계점표지 등으로 구분한다.
>   ③ 지상경계의 구획을 형성하는 구조물 등의 소유자가 다른 경우에는 그 소유권에 따라 지상경계를 결정한다.
>   ④ 경계점 좌표는 경계점좌표등록부 시행지역의 지상경계점등록부의 등록사항이다.
>   ⑤ 토지의 소재, 지번, 공부상 지목과 실제 토지이용 지목, 경계점의 사진 파일은 지상경계점등록부의 등록사항이다.
>
>   **해설** ① 지적소관청은 토지의 이동에 따라 지상경계를 새로 정한 경우에는 경계점의 사진 파일 등 일정한 사항을 등록한 지상경계점등록부를 작성·관리하여야 한다. 즉, 경계점을 지상에 복원하는 경우에 작성지는 않는다. **정답 ①**

(2) 지상경계 결정기준

① 지상경계를 새로이 결정하고자 하는 경우에는 다음의 기준에 따른다(영 제55조 제1항).
  ㉠ 연접되는 토지 간에 높낮이 차이가 없는 경우에는 그 구조물 등의 중앙
  ㉡ 연접되는 토지 간에 높낮이 차이가 있는 경우에는 그 구조물 등의 하단부

기출 공유수면매립지의 토지 중 제방 등을 토지에 편입하여 등록하는 경우 바깥쪽 어깨 부분을 지상경계의 결정기준으로 한다.

ⓒ 도로·구거 등의 토지에 절토(땅깎기)된 부분이 있는 경우에는 그 경사면의 상단부
ⓔ 토지가 해면 또는 수면에 접하는 경우에는 최대만조위 또는 최대만수위가 되는 선
ⓜ 공유수면매립지의 토지 중 제방 등을 토지에 편입하여 등록하는 경우에는 바깥쪽 어깨 부분
② 지상경계의 구획을 형성하는 구조물 등의 소유자가 다른 경우에는 위 ①의 ㉠㉡㉢의 내용에도 불구하고 그 소유권에 따라 지상경계를 결정한다(영 제55조 제2항).

📌 **지상경계 결정기준**

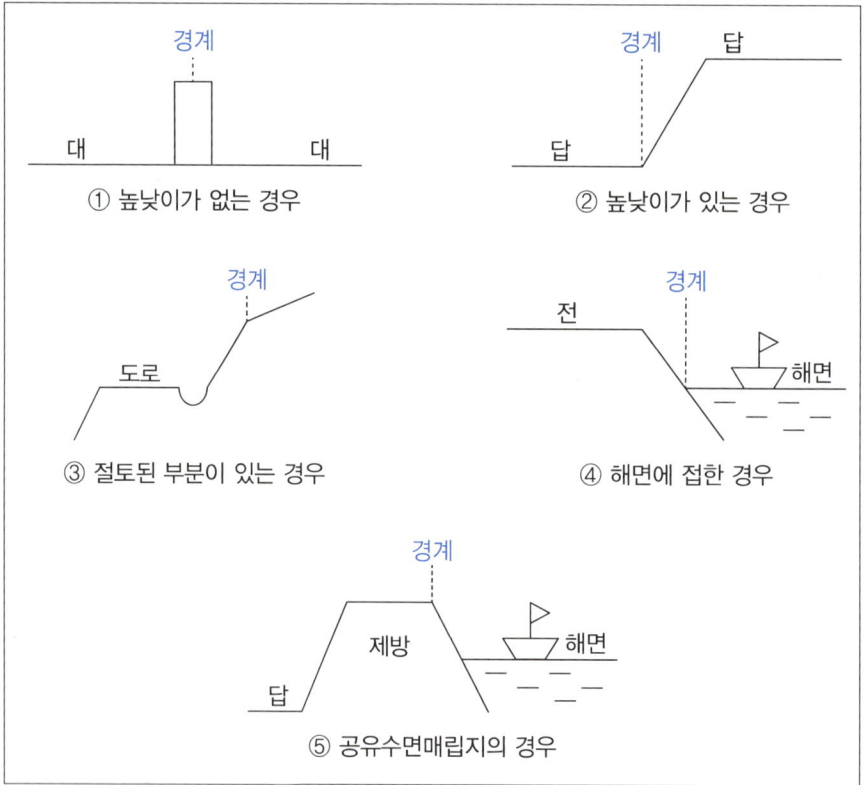

(3) 분할에 따른 지상경계

분할에 따른 지상경계는 지상건축물을 걸리게 결정하여서는 아니 된다. 다만, 다음의 어느 하나에 해당하는 경우에는 그렇지 않다(영 제55조 제4항).
① 법원의 확정판결이 있는 경우
② 공공사업 등에 따라 학교용지·도로·철도용지·제방·하천·구거·유지·수도용지 등의 지목으로 되는 토지를 분할하는 경우
③ 도시개발사업 등의 사업시행자가 사업지구의 경계를 결정하기 위하여 토지를 분할하고자 하는 경우
④ 「국토의 계획 및 이용에 관한 법률」의 규정에 의한 도시·군관리계획 결정고시와 지형도면 고시가 된 지역의 도시·군관리계획선에 따라 토지를 분할하는 경우

기출 분할에 따른 지상경계는 지상건축물을 걸리게 결정해서는 아니 된다. 다만, 법원의 확정판결이 있는 경우에는 그러하지 아니하다.

(4) 도시개발사업 등의 경우 경계결정

도시개발사업 등이 완료되어 실시하는 지적확정측량의 경계는 공사가 완료된 현황대로 결정하되, 공사가 완료된 현황이 사업계획도와 다를 때에는 미리 사업시행자에게 그 사실을 통지하여야 한다(영 제55조 제5항).

예제

1. 공간정보의 구축 및 관리 등에 관한 법령상 지상경계의 결정기준으로 옳은 것은? (단, 지상경계의 구획을 형성하는 구조물 등의 소유자가 다른 경우는 제외함)
   제32회

   ① 연접되는 토지 간에 높낮이 차이가 있는 경우: 그 구조물 등의 하단부
   ② 공유수면매립지의 토지 중 제방 등을 토지에 편입하여 등록하는 경우: 그 경사면의 하단부
   ③ 도로·구거 등의 토지에 절토(땅깎기)된 부분이 있는 경우: 바깥쪽 어깨 부분
   ④ 토지가 해면 또는 수면에 접하는 경우: 최소만조위 또는 최소만수위가 되는 선
   ⑤ 연접되는 토지 간에 높낮이 차이가 없는 경우: 그 구조물 등의 상단부

   해설 ② 하단부 ⇨ 바깥쪽 어깨 부분
   ③ 바깥쪽 어깨 부분 ⇨ 상단부
   ④ 최소만조위 또는 최소만수위 ⇨ 최대만조위 또는 최대만수위
   ⑤ 상단부 ⇨ 중앙

   정답 ①

2. 공간정보의 구축 및 관리 등에 관한 법령상 지상경계의 구분 등에 관한 설명으로 틀린 것은?
　　　　　　　　　　　　　　　　　　　　　　　　　　　　　제36회

① 지적소관청은 토지의 이동에 따라 지상경계를 새로 정한 경우에는 지상경계점등록부를 작성·관리하여야 한다.
② 경계점좌표는 경계점좌표등록부 시행지역의 지상경계점등록부의 등록사항이다.
③ 관계 법령에 따라 인가·허가 등을 받아 토지를 분할하려는 경우에는 지상경계점에 경계점표지를 설치하여 측량할 수 있다.
④ 경계점위치설명도, 경계점표지의 종류 및 경계점 위치는 지상경계점등록부의 등록사항이다.
⑤ 지적확정측량의 경계는 사업계획도대로 결정하되, 공사가 완료된 현황이 사업계획도와 다를 때에는 미리 지적측량수행자에게 그 사실을 통지하여야 한다.

해설 ⑤ 영 제55조 제5항 지적확정측량의 경계는 공사가 완료된 현황대로 결정하되, 공사가 완료된 현황이 사업계획도와 다를 때에는 미리 사업시행자에게 그 사실을 통지하여야 한다.
정답 ⑤

4 면적 제30회, 제34회, 제35회, 제36회

1. 면적의 의의 및 단위

(1) 의의

'면적'이라 함은 지적공부에 등록한 필지의 수평면상 넓이를 말한다(법 제2조 제27호). 따라서 경사진 토지나 굴곡이 있는 토지라 할지라도 대장에는 해당 필지의 입체적 표면적을 등록하는 것이 아니라 수평면상의 넓이를 등록한다.

(2) 단위

면적의 단위는 제곱미터(m^2)로 한다(법 제68조 제1항).

2. 면적측정

(1) 면적측정의 방법

① 전자면적측정기에 따른 면적측정: 평판측량 또는 전자평판측량방법으로 세부측량을 실시한다. 이는 필지의 경계를 지적도나 임야도에 등록하는 지역에서 사용된다.
② 좌표면적계산법에 따른 면적측정: 경위의측량방법으로 세부측량을 실시한다. 이는 필지의 경계점을 경계점좌표등록부에 등록하는 지역에서 사용된다.

(2) 면적측정의 대상

세부측량을 하는 경우 다음 어느 하나에 해당하면 필지마다 면적을 측정하여야 한다(「지적측량 시행규칙」 제19조).

① 지적공부를 복구하는 경우
② 신규등록하는 경우
③ 등록전환하는 경우
④ 분할하는 경우
⑤ 축척변경하는 경우
⑥ 면적 또는 경계를 정정하는 경우
⑦ 지적확정측량을 하는 경우
⑧ 지적현황측량에 면적측정이 수반되는 경우

기출 신규등록·등록전환을 하는 때에는 새로이 측량하여 각 필지의 면적을 정한다.

> 법 제68조 【면적의 단위 등】 ① 면적의 단위는 제곱미터로 한다.
> ② 면적의 결정방법 등에 필요한 사항은 대통령령으로 정한다.
>
> 「지적측량 시행규칙」 제19조 【면적측정의 대상】 세부측량을 하는 경우 다음 각 호의 어느 하나에 해당하면 필지마다 면적을 측정하여야 한다.
> 1. 지적공부의 복구·신규등록·등록전환·분할 및 축척변경을 하는 경우
> 2. 법 제84조에 따라 면적 또는 경계를 정정하는 경우
> 3. 지적확정측량을 하는 경우
> 4. 지적현황측량에 면적측정이 수반되는 경우

(3) 면적측정의 대상이 아닌 경우

① 합병
② 지목변경
③ 지번변경
④ 경계복원측량과 지적현황측량을 하는 경우

(4) 측량계산시 끝수의 처리 및 면적의 결정(영 제60조)

① 원칙
  ㉠ 토지의 면적에 $1m^2$ 미만의 끝수가 있는 경우: $0.5m^2$ 미만인 때에는 버리고, $0.5m^2$를 초과하는 때에는 올리며, $0.5m^2$인 때에는 구하고자 하는 끝자리의 숫자가 0 또는 짝수이면 버리고 홀수이면 올린다.
  ㉡ 다만, 1필지의 면적이 $1m^2$ 미만인 때에는 $1m^2$로 한다.

기출 지적도 축척이 1/600인 지역의 토지 면적은 m^2 이하 한 자리 단위로 한다.

참고 경계점좌표등록부가 있는 지역의 토지분할을 위하여 면적을 정할 때에는 다음의 기준에 따른다.
1. 분할 후 각 필지의 면적 합계가 분할 전 면적보다 많은 경우에는 구하려는 끝자리의 다음 숫자가 작은 것부터 순차적으로 버려서 정하되, 분할 전 면적에 증감이 없도록 할 것
2. 분할 후 각 필지의 면적 합계가 분할 전 면적보다 적은 경우에는 구하려는 끝자리의 다음 숫자가 큰 것부터 순차적으로 올려서 정하되, 분할 전 면적에 증감이 없도록 할 것

② 지적도의 축척이 1/600인 지역과 경계점좌표등록부 시행지역인 경우
  ㉠ 지적도의 축척이 1/600인 지역과 경계점좌표등록부에 등록하는 지역의 토지의 면적은 m^2 이하 한 자리 단위로 하되, $0.1m^2$ 미만의 끝수가 있는 경우 $0.05m^2$ 미만인 때에는 버리고, $0.05m^2$를 초과하는 때에는 올리며, $0.05m^2$인 때에는 구하고자 하는 끝자리의 숫자가 0 또는 짝수이면 버리고 홀수이면 올린다.
  ㉡ 다만, 1필지의 면적이 $0.1m^2$ 미만인 때에는 $0.1m^2$로 한다.

구분	도면의 축척	등록면적단위	단수처리
지적도	• 경계점좌표등록부 비치지역 (주로 1/500) • 1/600	$0.1m^2$	0.05 미만 ⇨ 버림
			0.05일 때 • 앞자리 수가 0, 짝수 ⇨ 버림 • 앞자리 수가 홀수 ⇨ 올림
			0.05 초과 ⇨ 올림
지적도	1/1,000, 1/1,200, 1/2,400, 1/3,000, 1/6,000	$1m^2$	0.5 미만 ⇨ 버림
			0.5일 때 • 앞자리 수가 0, 짝수 ⇨ 버림 • 앞자리 수가 홀수 ⇨ 올림
임야도	1/3,000, 1/6,000		0.5 초과 ⇨ 올림

예제

1. 지적공부에 등록하는 면적에 관한 설명으로 틀린 것은? 제25회
   ① 면적은 토지대장 및 경계점좌표등록부의 등록사항이다.
   ② 지적도의 축척이 600분의 1인 지역의 토지 면적은 m^2 이하 한 자리 단위로 한다.
   ③ 지적도의 축척이 1,200분의 1인 지역의 1필지 면적이 $1m^2$ 미만일 때에는 $1m^2$로 한다.
   ④ 임야도의 축척이 6,000분의 1인 지역의 1필지 면적이 $1m^2$ 미만일 때에는 $1m^2$로 한다.
   ⑤ 경계점좌표등록부에 등록하는 지역의 1필지 면적이 $0.1m^2$ 미만일 때에는 $0.1m^2$로 한다.

   해설 ① 면적은 토지대장 및 임야대장에 등록하며 경계점좌표등록부에는 등록하지 아니한다.
   정답 ①

2. 공간정보의 구축 및 관리 등에 관한 법령상 지적도의 축척이 1/600인 지역에서 신규등록할 1필지의 면적을 계산한 값이 0.050m²이었다. 토지대장에 등록하는 면적의 결정으로 옳은 것은? 제30회

   ① 0.01m²   ② 0.05m²   ③ 0.1m²
   ④ 0.5m²   ⑤ 1.0m²

   해설 ③ 1필지의 면적이 0.1m² 미만인 경우이므로 0.1m²로 한다.   **정답** ③

3. 공간정보의 구축 및 관리 등에 관한 법령상 지적도의 축척이 600분의 1인 지역에서 신규등록할 1필지의 면적을 측정한 값이 145.450m²인 경우 토지대장에 등록하는 면적의 결정으로 옳은 것은? 제34회

   ① 145m²   ② 145.4m²   ③ 145.45m²
   ④ 145.5m²   ⑤ 146m²

   해설 ② 0.4는 짝수이므로 0.05는 버려서 145.4m²로 등록한다.   **정답** ②

4. 공간정보의 구축 및 관리 등에 관한 법령상 지적도의 축척이 600분의 1인 지역에서 신규등록할 1필지의 측정 면적이 928.651m²인 경우 토지대장에 등록할 면적은? (단, 다른 조건은 고려하지 않음) 제36회

   ① 928m²   ② 928.6m²   ③ 928.65m²
   ④ 928.7m²   ⑤ 929m²

   해설 ④ 축척이 600분의 1인 지역에서 토지대장에 등록할 최소 면적은 0.1m²이므로 0.051을 끝수 처리하며, 0.051은 0.05를 초과하므로 올려서 928.7m²로 등록하여야 한다.   **정답** ④

심화 토지이동에 따른 면적결정

1. **원칙**
   ① 신규등록, 등록전환, 분할 및 경계정정을 하는 때에는 새로이 측량하여 각 필지의 경계 또는 좌표와 면적을 정한다.
   ② 합병에 따른 경계 및 좌표는 합병 전 각 필지의 경계 또는 좌표 중 합병으로 인하여 필요 없게 된 부분을 말소하여 정하고, 면적은 합병 전의 각 필지의 면적을 합산하여 정한다.

2. **토지이동에 따른 면적오차의 처리**
   ① 등록전환: 면적측정 결과 임야대장의 면적과 등록전환될 면적의 차이가 오차 허용범위 이내인 경우에는 등록전환될 면적을 등록전환 면적으로 결정하고, 허용범위를 초과하는 경우에는 임야대장의 면적 또는 임야도의 경계를 지적소관청이 직권으로 정정한 후 등록전환을 하여야 한다(영 제19조 제1항 제1호).
   ② 축척변경: 축척변경 측량결과도에 따라 면적을 측정한 결과, 축척변경 전의 면적과 축척변경 후의 면적의 오차가 허용범위 이내인 경우에는 축척변경 전의 면적을 결정면적으로 하고, 허용면적을 초과하는 경우에는 축척변경 후의 면적을 결정면적으로 한다(규칙 제87조 제2항).

제1장 메타인지 학습체크 제2절 지적 등록사항

01 신규등록의 대상 토지가 여러 필지인 경우에는 [① 인접토지의 본번에 부번 / ② 최종 본번의 다음 순번의 본번]을 붙여서 지번을 부여한다.

02 분할의 경우 분할 후의 필지 중 1필지의 지번은 분할 전의 지번으로 하고, 나머지 필지의 지번은 [① 최종 본번의 다음 순번의 본번 / ② 본번의 최종 부번 다음 순번으로 부번]을 부여하여야 한다.

03 지적소관청은 지적공부에 등록된 지번을 변경할 필요가 있다고 인정하는 경우에는 지번부여지역의 전부 또는 일부에 대하여 [① 국토교통부장관 / ② 시·도지사(또는 대도시 시장)]의 승인을 받아 지번을 새로이 부여할 수 있는데 이를 지번변경이라 한다.

04 지적공부 중 토지대장 및 임야대장에는 지목의 명칭을 정식으로 기재하지만, 지적도·임야도와 같은 도면에 등록하는 경우에는 일정한 부호로 표기하여야 한다. 예컨대, 제조업을 하는 공장시설물의 부지는 토지대장에는 '공장용지', 지적도에는 [① '공' / ② '장']으로 표기한다.

05 물이 고이거나 상시적으로 물을 저장하고 있는 댐·저수지·소류지·호수·연못 등의 토지와 연·왕골이 자생하는 배수가 잘 되지 아니하는 토지는 [① '제방' / ② '유지'](으)로 한다.

06 지하에서 용출한 온수·약수·석유류를 일정한 장소로 운송하는 송수관·송유관 및 저장시설의 부지는 '광천지'에 [① 포함 / ② 제외]한다.

07 자연의 유수가 있거나 있을 것으로 예상되는 소규모 수로부지는 [① '하천' / ② '구거'](으)로 한다.

08 지적소관청은 토지의 이동에 따라 지상경계를 새로 정한 경우에는 [① 지상경계점등록부 / ② 경계점좌표등록부]를 작성·관리하여야 한다.

09 연접되는 토지 사이에 고저가 있는 경우에는 그 구조물 등의 [① 상단부 / ② 하단부]를 경계 결정기준으로 한다.

정답

01 ②   **02** ②   **03** ②   **04** ②   **05** ②   **06** ②   **07** ②   **08** ①   **09** ②

10 도로·구거 등의 토지에 절토(땅깎기)된 부분이 있는 경우에는 그 경사면의 [① 상단부 / ② 하단부]를 경계 결정기준으로 한다.

11 지적도의 축척이 600분의 1인 지역과 경계점좌표등록부에 등록하는 지역의 1필지 면적이 $0.1m^2$ 미만일 때에는 [① $0m^2$ / ② $0.1m^2$]로 한다.

12 경계점좌표등록부 시행지역의 1필의 면적이 $134.65m^2$로 측정되었다면 해당 토지대장에 [① $134.6m^2$ / ② $134.7m^2$]로 등록된다.

13 지상경계점등록부에는 [① 경계점표지의 종류 및 경계점 위치 / ② 지적도면의 번호]가 등록되어 있다.

14 지적소관청은 토지의 이동에 따라 지상경계를 새로 정한 경우에는 [① 지상경계점등록부 / ② 경계점좌표등록부]를 작성·관리하여야 한다.

정답

10 ①   11 ②   12 ①   13 ①   14 ①

제2장 지적공부

회독 Check 1회 2회 3회

> 지적공부의 종류와 그 등록사항을 정확히 알아두어야 한다. 대충 암기하는 것으로 풀 수 없는 문제가 출제될 수 있다. 특히 경계점좌표등록부가 비치된 지역의 지적도의 특징을 반드시 숙지하도록 한다. 또한 지적공부는 아니지만 부동산종합공부의 관리와 등록사항도 자주 출제된다.

제1절 │ 지적공부의 의의 및 종류

알아두기

1. **지적공부의 종류**: 지적서고에 두는 토지대장, 임야대장, 공유지연명부, 대지권등록부, 지적도, 임야도, 경계점좌표등록부가 있고, 정보처리시스템에 따라 기록·저장하는 지적공부가 있다.
2. **지적공부의 등록사항**: 각 지적공부마다 등록된 사항이 다르다. 면적을 등록하고 있는 장부는 토지대장과 임야대장이고, 대지권의 비율을 등록하고 있는 것은 대지권등록부이며, 건축물의 위치나 지적기준점의 위치를 등록하고 있는 것은 지적도, 임야도이다.

❧ 지적공부의 종류와 등록사항

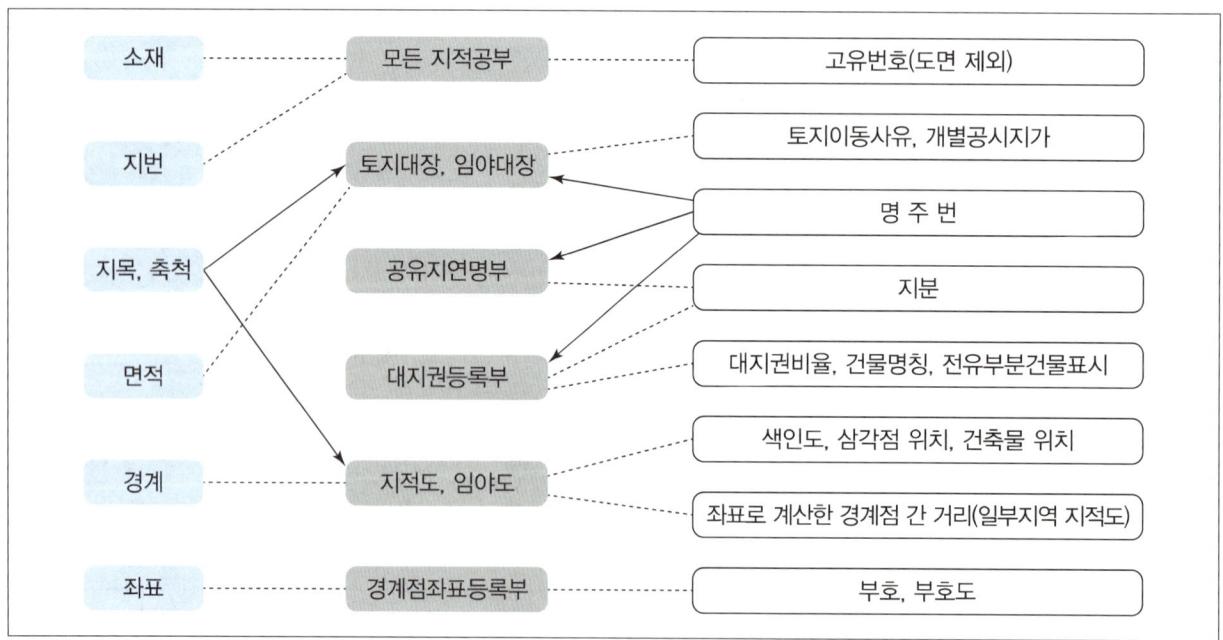

❶ 지적공부의 의의

(1) '지적공부'란 토지대장, 임야대장, 공유지연명부, 대지권등록부, 지적도, 임야도 및 경계점좌표등록부 등 지적측량 등을 통하여 조사된 토지의 표시와 해당 토지의 소유자 등을 기록한 대장 및 도면(정보처리시스템을 통하여 기록·저장된 것을 포함한다)을 말한다(법 제2조 제19호).

(2) 지적공부는 대장으로 토지대장, 임야대장, 공유지연명부, 대지권등록부가 있고, 지적도면으로 지적도, 임야도가 있다. 경계점좌표등록부는 도면의 역할을 하지만 대장형식을 갖추고 있어 대장형식의 도면이라고도 한다. 최근에는 정보처리시스템을 통해 이러한 내용을 기록·저장한 것도 지적공부에 포함하고 있다.

> **심화** 기타 장부
>
> 1. 일람도
>   ① 의의: 일람도란 지적도 및 임야도의 배치나 그에 관한 접속관계를 한눈에 알 수 있도록 지번부여지역마다 그 대략적인 지적내용을 표시하여 놓은 보조도면을 말한다.
>   ② 작성·비치: 지적소관청은 도면의 관리상 필요한 때에 지번부여지역마다 일람도를 작성하여 비치할 수 있으며, 작성된 일람도는 지적소관청의 지적서고에 보관하여야 한다.
> 2. 지번색인표
>   지번색인표는 원하는 지번의 토지가 어느 지적도에 등록되어 있는가를 쉽게 알 수 있도록 정리해 놓은 표(용지)이다.
> 3. 결번대장
>   지적소관청이 지번부여지역인 동·리 단위로 지번의 순서에 결번이 생긴 때에는 그 결번과 발생사유를 등록·관리하는 장부를 말한다.
> 4. 연속지적도
>   지적측량을 하지 아니하고 전산화된 지적도 및 임야도 파일을 이용하여 도면상 경계점들을 연결하여 작성한 도면으로서, 측량에 활용할 수 없는 도면을 말한다. 그러므로 연속지적도 작성을 위한 지적측량이라는 것은 존재할 수 없다.

> **참고** 법 제90조의2(연속지적도의 관리 등)

1. 국토교통부장관은 연속지적도의 관리 및 정비에 관한 정책을 수립·시행하여야 한다.
2. 지적소관청은 지적도·임야도에 등록된 사항에 대하여 토지의 이동 또는 오류사항을 정비한 때에는 이를 연속지적도에 반영하여야 한다.
3. 국토교통부장관은 2.에 따른 지적소관청의 연속지적도 정비에 필요한 경비의 전부 또는 일부를 지원할 수 있다.
4. 국토교통부장관은 연속지적도를 체계적으로 관리하기 위하여 대통령령으로 정하는 바에 따라 연속지적도 정보관리체계를 구축·운영할 수 있다.
5. 국토교통부장관 또는 지적소관청은 2.에 따른 연속지적도의 관리·정비 및 4.에 따른 연속지적도 정보관리체계의 구축·운영에 관한 업무를 대통령령으로 정하는 법인, 단체 또는 기관에 위탁할 수 있다. 이 경우 위탁관리에 필요한 경비의 전부 또는 일부를 지원할 수 있다.

예제

공간정보의 구축 및 관리 등에 관한 법령상 연속지적도의 관리 등에 관한 설명으로 옳은 것은? 제36회

① 지적소관청은 연속지적도의 관리 및 정비에 관한 정책을 수립·시행하여야 한다.
② 지적소관청은 지적도·임야도에 등록된 사항에 대하여 토지의 이동 또는 오류사항을 정비한 때에는 이를 연속지적도에 반영하여야 한다.
③ 시·도지사는 지적소관청의 연속지적도 정비에 필요한 경비의 전부 또는 일부를 지원하여야 한다.
④ 시·도지사는 연속지적도를 체계적으로 관리하기 위하여 연속지적도 정보관리체계를 구축·운영하여야 한다.
⑤ 시·도지사는 연속지적도 정보관리체계의 구축·운영에 관한 업무를 한국국토정보공사에 위탁하여야 한다.

해설 ① 지적소관청이 아닌 국토교통부장관이 연속지적도의 관리 및 정비에 관한 정책을 수립·시행하여야 한다.
③ 국토교통부장관은 지적소관청의 연속지적도 정비에 필요한 경비의 전부 또는 일부를 지원하여야 한다.
④ 국토교통부장관은 연속지적도를 체계적으로 관리하기 위하여 연속지적도 정보관리체계를 구축·운영하여야 한다.
⑤ 국토교통부장관 또는 지적소관청은 연속지적도의 관리·정비 및 연속지적도 정보관리체계의 구축·운영에 관한 업무를 대통령령으로 정하는 법인, 단체 또는 기관에 위탁할 수 있다. 이 경우 위탁관리에 필요한 경비의 전부 또는 일부를 지원할 수 있다.   **정답** ②

📌 **일람도**

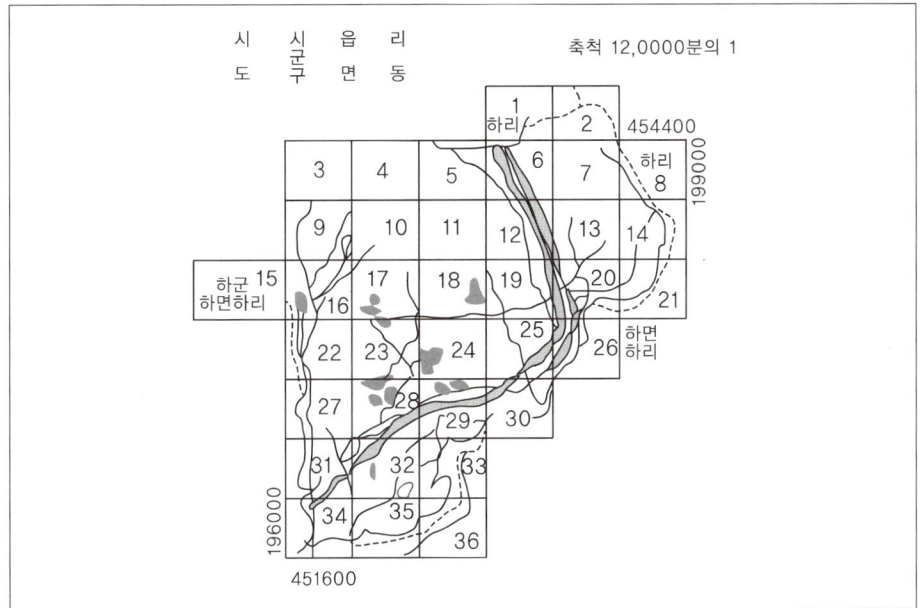

📌 **지적도면의 색인도**

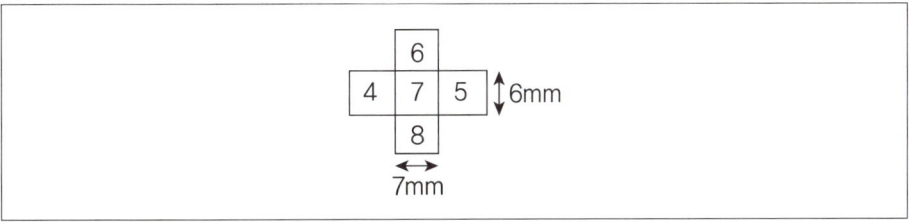

② 지적공부의 종류 및 등록사항 제31회, 제32회, 제33회, 제35회, 제36회

1. 토지대장 및 임야대장

(1) 의의

① 토지의 소재 · 지번 · 지목 · 면적 · 소유자 · 고유번호 등을 등록한 지적공부로서 1912년 '토지조사령'에 따른 토지조사사업의 결과로 작성된 장부가 토지대장이고, 1918년 '임야조사령'에 따른 임야조사사업의 결과로 작성된 장부가 임야대장이다.

② 우리나라의 토지대장 · 임야대장은 1필지의 토지를 중심으로 한 물적 편성주의(토지소재지 중심)를 채택하고 있다.

Tip 👆
1. 소재와 지번은 모든 지적공부에 등록한다.
2. 면적, 토지이동사유, 개별공시지가 등은 지적공부 중에서는 토지대장과 임야대장에만 등록한다.
3. 토지대장·임야대장에는 경계와 좌표는 등록하지 않는다.

(2) 등록사항

토지대장 및 임야대장에는 다음 사항을 각각 등록한다(법 제71조 제1항, 규칙 제68조 제2항).

① 토지의 소재: 지번부여지역인 동·리의 행정구역을 기재한다.
② 지번: 아라비아 숫자로 기재하며, 임야대장의 지번은 숫자 앞에 '산'자를 붙인다.
③ 지목: 지목의 코드번호와 정식명칭을 기재한다[예 (03)과수원, (27)묘지].
④ 면적: m^2 단위로 등록한다.
⑤ 소유자의 성명 또는 명칭·주소·주민등록번호(소유자가 국가, 지방자치단체, 법인, 법인 아닌 사단이나 재단 및 외국인인 경우에는「부동산등기법」에 따라 부여된 부동산등기용 등록번호를 말한다)
⑥ 고유번호: 각 필지를 서로 구별하기 위하여 필지마다 개별적으로 붙이는 19자리의 고유한 번호를 말한다. 토지의 고유번호는 지적업무의 전산처리와 토지의 분류·색출을 용이하게 하는 역할을 한다.
⑦ 지적도 또는 임야도의 번호와 필지별 대장의 장번호 및 축척
⑧ 토지의 이동사유: 토지이동이 있는 경우 토지이동사유코드, 토지이동연월일 및 그 사유를 등록한다. 이러한 '사유'란은 토지대장, 임야대장에서만 볼 수 있다.
⑨ 토지소유자가 변경된 날과 그 원인
⑩ 토지등급 또는 기준수확량등급과 그 설정·수정연월일
⑪ 개별공시지가와 그 기준일: 매년 1월 1일을 그 기준일로 한다.
⑫ 그 밖에 국토교통부장관이 정하는 사항

기출 📑 토지대장·임야대장·공유지연명부·대지권등록부에는 토지소유자가 변경된 날과 그 원인을 등록한다.
제31회

🔖 고유번호 구성체계

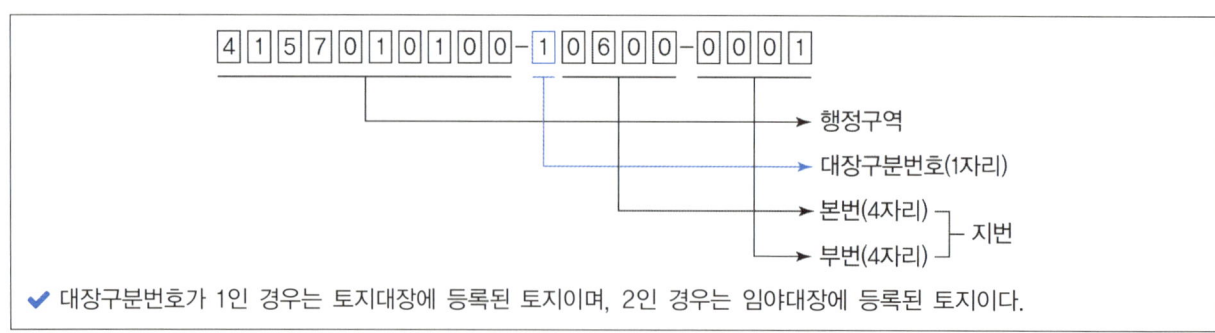

✓ 대장구분번호가 1인 경우는 토지대장에 등록된 토지이며, 2인 경우는 임야대장에 등록된 토지이다.

토지대장 견본

고유번호	4157010100-10600-0000		토지대장	도면번호	8
토지소재	경기도 김포시 북변동			장번호	1-1
지번	600	축척 1:1200		비고	

토지표시				소유자		
지목	면적(m²)	사유		변동일자	주소	
				변동원인	성명 또는 명칭	등록번호
(01) 전	1960	(40)2005년 05월 13일 지목변경		2013년 03월 14일	김포대로 926번길 88-36, 701동 901호 (북변동, 풍년마을)	
				(04)주소변경	오재미	530310-1******
		--- 이하 여백 ---			--- 이하 여백 ---	

등급수정 연월일	1984.7.1. 수정	1986.8.1. 수정	1989.5.1. 수정	1991.1.1. 수정	1991.6.1. 수정	1992.1.1. 수정	1993.1.1. 수정	1994.1.1. 수정
토지등급 (기준수확량등급)	112 ( )	115 ( )	117 ( )	122 ( )	126 ( )	130 ( )	133 ( )	136 ( )
개별공시지가 기준일	2010년 1월 1일	2011년 1월 1일	2012년 1월 1일	2013년 1월 1일	2014년 1월 1일	2015년 1월 1일	2016년 1월 1일	용도지역 등
개별공시지가 (원/m²)	133000	144000	160000	176000	181900	187000	192500	

토지대장에 의하여 작성한 등본입니다.

2016년 10월 27일

경기도 김포시장

* 위 견본은 실제 양식과 차이가 있을 수 있으며, 학습목적으로 가공된 것으로서 모두 실제 내용이 아닙니다.

임야대장 견본

고유번호	4374034028-20123-0002				도면번호	2
토지소재	충청북도 영동군 매곡면 어촌리			**임야대장**	장번호	1-1
지번	산 123-2	축척	1 : 6000		비고	

토지표시			소유자		
지목	면적(m^2)	사유	변동일자	주소	
			변동원인	성명 또는 명칭	등록번호
(05) 임야	3948	(21) 1996년 10월 4일 산 123번에서 분할	1970년 7월 7일	서울시 은평구 응암동 123	
			(02) 소유권보존	김철수	430728-1*
		-- 이하 여백 --	2018년 11월 2일	경기도 김포시 김포대로 926번길 46 701동 801호(북변동, 풍년마을)	
			(03) 소유권이전	김정환	090325-1*

등급수정 연월일	1994년 1월 1일 수정						
토지등급 (기준수확량등급)	56						
개별공시지가 기준일	2012년 1월 1일	2013년 1월 1일	2014년 1월 1일	2015년 1월 1일	2016년 1월 1일	2017년 1월 1일	2018년 1월 1일	용도지역 등
개별공시지가 (원/m^2)	309	327	342	360	378	378	396	

임야대장에 의하여 작성한 열람본입니다.

2018년 11월 11일

충청북도 영동군수

* 위 견본은 실제 양식과 차이가 있을 수 있으며, 학습목적으로 가공된 것으로서 모두 실제 내용이 아닙니다.

2. 공유지연명부

(1) 의의

1필지에 대한 토지소유자가 둘 이상인 경우에 소유권 지분 등을 보다 효율적으로 등록·관리하기 위하여 토지대장·임야대장과는 별도로 공유지연명부를 작성한다.

(2) 등록사항(법 제71조 제2항, 규칙 제68조 제3항)

① 토지의 소재
② 지번
③ 소유권 지분
④ 소유자의 성명 또는 명칭, 주소 및 주민등록번호
⑤ 토지의 고유번호
⑥ 필지별 공유지연명부의 장번호
⑦ 토지소유자가 변경된 날과 그 원인

(3) 특징

① 토지대장·임야대장 소유자란에는 각 소유자별 지분을 바로 기록하지 않고 '○○○ 외 ○명'이라고만 기록하고, 공유지연명부에는 소유자들의 성명, 주소, 주민등록번호와 지분, 각 토지소유자가 변경된 날과 그 원인 등을 기록한다.
② 공유지연명부에는 해당 토지의 지목, 면적, 경계 또는 좌표 등은 등록하지 않는다.

> **예제**
>
> 공간정보의 구축 및 관리 등에 관한 법령상 토지대장과 공유지연명부의 공통 등록사항을 모두 고른 것은?   제36회
>
> ㉠ 지번   ㉡ 토지의 이동사유   ㉢ 토지의 고유번호
> ㉣ 소유자의 성명 또는 명칭, 주소 및 주민등록번호(국가, 지방자치단체, 법인, 법인 아닌 사단이나 재단 및 외국인의 경우에는 「부동산등기법」 제49조에 따라 부여된 등록번호)
>
> ① ㉠, ㉢   ② ㉠, ㉡, ㉣
> ③ ㉠, ㉢, ㉣   ④ ㉡, ㉢, ㉣
> ⑤ ㉠, ㉡, ㉢, ㉣
>
> **해설** ㉡ 토지의 이동사유는 토지대장 등록사항이나 공유지연명부 등록사항은 아니다.   **정답** ③

📌 공유지연명부 견본

고유번호	1171010200-10007-0000		공유지연명부		장번호	1
토지소재	서울특별시 송파구 신천동	지번	7		비고	

변동일자	소유권 지분	소유자		변동일자	소유권 지분	소유자	
변동원인		주소	등록번호	변동원인		주소	등록번호
			성명 또는 명칭				성명 또는 명칭
1999년 1월 8일	1/3	메가아파트 4동 11호	350530-2019137	년 월 일			
(3) 소유권이전			이공주				
년 월 일	1/3	메가아파트 4동 15호	401010-2234713	년 월 일			
			김유민				
년 월 일	1/3	메가아파트 6동 13호	660515-1845716	년 월 일			
			최공명				
년 월 일				년 월 일			
년 월 일				년 월 일			

* 위 견본은 실제 양식과 차이가 있을 수 있으며, 학습목적으로 가공된 것으로서 모두 실제 내용이 아닙니다.

3. 대지권등록부 제33회, 제34회

(1) 의의
「부동산등기법」에 따라 대지권등기를 한 토지에 대하여 대지권등록부를 별도로 작성한다.

(2) 등록사항(법 제71조 제3항, 규칙 제68조 제4항)
① 토지의 소재
② 지번
③ 대지권 비율
④ 소유자의 성명 또는 명칭, 주소 및 주민등록번호
⑤ 토지의 고유번호
⑥ 전유부분의 건물표시
⑦ 건물의 명칭
⑧ 집합건물별 대지권등록부의 장번호
⑨ 토지소유자가 변경된 날과 그 원인
⑩ 소유권 지분

Tip 👉 전유부분의 건물표시, 건물의 명칭, 대지권의 비율은 지적공부 중에서 대지권등록부에만 등록하는 사항이다.

(3) 특징
대지권등록부는 공유지연명부의 등록사항에서 대지권의 비율, 전유부분의 건물표시, 건물의 명칭 등이 추가로 등록된다.

예제

공간정보의 구축 및 관리 등에 관한 법령상 대지권등록부의 등록사항만으로 나열된 것이 아닌 것은? 제33회
① 지번, 지목
② 토지의 소재, 토지의 고유번호
③ 대지권 비율, 전유부분(專有部分)의 건물표시
④ 소유권 지분, 토지소유자가 변경된 날과 그 원인
⑤ 건물의 명칭, 집합건물별 대지권등록부의 장번호

해설 ① 지목은 토지대장, 임야대장에는 정식명칭으로 등록하고, 지적도, 임야도에는 약식명칭으로 등록한다. 나머지 지적공부에는 지목을 등록하지 않는다. **정답** ①

📌 대지권등록부 견본

고유번호	1171010700-10140-0000		대지권등록부		전유부분의 건물의 표시	101동 4층 201호	건물명칭	메가 아파트
토지소재	서울특별시 송파구 가락동		지번	140	대지권 비율	21.07/55641	장번호	1
지번								
대지권 비율								
변동일자 변동원인	소유권 지분	소유자		변동일자 변동원인	소유권 지분	소유자		
		주소	등록번호			주소	등록번호	
			성명 또는 명칭				성명 또는 명칭	
2001년 5월 7일		메가아파트 203동 820호	660515-1845716	년 월 일				
			김대직					
년 월 일				년 월 일				
년 월 일				년 월 일				
년 월 일				년 월 일				
년 월 일				년 월 일				

* 위 견본은 실제 양식과 차이가 있을 수 있으며, 학습목적으로 가공된 것으로서 모두 실제 내용이 아닙니다.

4. 지적도 및 임야도 제35회

(1) 의의

토지대장에 등록된 토지는 지적도에, 임야대장에 등록된 토지는 임야도에 각 필지의 경계를 정하여 등록함으로써 일반인도 토지의 형태를 쉽게 알 수 있도록 하는 지적공부이다. 수치지적에 비하여 비용이 저렴하므로 전국 모든 토지에 적용된다. 특히 경계점좌표등록부를 비치하는 경우에도 지적도를 함께 비치한다.

(2) 지적도·임야도의 법정축척

① 지적도의 법정축척: 지적도에서 사용하는 축척은 1/500, 1/600, 1/1,000, 1/1,200, 1/2,400, 1/3,000, 1/6,000으로 7종 모두 사용된다.

② 임야도의 법정축척: 임야도에서 사용하는 축척은 1/3,000, 1/6,000으로 2종을 사용한다.

기출 공간정보의 구축 및 관리 등에 관한 법령상 임야도의 축척은 1/3,000과 1/6,000을 사용한다. 제32회

📌 지적도(일반지역)

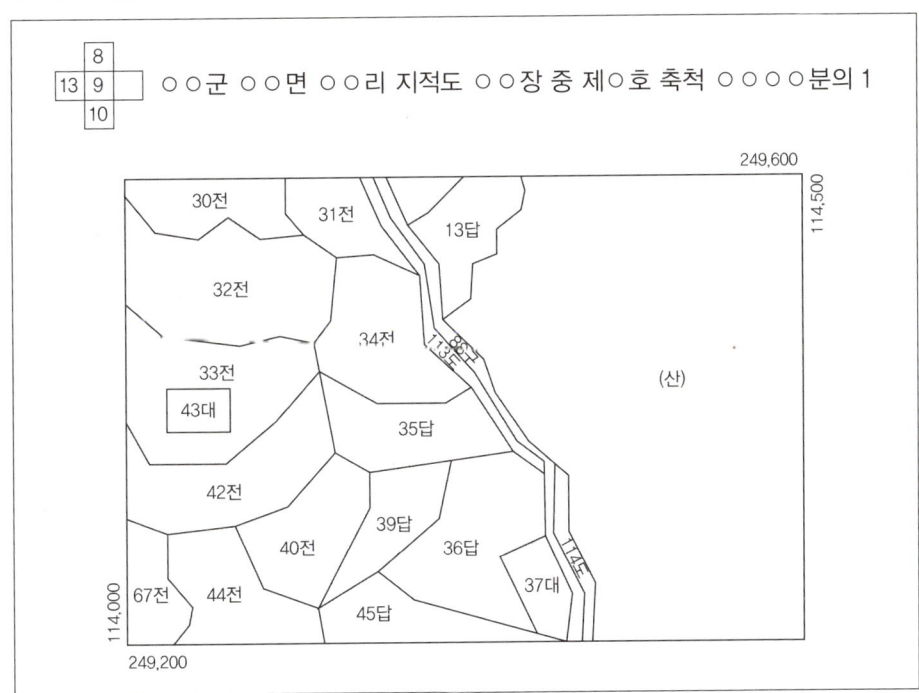

📌 임야도

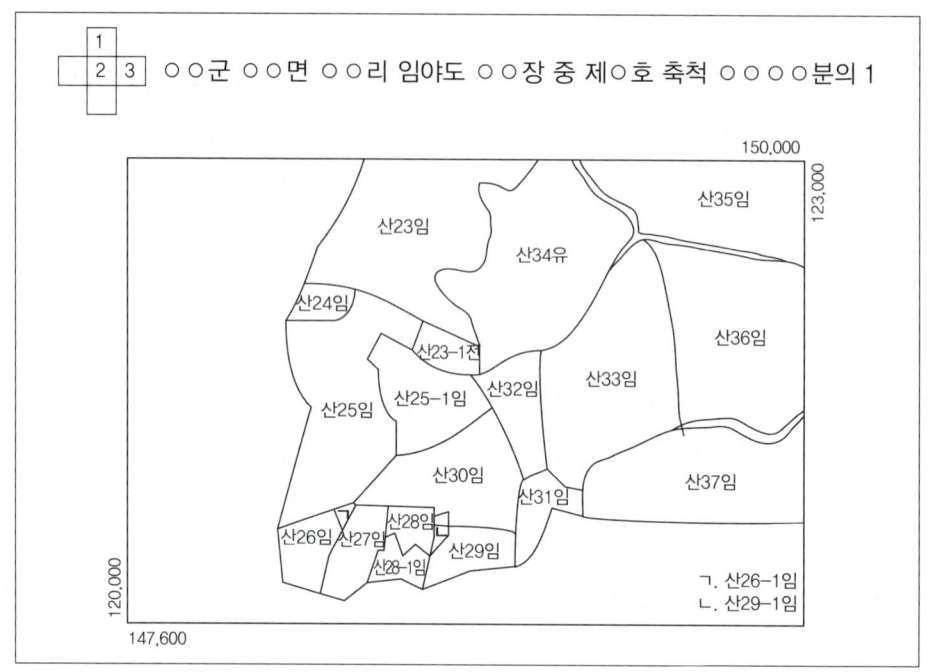

📌 지적도(경계점좌표등록부 시행지역)

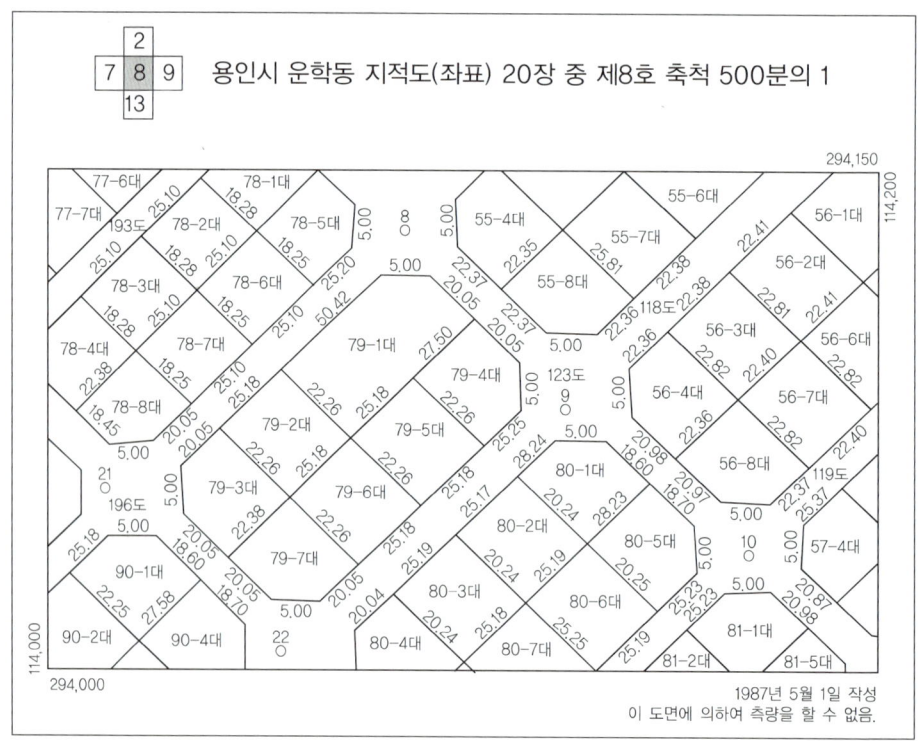

(3) 경계점좌표등록부를 비치하는 지역 내의 지적도 특징

① 도면의 제명 끝에 '(좌표)'라고 표시한다.
② 좌표에 의하여 계산된 경계점 간 실제거리를 cm 단위까지 등록한다.
③ 도곽선의 오른쪽 아래 끝에 '이 도면에 의하여 측량을 할 수 없음'이라고 기재한다.

(4) 등록사항(법 제72조, 규칙 제69조 제2항)

① 토지의 소재
② 지번: 각 필지의 경계선 안에 아라비아 숫자로 표시하고 임야도에 등록되는 필지 지번의 숫자 앞에 '산'자를 붙인다.
③ 지목: 지번 오른쪽 옆에 부호로 표시한다(예 117전, 산25임 등).
④ 경계: 각각의 굴곡점을 잇는 직선으로 표시하고 0.1mm 폭으로 제도한다.
⑤ 지적도면의 색인도: 인접도면의 연결순서를 표시하기 위하여 기재한 도표와 번호를 말하며, 도곽선의 좌측 상단에 토지의 소재 앞에 등록한다.
⑥ 지적도면의 제명 및 축척: 도곽선 윗부분 여백에 '지적도(임야도) ○○장 중 제○호 축척 ○○○분의 1'로 표시하는 것을 말한다.
⑦ 도곽선과 그 수치
  ㉠ '도곽선'이란 도면 1매의 범위를 구획하기 위한 선을 말한다. 도곽선의 규격은 지적도의 도곽선은 가로 40cm, 세로 30cm로 구획되며, 임야도의 도곽선은 대체로 가로 50cm, 세로 40cm의 직사각형으로 구획된다. 다만, 이미 사용하고 있는 도면의 도곽 크기는 이 규정에도 불구하고 종전에 구획되어 있는 도곽선과 그 수치로 한다.
  ㉡ 도곽선은 0.1mm 폭으로 제도한다.
⑧ 좌표에 의하여 계산된 경계점 간의 거리(경계점좌표등록부를 갖춰두는 지역에 한정한다): 경계점좌표등록부 시행지역의 지적도에는 각 필지별 경계점 간의 거리를 1cm 단위까지 등록한다. 그러나 경계점 간의 거리가 짧아 등록이 불가능할 경우에는 생략할 수 있다.
⑨ 삼각점 및 지적기준점의 위치
⑩ 건축물 및 구조물 등의 위치
⑪ 지적소관청의 직인: 지적도면에는 지적소관청의 직인을 날인하여야 한다. 다만, 정보처리시스템에 의하여 관리하는 지적도면의 경우에는 그러하지 아니하다(규칙 제69조 제4항).

기출 경계점좌표등록부를 비치하는 지역 안의 지적도에는 도면의 제명 끝에 '좌표'라고 표시하고 도곽선의 오른쪽 아래 끝에 '이 도면에 의하여 측량을 할 수 없음'이라고 기재하여야 한다.

Tip
1. 지적도면에는 고유번호, 토지소유자의 성명과 주소, 면적, 좌표, 부호 및 부호도, 일람도 등은 등록하지 않는다.
2. 지적도면의 등록사항으로 도곽선과 그 수치, 색인도, 삼각점 및 지적기준점의 위치, 건축물 및 구조물의 위치, 좌표에 의하여 계산된 경계점 간의 거리 등이 자주 출제된다.

5. 경계점좌표등록부 제34회

(1) 의의 및 성질

① 경계점좌표등록부란 각 필지의 단위로 경계점의 위치를 평면직각종횡선 수치(X, Y좌표)로 등록·공시하는 지적공부를 말한다. 경계점좌표등록부는 1975년 지적법 개정시 '수치지적부'라는 명칭으로 새로이 도입되었다가, 2001년 지적법 개정으로 '경계점좌표등록부'라는 명칭으로 바뀌었다.

② 경계점좌표등록부는 대장형식을 갖추고 있으나, 내용은 경계를 좌표로 표시하는 도면의 역할을 하고 있으므로 대장형식의 도면이라고 할 수 있다.

③ 경계점좌표등록부를 비치하는 지역에도 일반인이 손쉽게 토지의 면적이나 형상 등을 알 수 있도록 토지대장과 지적도를 함께 작성·비치하여야 한다.

(2) 특징

① 경계점좌표등록부는 도해지적에 비하여 정밀성이 높은 장점이 있다.

② 일반인은 표시내용을 이해하기 어렵고, 작성하는 데 고도의 기술이 요구되어 비용이 많이 발생하는 단점이 있다.

③ 경계점좌표등록부를 비치한 지역에 있어서는 토지의 경계설정과 지표상의 복원은 좌표에 의하고(지적도에 의할 수 없음), 측량은 경위의측량방법에 따른다.

(3) 작성·비치지역

경계점좌표등록부는 전국적으로 작성·비치하는 것이 아니라, 도시개발사업 등에 따라 새로이 지적공부에 등록하는 토지에 대하여 경계점좌표등록부를 작성하고 갖춰 두어야 한다(법 제73조). 경계점좌표등록부를 갖춰 두는 토지는 지적확정측량 또는 축척변경을 위한 측량을 실시하여 경계점을 좌표로 등록한 지역의 토지로 한다(규칙 제71조 제2항).

(4) 등록사항(법 제73조, 규칙 제71조 제3항)

① 토지의 소재
② 지번
③ 좌표(평면직각종횡선 수치)
④ 토지의 고유번호
⑤ 지적도면의 번호
⑥ 필지별 경계점좌표등록부의 장번호
⑦ 부호 및 부호도

Tip 경계점좌표등록부에는 지목, 면적, 토지소유자의 성명 등은 등록하지 않는다.

📌 경계점좌표등록부 견본

고유번호	4157020258-30056-0004	경계점좌표등록부	도면번호	3
토지소재	경기도 용인시 운학동		장번호	1-1
지번	56-4			

부호도	부호	좌표 X	좌표 Y	부호	좌표 X	좌표 Y
	1	458375 28	173850 27			
	2	458385 74	173855 28			
	3	458378 52	173871 45			
	4	458377 44	173870 96			
	5	458364 67	173865 22			
	6	458370 58	173861 99			

* 위 견본은 실제 양식과 차이가 있을 수 있으며, 학습목적으로 가공된 것으로서 모두 실제 내용이 아닙니다.

예제

1. 공간정보의 구축 및 관리 등에 관한 법령상 지적도 및 임야도의 등록사항을 모두 고른 것은?
   제32회

   > ㉠ 토지의 소재
   > ㉡ 좌표에 의하여 계산된 경계점 간의 거리(경계점좌표등록부를 갖춰 두는 지역으로 한정)
   > ㉢ 삼각점 및 지적기준점의 위치
   > ㉣ 건축물 및 구조물 등의 위치
   > ㉤ 도곽선(圖廓線)과 그 수치

   ① ㉠, ㉢, ㉣
   ② ㉡, ㉢, ㉤
   ③ ㉡, ㉣, ㉤
   ④ ㉠, ㉡, ㉢, ㉤
   ⑤ ㉠, ㉡, ㉢, ㉣, ㉤

   해설 ㉠㉡㉢㉣㉤ 모두 도면(지적도 및 임야도)의 등록사항으로 규정하고 있다.

   > **지적도 등의 등록사항(법 제72조)**
   > 지적도 및 임야도에는 다음의 사항을 등록하여야 한다.
   > 1. 토지의 소재
   > 2. 지번
   > 3. 지목
   > 4. 경계
   > 5. 지적도면의 색인도(인접도면의 연결 순서를 표시하기 위하여 기재한 도표와 번호를 말한다)
   > 6. 지적도면의 제명 및 축척
   > 7. 도곽선(圖廓線)과 그 수치
   > 8. 좌표에 의하여 계산된 경계점 간의 거리(경계점좌표등록부를 갖춰 두는 지역으로 한정한다)
   > 9. 삼각점 및 지적기준점의 위치
   > 10. 건축물 및 구조물 등의 위치
   > 11. 그 밖에 국토교통부장관이 정하는 사항

   정답 ⑤

2. 공간정보의 구축 및 관리 등에 관한 법령상 대지권등록부와 경계점좌표등록부의 공통 등록사항을 모두 고른 것은? 제34회

> ㉠ 지번
> ㉡ 소유자의 성명 또는 명칭
> ㉢ 토지의 소재
> ㉣ 토지의 고유번호
> ㉤ 지적도면의 번호

① ㉠, ㉢, ㉣
② ㉢, ㉣, ㉤
③ ㉠, ㉡, ㉢, ㉣
④ ㉠, ㉡, ㉢, ㉤
⑤ ㉠, ㉡, ㉣, ㉤

해설 ① 지번(㉠), 토지의 소재(㉢), 토지의 고유번호(㉣)는 대지권등록부와 경계점좌표등록부의 공통 등록사항이며, 지적도면의 번호(㉤)는 경계점좌표등록부에는 등록하고 대지권등록부에는 등록되지 않는다. 소유자의 성명 또는 명칭(㉡)은 대지권등록부의 등록사항이고 경계점좌표등록부에는 등록하지 않는다. **정답** ①

3. 공간정보의 구축 및 관리 등에 관한 법령상 지적도와 임야도의 축척 중에서 공통된 것으로 옳은 것은? 제35회

① 1/1,200, 1/2,400
② 1/1,200, 1/3,000
③ 1/2,400, 1/3,000
④ 1/2,400, 1/6,000
⑤ 1/3,000, 1/6,000

해설 임야도는 1/3,000, 1/6,000의 두가지 축척만을 사용하고 지적도는 1/500, 1/600, 1/1,000, 1/1,200, 1/2,400, 1/3,000, 1/6,000의 7가지 축척을 모두 사용한다. 그러므로 공통으로 사용하는 축척은 1/3,000과 1/6,000이다. **정답** ⑤

4. 공간정보의 구축 및 관리 등에 관한 법령상 경계점좌표등록부를 갖춰 두는 지역의 지적공부 및 토지의 등록 등에 관한 설명으로 틀린 것은? 제28회

① 지적도에는 해당 도면의 제명 앞에 '(수치)'라고 표시하여야 한다.
② 지적도에는 도곽선의 오른쪽 아래 끝에 '이 도면에 의하여 측량을 할 수 없음'이라고 적어야 한다.
③ 토지면적은 m^2 이하 한 자리 단위로 결정하여야 한다.
④ 면적측정방법은 좌표면적계산법에 의한다.
⑤ 경계점좌표등록부를 갖춰 두는 토지는 지적확정측량 또는 축척변경을 위한 측량을 실시하여 경계점을 좌표로 등록한 지역의 토지로 한다.

해설 ① 도면의 제명 끝에 '(좌표)'라고 표시하여야 한다. **정답** ①

5. 공간정보의 구축 및 관리 등에 관한 법령상 지적공부와 등록사항의 연결이 옳은 것은? 제31회

　① 토지대장 – 경계와 면적
　② 임야대장 – 건축물 및 구조물 등의 위치
　③ 공유지연명부 – 소유권 지분과 토지의 이동사유
　④ 대지권등록부 – 대지권 비율과 지목
　⑤ 토지대장·임야대장·공유지연명부·대지권등록부 – 토지소유자가 변경된 날과 그 원인

> **해설** ① 토지대장에는 경계를 등록하지 않는다.
> ② 건축물 및 구조물의 위치는 지적도나 임야도에만 등록한다.
> ③ 토지의 이동사유는 토지대장과 임야대장에만 등록한다.
> ④ 지목은 대지권등록부에 등록하지 않고 토지대장 및 임야대장, 지적도 및 임야도에만 등록한다.
> **정답 ⑤**

6. 공간정보의 구축 및 관리 등에 관한 법령상 지적공부와 등록사항의 연결이 옳은 것은? 제35회

　① 토지대장 – 지목, 면적, 경계
　② 경계점좌표등록부 – 지번, 토지의 고유번호, 지적도면의 번호
　③ 공유지연명부 – 지번, 지목, 소유권 지분
　④ 대지권등록부 – 좌표, 건물의 명칭, 대지권 비율
　⑤ 지적도 – 삼각점 및 지적기준점의 위치, 도곽선(圖廓線)과 그 수치, 부호 및 부호도

> **해설** ① 토지대장에는 경계를 등록하지 않는다.
> ③ 공유지연명부에는 지목을 등록하지 않는다.
> ④ 대지권등록부에는 좌표를 등록하지 않는다.
> ⑤ 지적도에는 부호 및 부호도를 등록하지 않는다.
> **정답 ②**

메타인지 학습체크 제1절 지적공부의 의의 및 종류

01 도면에는 소재, 지번, 지목, [① 면적 / ② 경계]은(는) 등록되나, 소유자에 관한 사항은 등록되지 아니한다.

02 좌표에 의하여 계산한 경계점 간의 거리는 경계점좌표등록부를 갖춰 두는 지역의 [① 지적도 및 임야도 / ② 토지대장 및 임야대장]의 등록사항이다.

03 경계점좌표등록부에는 [① 면적, 소유자의 성명 등 / ② 좌표, 부호 및 부호도]이(가) 등록된다.

04 대지권의 비율과 전유부분의 건물표시는 [① 대지권등록부 / ② 공유지연명부]에 등록된다.

05 대지권등록부와 경계점좌표등록부에는 [① 고유번호 / ② 지적도면의 번호]가 공통으로 등록된다.

06 토지대장과 공유지연명부에는 [① 토지의 이동사유 / ② 소유자의 성명]이(가) 공통으로 등록된다.

정답

01 ②　**02** ①　**03** ②　**04** ①　**05** ①　**06** ②

제2절 | 지적공부 등의 관리와 지적전산자료

제30회, 제33회

알아두기

1. **지적공부의 보관·관리 및 지적공부의 복구**: 지적서고의 지적공부가 멸실된 경우에는 지적소관청이, 정보처리시스템으로 기록·저장된 지적공부가 멸실된 경우에는 시·도지사, 시장·군수·구청장이 지체 없이 복구하여야 한다.
2. **지적전산자료의 이용**: 지적전산자료를 이용하고자 하는 자는 관계 중앙행정기관의 심사를 받아 이용하려는 범위에 따라 국토교통부장관이나 시·도지사 또는 지적소관청에게 신청하여야 한다.
3. **부동산종합공부**: 부동산의 종합적 이용·관리를 위하여 부동산종합공부를 지적소관청이 관리·운영한다. 부동산종합공부에는 토지뿐만 아니라 건물의 표시와 소유자, 이용규제에 관한 사항, 개별공시지가 등을 등록한다.

지적공부와 부동산종합공부의 관리, 지적전산자료의 이용절차

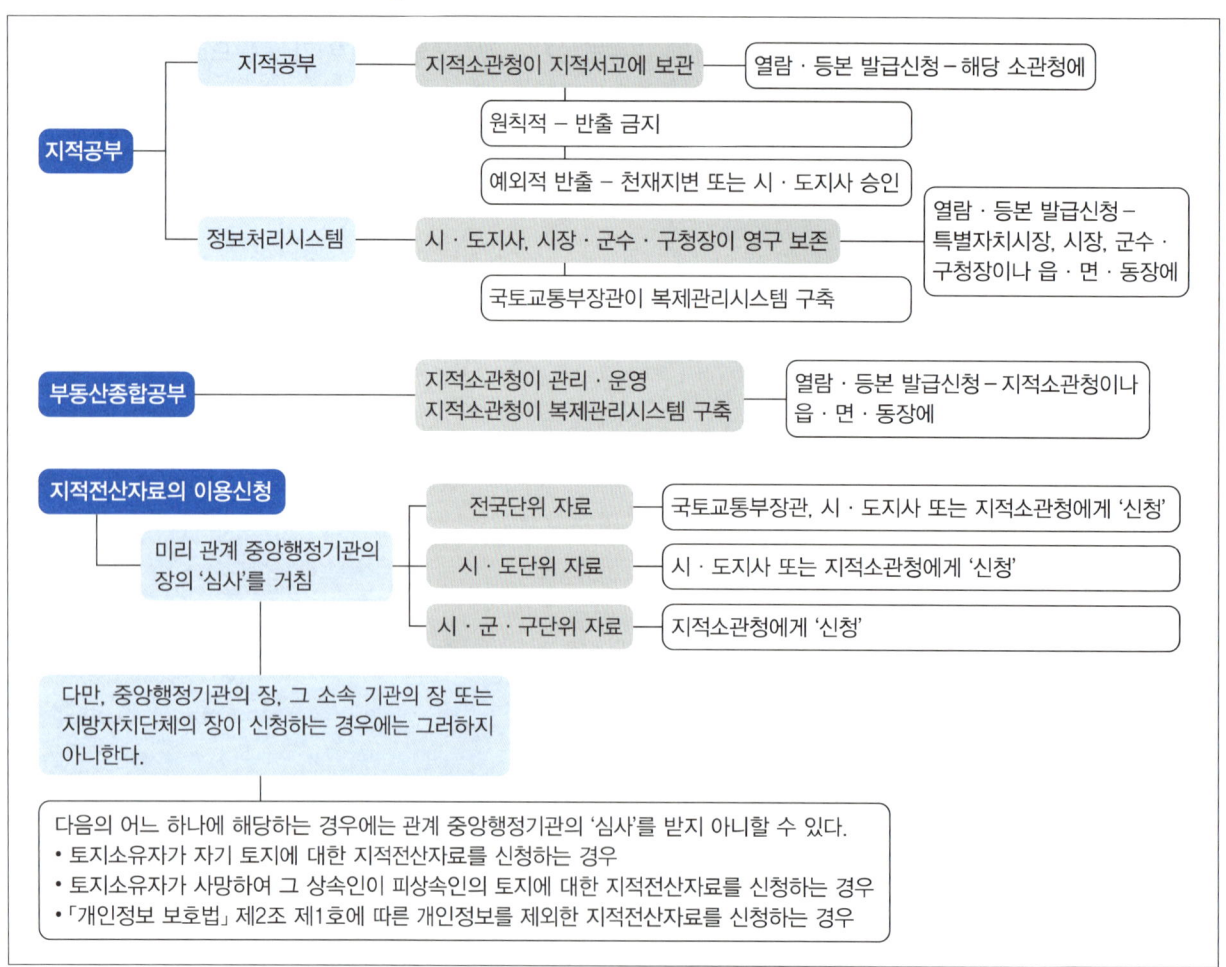

1 지적공부의 관리 제31회, 제32회

1. 지적서고에 보관하는 지적공부

(1) 보존

지적소관청은 해당 청사에 지적서고를 설치하고 그곳에 지적공부를 영구히 보존하여야 한다(법 제69조 제1항). 지적서고는 제한구역으로 지정하고, 출입자를 지적사무담당공무원으로 한정하여야 한다(규칙 제65조 제3항 제1호). 지적서고에는 지적공부, 지적관계서류 및 지적측량장비만 보관하여야 한다(규칙 제65조 제3항 제2호).

(2) 반출

지적서고에 보관하는 지적공부는 해당 청사 밖으로 반출하지 못하는 것이 원칙이나, 다음과 같은 경우에는 예외적으로 해당 청사 밖으로 반출할 수 있다(법 제69조 제1항).
① 천재지변이나 그 밖에 이에 준하는 재난을 피하기 위하여 필요한 경우
② 관할 시·도지사 또는 대도시 시장의 승인을 받은 경우

2. 정보처리시스템을 통하여 기록·저장하는 지적공부

(1) 보존

지적공부를 정보처리시스템을 통하여 기록·저장한 경우 관할 시·도지사, 시장·군수 또는 구청장은 그 지적공부를 지적정보관리체계에 영구히 보존하여야 한다(법 제69조 제2항).

(2) 복제관리시스템 구축

국토교통부장관은 위 (1)에 따라 보존하여야 하는 지적공부가 멸실되거나 훼손될 경우를 대비하여 지적공부를 복제하여 관리하는 정보관리체계를 구축하여야 한다(법 제69조 제3항).

기출 지적소관청은 해당 청사에 지적서고를 설치하고 그곳에 지적공부(정보처리시스템을 통하여 기록·저장한 경우는 제외한다)를 영구히 보존하여야 한다.

기출 지적소관청은 천재지변이나 그 밖에 이에 준하는 재난을 피하기 위하여 필요한 경우에는 지적공부를 해당 청사 밖으로 반출할 수 있다. 제32회

기출 지적서고는 지적사무를 처리하는 사무실과 연접(連接)하여 설치하여야 한다. 제32회

기출 지적공부를 정보처리시스템을 통하여 기록·저장한 경우 관할 시·도지사, 시장·군수 또는 구청장은 그 지적공부를 지적정보관리체계에 영구히 보존하여야 한다. 제32회

기출 카드로 된 토지대장·임야대장 등은 100장 단위로 바인더(binder)에 넣어 보관하여야 한다. 제32회

> **예제**
>
> 공간정보의 구축 및 관리 등에 관한 법령상 지적공부의 보존 등에 관한 설명으로 옳은 것을 모두 고른 것은?   제32회
>
> > ㉠ 지적서고는 지적사무를 처리하는 사무실과 연접(連接)하여 설치하여야 한다.
> > ㉡ 지적소관청은 천재지변이나 그 밖에 이에 준하는 재난을 피하기 위하여 필요한 경우에는 지적공부를 해당 청사 밖으로 반출할 수 있다.
> > ㉢ 지적공부를 정보처리시스템을 통하여 기록·저장한 경우 관할 시·도지사, 시장·군수 또는 구청장은 그 지적공부를 지적정보관리체계에 영구히 보존하여야 한다.
> > ㉣ 카드로 된 토지대장·임야대장 등은 200장 단위로 바인더(binder)에 넣어 보관하여야 한다.
>
> ① ㉠, ㉢
> ② ㉡, ㉣
> ③ ㉢, ㉣
> ④ ㉠, ㉡, ㉢
> ⑤ ㉠, ㉡, ㉣
>
> **해설** ㉣ 카드로 된 토지대장·임야대장 등은 100장 단위로 바인더(binder)에 넣어 보관하여야 한다.
>
> > 규칙 제66조【지적공부의 보관방법 등】① 부책(簿冊)으로 된 토지대장·임야대장 및 공유지연명부는 지적공부 보관상자에 넣어 보관하고, 카드로 된 토지대장·임야대장·공유지연명부·대지권등록부 및 경계점좌표등록부는 100장 단위로 바인더(binder)에 넣어 보관하여야 한다.
>
> 정답 ④

3. 지적공부의 열람 및 등본 발급

(1) 지적공부를 열람하거나 그 등본을 발급받으려는 자는 해당 지적소관청에 이를 신청하여야 한다(법 제75조).

(2) 다만, 정보처리시스템을 통하여 기록·저장된 지적공부(지적도 및 임야도는 제외한다)를 열람하거나 그 등본을 발급받으려는 경우에는 특별자치시장·시장·군수 또는 구청장이나 읍·면·동의 장에게 신청할 수 있다.

> **예제**
>
> 공간정보의 구축 및 관리 등에 관한 법령상 지적공부의 열람 및 등본 발급, 부동산종합공부의 등록사항 및 열람·증명서 발급 등에 관한 설명으로 틀린 것은? 제30회
>
> ① 정보처리시스템을 통하여 기록·저장된 지적공부(지적도 및 임야도는 제외한다)를 열람하거나 그 등본을 발급받으려는 경우에는 시·도지사, 시장·군수 또는 구청장이나 읍·면·동의 장에게 신청할 수 있다.
> ② 지적소관청은 부동산종합공부에 「공간정보의 구축 및 관리 등에 관한 법률」에 따른 지적공부의 내용에서 토지의 표시와 소유자에 관한 사항을 등록하여야 한다.
> ③ 부동산종합공부를 열람하거나 부동산종합공부 기록사항에 관한 증명서를 발급받으려는 자는 지적공부·부동산종합공부 열람·발급 신청서(전자문서로 된 신청서를 포함한다)를 지적소관청 또는 읍·면·동장에게 제출하여야 한다.
> ④ 지적소관청은 부동산종합공부에 「토지이용규제 기본법」 제10조에 따른 토지이용계획확인서의 내용에서 토지의 이용 및 규제에 관한 사항을 등록하여야 한다.
> ⑤ 지적소관청은 부동산종합공부에 「건축법」 제38조에 따른 건축물대장의 내용에서 건축물의 표시와 소유자에 관한 사항(토지에 건축물이 있는 경우만 해당한다)을 등록하여야 한다.
>
> **해설** ① 정보처리시스템을 통하여 기록·저장된 지적공부(지적도 및 임야도는 제외한다)를 열람하거나 그 등본을 발급받으려는 경우에는 특별자치시장, 시장·군수 또는 구청장이나 읍·면·동의 장에게 신청할 수 있다. 즉, 시·도지사에게 신청하는 것은 아니다. **정답** ①

2 지적공부의 복구 제31회

1. 의의

지적공부의 복구란 지적소관청(정보처리시스템에 의하여 기록·저장된 지적공부의 경우에는 시·도지사, 시장·군수 또는 구청장)이 지적공부의 전부 또는 일부가 멸실되거나 훼손된 경우에 멸실·훼손 당시의 지적공부와 가장 부합된다고 인정되는 관계자료에 따라 지적공부를 다시 복원하는 것을 말한다(법 제74조, 영 제61조 제1항 본문).

기출 지적소관청(정보처리시스템을 통하여 기록·저장한 지적공부의 경우에는 시·도지사, 시장·군수 또는 구청장)은 지적공부의 전부 또는 일부가 멸실되거나 훼손된 경우에는 지체 없이 이를 복구하여야 한다. 제31회

2. 복구자료 제33회, 제35회

(1) 토지의 표시에 관한 사항(영 제61조 제1항 본문, 규칙 제72조)

① 지적공부의 등본
② 측량결과도
③ 토지이동정리결의서
④ 토지(건물)등기사항증명서 등 등기사실을 증명하는 서류

Tip 개별공시지가 자료, 측량신청서 및 측량준비도, 토지이용계획확인서, 지적측량수행계획서, 지적측량의뢰서 등은 복구자료가 아니다.

⑤ 지적소관청이 작성하거나 발행한 지적공부의 등록내용을 증명하는 서류
⑥ 정보처리시스템에 따라 복제된 지적공부
⑦ 법원의 확정판결서 정본 또는 사본

(2) 소유자에 관한 사항(영 제61조 제1항 단서)

소유자에 관한 사항은 부동산등기부나 법원의 확정판결에 의하여 복구하여야 한다.

3. 복구절차

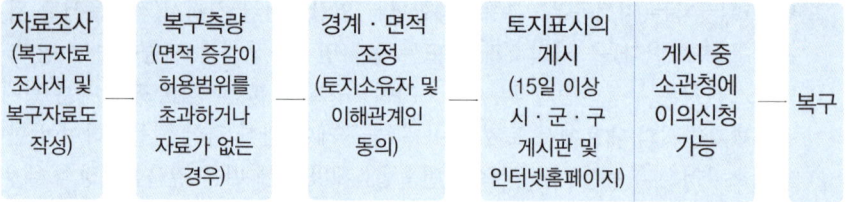

(1) 복구자료의 조사

지적소관청은 지적공부를 복구하려는 경우에는 복구자료를 조사하여야 한다(규칙 제73조 제1항).

(2) 지적복구자료조사서 및 복구자료도 작성

지적소관청은 조사된 복구자료 중 토지대장·임야대장 및 공유지연명부의 등록내용을 증명하는 서류 등에 따라 지적복구자료조사서를 작성하고, 지적도면의 등록내용을 증명하는 서류 등에 따라 복구자료도를 작성하여야 한다(규칙 제73조 제2항).

(3) 복구측량

작성된 복구자료도에 따라 측정한 면적과 지적복구자료조사서의 조사된 면적의 증감이 허용범위를 초과하거나 복구자료도를 작성할 복구자료가 없는 경우에는 복구측량을 하여야 한다(규칙 제73조 제3항).

(4) 경계 또는 면적 등의 조정

복구측량을 한 결과가 복구자료와 부합하지 아니한 때에는 토지소유자 및 이해관계인의 동의를 얻어 경계 또는 면적 등을 조정할 수 있다. 이 경우 경계를 조정한 때에는 경계점표지를 설치하여야 한다(규칙 제73조 제5항).

(5) 토지의 표시 등의 게시

① 지적소관청은 복구자료의 조사 또는 복구측량 등이 완료되어 지적공부를 복구하려는 경우에는 복구하려는 토지의 표시 등을 시·군·구의 게시판 및 인터넷 홈페이지에 15일 이상 게시하여야 한다(규칙 제73조 제6항).

② 복구하려는 토지의 표시 등에 이의가 있는 자는 게시기간 내에 지적소관청에 이의신청을 할 수 있다.

(6) 대장 및 지적도면의 복구

① 지적소관청은 게시 및 이의신청을 이행한 때에는 지적복구자료조사서·복구자료도 또는 복구측량결과도 등에 따라 토지대장·임야대장·공유지연명부 또는 지적도면을 복구하여야 한다(규칙 제73조 제8항).

② 토지대장·임야대장 또는 공유지연명부는 복구되고 지적도면이 복구되지 아니한 토지가 축척변경 시행지역이나 도시개발사업 등의 시행지역에 편입된 때에는 지적도면을 복구하지 아니할 수 있다(규칙 제73조 제9항).

Tip 복구 전에는 15일 이상 게시, 복구 후 토지소유자에게 통지(등록한 날부터 7일, 등기완료통지서를 접수한 날부터 15일)

예제

1. 공간정보의 구축 및 관리 등에 관한 법령상 지적공부(정보처리시스템을 통하여 기록·저장한 경우는 제외)의 복구에 관한 설명으로 틀린 것은? 제28회

   ① 지적소관청은 지적공부의 전부 또는 일부가 멸실되거나 훼손된 경우에는 지체 없이 이를 복구하여야 한다.
   ② 지적공부를 복구할 때 소유자에 관한 사항은 부동산등기부나 법원의 확정판결에 따라 복구하여야 한다.
   ③ 토지이동정리결의서는 지적공부의 복구에 관한 관계자료에 해당한다.
   ④ 복구자료도에 따라 측정한 면적과 지적복구자료조사서의 조사된 면적의 증감이 허용범위를 초과하는 경우에는 복구측량을 하여야 한다.
   ⑤ 지적소관청이 지적공부를 복구하려는 경우에는 해당 토지의 소유자에게 지적공부의 복구신청을 하도록 통지하여야 한다.

   해설 ⑤ 지적소관청이 관계자료로 복구하여야 한다. 즉, 토지소유자의 신청에 의한 복구절차는 지적법 규정에 존재하지 않는다. **정답** ⑤

2. 공간정보의 구축 및 관리 등에 관한 법령상 지적공부의 복구에 관한 관계 자료에 해당하는 것을 모두 고른 것은? 제35회

> ㉠ 측량 결과도
> ㉡ 법원의 확정판결서 정본 또는 사본
> ㉢ 토지(건물)등기사항증명서 등 등기사실을 증명하는 서류
> ㉣ 지적소관청이 작성하거나 발행한 지적공부의 등록내용을 증명하는 서류

① ㉠, ㉡
② ㉡, ㉢
③ ㉢, ㉣
④ ㉡, ㉢, ㉣
⑤ ㉠, ㉡, ㉢, ㉣

해설 ㉠㉡㉢㉣ 모두 지적공부의 복구에 관한 관계 자료에 해당한다. **정답** ⑤

3 부동산종합공부 제30회, 제32회, 제33회, 제36회

1. 부동산종합공부의 의의

'부동산종합공부'란 토지의 표시와 소유자에 관한 사항, 건축물의 표시와 소유자에 관한 사항, 토지의 이용 및 규제에 관한 사항, 부동산의 가격에 관한 사항 등 부동산에 관한 종합정보를 정보관리체계를 통하여 기록·저장한 것을 말한다(법 제2조 제19호의3).

2. 부동산종합공부의 관리·운영(법 제76조의2)

(1) 지적소관청은 부동산의 효율적 이용과 부동산과 관련된 정보의 종합적 관리·운영을 위하여 부동산종합공부를 관리·운영한다.

(2) 지적소관청은 부동산종합공부를 영구히 보존하여야 하며, 부동산종합공부의 멸실 또는 훼손에 대비하여 이를 별도로 복제하여 관리하는 정보관리체계를 구축하여야 한다.

(3) 부동산종합공부의 등록사항을 관리하는 기관의 장은 지적소관청에 상시적으로 관련 정보를 제공하여야 한다.

(4) 지적소관청은 부동산종합공부의 정확한 등록 및 관리를 위하여 필요한 경우에는 부동산종합공부의 등록사항을 관리하는 기관의 장에게 관련 자료의 제출을 요구할 수 있다. 이 경우 자료의 제출을 요구받은 기관의 장은 특별한 사유가 없으면 자료를 제공하여야 한다.

기출 지적소관청은 부동산종합공부를 영구히 보존하여야 하며, 부동산종합공부의 멸실 또는 훼손에 대비하여 이를 별도로 복제하여 관리하는 정보관리체계를 구축하여야 한다. 제32회

(5) 지적소관청은 부동산종합공부의 등록사항 정정을 위하여 등록사항 상호간에 일치하지 아니하는 사항(이하 '불일치 등록사항'이라 한다)을 확인 및 관리하여야 한다.

3. 부동산종합공부의 등록사항(법 제76조의3)

지적소관청은 부동산종합공부에 다음의 사항을 등록하여야 한다.

(1) 토지의 표시와 소유자에 관한 사항은 이 법에 따른 지적공부의 내용
(2) 건축물의 표시와 소유자에 관한 사항(토지에 건축물이 있는 경우만 해당한다)은 「건축법」 제38조에 따른 건축물대장의 내용
(3) 토지의 이용 및 규제에 관한 사항은 「토지이용규제 기본법」 제10조에 따른 토지이용계획확인서의 내용
(4) 부동산의 가격에 관한 사항은 「부동산 가격공시에 관한 법률」 제10조에 따른 개별공시지가, 같은 법 제16조, 제17조 및 제18조에 따른 개별주택가격 및 공동주택가격 공시내용
(5) 그 밖에 부동산의 효율적 이용과 부동산과 관련된 정보의 종합적 관리·운영을 위하여 필요한 사항으로서 대통령령으로 정하는 사항은 「부동산등기법」 제48조에 따른 부동산의 권리에 관한 사항

4. 부동산종합공부의 열람 및 증명서 발급(법 제76조의4)

부동산종합공부를 열람하거나 부동산종합공부 기록사항의 전부 또는 일부에 관한 증명서(이하 '부동산종합증명서'라 한다)를 발급받으려는 자는 지적소관청이나 읍·면·동의 장에게 신청할 수 있다.

> **참고** 지적공부의 열람 및 등본 발급
>
> 1. 지적공개주의 원칙에 따라 누구든지 수수료를 납부하고 일정한 절차에 따라 지적공부를 열람하거나 그 등본을 발급받을 수 있다.
> 2. 지적공부를 열람하거나 그 등본을 발급받으려는 자는 해당 지적소관청에 이를 신청하여야 하는데(법 제75조 제1항 본문), 지적공부열람·등본교부 신청서(전자문서로 된 신청서를 포함한다)를 지적소관청 또는 읍·면·동장에게 제출하여야 한다(규칙 제74조).
> 3. 다만, 정보처리시스템을 통하여 기록·저장된 지적공부(지적도 및 임야도는 제외한다)를 열람하거나 그 등본을 발급받으려는 경우에는 특별자치시장, 시장·군수 또는 구청장이나 읍·면·동의 장에게 신청할 수 있다(법 제75조 제1항 단서).

기출
1. 지적소관청은 부동산종합공부에 「공간정보의 구축 및 관리 등에 관한 법률」에 따른 지적공부의 내용에서 토지의 표시와 소유자에 관한 사항을 등록하여야 한다. 제30회
2. 지적소관청은 「건축법」 제38조에 따른 건축물대장의 내용에서 건축물의 표시와 소유자에 관한 사항(토지에 건축물이 있는 경우만 해당)을 부동산종합공부에 등록하여야 한다. 제32회
3. 지적소관청은 부동산종합공부에 「토지이용규제 기본법」 제10조에 따른 토지이용계획확인서의 내용에서 토지의 이용 및 규제에 관한 사항을 등록하여야 한다. 제30회

기출 부동산종합공부를 열람하거나 부동산종합공부 기록사항에 관한 증명서를 발급받으려는 자는 지적공부·부동산종합공부 열람·발급 신청서(전자문서로 된 신청서를 포함한다)를 지적소관청 또는 읍·면·동장에게 제출하여야 한다. 제30회

5. 부동산종합공부의 정정

부동산종합공부의 등록사항 정정에 관하여는 법 제84조(지적공부의 등록사항 정정)를 준용한다.

(1) 토지소유자는 부동산종합공부의 토지의 표시에 관한 사항(지적공부의 내용)의 등록사항에 잘못이 있음을 발견하면 지적소관청에게 그 정정을 신청할 수 있다.

(2) 지적소관청은 불일치 등록사항에 대해서는 등록사항을 관리하는 기관의 장에게 그 내용을 통지하여 등록사항 정정을 요청할 수 있다.

기출 지적소관청은 부동산종합공부의 등록사항 중 등록사항 상호간에 일치하지 아니하는 사항에 대해서는 등록사항을 관리하는 기관의 장에게 그 내용을 통지하여 등록사항 정정을 요청할 수 있다.

> **예제**
>
> 1. 공간정보의 구축 및 관리 등에 관한 법령상 부동산종합공부에 관한 설명으로 <u>틀린</u> 것은? 제32회
>   ① 지적소관청은 「건축법」 제38조에 따른 건축물대장의 내용에서 건축물의 표시와 소유자에 관한 사항(토지에 건축물이 있는 경우만 해당)을 부동산종합공부에 등록하여야 한다.
>   ② 지적소관청은 「부동산등기법」 제48조에 따른 부동산의 권리에 관한 사항을 부동산종합공부에 등록하여야 한다.
>   ③ 지적소관청은 부동산의 효율적 이용과 부동산과 관련된 정보의 종합적 관리·운영을 위하여 부동산종합공부를 관리·운영한다.
>   ④ 지적소관청은 부동산종합공부를 영구히 보존하여야 하며, 부동산종합공부의 멸실 또는 훼손에 대비하여 이를 별도로 복제하여 관리하는 정보관리체계를 구축하여야 한다.
>   ⑤ 부동산종합공부를 열람하려는 자는 지적소관청이나 읍·면·동의 장에게 신청할 수 있으며, 부동산종합공부 기록사항의 전부 또는 일부에 관한 증명서를 발급받으려는 자는 시·도지사에게 신청하여야 한다.
>
>   **해설** ⑤ 부동산종합공부를 열람하거나 부동산종합공부 기록사항의 전부 또는 일부에 관한 증명서를 발급받으려는 자는 지적소관청이나 읍·면·동의 장에게 신청할 수 있다.
>
>   정답 ⑤

2. 공간정보의 구축 및 관리 등에 관한 법령상 부동산종합공부의 관리 및 운영 등에 관한 설명으로 **틀린** 것은? 제36회

① 지적소관청은 부동산종합공부에 토지적성평가 확인서의 내용을 등록하여야 한다.
② 지적소관청은 부동산종합공부의 멸실 또는 훼손에 대비하여 이를 별도로 복제하여 관리하는 정보관리체계를 구축하여야 한다.
③ 부동산종합공부의 등록사항을 관리하는 기관의 장은 지적소관청에 상시적으로 관련 정보를 제공하여야 한다.
④ 지적소관청은 부동산의 효율적 이용과 부동산과 관련된 정보의 종합적 관리·운영을 위하여 부동산종합공부를 관리·운영한다.
⑤ 부동산종합공부 기록사항의 전부 또는 일부에 관한 증명서를 발급받으려는 자는 지적소관청이나 읍·면·동의 장에게 신청할 수 있다.

해설 ① 토지적성평가 확인서의 내용은 부동산종합공부의 등록사항이 아니다. **정답** ①

제2장 메타인지 학습체크 제2절 지적공부 등의 관리와 지적전산자료

01 [① 지적소관청 / ② 시·도지사]은(는) 천재지변이나 그 밖에 이에 준하는 재난을 피하기 위하여 필요한 경우에는 지적공부를 해당 청사 밖으로 반출할 수 있다.

02 지적공부는 [① 관할 시·도지사 또는 대도시 시장 / ② 국토교통부장관]의 승인을 받은 경우에는 예외적으로 지적공부를 지적서고에서 반출할 수 있다.

03 지적공부를 정보처리시스템을 통하여 기록·저장한 경우 [① 국토교통부장관 / ② 관할 시·도지사, 시장·군수 또는 구청장]은 그 지적공부를 지적정보관리체계에 영구히 보존하여야 한다.

04 지적공부를 복구할 때 [① 소유자 / ② 토지의 표시]에 관한 사항은 부동산등기부나 법원의 확정판결에 따라 복구하여야 한다.

05 지적소관청은 복구자료의 조사 또는 복구측량 등이 완료되어 지적공부를 복구하려는 경우에는 복구하려는 토지의 표시 등을 시·군·구의 게시판 및 인터넷 홈페이지에 [① 10일 / ② 15일] 이상 게시하여야 한다.

06 [① 지적소관청 / ② 국토교통부장관]은 부동산종합공부를 영구히 보존하여야 하며, 부동산종합공부의 멸실 또는 훼손에 대비하여 이를 별도로 복제하여 관리하는 정보관리체계를 구축하여야 한다.

07 지적소관청은 불일치 등록사항에 대해서는 [① 직권으로 정정하고 등록사항을 관리하는 기관의 장에게 그 내용을 통지하여야 한다. / ② 등록사항을 관리하는 기관의 장에게 그 내용을 통지하여 등록사항 정정을 요청할 수 있다.]

정답

01 ① **02** ① **03** ② **04** ① **05** ② **06** ① **07** ②

제3장 토지의 이동과 지적정리

- 토지의 이동의 개념을 정확히 이해하고 개별적 토지이동 사유들의 특징을 정리한다.
- 신규등록시 소유자 정리와 등기촉탁 여부를 반드시 암기한다.
- 등록전환과 분할대상 토지에 관한 개정사항에 주의한다.
- 합병제한 사유와 합병의무가 있는 경우를 명확히 암기한다.

제1절 | 토지의 이동

알아두기

1. **토지의 이동**: 토지의 표시를 새로 정하거나 변경·말소하는 것을 '토지의 이동'이라고 한다. 분할이나 합병, 지목변경 등이 토지의 이동에 해당하며 그 토지의 소유자가 신청한다.
2. **등록사항의 정정**: 지적공부의 등록사항에 오류가 발견된 경우 이를 신청 또는 직권에 의하여 정정한다. 경계 또는 면적의 변경을 가져오는 정정의 경우에는 측량을 요하며 토지소유자가 신청·정정한다. 지적소관청이 직권정정 사유에 해당하는 오류를 발견한 경우에는 직권정정할 수도 있다.

토지의 이동 사유와 지적측량

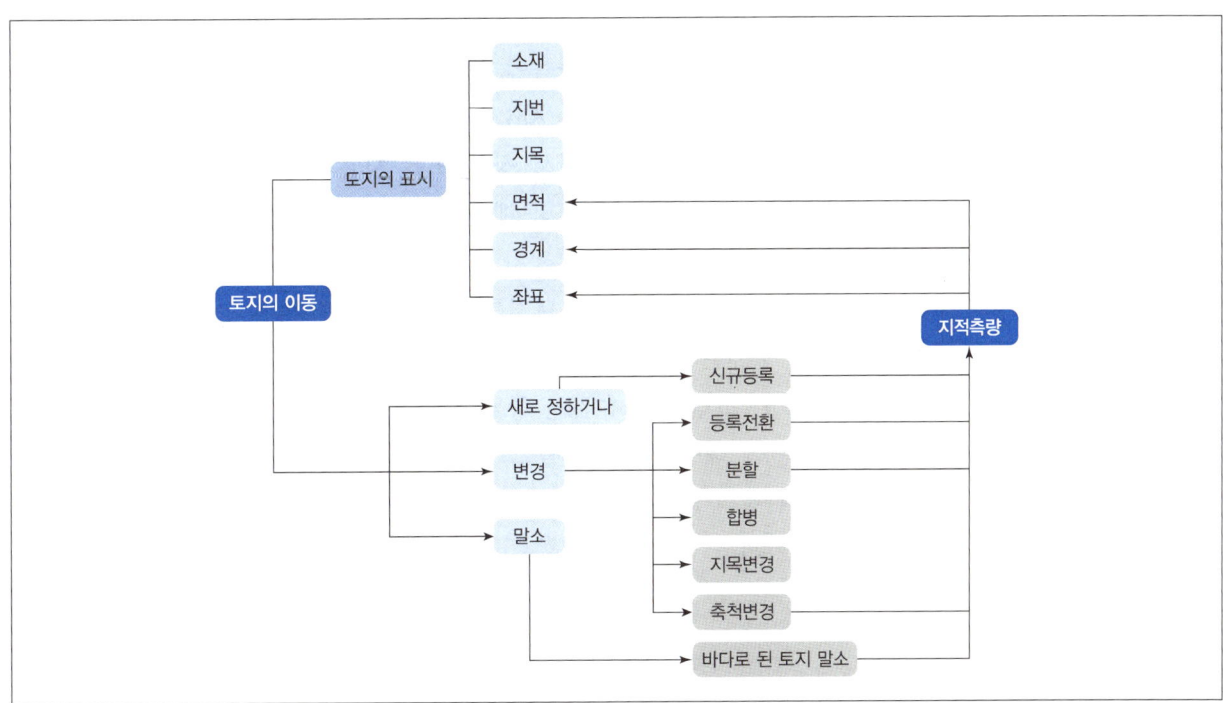

❶ 토지의 이동의 의의

토지의 표시(소재·지번·지목·면적·경계 또는 좌표)를 새로 정하거나 변경 또는 말소하는 것을 말한다(법 제2조 제28호). 따라서 '토지의 표시'가 아닌 토지소유권의 변동이나 토지소유자의 주소변경, 개별공시지가의 변경 등은 토지의 이동에 해당하지 않는다.

❷ 토지의 이동의 종류 제30회, 제31회, 제36회

1. 신규등록 제35회

(1) 의의

'신규등록'이란 새로 조성된 토지와 지적공부에 등록되어 있지 아니한 토지를 지적공부에 등록하는 것을 말한다(법 제2조 제29호). 즉, 아직 지적공부에 등록되지 않은 미등록 토지를 최초로 지적공부에 등록하는 것을 말한다.

(2) 신청

① 신청기한: 신규등록할 토지가 생긴 경우에는 토지소유자는 그 사유가 발생한 날로부터 60일 이내에 지적소관청에 신규등록을 신청하여야 한다(법 제77조).

② 제출서류

㉠ 토지소유자가 신규등록을 신청하고자 하는 때에는 신규등록 사유를 기재한 신청서에 다음에 해당하는 서류를 첨부하여 지적소관청에 제출하여야 한다(영 제63조, 규칙 제81조 제1항).

ⓐ 법원의 확정판결서 정본 또는 사본
ⓑ 「공유수면 관리 및 매립에 관한 법률」에 따른 준공검사확인증 사본
ⓒ 도시계획구역의 토지를 그 지방자치단체의 명의로 등록하는 때에는 기획재정부장관과 협의한 문서의 사본
ⓓ 그 밖에 소유권을 증명하는 서류의 사본

㉡ ㉠에 해당하는 서류를 그 지적소관청이 관리하는 경우에는 지적소관청의 확인으로 그 서류의 제출을 갈음할 수 있다(규칙 제81조 제2항).

(3) 지적공부의 정리 및 등기촉탁

① 토지표시사항 정리
  ㉠ 지번은 지번부여지역 안의 인접토지 본번에 부번을 붙여 부여하는 것을 원칙으로 한다.
  ㉡ 지목은 신규등록 대상 토지의 주된 용도와 사용 목적에 따라 결정하여 등록한다.
  ㉢ 지적측량에 의하여 경계를 결정하고 면적을 측정하여 지적공부에 등록하고, 도면의 축척은 이미 등록된 인접토지와 동일한 축척으로 등록한다.

② 토지소유자에 관한 사항 정리: 원칙적으로 소유권에 대한 사항은 등기기록의 변경사항을 기준으로 하여 지적공부를 정리하여야 하나, 신규등록하는 때에는 등기가 되어 있지 아니하므로 지적소관청이 직접 조사하여 등록한다(법 제88조 제1항 단서).

③ 등기촉탁 여부: 신규등록 대상 토지는 아직 소유권보존등기가 이루어지지 않은 상태이므로 신규등록에 따른 지적공부를 정리한 후에는 등기촉탁을 하지 아니한다(법 제89조 제1항 참조). 이 경우는 소유자가 대장 등본을 첨부하여 직접 소유권보존등기를 신청하여야 한다.

> **기출** 지적소관청은 토지이동(신규등록은 제외)에 따른 토지의 표시변경에 관한 등기를 할 필요가 있는 경우에는 지체 없이 관할 등기관서에 그 등기를 촉탁하여야 한다.

2. 등록전환

(1) 의의

① '등록전환'이란 임야대장 및 임야도에 등록된 토지를 토지대장 및 지적도에 옮겨 등록하는 것을 말한다(법 제2조 제30호).
② 축척이 작은 임야대장 및 임야도 등록지를 축척이 큰 토지대장 및 지적도에 옮겨 등록함으로써 지적에 대한 정밀도를 높이고 지적관리를 합리화하는 데 그 목적이 있다.

(2) 등록전환 대상 토지

① 「산지관리법」에 따른 산지전용허가·신고, 산지일시사용허가·신고, 「건축법」에 따른 건축허가·신고 또는 그 밖의 관계 법령에 따른 개발행위 허가 등을 받은 경우
② 대부분의 토지가 등록전환되어 나머지 토지를 임야도에 계속 존치하는 것이 불합리한 경우

③ 임야도에 등록된 토지가 사실상 형질변경되었으나 지목변경을 할 수 없는 경우
④ 도시·군관리계획선에 따라 토지를 분할하는 경우

(3) 신청

토지소유자는 등록전환할 토지가 있어 등록전환을 신청하고자 하는 때에는 등록전환 사유를 기재한 신청서에 일정한 서류를 첨부하여 그날부터 60일 이내에 지적소관청에 신청하여야 한다(법 제78조).

(4) 지적공부의 정리 및 등기촉탁

① 토지표시사항 정리
  ㉠ 지번은 지번부여지역 안의 인접토지 본번에 부번을 붙여 부여하는 것을 원칙으로 한다.
  ㉡ 지목변경을 수반하는 등록전환의 경우의 지목은 용도에 따라 결정하여 등록한다. 다만, 지목변경을 수반하지 아니하는 경우에는 임야대장에 등록된 지목을 그대로 토지대장에 등록한다.
  ㉢ 경계는 반드시 지적측량을 실시하여 새로이 결정하고, 면적도 새로이 측정하여 토지대장에 등록한다.
  ㉣ 면적측정 결과 임야대장의 면적과 등록전환될 면적의 차이가 오차 허용범위 이내인 경우에는 등록전환될 면적을 등록전환면적으로 결정하고, 허용범위를 초과하는 경우에는 임야대장의 면적 또는 임야도의 경계를 지적소관청이 직권으로 정정한 후 등록전환을 하여야 한다(영 제19조 제1항 제1호 나목).
  ㉤ 등록전환 대상 토지의 지적도의 축척은 이미 등록된 인접토지와 동일한 축척으로 등록한다.
② 토지소유자에 관한 사항 정리: 등록전환으로 토지소유자가 변경되는 것은 아니므로 토지소유자에 관한 사항은 임야대장에 등록된 사항을 그대로 토지대장에 옮겨 등록한다.
③ 등기촉탁 여부: 지적소관청은 등록전환에 따른 지적공부를 정리한 경우 지체 없이 관할 등기관서에 그 등기를 촉탁하여야 한다(법 제89조 제1항).

기출 임야대장의 면적과 등록전환될 면적의 차이가 허용범위를 초과하는 경우에는 임야대장의 면적 또는 임야도의 경계를 지적소관청이 직권으로 정정하여야 한다.

제31회

3. 분할

(1) 의의

'분할'이란 지적공부에 등록된 1필지를 2필지 이상으로 나누어 등록하는 것을 말한다(법 제2조 제31호).

(2) 분할신청 대상 토지

① 분할을 신청할 수 있는 경우는 다음과 같다. 다만, 관계 법령에 따라 해당 토지에 대한 분할이 개발행위 허가 등의 대상인 경우에는 개발행위 허가 등을 받은 이후에 분할을 신청할 수 있다.
  ㉠ 소유권이전, 매매 등을 위하여 필요한 경우
  ㉡ 토지이용상 불합리한 지상경계를 시정하기 위한 경우
② 토지소유자는 지적공부에 등록된 1필지의 일부가 형질변경 등으로 용도가 변경된 경우에는 대통령령으로 정하는 바에 따라 용도가 변경된 날부터 60일 이내에 지적소관청에 토지의 분할을 신청하여야 한다. 이 경우 지목변경신청서를 함께 제출하여야 한다.

(3) 지적공부의 정리 및 등기촉탁

① 토지표시사항 정리
  ㉠ 지번은 분할 후의 필지 중 1필지의 지번은 분할 전의 지번으로 하고, 나머지 필지의 지번은 본번의 최종 부번의 다음 순번으로 부번을 순차적으로 부여함을 원칙으로 한다.
  ㉡ 분할에 의하여 지목은 변경되지 않으나, 1필지 일부가 형질변경 등으로 용도가 다르게 되어 분할하는 때에는 그 용도가 달라진 토지의 지적공부에는 새로운 지목을 등록한다.
  ㉢ 분할을 할 경우에는 지적측량에 의하여 새로이 경계를 정하고, 면적측정을 하여 다시 면적을 결정한다.
② 토지소유자에 관한 사항 정리: 분할에 의하여 토지의 소유자에 관한 사항이 변경되는 것은 아니므로 분할 후의 대장에는 분할 전의 소유자에 대한 사항을 그대로 등록한다.
③ 등기촉탁 여부: 지적소관청은 분할에 따른 지적공부를 정리한 경우 지체 없이 관할 등기관서에 그 등기를 촉탁하여야 한다(법 제89조 제1항).

> **기출** 토지소유자는 지적공부에 등록된 1필지의 일부가 형질변경 등으로 용도가 변경된 경우에는 용도가 변경된 날부터 60일 이내에 지적소관청에 토지의 분할을 신청하여야 한다.
>
> **참고** 토지의 개수는 「공간정보의 구축 및 관리 등에 관한 법률」에 의한 지적공부상의 토지의 필지 수를 표준으로 하여 결정되는 것으로서 1필지의 토지를 수필의 토지로 분할하여 등기하려면 「공간정보의 구축 및 관리 등에 관한 법률」이 정하는 바에 따라 먼저 지적공부상 분할이 절차를 밟아야 되고, 설사 등기부에만 분필의 등기가 이루어졌다 하여도 이로써 분필의 효과가 발생할 수 없는 것으로 결국 이러한 분필등기는 무효라 할 것이다(판례).

4. 합병

(1) 의의

'합병'이란 지적공부에 등록된 2필지 이상의 토지를 1필지로 합하여 등록하는 것을 말한다(법 제2조 제32호).

(2) 합병의 제한

합병을 하게 되면 2필지 이상의 토지가 1필지로 되는 것이므로 1필지가 될 수 있는 기준을 위반하는 다음 중 어느 하나에 해당하는 경우에 토지소유자는 합병신청을 할 수 없다(법 제80조 제3항, 영 제66조 제3항).

① 합병하려는 토지의 지번부여지역, 지목 또는 소유자가 서로 다른 경우
② 합병하려는 토지에 다음의 등기 외의 등기가 있는 경우
   ㉠ 소유권·지상권·전세권 또는 임차권의 등기
   ㉡ 승역지에 대한 지역권의 등기
   ㉢ 합병하려는 토지 전부에 대한 등기원인 및 그 연월일과 접수번호가 같은 저당권의 등기
   ㉣ 합병하려는 토지 전부에 대한 「부동산등기법」 제81조 제1항 각 호의 등기사항이 동일한 신탁등기
③ 합병하려는 토지의 지적도 및 임야도의 축척이 서로 다른 경우
④ 합병하려는 각 필지가 서로 연접하지 않은 경우
⑤ 합병하려는 토지가 등기된 토지와 등기되지 않은 토지인 경우
⑥ 합병하려는 각 필지의 지목은 같으나 일부 토지의 용도가 다르게 되어 법 제79조 제2항에 따른 분할대상 토지인 경우로, 다만 합병신청과 동시에 토지의 용도에 따라 분할신청을 하는 경우에는 그렇지 않다.
⑦ 합병하려는 토지의 소유자별 공유지분이 다른 경우
⑧ 합병하려는 토지가 구획정리·경지정리 또는 축척변경을 시행하고 있는 지역 안의 토지와 지역 밖의 토지인 경우
⑨ 합병하려는 토지소유자의 주소가 서로 다른 경우. 다만, 토지의 합병신청을 접수받은 지적소관청이 「전자정부법」 제36조 제1항에 따른 행정정보의 공동이용을 통하여 다음의 사항을 확인(신청인이 주민등록표 초본 확인에 동의하지 않는 경우에는 해당 자료를 첨부하도록 하여 확인)한 결과 토지소유자가 동일인임을 확인할 수 있는 경우는 제외한다.
   ㉠ 토지등기사항증명서
   ㉡ 법인등기사항증명서(신청인이 법인인 경우만 해당한다)
   ㉢ 주민등록표 초본(신청인이 개인인 경우만 해당한다)

기출 합병하려는 토지의 소유자에 대한 소유권이전등기 연월일이 서로 다른 경우 합병신청할 수 없다. (×) 제35회

(3) 신청

① **원칙(임의적)**: 합병 신청 여부는 원칙적으로 소유자의 자유이다. 즉, 2필지 이상의 토지가 합병요건을 갖추고 있더라도 소유자가 반드시 합병신청을 하여야 하는 것은 아니다.

② **예외(의무적)**: 다만, 토지소유자는 다음의 경우에 합병해야 할 토지가 있으면 그 사유가 발생한 날로부터 60일 이내에 지적소관청에 합병을 신청하여야 한다(법 제80조 제2항, 영 제66조 제2항).
  ㉠ 「주택법」에 의한 공동주택의 부지
  ㉡ 도로, 제방, 하천, 구거, 유지, 공장용지, 학교용지, 철도용지, 수도용지, 공원, 체육용지 등 다른 지목의 토지

(4) 지적공부의 정리 및 등기촉탁

① **토지표시사항 정리**
  ㉠ 지번은 합병대상 지번 중 선순위의 지번을 합병 후의 지번으로 하되, 본번으로 된 지번이 있는 때에는 본번 중 선순위 지번을 합병 후 지번으로 하는 것을 원칙으로 한다.
  ㉡ 토지합병의 경우 합병 후 필지의 경계 또는 좌표는 합병 전 각 필지의 경계 또는 좌표 중 합병으로 필요 없게 된 부분을 말소하여 결정하고, 면적은 합병 전의 각 필지의 면적을 합산하여 그 필지의 면적으로 결정하므로(법 제26조 제1항) 지적측량 및 면적측정은 실시하지 않는다.

② **토지소유자에 관한 사항 정리**: 합병은 소유자가 동일한 토지만을 대상으로 하므로 토지소유자에 관한 사항은 합병이 있더라도 변경이 없다.

③ **등기촉탁 여부**: 지적소관청은 합병에 따른 지적공부를 정리한 경우 지체 없이 관할 등기관서에 그 등기를 촉탁하여야 한다(법 제89조 제1항).

④ **합병요건을 위반한 합병 후 합필등기신청의 경우**: 「공간정보의 구축 및 관리 등에 관한 법률」상 합병절차를 거친 후 합필등기를 신청한 때에 지적소관청이 합병의 요건을 위반하여 합병정리를 하였을 경우에는 그 토지에 대한 합필등기가 불가능하므로, 등기관은 합필등기신청을 각하하고 지체 없이 그 사유를 지적소관청에 통지하여야 하며, 지적소관청은 합병정리한 지적공부를 직권으로 정정하여야 한다(영 제82조 제1항 제8호). 다만, 이러한 직권정정은 지적소관청의 착오로 잘못 합병한 경우에만 해당한다.

기출

1. 합병에 따른 면적은 따로 지적측량을 하지 않고 합병 전 각 필지의 면적을 합산하여 합병 후 필지의 면적으로 결정한다. 제30회
2. 토지소유자가 합병 전의 필지에 주거·사무실 등의 건축물이 있어서 그 건축물이 위치한 지번을 합병 후의 지번으로 신청할 때에는 그 지번을 합병 후의 지번으로 부여하여야 한다. 제30회
3. 합병에 따른 경계는 따로 지적측량을 하지 않고 합병 전 각 필지의 경계 중 합병으로 필요 없게 된 부분을 말소하여 합병 후 필지의 경계로 결정한다. 제30회

> **예제**

1. 공간정보의 구축 및 관리 등에 관한 법령상 토지의 합병 및 지적공부의 정리 등에 관한 설명으로 **틀린** 것은? 제30회

    ① 합병에 따른 면적은 따로 지적측량을 하지 않고 합병 전 각 필지의 면적을 합산하여 합병 후 필지의 면적으로 결정한다.
    ② 토지소유자가 합병 전의 필지에 주거·사무실 등의 건축물이 있어서 그 건축물이 위치한 지번을 합병 후의 지번으로 신청할 때에는 그 지번을 합병 후의 지번으로 부여하여야 한다.
    ③ 합병에 따른 경계는 따로 지적측량을 하지 않고 합병 전 각 필지의 경계 중 합병으로 필요 없게 된 부분을 말소하여 합병 후 필지의 경계로 결정한다.
    ④ 지적소관청은 토지소유자의 합병 신청에 의하여 토지의 이동이 있는 경우에는 지적공부를 정리하여야 하며, 이 경우에는 토지이동정리결의서를 작성하여야 한다.
    ⑤ 토지소유자는 도로, 제방, 하천, 구거, 유지의 토지로서 합병하여야 할 토지가 있으면 그 사유가 발생한 날부터 90일 이내에 지적소관청에 합병을 신청하여야 한다.

    해설 ⑤ 합병을 신청해야 할 의무가 있는 경우는 토지소유자가 그 사유가 발생한 날부터 60일 이내에 지적소관청에 합병을 신청하여야 한다. **정답** ⑤

2. 공간정보의 구축 및 관리 등에 관한 법령상 합병신청을 할 수 없는 경우에 관한 내용으로 **틀린** 것은? (단, 다른 조건은 고려하지 아니함) 제35회

    ① 합병하려는 토지의 지목이 서로 다른 경우
    ② 합병하려는 토지의 소유자별 공유지분이 다른 경우
    ③ 합병하려는 토지의 지번부여지역이 서로 다른 경우
    ④ 합병하려는 토지의 소유자에 대한 소유권이전등기 연월일이 서로 다른 경우
    ⑤ 합병하려는 토지의 지적도 축척이 서로 다른 경우

    해설 ④ 소유자가 동일하기만 하면 그 소유권을 취득한 날짜가 다르더라도 합병제한요건이 되지는 않는다. **정답** ④

5. 지목변경

(1) 의의

'지목변경'이란 지적공부에 등록된 지목을 다른 지목으로 바꾸어 등록하는 것을 말한다(법 제2조 제33호). 이는 토지의 실 사용용도만 달라지는 것을 의미하는 것이 아니라 지적공부상의 지목을 바꾸어 등록하는 것을 의미한다.

(2) 지목변경 대상 토지

지목변경을 신청하여야 할 토지는 다음과 같다(영 제67조 제1항). 그러나 일시적이고 임시적인 용도의 변경은 지목변경을 할 수 없다(영속성의 원칙).

① 「국토의 계획 및 이용에 관한 법률」 등 관계 법령에 의한 토지의 형질변경 등의 공사가 준공된 경우
② 토지 또는 건축물의 용도가 변경된 경우
③ 도시개발사업 등의 원활한 사업추진을 위하여 사업시행자가 공사준공 전에 토지의 합병을 신청하는 경우

(3) 신청

① 신청기한: 지목변경할 토지가 있는 경우에는 그 사유발생일로부터 **60일 이내**에 지적소관청에 신청하여야 한다(법 제81조).
② 토지소유자는 지목변경을 신청할 때에는 지목변경 사유를 적은 신청서에 다음의 서류를 첨부하여 지적소관청에 제출하여야 한다.
  ㉠ 관계 법령에 따라 토지의 형질변경 등의 공사가 준공되었음을 증명하는 서류의 사본
  ㉡ 국유지·공유지의 경우에는 용도폐지되었거나 사실상 공공용으로 사용되고 있지 아니함을 증명하는 서류의 사본
  ㉢ 토지 또는 건축물의 용도가 변경되었음을 증명하는 서류의 사본
③ 개발행위허가·농지전용허가·보전산지전용허가 등 지목변경과 관련된 규제를 받지 아니하는 토지의 지목변경이나 전·답·과수원 상호 간의 지목변경인 경우에는 위 ②의 서류의 첨부를 생략할 수 있다.

(4) 지적공부의 정리 및 등기촉탁
① 토지표시사항 및 토지소유자에 관한 정리
㉠ 지목변경의 경우에는 지목만 바꾸어 등록하면 되므로 지적측량을 실시할 필요가 없다. 다만, 지목변경 요건의 구비 여부를 판단하기 위하여 토지이동조사는 실시하여야 한다.
㉡ 지목변경시에는 지번·면적·경계 및 소유자에 대한 사항은 변경 정리하지 않는다.
② 등기촉탁 여부: 지적소관청은 지목변경에 따른 지적공부를 정리한 경우 지체 없이 관할 등기관서에 그 등기를 촉탁하여야 한다(법 제89조 제1항).

6. 바다로 된 토지의 등록말소

(1) 의의

지적공부에 등록된 토지가 지형의 변화 등으로 바다로 된 경우로서 원상으로 회복할 수 없거나 다른 지목의 토지로 될 가능성이 없는 경우에 지적공부의 등록을 말소하는 것을 말한다.

(2) 등록말소 절차
① 말소통지: 지적소관청은 지적공부에 등록된 토지가 지형의 변화 등으로 바다로 된 경우로서 원상으로 회복할 수 없거나 다른 지목의 토지로 될 가능성이 없는 경우에는 지적공부에 등록된 토지소유자에게 지적공부의 등록말소신청을 하도록 통지하여야 한다(법 제82조 제1항).
② 말소신청: 토지소유자는 말소통지를 받은 날부터 90일 이내에 등록말소신청을 하여야 한다(법 제82조 제2항).
③ 직권말소
㉠ 지적소관청은 토지소유자가 통지받은 날부터 90일 이내에 등록말소신청을 하지 아니하면 직권으로 등록을 말소하여야 한다(법 제82조 제2항, 영 제68조 제1항).
㉡ 지적소관청이 직권으로 지적공부를 등록말소한 경우에는 그 조사·측량에 들어간 비용을 토지소유자로부터 징수하지 않는다(법 제106조 제4항).

(3) 말소된 토지의 회복

① **지적소관청**은 말소된 토지가 지형의 변화 등으로 다시 토지로 된 경우에는 이를 **회복등록을 할 수 있다**(법 제82조 제3항).

② 지적소관청이 회복등록을 하려는 때에는 그 지적측량성과 및 등록말소 당시의 지적공부 등 관계자료에 따라야 한다(영 제68조 제2항).

(4) 등록사항 말소 및 회복등록에 대한 통지 및 등기촉탁

① 지적소관청이 직권으로 지적공부의 등록사항을 말소 또는 회복등록한 때에는 그 정리 결과를 토지소유자 **및** 당해 공유수면의 관리청에 통지하여야 한다(영 제68조 제3항).

② 지적소관청은 지적공부의 등록사항을 말소 또는 회복등록에 따른 사유로 표시변경에 관한 등기를 할 필요가 있는 경우에는 지체 없이 등기관서에 그 등기를 촉탁하여야 한다(법 제89조 제1항).

> **기출**
> 1. 지적소관청이 직권으로 지적공부의 등록사항을 말소한 후 지형의 변화 등으로 다시 토지가 된 경우에 토지로 회복등록을 하려면 그 지적측량성과 및 등록말소 당시의 지적공부 등 관계자료에 따라야 한다.
> 2. 지적소관청이 직권으로 지적공부의 등록사항을 말소하거나 회복등록하였을 때에는 그 정리 결과를 토지소유자 및 해당 공유수면의 관리청에 통지하여야 한다.
> 3. 지적소관청은 바다로 된 토지의 등록말소신청에 의하여 토지의 표시변경에 관한 등기를 할 필요가 있는 경우에는 지체 없이 관할 등기관서에 그 등기를 촉탁하여야 한다.

예제

공간정보의 구축 및 관리 등에 관한 법령상 지적공부에 등록된 토지가 지형의 변화 등으로 바다로 된 토지의 등록말소 및 회복 등에 관한 설명으로 <u>틀린</u> 것은? 제30회

① 지적소관청은 지적공부에 등록된 토지가 지형의 변화 등으로 바다로 된 경우로서 원상(原狀)으로 회복될 수 없는 경우에는 지적공부에 등록된 토지소유자에게 지적공부의 등록말소신청을 하도록 통지하여야 한다.

② 지적소관청은 바다로 된 토지의 등록말소신청에 의하여 토지의 표시변경에 관한 등기를 할 필요가 있는 경우에는 지체 없이 관할 등기관서에 그 등기를 촉탁하여야 한다.

③ 지적소관청이 직권으로 지적공부의 등록사항을 말소한 후 지형의 변화 등으로 다시 토지가 된 경우에 토지로 회복등록을 하려면 그 지적측량성과 및 등록말소 당시의 지적공부 등 관계자료에 따라야 한다.

④ 지적소관청으로부터 지적공부의 등록말소신청을 하도록 통지를 받은 토지소유자가 통지를 받은 날부터 60일 이내에 등록말소 신청을 하지 아니하면, 지적소관청은 직권으로 그 지적공부의 등록사항을 말소하여야 한다.

⑤ 지적소관청이 직권으로 지적공부의 등록사항을 말소하거나 회복등록하였을 때에는 그 정리 결과를 토지소유자 및 해당 공유수면의 관리청에 통지하여야 한다.

해설 ④ 지적소관청으로부터 지적공부의 등록말소신청을 하도록 통지를 받은 토지소유자가 통지를 받은 날부터 90일 이내에 등록말소신청을 하지 아니하면, 지적소관청은 직권으로 그 지적공부의 등록사항을 말소하여야 한다. **정답 ④**

7. 등록사항의 정정 제35회, 제36회

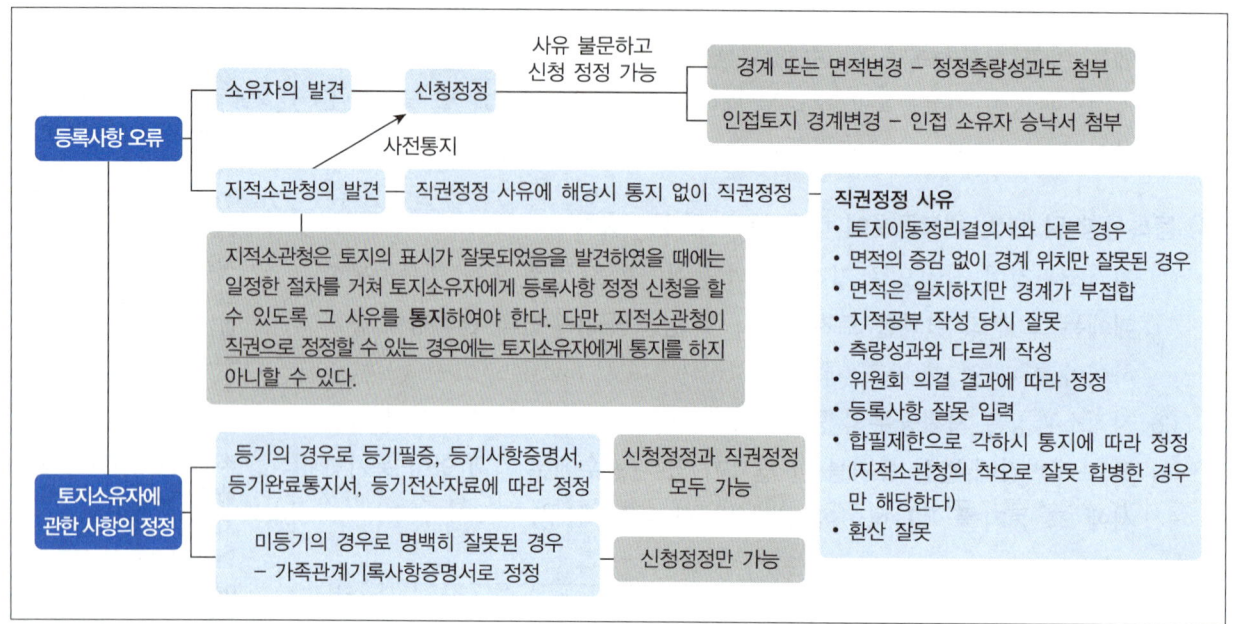

참고 지적측량의 정지
지적공부의 등록사항 중 경계 또는 면적 등 측량을 수반하는 토지의 표시에 잘못이 있는 경우에는 지적소관청은 그 정정이 완료되는 때까지 지적측량을 정지시킬 수 있다. 다만, 잘못 표시된 사항의 정정을 위한 지적측량은 그렇지 아니하다(영 제82조 제3항).

기출 지적소관청은 지적공부의 등록사항에 토지이동정리결의서의 내용과 다르게 정리된 경우 직권으로 조사·측량하여 정정할 수 있다.

기출 연속지적도가 잘못 작성된 경우 지적소관청이 지적공부의 등록사항을 직권으로 조사·측량하여 정정할 수 있다. (×) 제35회

(1) **의의**

지적공부에 등록된 토지의 표시사항 또는 소유자에 대한 사항이 잘못 등록된 경우 지적소관청이 직권 또는 소유자의 신청에 의하여 등록사항을 바로잡는 것을 말한다.

(2) **지적소관청의 직권에 의한 정정**

① 지적소관청은 지적공부의 등록사항에 잘못이 있음을 발견한 때에는 직권으로 조사·측량하여 정정할 수 있다(법 제84조 제2항).

② 직권정정 사유(영 제82조 제1항)

㉠ 토지이동정리결의서의 내용과 다르게 정리된 경우

㉡ 지적도 및 임야도에 등록된 필지가 면적의 증감 없이 경계의 위치만 잘못된 경우

㉢ 1필지가 각각 다른 지적도 또는 임야도에 등록되어 있는 경우로서 지적공부에 등록된 면적과 측량한 실제 면적은 일치하지만 지적도 또는 임야도에 등록된 경계가 서로 접합되지 않아 지적도 또는 임야도에 등록된 경계를 지상의 경계에 맞추어 정정하여야 하는 토지가 발견된 경우

㉣ 지적공부의 작성 또는 재작성 당시 잘못 정리된 경우

  ⓜ 지적측량성과와 다르게 정리된 경우
  ⓑ 지적측량적부심사 및 재심사청구에 따른 지적위원회의 의결 결과에 의하여(법 제29조 제10항) 지적공부의 등록사항 정정을 하여야 하는 경우
  ⓢ 지적공부의 등록사항이 잘못 입력된 경우
  ⓞ 등기관이 토지합필의 제한에 위반한 등기의 신청을 각하한 때 그 사유의 통지가 있는 경우(지적소관청의 착오로 잘못 합병한 경우만 해당한다)
  ⓩ 면적의 단위가 척관법에서 미터법(지적법 개정법률 부칙 제3조)으로 변경됨에 따른 면적환산이 잘못된 경우

(3) 토지소유자의 신청에 의한 정정

① 토지소유자는 지적공부의 등록사항에 잘못이 있음을 발견한 때에는 지적소관청에 그 정정을 신청할 수 있다(법 제84조 제1항).
② 위 ①과 같은 토지소유자의 신청에 의한 정정으로 인하여 인접토지의 경계가 변경되는 경우에는 다음의 어느 하나에 해당하는 서류를 지적소관청에 제출하여야 한다(법 제84조 제3항).
  ㉠ 인접토지소유자의 승낙서
  ㉡ 인접토지소유자가 승낙하지 아니하는 경우에는 이에 대항할 수 있는 확정판결서 정본(正本)
③ 토지소유자가 지적공부의 등록사항에 대한 정정신청을 하는 때에는 정정 사유를 적은 신청서에 다음의 구분에 따른 서류를 첨부하여 지적소관청에 제출하여야 한다(규칙 제93조).
  ㉠ 경계 또는 면적의 변경을 가져오는 경우: 등록사항정정측량성과도
  ㉡ 그 밖에 등록사항을 정정하는 경우: 변경사항을 확인할 수 있는 서류

(4) 토지소유자에 관한 사항의 정정

① 등기된 토지의 소유자 정정: 토지소유자의 신청 또는 지적소관청의 직권에 의하여 등록사항을 정정할 때 그 정정사항이 토지소유자에 관한 사항인 경우에는 등기필증, 등기완료통지서, 등기사항증명서 또는 등기관서에서 제공한 등기전산정보자료에 따라 정정하여야 한다(법 제84조 제4항 전단).

② **미등기토지**의 소유자 정정: 미등기토지에 대하여 토지소유자의 성명 또는 명칭, 주민등록번호, 주소 등에 관한 사항의 정정을 신청한 경우로서 그 등록사항이 명백히 잘못된 경우에는 **가족관계 기록사항에 관한 증명서**에 따라 정정하여야 한다(법 제84조 제4항 후단).

> **심화** 등록사항 정정 대상 토지의 관리
>
> 1. 지적소관청은 토지의 표시가 잘못되었음을 발견하였을 때에는 지체 없이 등록사항 정정에 필요한 서류와 등록사항정정측량성과도를 작성하고, 토지이동정리결의서를 작성한 후 대장의 사유란에 '등록사항정정 대상 토지'라고 적고, 토지소유자에게 등록사항 정정신청을 할 수 있도록 그 사유를 통지하여야 한다. 다만, 지적소관청이 직권으로 정정할 수 있는 경우에는 토지소유자에게 통지를 하지 아니할 수 있다.
> 2. 위 1.에 따른 등록사항 정정 대상 토지에 대한 대장을 열람하게 하거나 등본을 발급하는 때에는 '등록사항 정정 대상 토지'라고 적은 부분을 흑백의 반전(反轉)으로 표시하거나 붉은색으로 적어야 한다.

예제

1. 다음은 공간정보의 구축 및 관리 등에 관한 법령상 등록사항 정정 대상 토지에 대한 대장의 열람 또는 등본의 발급에 관한 설명이다. ( )에 들어갈 내용으로 옳은 것은?   제31회

   > 지적소관청은 등록사항 정정 대상 토지에 대한 대장을 열람하게 하거나 등본을 발급하는 때에는 (㉠)라고 적은 부분을 흑백의 반전(反轉)으로 표시하거나 (㉡)(으)로 적어야 한다.

	㉠	㉡
①	지적불부합지	붉은색
②	지적불부합지	굵은 고딕체
③	지적불부합지	담당자의 자필(自筆)
④	등록사항 정정 대상 토지	붉은색
⑤	등록사항 정정 대상 토지	굵은 고딕체

   해설 지적소관청은 등록사항 정정 대상 토지에 대한 대장을 열람하게 하거나 등본을 발급하는 때에는 (㉠ 등록사항 정정 대상 토지)라고 적은 부분을 흑백의 반전(反轉)으로 표시하거나 (㉡ 붉은색)으로 적어 열람하게 하거나 등본을 발급한다.

   정답 ④

2. 공간정보의 구축 및 관리 등에 관한 법령상 지적소관청이 지적공부의 등록사항을 직권으로 조사·측량하여 정정할 수 있는 경우로 **틀린** 것은? 제35회

① 연속지적도가 잘못 작성된 경우
② 지적공부의 작성 또는 재작성 당시 잘못 정리된 경우
③ 토지이동정리결의서의 내용과 다르게 정리된 경우
④ 지적도 및 임야도에 등록된 필지가 면적의 증감 없이 경계의 위치만 잘못된 경우
⑤ 지방지적위원회 또는 중앙지적위원회의 의결서 사본을 받은 지적소관청이 그 내용에 따라 지적공부의 등록사항을 정정하여야 하는 경우

> **해설** ① 연속지적도가 잘못 작성된 경우는 직권정정사유가 아니다. **정답** ①

3. 공간정보의 구축 및 관리 등에 관한 법령상 지적소관청이 지적공부의 등록사항에 잘못이 있는지를 직권으로 조사측량하여 정정할 수 있는 경우를 모두 고른 것은? 제36회

> ㉠ 토지이동정리결의서의 내용과 다르게 정리된 경우
> ㉡ 지적도 및 임야도에 등록된 필지가 면적의 증감 없이 경계의 위치만 잘못된 경우
> ㉢ 지적공부의 등록사항이 잘못 입력된 경우
> ㉣ 지적공부의 작성 또는 재작성 당시 잘못 정리된 경우
> ㉤ 지적측량성과와 다르게 정리된 경우

① ㉠, ㉡, ㉢
② ㉠, ㉡, ㉣, ㉤
③ ㉠, ㉢, ㉣, ㉤
④ ㉡, ㉢, ㉣, ㉤
⑤ ㉠, ㉡, ㉢, ㉣, ㉤

> **해설** ⑤ 모두 직권정정사유에 해당한다. **정답** ⑤

메타인지 학습체크 제1절 토지의 이동

01 신규등록을 신청하는 경우 소유권에 관한 사항은 법원의 확정판결서, [① 준공검사확인증 사본 / ② 등기사항증명서] 등에 의하여 정리한다.

02 신규등록하는 토지의 소유자는 [① 지적소관청 / ② 등기관]이 직접 조사하여 등록한다.

03 [① 등록전환 / ② 지목변경]이란 임야대장 및 임야도에 등록되어 있는 토지를 토지대장 및 지적도에 옮겨 등록하는 것을 의미한다.

04 지적소관청은 등록된 토지가 지형의 변화 등으로 바다로 된 경우로서 원상회복할 수 없거나 다른 지목의 토지로 될 가능성이 없는 경우 토지소유자에게 지적공부의 등록말소신청을 하도록 통지하여야 하며, 토지소유자가 통지받은 날부터 [① 60일 / ② 90일] 이내에 등록말소신청을 하지 아니하면 직권으로 등록을 말소하여야 한다.

05 토지소유자가 지적공부의 등록사항에 대한 정정을 신청하는 경우, 경계 또는 면적의 변경을 가져오는 경우에는 정정신청서에 [① 등록사항정정측량성과도 / ② 토지이용계획확인서]를 함께 첨부하여 지적소관청에 제출하여야 한다.

06 지적공부의 등록사항이 [① 토지이동정리결의서 / ② 토지이용계획확인서]의 내용과 다르게 정리된 경우 지적소관청은 직권정정할 수 있다.

정답

01 ①　**02** ①　**03** ①　**04** ②　**05** ①　**06** ①

제2절 | 축척변경

제30회, 제31회, 제32회, 제33회, 제34회, 제35회, 제36회

알아두기

1. **축척변경의 의의**: '축척변경'이란 지적도에 등록된 경계점의 정밀도를 높이기 위하여 작은 축척을 큰 축척으로 변경하여 등록하는 것을 말한다. 지적도의 정밀성을 높이거나 여러 가지 축척을 가진 지적도가 있는 경우 그 축척을 통일시키기 위하여 토지소유자가 신청하거나 지적소관청이 직권으로 축척변경을 시작하게 된다. 이때 시·도지사의 승인을 받아야 시행공고를 할 수 있다는 점을 기억하여야 한다.

2. **축척변경의 절차와 축척변경위원회**: 시·도지사의 승인을 받기 위해서는 토지소유자 3분의 2 이상의 동의와 축척변경위원회의 의결이 있어야 한다. 이후 시행공고한 날로부터 30일 이내에 설치된 경계점표지를 기준으로 측량을 하여 증감된 면적에 대한 금액의 청산절차를 거쳐 확정공고가 이루어지면 토지의 이동이 이루어진 것으로 본다.

축척변경

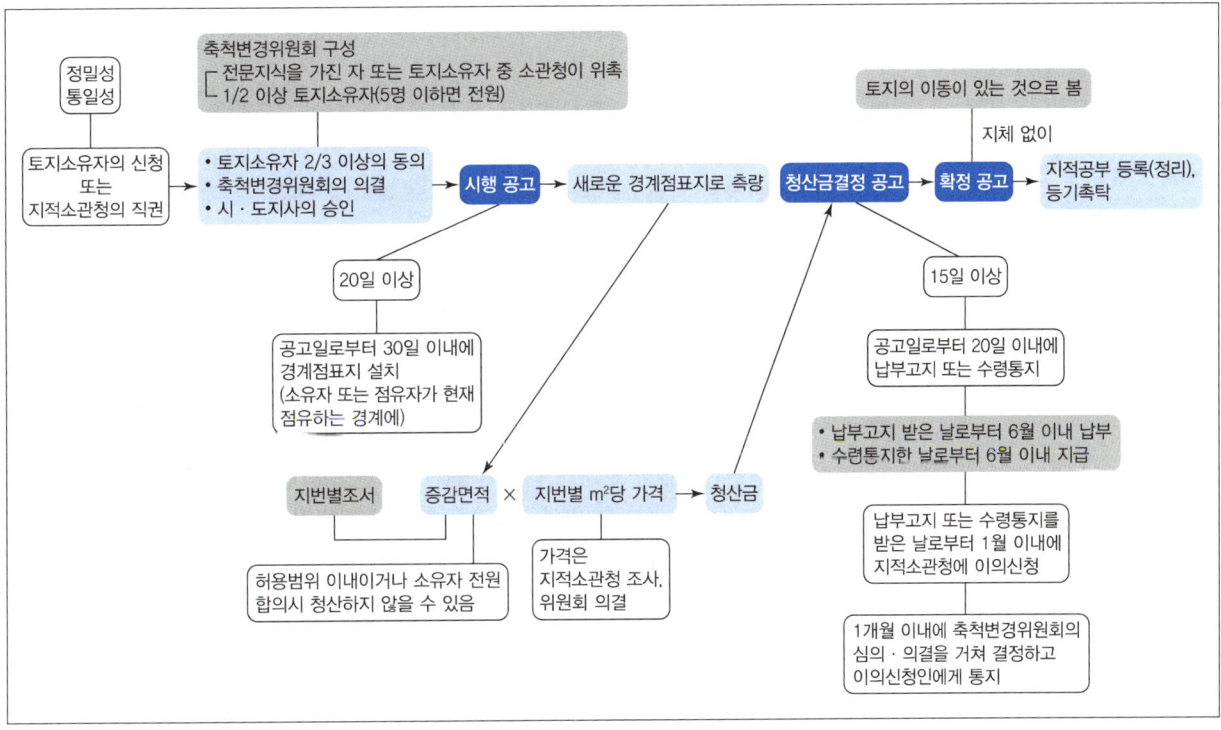

❶ 축척변경의 의의 및 대상

1. 의의

'축척변경'이란 지적도에 등록된 경계점의 정밀도를 높이기 위하여 작은 축척을 큰 축척으로 변경하여 등록하는 것을 말한다(법 제2조 제34호).

2. 축척변경 대상 토지

지적소관청은 지적도가 다음 중 어느 하나에 해당하는 경우에는 토지소유자의 신청 또는 직권으로 일정한 지역을 정하여 그 지역의 축척을 변경할 수 있다(법 제83조 제2항).

(1) 잦은 토지의 이동으로 1필지의 규모가 작아서 소축척으로는 지적측량성과의 결정이나 토지의 이동에 따른 정리가 곤란한 경우(정밀성)

(2) 하나의 지번부여지역에 서로 다른 축척의 지적도가 있는 경우(통일성)

(3) 그 밖에 지적공부를 관리하기 위하여 필요하다고 인정되는 경우

> **법 제83조【축척변경】** ① 축척변경에 관한 사항을 심의·의결하기 위하여 지적소관청에 축척변경위원회를 둔다.
> ② 지적소관청은 지적도가 다음 각 호의 어느 하나에 해당하는 경우에는 토지소유자의 신청 또는 지적소관청의 직권으로 일정한 지역을 정하여 그 지역의 축척을 변경할 수 있다.
> 1. 잦은 토지의 이동으로 1필지의 규모가 작아서 소축척으로는 지적측량성과의 결정이나 토지의 이동에 따른 정리를 하기가 곤란한 경우
> 2. 하나의 지번부여지역에 서로 다른 축척의 지적도가 있는 경우
> 3. 그 밖에 지적공부를 관리하기 위하여 필요하다고 인정되는 경우
> ③ 지적소관청은 제2항에 따라 축척변경을 하려면 축척변경 시행지역의 토지소유자 3분의 2 이상의 동의를 받아 제1항에 따른 축척변경위원회의 의결을 거친 후 시·도지사 또는 대도시 시장의 승인을 받아야 한다. 다만, 다음 각 호의 어느 하나에 해당하는 경우에는 축척변경위원회의 의결 및 시·도지사 또는 대도시 시장의 승인 없이 축척변경을 할 수 있다.
> 1. 합병하려는 토지가 축척이 다른 지적도에 각각 등록되어 있어 축척변경을 하는 경우
> 2. 제86조에 따른 도시개발사업 등의 시행지역에 있는 토지로서 그 사업시행에서 제외된 토지의 축척변경을 하는 경우

참고 축척변경은 '지적도'의 경우만 대상이 된다. '임야도'의 경우는 축척변경을 하지 못한다는 것과 정밀도를 높이기 위하여 하는 것이므로 큰 축척을 작은 축척으로 변경·등록할 수 없다는 점에 주의하여야 한다.

기출 지적소관청은 하나의 지번부여지역에 서로 다른 축척의 지적도가 있는 경우에는 토지소유자의 신청 또는 지적소관청의 직권으로 일정한 지역을 정하여 그 지역의 축척을 변경할 수 있다.

❷ 축척변경의 절차

1. 축척변경의 개시

(1) 소유자의 신청

축척변경을 신청하는 토지소유자는 축척변경 사유를 기재한 신청서에 토지소유자 3분의 2 이상의 동의서를 첨부해서 지적소관청에 제출해야 한다(영 제69조, 규칙 제85조).

(2) 지적소관청의 직권

지적소관청은 토지소유자의 신청이 없는 경우에도 축척변경 사유에 해당하는 경우에는 직권으로 축척변경을 할 수 있다(법 제83조 제2항).

2. 토지소유자의 동의 및 축척변경위원회의 의결

지적소관청은 토지소유자의 신청 또는 직권으로 축척변경을 하려면 축척변경 시행지역의 토지소유자 3분의 2 이상의 동의를 받아 축척변경위원회의 의결을 거쳐야 한다(법 제83조 제3항).

3. 시·도지사 또는 대도시 시장의 승인

(1) 지적소관청은 축척변경위원회 의결을 거친 후 시·도지사 또는 대도시 시장의 승인을 받아야 한다(법 제83조 제3항).

(2) 지적소관청은 축척변경을 하려는 때에는 축척변경 사유를 기재한 승인신청서에 다음의 서류를 첨부하여 시·도지사 또는 대도시 시장에게 제출하여야 한다(영 제70조 제1항).
① 축척변경 사유
② 지번 등 명세
③ 토지소유자의 동의서
④ 축척변경위원회의 의결서 사본
⑤ 그 밖에 축척변경승인을 위하여 시·도지사 또는 대도시 시장이 필요하다고 인정하는 서류

(3) (2)의 신청을 받은 시·도지사 또는 대도시 시장은 축척변경 사유 등을 심사한 후 그 승인 여부를 지적소관청에 통지하여야 한다(영 제70조 제2항).

(4) 다만, 다음에 해당하는 경우에는 축척변경위원회의 의결 및 시·도지사 또는 대도시 시장의 승인 없이 축척변경을 할 수 있다(법 제83조 제3항 단서).

기출 축척변경을 신청하는 토지소유자는 축척변경 사유를 적은 신청서에 축척변경 시행지역의 토지소유자 3분의 2 이상의 동의서를 첨부하여 지적소관청에 제출하여야 한다. 제33회

Tip
1. 축척변경신청: 토지소유자가 지적소관청에 토지소유자 3분의 2 이상의 동의서를 첨부하여 축척변경을 신청한다.
2. 축척변경승인신청: 지적소관청은 시·도지사 또는 대도시 시장에 토지소유자 동의서와 축척변경위원회의 의결서 사본 등을 첨부하여 축척변경승인 신청을 한다.

① 합병하고자 하는 토지가 축척이 다른 지적도에 각각 등록되어 있어 축척변경을 하는 경우
② 도시개발사업 등의 시행지역 안에 있는 토지로서 당해 사업시행에서 제외된 토지의 축척변경을 하는 경우

4. 축척변경 시행공고

(1) 지적소관청은 시·도지사 또는 대도시 시장으로부터 축척변경승인을 받은 때에는 지체 없이 다음의 사항을 20일 이상 공고하여야 한다(영 제71조 제1항).
① 축척변경의 목적, 시행지역 및 시행기간
② 축척변경의 시행에 관한 세부계획
③ 축척변경의 시행에 따른 청산방법
④ 축척변경의 시행에 따른 토지소유자 등의 협조에 관한 사항

(2) 시행공고는 시·군·구 및 축척변경 시행지역 안 동·리의 게시판에 주민이 볼 수 있도록 게시하여야 한다(영 제71조 제2항).

기출 도시개발사업 등의 시행지역에 있는 토지로서 그 사업 시행에서 제외된 토지의 축척변경을 하는 경우 축척변경위원회의 심의 및 시·도지사 또는 대도시 시장의 승인을 받아야 한다. (×) 제35회

기출 지적소관청은 시·도지사 또는 대도시 시장으로부터 축척변경승인을 받았을 때에는 지체 없이 축척변경의 목적, 시행지역 및 시행기간, 축척변경의 시행에 관한 세부계획, 축척변경의 시행에 따른 청산방법, 축척변경의 시행에 따른 토지소유자 등의 협조에 관한 사항을 20일 이상 공고하여야 한다. 제31회

예제

공간정보의 구축 및 관리 등에 관한 법령상 축척변경에 관한 설명이다. ( ) 안에 들어갈 내용으로 옳은 것은? 제28회

- 지적소관청은 축척변경을 하려면 축척변경 시행지역의 토지소유자 (㉠)의 동의를 받아 축척변경위원회의 의결을 거친 후 (㉡)의 승인을 받아야 한다.
- 축척변경 시행지역의 토지소유자 또는 점유자는 시행공고일부터 (㉢) 이내에 시행공고일 현재 점유하고 있는 경계에 경계점표지를 설치하여야 한다.

	㉠	㉡	㉢
①	2분의 1 이상	국토교통부장관	30일
②	2분의 1 이상	시·도지사 또는 대도시 시장	60일
③	2분의 1 이상	국토교통부장관	60일
④	3분의 2 이상	시·도지사 또는 대도시 시장	30일
⑤	3분의 2 이상	국토교통부장관	60일

해설 ④ 토지소유자 3분의 2 이상(㉠)의 동의를 받아 시·도지사 또는 대도시 시장(㉡)의 승인을 받아야 한다. 승인을 받으면 지적소관청은 지체 없이 20일 이상 시행공고를 하여야 하며, 시행공고일로부터 30일(㉢) 이내에 토지소유자 또는 점유자는 시행공고일 현재 점유하고 있는 경계에 경계점표지를 설치하여야 한다. **정답 ④**

5. 경계점표지 설치

축척변경 시행지역 내의 토지소유자 또는 점유자는 시행공고가 된 날부터 30일 이내에 시행공고일 현재 점유하고 있는 경계에 국토교통부령이 정하는 경계점표지를 설치하여야 한다(영 제71조 제3항).

6. 축척변경측량 및 토지의 표시사항 결정

(1) 지적소관청은 축척변경 시행지역 안의 각 필지별 지번·지목·면적·경계 또는 좌표를 새로이 정하여야 한다(영 제72조 제1항).

(2) 지적소관청이 축척변경을 위한 측량을 할 때에는 토지소유자 또는 점유자가 설치한 경계점표지를 기준으로 새로운 축척에 따라 면적·경계 또는 좌표를 정하여야 한다(영 제72조 제2항).

(3) 다만, 축척변경위원회의 의결 및 시·도지사 또는 대도시 시장의 승인을 거치지 않고 축척변경을 하는 경우에는 각 필지별 지번·지목 및 경계는 종전의 지적공부에 따르고 면적만 새로이 정하여야 한다(영 제72조 제3항).

7. 지번별 조서의 작성

지적소관청은 축척변경에 관한 측량을 완료한 때에는 시행공고일 현재의 지적공부상의 면적과 측량 후의 면적을 비교하여 그 변동사항을 표시한 지번별 조서를 작성하여야 한다(영 제73조).

8. 지적공부정리 및 경계복원측량의 정지

(1) 지적소관청은 축척변경 시행기간 중에는 축척변경 시행지역 안의 지적공부정리와 경계복원측량은 축척변경 확정공고일까지 이를 정지하여야 한다(영 제74조 본문).

(2) 다만, 경계점표지의 설치를 위한 경계복원측량과 축척변경위원회의 의결이 있는 때에는 그러하지 아니하다(영 제74조 단서).

9. 청산절차(면적증감의 처리)

(1) 청산금의 산정

① 지적소관청은 축척변경에 관한 측량을 한 결과, 측량 전에 비하여 면적의 증감이 있는 경우에는 그 증감면적에 대하여 청산을 하여야 한다. 다만, 다음에 해당하는 경우에는 그러하지 아니하다(영 제75조 제1항).

기출 축척변경을 신청하는 토지소유자 또는 점유자는 시행공고가 된 날부터 30일 이내에 시행공고일 현재 점유하고 있는 경계에 경계점표지를 설치하여야 한다.

심화 축척변경의 면적 결정

1. 축척변경측량결과도에 따라 면적을 측정한 결과 축척변경 전의 면적과 축척변경 후의 면적의 오차가 허용범위 이내인 경우에는 축척변경 전의 면적을 결정면적으로 하고, 허용면적을 초과하는 경우에는 축척변경 후의 면적을 결정면적으로 한다(규칙 제87조 제2항).

2. 경계점좌표등록부를 갖춰 두지 아니하는 지역을 경계점좌표등록부를 갖춰 두는 지역으로 축척변경을 하는 경우에는 그 필지의 경계점을 평판측량방법이나 전자평판측량방법으로 지상에 복원시킨 후 경위의측량방법 등으로 경계점좌표를 구하여야 한다. 이 경우 면적은 경계점좌표에 의하여 결정하여야 한다(규칙 제87조 제3항).

기출 지적소관청은 축척변경에 관한 측량을 한 결과 측량 전에 비하여 면적의 증감이 있는 경우에는 그 증감면적에 대하여 청산을 하여야 한다. 다만, 토지소유자 3분의 2 이상이 청산하지 아니하기로 합의하여 서면으로 제출한 경우에는 그러하지 아니하다. (×)
제35회

㉠ 필지별 증감면적이 등록전환 및 분할에 따른 면적오차의 허용범위 및 배분 등(영 제19조 제1항 제2호 가목)의 규정에 의한 허용범위 이내인 경우. 다만, 축척변경위원회의 의결이 있는 때에는 제외한다.

㉡ 토지소유자 전원이 청산하지 아니하기로 합의하여 이를 서면으로 제출한 경우

② 면적증감에 대하여 청산을 하려는 때에는 축척변경위원회의 의결을 거쳐 지번별로 m²당 금액을 정하여야 한다. 이 경우 지적소관청은 시행공고일 현재를 기준으로 그 축척변경 시행지역 안의 토지에 대하여 지번별 m²당 금액을 미리 조사해서 축척변경위원회에 제출하여야 한다(영 제75조 제2항).

③ 청산금은 축척변경 지번별 조서의 필지별 증감면적에 지번별 m²당 금액을 곱하여 산정한다(영 제75조 제3항).

(2) 청산금의 공고 및 열람

지적소관청은 청산금을 산정한 때에는 청산금조서(축척변경 지번별 조서에 필지별 청산금 내역을 기재한 것을 말한다)를 작성하고, 청산금이 결정되었다는 뜻을 시·군·구 및 축척변경 시행지역 동·리의 게시판에 15일 이상 공고하여 일반인이 열람할 수 있게 하여야 한다(영 제75조 제4항).

(3) 청산금의 납부고지 및 수령통지

기출
1. 지적소관청은 청산금의 결정을 공고한 날부터 20일 이내에 토지소유자에게 청산금의 납부고지 또는 수령통지를 하여야 한다.
2. 납부고지되거나 수령통지된 청산금에 관하여 이의가 있는 자는 납부고지 또는 수령통지를 받은 날부터 1개월 이내에 지적소관청에 이의신청을 할 수 있다. 제33회
3. 이의신청을 받은 지적소관청은 1개월 이내에 축척변경위원회의 심의·의결을 거쳐 그 인용 여부를 결정한 후 지체 없이 그 내용을 이의신청인에게 통지하여야 한다. 제33회
4. 지적소관청은 청산금의 수령통지를 한 날부터 6개월 이내에 청산금을 지급하여야 한다.

지적소관청은 청산금의 결정을 공고한 날부터 20일 이내에 토지소유자에게 청산금의 납부고지 또는 수령통지를 하여야 한다(영 제76조 제1항).

(4) 청산금에 대한 이의신청

① 청산금에 대하여 이의가 있는 자는 납부고지 또는 수령통지를 받은 날부터 1개월 이내에 지적소관청에 이의신청을 할 수 있다(영 제77조 제1항).

② 지적소관청은 이의신청이 있는 경우 1개월 이내에 축척변경위원회의 심의·의결을 거쳐 그 인용 여부를 결정한 후 그 결정내용을 지체 없이 이의신청인에게 통지하여야 한다(영 제77조 제2항).

(5) 청산금의 납부 및 지급

① 납부고지를 받은 자는 그 고지를 받은 날로부터 6개월 이내에 청산금을 지적소관청에 내야 하고, 지적소관청은 수령통지를 한 날로부터 6개월 이내에 청산금을 지급하여야 한다(영 제76조 제2항·제3항).

② 지적소관청은 청산금을 지급받을 자가 행방불명 등으로 받을 수 없거나 받기를 거부하는 때에는 그 청산금을 공탁할 수 있다(영 제76조 제4항).

③ 지적소관청은 청산금을 내야 하는 자가 이의신청기간 안에 청산금에 관한 이의신청을 하지 않고 납부기간 내에 청산금을 내지 아니하면 「지방행정제재·부과금의 징수 등에 관한 법률」에 따라 징수할 수 있다(영 제76조 제5항).

(6) 청산금 차액의 처리

청산금을 산정한 결과, 증가된 면적에 대한 청산금의 합계와 감소된 면적에 대한 청산금의 합계에 차액이 생긴 경우 초과액은 그 지방자치단체의 수입으로 하고, 부족액은 그 지방자치단체가 부담한다(영 제75조 제5항).

> **예제**
>
> 공간정보의 구축 및 관리 등에 관한 법령상 축척변경에 따른 청산금 등에 관한 설명으로 틀린 것은? 제29회
>
> ① 지적소관청은 청산금의 결정을 공고한 날부터 20일 이내에 토지소유자에게 청산금의 납부고지 또는 수령통지를 하여야 한다.
> ② 청산금의 납부고지를 받은 자는 그 고지를 받은 날부터 1년 이내에 청산금을 지적소관청에 내야 한다.
> ③ 지적소관청은 청산금의 수령통지를 한 날부터 6개월 이내에 청산금을 지급하여야 한다.
> ④ 지적소관청은 청산금을 지급받을 자가 행방불명 등으로 받을 수 없거나 받기를 거부할 때에는 그 청산금을 공탁할 수 있다.
> ⑤ 수령통지된 청산금에 관하여 이의가 있는 자는 수령통지를 받은 날부터 1개월 이내에 지적소관청에 이의신청을 할 수 있다.
>
> **해설** ② 청산금의 납부고지를 받은 자는 그 고지를 받은 날부터 6개월 이내에 청산금을 지적소관청에 내야 한다. **정답 ②**

10. 축척변경의 확정공고 제34회

(1) 청산금의 납부 및 지급이 완료된 때에는 지적소관청은 지체 없이 축척변경의 확정공고를 하여야 한다(영 제78조 제1항). 축척변경의 확정공고에는 다음과 같은 사항이 포함되어야 한다(규칙 제92조 제1항).
① 토지의 소재 및 지역명
② 축척변경 지번별 조서
③ 청산금 조서
④ 지적도의 축척

기출

1. 지적소관청은 청산금을 지급받을 자가 행방불명 등으로 받을 수 없거나 받기를 거부할 때에는 그 청산금을 공탁할 수 있다.
2. 지적소관청은 청산금을 내야 하는 자가 납부고지를 받은 날부터 1개월 이내에 청산금에 관한 이의신청을 하지 아니하고, 고지를 받은 날부터 3개월 이내에 지적소관청에 청산금을 내지 아니하면 「지방행정제재·부과금의 징수 등에 관한 법률」에 따라 징수할 수 있다. (×) 제35회

기출

1. 청산금의 납부 및 지급이 완료되었을 때에는 지적소관청은 지체 없이 축척변경의 확정공고를 하여야 한다. 제31회
2. 축척변경의 확정공고에는 토지의 소재 및 지역명, 축척변경 지번별 조서, 청산금 조서, 지적도의 축척이 포함되어야 한다. 제34회

기출 청산금의 납부 및 지급이 완료되었을 때에는 지적소관청은 지체 없이 축척변경의 확정공고를 하여야 하며, 확정공고 사항에는 토지의 소재 및 지역명, 축척변경 지번별 조서, 청산금조서, 지적도의 축척이 포함되어야 한다. 제35회

(2) 축척변경 시행지역 안의 토지는 축척변경의 확정공고일에 토지의 이동이 있는 것으로 본다(영 제78조 제3항).

11. 지적공부의 정리 및 등기촉탁

(1) 지적소관청은 확정공고를 한 때에는 지체 없이 축척변경에 따라 확정된 사항을 지적공부에 등록하여야 한다(영 제78조 제2항).

(2) 지적소관청이 축척변경에 의하여 확정된 사항을 지적공부에 등록한 때에는 관할 등기관서에 등기를 촉탁하여야 한다(법 제89조 제1항).

(3) 축척변경에 따라 확정된 사항을 지적공부에 등록하는 때에는 다음의 기준에 따라야 한다.
    ① 토지대장은 확정공고된 축척변경 지번별 조서에 따를 것
    ② 지적도는 확정측량결과도 또는 경계점좌표에 따를 것

기출 축척변경에 관한 사항을 심의 · 의결하기 위하여 지적소관청에 축척변경위원회를 둔다. 제33회

❸ 축척변경위원회

1. 의의

축척변경에 관한 사항을 심의 · 의결하기 위하여 지적소관청에 축척변경위원회를 둔다(법 제83조 제1항).

2. 축척변경위원회의 구성

(1) 축척변경위원회는 5명 이상 10명 이하의 위원으로 구성하되, 위원의 2분의 1 이상을 토지소유자로 하여야 한다. 이 경우 그 축척변경 시행지역의 토지소유자가 5명 이하일 때에는 토지소유자 전원을 위원으로 위촉하여야 한다(영 제79조 제1항).

(2) 위원장은 위원 중에서 지적소관청이 지명한다(영 제79조 제2항).

(3) 위원은 다음의 사람 중에서 지적소관청이 위촉한다(영 제79조 제3항).
    ① 해당 축척변경 시행지역 안의 토지소유자로서 지역 사정에 정통한 사람
    ② 지적에 관하여 전문지식을 가진 사람

기출
1. 축척변경위원회의 위원장은 위원 중에서 지적소관청이 지명한다. 제33회
2. 축척변경위원회 위원은 해당 축척변경 시행지역의 토지소유자로서 지역 사정에 정통한 사람과 지적에 관하여 전문지식을 가진 사람 중에서 지적소관청이 위촉한다. 제30회

3. 축척변경위원회의 심의 · 의결사항

축척변경위원회는 지적소관청이 회부하는 다음 사항을 심의 · 의결한다(영 제80조).

(1) 축척변경 시행계획에 관한 사항

(2) 지번별 m²당 금액의 결정과 청산금의 산정에 관한 사항

(3) 청산금의 이의신청에 관한 사항

(4) 그 밖에 축척변경과 관련하여 지적소관청이 회의에 부치는 사항

4. 축척변경위원회의 회의 등

(1) 축척변경위원회의 회의는 지적소관청이 축척변경위원회의 기능(영 제80조)에 해당하는 사항을 축척변경위원회에 회부하거나 위원장이 필요하다고 인정하는 때에 위원장이 소집한다(영 제81조 제1항).

(2) 축척변경위원회의 회의는 위원장을 포함한 재적위원 과반수의 출석으로 개의하고 출석위원 과반수의 찬성으로 의결한다(영 제81조 제2항).

(3) 위원장은 축척변경위원회의 회의를 소집하는 때에는 회의일시·장소 및 심의안건을 회의 개최 5일 전까지 각 위원에게 서면으로 통지하여야 한다(영 제81조 제3항).

기출 축척변경위원회의 회의는 위원장을 포함한 재적위원 과반수의 출석으로 개의(開議)하고, 출석위원 과반수의 찬성으로 의결한다. 제30회

예제

1. 공간정보의 구축 및 관리 등에 관한 법령상 축척변경위원회의 구성에 관한 내용이다. ( )에 들어갈 사항으로 옳은 것은? 제32회

> 축척변경위원회는 (㉠) 이상 10명 이하의 위원으로 구성하되, 위원의 2분의 1 이상을 토지소유자로 하여야 한다. 이 경우 그 축척변경 시행지역의 토지소유자가 (㉡) 이하일 때에는 토지소유자 전원을 위원으로 위촉하여야 한다. 위원장은 위원 중에서 (㉢)이 지명한다.

	㉠	㉡	㉢
①	3명	3명	지적소관청
②	5명	5명	지적소관청
③	5명	5명	국토교통부장관
④	7명	7명	지적소관청
⑤	7명	7명	국토교통부장관

해설 축척변경위원회는 (㉠ 5명) 이상 10명 이하의 위원으로 구성하되, 위원의 2분의 1 이상을 토지소유자로 하여야 한다. 이 경우 그 축척변경 시행지역의 토지소유자가 (㉡ 5명) 이하일 때에는 토지소유자 전원을 위원으로 위촉하여야 한다. 위원장은 위원 중에서 (㉢ 지적소관청)이 지명한다.

정답 ②

2. 공간정보의 구축 및 관리 등에 관한 법령상 축척변경에 관한 설명으로 <u>틀린</u> 것은?
   제33회

   ① 축척변경에 관한 사항을 심의·의결하기 위하여 지적소관청에 축척변경위원회를 둔다.
   ② 축척변경위원회의 위원장은 위원 중에서 지적소관청이 지명한다.
   ③ 지적소관청은 축척변경에 관한 측량을 완료하였을 때에는 축척변경 신청일 현재의 지적공부상의 면적과 측량 후의 면적을 비교하여 그 변동사항을 표시한 토지이동현황조사서를 작성하여야 한다.
   ④ 지적소관청은 청산금의 결정을 공고한 날부터 20일 이내에 토지소유자에게 청산금의 납부고지 또는 수령통지를 하여야 한다.
   ⑤ 청산금의 납부 및 지급이 완료되었을 때에는 지적소관청은 지체 없이 축척변경의 확정공고를 하여야 한다.

   해설 ③ 지적소관청은 축척변경에 관한 측량을 완료하였을 때에는 축척변경 신청일 현재의 지적공부상의 면적과 측량 후의 면적을 비교하여 그 변동사항을 표시한 지번별 조서를 작성하여야 한다.   **정답** ③

3. 공간정보의 구축 및 관리 등에 관한 법령상 지적소관청은 축척변경에 따른 청산금의 납부 및 지급이 완료되었을 때 지체 없이 축척변경의 확정공고를 하여야 한다. 이 경우 확정공고에 포함되어야 할 사항으로 <u>틀린</u> 것은?
   제34회

   ① 토지의 소재 및 지역명   ② 축척변경 지번별 조서
   ③ 청산금 조서   ④ 지적도의 축척
   ⑤ 지역별 제곱미터당 금액조서

   해설 ⑤ 확정공고에는 토지의 소재 및 지역명, 지번별 조서, 청산금 조서 등이 포함되어야 하나, 지역별 제곱미터당 금액조서는 확정공고 포함사항이 아니다.   **정답** ⑤

4. 공간정보의 구축 및 관리 등에 관한 법령상 축척변경에 관한 설명으로 <u>틀린</u> 것은? (단, 축척변경 시행공고지역으로 한정함)
   제36회

   ① 축척변경에 관한 사항을 심의·의결하기 위하여 지적소관청에 축척변경위원회를 둔다.
   ② 축척변경위원회의 위원장은 위원 중에서 지적소관청이 지명한다.
   ③ 지적소관청은 청산금의 결정을 공고한 날부터 20일 이내에 토지소유자에게 청산금의 납부고지 또는 수령통지를 하여야 한다.
   ④ 지적소관청은 청산금의 납부 및 지급이 완료되었을 때에는 지체 없이 청산금 조서를 작성하여야 한다.
   ⑤ 지적소관청은 축척변경에 관한 측량을 완료하였을 때에는 시행공고일 현재의 지적공부상의 면적과 측량 후의 면적을 비교하여 그 변동사항을 표시한 축척변경 지번별 조서를 작성하여야 한다.

해설 ④ 지적소관청은 청산금의 납부 및 지급이 완료되었을 때에는 지체 없이 청산금 조서를 작성하는 것이 아니라 지체 없이 축척변경의 확정공고를 하여야 한다. **정답 ④**

5. 공간정보의 구축 및 관리 등에 관한 법령상 축척변경에 관한 설명으로 옳은 것은?
   제35회

   ① 도시개발사업 등의 시행지역에 있는 토지로서 그 사업 시행에서 제외된 토지의 축척변경을 하는 경우 축척변경위원회의 심의 및 시·도지사 또는 대도시 시장의 승인을 받아야 한다.
   ② 지적소관청은 시·도지사 또는 대도시 시장으로부터 축척변경 승인을 받았을 때에는 지체 없이 축척변경의 목적, 시행지역 및 시행기간, 축척변경의 시행에 관한 세부계획, 축척변경의 시행에 따른 청산금액의 내용, 축척변경의 시행에 따른 토지소유자 등의 협조에 관한 사항을 15일 이상 공고하여야 한다.
   ③ 지적소관청은 축척변경에 관한 측량을 한 결과 측량 전에 비하여 면적의 증감이 있는 경우에는 그 증감면적에 대하여 청산을 하여야 한다. 다만, 토지소유자 3분의 2 이상이 청산하지 아니하기로 합의하여 서면으로 제출한 경우에는 그러하지 아니하다.
   ④ 지적소관청은 청산금을 내야 하는 자가 납부고지를 받은 날부터 1개월 이내에 청산금에 관한 이의신청을 하지 아니하고, 고지를 받은 날부터 3개월 이내에 지적소관청에 청산금을 내지 아니하면 「지방행정제재·부과금의 징수 등에 관한 법률」에 따라 징수할 수 있다.
   ⑤ 청산금의 납부 및 지급이 완료되었을 때에는 지적소관청은 지체 없이 축척변경의 확정공고를 하여야 하며, 확정공고 사항에는 토지의 소재 및 지역명, 축척변경 지번별 조서, 청산금 조서, 지적도의 축척이 포함되어야 한다.

   해설 ① 도시개발사업 시행에서 제외된 토지의 축척변경은 위원회의 의결 및 시·도지사 등의 승인을 요하지 아니한다.
   ② 15일이 아닌 20일 이상 시행공고한다. 또한 시행공고에는 청산금액의 내용이 아닌 축척변경의 시행에 따른 청산방법을 공고한다.
   ③ 소유자 3분의 2 이상이 아닌 소유자 전원이 청산하지 아니하기로 합의한 경우 청산을 하지 아니한다.
   ④ 지적소관청은 청산금을 내야 하는 자가 영 제77조 제1항에 따른 기간 내에 청산금에 관한 이의신청을 하지 아니하고 제2항에 따른 기간 내에 청산금을 내지 아니하면 「지방행정제재·부과금의 징수 등에 관한 법률」에 따라 징수할 수 있다. 이때 청산금을 내야하는 기간은 3개월이 아닌 6개월 이내이다. **정답 ⑤**

제3장 메타인지 학습체크 제2절 축척변경

01 [① 토지소유자 / ② 지적소관청]은(는) 원칙적으로 토지소유자의 3분의 2 이상의 동의서와 축척변경위원회의 의결서를 시·도지사 또는 대도시 시장에게 제출하여 그 승인을 신청하여 승인을 얻어야만 축척변경을 시행할 수 있다.

02 축척변경의 청산금 결정공고가 있게 되면 공고일로부터 [① 20일 / ② 30일] 이내에 토지소유자에게 청산금의 납부고지 또는 수령통지를 하여야 한다.

03 축척변경 시행지역 내의 [① 토지소유자 또는 점유자 / ② 지적소관청]은(는) 시행공고가 있는 날부터 30일 이내에 시행공고일 현재 점유하고 있는 경계에 국토교통부령이 정하는 경계점표지를 설치하여야 한다.

04 지적소관청의 축척변경의 청산금에 대한 납부고지를 받은 자는 그 고지를 [① 한 날 / ② 받은 날]부터 6개월 이내에 청산금을 지적소관청에 납부하여야 한다.

05 축척변경위원회는 5명 이상 10명 이하의 위원으로 구성하되, 위원의 [① 3분의 2 / ② 2분의 1] 이상을 토지소유자로 하여야 한다.

06 지적소관청은 축척변경에 관한 측량을 완료하였을 때에는 축척변경 시행공고일 현재의 지적공부상의 면적과 측량 후의 면적을 비교하여 그 변동사항을 표시한 [① 토지이동현황조사서 / ② 지번별 조서]를 작성하여야 한다.

07 납부고지되거나 수령통지된 청산금에 관하여 이의가 있는 자는 납부고지 또는 수령통지를 받은 날부터 [① 1개월 / ② 6개월] 이내에 지적소관청에 이의신청을 할 수 있다.

정답

01 ② 02 ① 03 ① 04 ② 05 ② 06 ② 07 ①

제3절 | 지적정리와 정리 후 절차

🎯 알아두기

1. **지적정리**: 토지소유자의 신청이 없는 경우 일정한 자가 대신 그 토지의 이동신청을 할 수 있는 절차가 있다. 또한 지적공부를 정리하기 위해서는 토지이동정리결의서를 작성하여야 한다.
2. **지적정리 후 절차**: 지적공부를 정리한 후에는 관할 등기관서에도 관련 내용을 등기할 수 있도록 등기촉탁하여야 하며, 지적정리 사실을 모르는 토지소유자에게 통지해 주어야 한다.

📌 지적정리

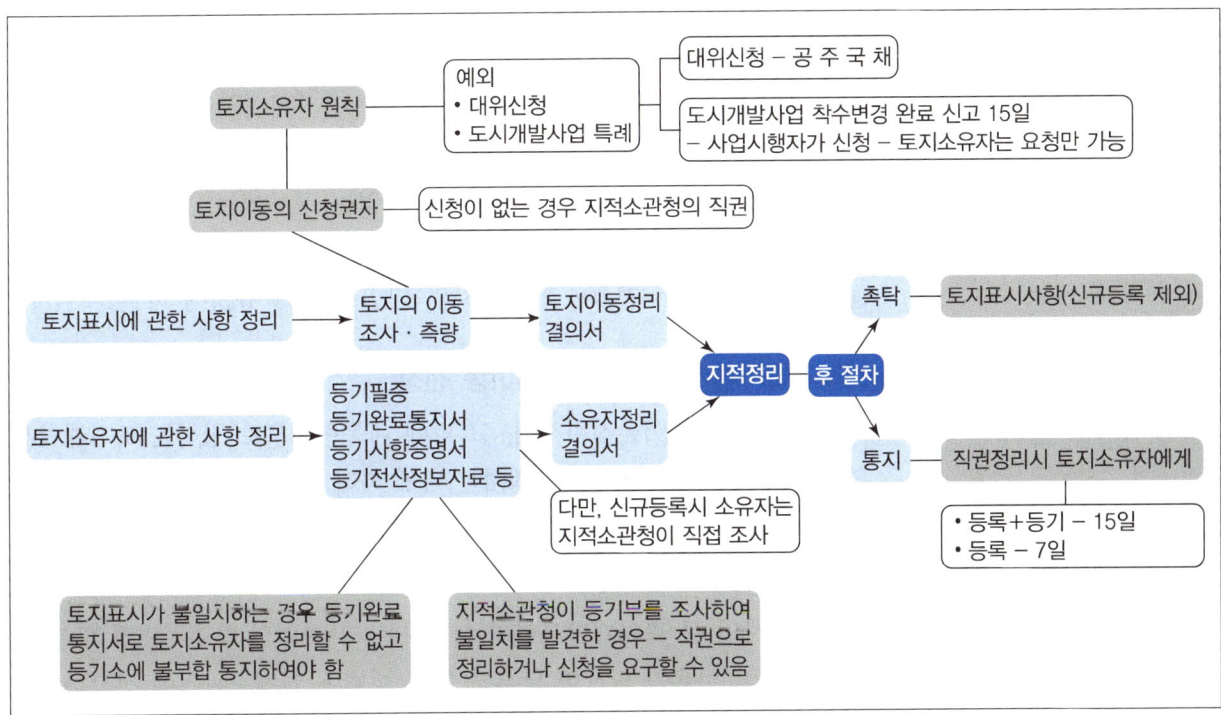

① 토지이동의 신청 제30회, 제31회, 제34회, 제36회

1. 신청의 원칙과 대위

(1) 토지이동 사유가 발생한 경우 토지소유자의 신청에 의하여 지적공부를 정리하는 것이 원칙이다.

(2) 신청의 대위

다음에 해당되는 자는 이 법에 따라 토지소유자가 하여야 하는 신청을 대신할 수 있다(법 제87조).

① 공공사업 등에 따라 학교용지·도로·철도용지·제방·하천·구거·유지·수도용지 등의 지목으로 되는 토지의 경우: 해당 사업의 시행자

② 국가 또는 지방자치단체가 취득하는 토지의 경우: 해당 토지를 관리하는 행정기관의 장 또는 지방자치단체의 장

③ 「주택법」에 따른 공동주택부지의 경우: 「집합건물의 소유 및 관리에 관한 법률」에 따른 관리인(다만, 관리인이 없는 경우에는 공유자가 선임한 대표자) 또는 해당 사업의 시행자

④ 채권자: 「민법」 제404조(채권자의 대위신청)의 규정에 따른 채권자

2. 도시개발사업 등에 따른 토지이동 신청

도시개발사업, 농어촌정비사업, 그 밖에 대통령령으로 정하는 토지개발사업의 시행자는 대통령령으로 정하는 바에 따라 지적소관청에 그 사업의 신고를 하여야 하고, 이에 따른 사업과 관련하여 토지의 이동이 필요한 경우에는 사업시행자가 지적소관청에 토지의 이동을 신청하여야 한다.

(1) 도시개발사업 등 토지개발사업의 시행자는 그 사업의 착수·변경 또는 완료사실을 그 사유가 발생한 날부터 15일 이내에 지적소관청에 신고하여야 한다(법 제86조 제1항, 영 제83조 제2항).

(2) 도시개발사업 등 그 신청 대상지역이 환지를 수반하는 경우에는 도시개발사업 등의 사업완료신고로써 토지의 이동신청을 갈음할 수 있다. 이 경우 사업완료신고서에는 토지의 이동신청을 갈음한다는 뜻을 기재하여야 한다(영 제83조 제3항).

Tip 👉 「지적재조사에 관한 특별법」에 따른 지적재조사 사업은 공간정보의 구축 및 관리에 관한 법령상 도시개발사업 등의 시행자가 지적소관청에 사업의 착수·변경 및 완료신고를 하여야 하는 각종 정비사업, 개발사업 등에 포함되지 아니한다.

기출

1. 「도시개발법」에 따른 도시개발사업, 「농어촌정비법」에 따른 농어촌정비사업 등의 사업시행자는 그 사업의 착수·변경 및 완료사실을 지적소관청에게 신고하여야 한다. 제31회

2. 도시개발사업 등의 착수·변경 또는 완료사실의 신고는 그 사유가 발생한 날부터 15일 이내에 하여야 한다. 제31회

(3) 도시개발사업 등 각종 토지개발사업과 관련하여 토지의 이동이 필요한 경우 해당 사업의 시행자는 지적소관청에 토지의 이동을 신청하여야 한다(법 제86조 제2항).

(4) 사업의 완료신고가 되기 전에 사업의 착수 또는 변경의 신고가 된 토지의 소유자가 해당 토지의 이동을 원하는 경우에는 해당 사업의 시행자에게 그 토지의 이동을 신청하도록 요청하여야 하며, 요청을 받은 시행자는 해당 사업에 지장이 없다고 판단되면 지적소관청에 그 이동을 신청하여야 한다(법 제86조 제4항).

(5) 「주택법」에 따른 주택건설사업의 시행자가 파산 등의 이유로 토지의 이동 신청을 할 수 없는 때에는 그 주택의 시공을 보증한 자 또는 입주예정자 등이 신청할 수 있다(영 제83조 제4항).

(6) **토지이동의 시기**

도시개발사업 등으로 인한 토지의 이동은 토지의 형질변경 등의 공사가 준공된 때 이루어진 것으로 본다(법 제86조 제3항).

> **기출** 도시개발사업 등의 사업의 착수 또는 변경의 신고가 된 토지의 소유자가 해당 토지의 이동을 원하는 경우에는 해당 사업의 시행자에게 그 토지의 이동을 신청하도록 요청하여야 한다.

> **기출** 도시개발사업 등의 사업시행자가 토지의 이동을 신청한 경우 토지의 이동은 토지의 형질변경 등의 공사가 준공된 때에 이루어진 것으로 본다.

예제

공간정보의 구축 및 관리 등에 관한 법령상 도시개발사업 등 시행지역의 토지이동 신청에 관한 특례의 설명으로 틀린 것은?   제30회

① 「도시개발법」에 따른 도시개발사업의 착수를 지적소관청에 신고하려는 자는 도시개발사업 등의 착수(시행)·변경·완료신고서에 사업인가서, 지번별 조서, 사업계획도를 첨부하여야 한다.
② 「농어촌정비법」에 따른 농어촌정비사업의 사업시행자가 지적소관청에 토지의 이동을 신청한 경우 토지의 이동은 토지의 형질변경 등의 공사가 착수(시행)된 때에 이루어진 것으로 본다.
③ 「도시 및 주거환경정비법」에 따른 정비사업의 착수·변경 또는 완료사실의 신고는 그 사유가 발생한 날부터 15일 이내에 하여야 한다.
④ 「주택법」에 따른 주택건설사업의 시행자가 파산 등의 이유로 토지의 이동 신청을 할 수 없을 때에는 그 주택의 시공을 보증한 자 또는 입주예정자 등이 신청할 수 있다.
⑤ 「택지개발촉진법」에 따른 택지개발사업의 사업시행자가 지적소관청에 토지의 이동을 신청한 경우 신청 대상지역이 환지(換地)를 수반하는 경우에는 지적소관청에 신고한 사업완료신고로써 이를 갈음할 수 있다. 이 경우 사업완료신고서에 택지개발 사업시행자가 토지의 이동 신청을 갈음한다는 뜻을 적어야 한다.

해설 ② 「농어촌정비법」에 따른 농어촌정비사업의 사업시행자가 지적소관청에 토지의 이동을 신청한 경우 토지의 이동은 토지의 형질변경 등의 공사가 준공된 때에 이루어진 것으로 본다.

정답 ②

② 지적공부의 정리

1. 토지의 표시에 대한 지적정리

(1) 지적소관청은 지적공부가 다음의 어느 하나에 해당하는 경우에는 지적공부를 정리하여야 한다. 이 경우 이미 작성된 지적공부에 정리할 수 없을 때에는 새로 작성하여야 한다(영 제84조 제1항).
   ① 지번을 변경하는 경우
   ② 지적공부를 복구하는 경우
   ③ 신규등록·등록전환·분할·합병·지목변경 등 토지의 이동이 있는 경우

(2) 지적소관청은 토지의 이동이 있는 경우에는 토지이동정리결의서를 작성하여야 한다(영 제84조 제2항). 토지이동정리결의서는 토지대장·임야대장 또는 경계점좌표등록부별로 구분하여 작성하여야 한다(규칙 제98조 제1항).

2. 토지소유자에 대한 지적정리 제33회

(1) 소유자정리결의서 작성

지적소관청은 토지소유자의 변동 등에 따라 지적공부를 정리하려는 경우에는 소유자정리결의서를 작성하여야 한다(영 제84조 제2항).
   ① 지적공부에 등록된 토지소유자의 변경사항은 등기관서에서 등기한 것을 증명하는 등기필증, 등기완료통지서, 등기사항증명서 또는 등기관서에서 제공한 등기전산정보자료에 따라 정리한다(법 제88조 제1항). 다만, 신규등록하는 토지는 등기가 되어 있지 아니하므로 지적소관청이 직접 조사하여 등록한다.
   ② 지적소관청의 불부합 통지: 등기관서에서 등기한 것을 증명하는 등기필증, 등기완료통지서 등으로 토지소유자의 변경사항을 정리하려는 경우, 등기부에 적혀 있는 토지의 표시가 지적공부와 일치하지 아니하면 그에 따라 토지소유자를 정리할 수 없다. 이 경우 토지의 표시와 지적공부가 일치하지 않는다는 사실을 관할 등기관서에 통지하여야 한다(법 제88조 제3항).

> **기출** 지적소관청은 토지소유자의 변동 등에 따라 지적공부를 정리하려는 경우에는 소유자정리결의서를 작성하여야 한다.

③ 지적소관청의 조사·확인

    ㉠ 지적소관청은 필요하다고 인정하는 경우에는 관할 등기관서의 등기부를 열람하여 지적공부와 부동산등기부가 일치하는지 여부를 조사·확인하여야 하며, 일치하지 아니하는 사항을 발견하면 등기사항증명서 또는 등기관서에서 제공한 등기전산정보자료에 따라 지적공부를 직권으로 정리하거나, 토지소유자나 그 밖의 이해관계인에게 그 지적공부와 부동산등기부가 일치하게 하는 데에 필요한 신청 등을 하도록 요구할 수 있다(법 제88조 제4항).

    ㉡ 지적소관청 소속 공무원이 지적공부와 부동산등기부의 부합 여부를 확인하기 위하여 등기부를 열람하거나, 등기사항증명서의 발급을 신청하거나, 등기전산정보자료의 제공을 요청하는 경우 그 수수료는 무료로 한다(법 제88조 제5항).

④ 지적공부에 소유자가 등록되지 아니한 토지: 「국유재산법」 제2조 제10호에 따른 총괄청이나 같은 조 제11호에 따른 중앙관서의 장이 같은 법 제12조 제3항에 따라 소유자 없는 부동산에 대한 소유자 등록을 신청하는 경우 지적소관청은 지적공부에 해당 토지의 소유자가 등록되지 아니한 경우에만 등록할 수 있다(법 제88조 제2항).

> **기출**
> 1. 지적소관청은 등기부에 적혀 있는 토지의 표시가 지적공부와 일치하지 아니하면 토지소유자를 정리할 수 없다.
> 2. 지적소관청은 필요하다고 인정하는 경우에는 관할 등기관서의 등기부를 열람하여 지적공부와 부동산등기부가 일치하는지 여부를 조사·확인하여야 한다.
> 3. 지적소관청 소속 공무원이 지적공부와 부동산등기부의 부합 여부를 확인하기 위하여 등기전산정보자료의 제공을 요청하는 경우 그 수수료는 무료로 한다.

예제

1. 공간정보의 구축 및 관리 등에 관한 법령상 토지소유자의 정리에 관한 설명이다. ( )에 들어갈 내용으로 옳은 것은?   제33회

> 지적공부에 등록된 토지소유자의 변경사항은 등기관서에서 등기한 것을 증명하는 등기필증, 등기완료통지서, 등기사항증명서 또는 등기관서에서 제공한 등기전산정보자료에 따라 정리한다. 다만, (㉠)하는 토지의 소유자는 (㉡)이(가) 직접 조사하여 등록한다.

	㉠	㉡		㉠	㉡
①	축척변경	등기관	②	축척변경	시·도지사
③	신규등록	등기관	④	신규등록	지적소관청
⑤	등록전환	시·도지사			

해설 지적공부에 등록된 토지소유자의 변경사항은 등기관서에서 등기한 것을 증명하는 등기필증, 등기완료통지서, 등기사항증명서 또는 등기관서에서 제공한 등기전산정보자료에 따라 정리한다. 다만, (㉠ 신규등록)하는 토지의 소유자는 (㉡ 지적소관청)이 직접 조사하여 등록한다(법 제88조 제1항).

정답 ④

2. 공간정보의 구축 및 관리 등에 관한 법령상 토지소유자의 정리 등에 관한 설명으로 틀린 것은?
　　　　　　　　　　　　　　　　　　　　　　　　　　　　　　　제29회
① 지적소관청은 등기부에 적혀 있는 토지의 표시가 지적공부와 일치하지 아니하면 토지소유자를 정리할 수 없다.
② 「국유재산법」에 따른 총괄청이나 같은 법에 따른 중앙관서의 장이 소유자 없는 부동산에 대한 소유자 등록을 신청하는 경우 지적소관청은 지적공부에 해당 토지의 소유자가 등록되지 아니한 경우에만 등록할 수 있다.
③ 지적공부에 신규등록하는 토지의 소유자에 관한 사항은 등기관서에서 등기한 것을 증명하는 등기필증, 등기완료통지서, 등기사항증명서 또는 등기관서에서 제공한 등기전산정보자료에 따라 정리한다.
④ 지적소관청은 필요하다고 인정하는 경우에는 관할 등기관서의 등기부를 열람하여 지적공부와 부동산등기부가 일치하는지 여부를 조사·확인하여야 한다.
⑤ 지적소관청 소속 공무원이 지적공부와 부동산등기부의 부합 여부를 확인하기 위하여 등기전산정보자료의 제공을 요청하는 경우 그 수수료는 무료로 한다.

해설 ③ 지적공부에 신규등록하는 토지의 소유자는 지적소관청이 직접 조사하여 등록한다.
정답 ③

❸ 지적정리 후 절차 제35회

1. 등기촉탁

(1) 의의

지적소관청은 다음과 같은 사유로 토지의 표시변경에 관한 등기를 할 필요가 있는 경우에는 지체 없이 관할 등기관서에 그 등기를 촉탁하여야 한다. 이 경우 등기촉탁은 국가가 국가를 위하여 하는 등기로 본다.

(2) 사유

① 토지의 이동정리를 한 경우(법 제64조 제2항, 신규등록은 제외한다)
② 시·도지사 또는 대도시 시장의 승인을 받아 지번부여지역 전부 또는 일부에 대하여 지번을 새로 부여한 경우(법 제66조 제2항)
③ 바다로 된 토지를 등록말소하는 경우(법 제82조)
④ 축척변경을 한 경우(법 제83조 제2항)
⑤ 등록사항의 오류를 직권으로 정정한 경우(법 제84조 제2항)
⑥ 행정구역의 개편으로 새로이 지번을 부여한 경우(법 제85조 제2항)

Tip 신규등록과 토지소유자 변경은 등기촉탁 사유가 아니다.

> **예제**
>
> 1. 공간정보의 구축 및 관리 등에 관한 법령상 지적소관청은 토지의 이동 등으로 토지의 표시변경에 관한 등기를 할 필요가 있는 경우에는 지체 없이 관할 등기관서에 그 등기를 촉탁하여야 한다. 등기촉탁 대상이 <u>아닌</u> 것은? 제28회
>   ① 지번부여지역의 전부 또는 일부에 대하여 지번을 새로 부여한 경우
>   ② 바다로 된 토지의 등록을 말소한 경우
>   ③ 하나의 지번부여지역에 서로 다른 축척의 지적도가 있어 축척을 변경한 경우
>   ④ 지적소관청이 신규등록하는 토지의 소유자를 직접 조사하여 등록한 경우
>   ⑤ 지적소관청이 직권으로 조사·측량하여 지적공부의 등록사항을 정정한 경우
>
>   **해설** ④ 토지의 소유자는 권리관계로서 토지의 표시변경에 관한 사항이 아니므로 등기촉탁 대상이 아니다. **정답** ④
>
> 2. 공간정보의 구축 및 관리 등에 관한 법령상 지적소관청은 토지의 이동 등으로 토지의 표시 변경에 관한 등기를 할 필요가 있는 경우에는 지체 없이 관할 등기관서에 그 등기를 촉탁하여야 한다. 이 경우 등기촉탁의 대상이 <u>아닌</u> 것은? 제35회
>   ① 지목변경   ② 지번변경   ③ 신규등록
>   ④ 축척변경   ⑤ 합병
>
>   **해설** ③ 토지표시에 관한 변경등기를 할 필요가 있는 경우 지적소관청이 관할 등기관서에 그 등기를 촉탁하는 경우 중 신규등록은 제외된다. **정답** ③

2. 지적정리 후 토지소유자에 대한 통지 제35회

(1) 지적정리 통지대상

다음과 같은 경우에는 지적소관청이 해당 토지소유자에게 통지하여야 한다(법 제90조). 다만, 통지받을 자의 주소나 거소를 알 수 없는 경우에는 국토교통부령으로 정하는 바에 따라 일간신문, 해당 시·군·구의 공보 또는 인터넷 홈페이지에 공고하여야 한다(법 제90조 단서).

① 토지의 이동이 있을 때 지적소관청이 직권으로 토지이동을 조사·측량하여 지적공부에 등록정리한 경우(법 제64조 제2항 단서)
② 시·도지사 또는 대도시 시장의 승인을 받아 지번부여지역 전부 또는 일부에 대하여 지번을 새로 부여한 경우(법 제66조 제2항)
③ 지적공부를 복구한 경우(법 제74조)
④ 바다로 된 토지의 소유자가 그 통지를 받은 날부터 90일 이내에 등록말소신청을 하지 아니하여 지적소관청이 직권으로 등록말소한 경우(법 제82조 제2항)

⑤ 지적소관청이 등록사항의 오류를 **직권으로** 조사·측량하여 정정한 경우(법 제84조 제2항)
⑥ 행정구역 개편으로 지적소관청이 새로이 그 지번을 부여한 경우(법 제85조 제2항)
⑦ 도시개발사업 등으로 인하여 토지이동이 있는 때에 그 사업시행자가 지적소관청에 그 이동을 신청하여 지적정리를 한 경우(법 제86조 제2항)
⑧ 대위신청권자의 신청에 의하여 소관청이 지적정리를 한 경우(법 제87조)
⑨ 토지표시의 변경에 관하여 관할 등기관서에 등기를 **촉탁**한 경우(법 제89조)

(2) 통지시기

지적소관청이 토지소유자에게 지적정리 등의 통지를 하여야 하는 시기는 다음과 같다(영 제85조).

① 토지의 표시에 관한 변경등기가 필요한 경우: 그 **등기완료통지서를 접수한 날부터** 15일 이내
② 토지의 표시에 관한 변경등기가 필요하지 않은 경우: 지적공부에 **등록한 날부터** 7일 이내

> **기출** 토지의 표시에 관한 변경등기가 필요한 지적정리 등의 통지는 지적소관청이 그 등기완료의 통지서를 접수한 날부터 15일 이내 해당 토지소유자에게 하여야 한다.

예제

공간정보의 구축 및 관리 등에 관한 법령상 지적소관청이 토지소유자에게 지적정리 등을 통지하여야 하는 시기에 대한 설명이다. ( )에 들어갈 내용으로 옳은 것은? 제34회

- 토지의 표시에 관한 변경등기가 필요하지 아니한 경우: (㉠)에 등록한 날부터 (㉡) 이내
- 토지의 표시에 관한 변경등기가 필요한 경우: 그 (㉢)를 접수한 날부터 (㉣) 이내

① ㉠ 등기완료의 통지서, ㉡ 15일, ㉢ 지적공부, ㉣ 7일
② ㉠ 등기완료의 통지서, ㉡ 7일, ㉢ 지적공부, ㉣ 15일
③ ㉠ 지적공부, ㉡ 7일, ㉢ 등기완료의 통지서, ㉣ 15일
④ ㉠ 지적공부, ㉡ 10일, ㉢ 등기완료의 통지서, ㉣ 15일
⑤ ㉠ 지적공부, ㉡ 15일, ㉢ 등기완료의 통지서, ㉣ 7일

해설
- 토지의 표시에 관한 변경등기가 필요하지 아니한 경우: (㉠ 지적공부)에 등록한 날부터 (㉡ 7일) 이내
- 토지의 표시에 관한 변경등기가 필요한 경우: 그 (㉢ 등기완료의 통지서)를 접수한 날부터 (㉣ 15일) 이내

정답 ③

제3장 메타인지 학습체크 제3절 지적정리와 정리 후 절차

01 도시개발사업 등의 사업에 있어 그 사업의 착수 또는 변경의 신고가 된 토지의 소유자가 해당 토지의 이동을 원하는 경우에는 [① 해당 사업의 시행자 / ② 지적소관청]에게 그 토지의 이동을 신청하도록 요청하여야 한다.

02 지적소관청이 지적공부의 등록사항에 관한 토지의 이동이 있는 경우에는 [① 토지이동정리결의서 / ② 소유자정리결의서]를 작성하여 지적공부를 정리하여야 한다.

03 지적소관청은 토지의 이동(신규등록은 [① 포함 / ② 제외]한다)정리를 한 사유로 토지의 표시변경에 관한 등기를 할 필요가 있는 경우에는 지체 없이 관할 등기관서에 그 등기를 촉탁하여야 한다. 이 경우 등기촉탁은 국가가 국가를 위하여 하는 등기로 본다.

04 지적소관청이 직권으로 조사·측량하여 토지의 이동정리를 한 경우 토지의 표시에 관한 변경등기가 필요하지 아니한 경우에는 지적공부에 등록한 날부터 [① 7일 / ② 15일] 이내에 토지소유자에게 통지하여야 한다.

05 신규등록하는 토지소유자는 [① 등기관 / ② 지적소관청]이 직접 조사하여 등록한다.

06 등기부에 적혀 있는 토지의 표시가 지적공부와 일치하지 아니하면 등기완료통지서 등에 따라 토지소유자를 정리할 수 없다. 이 경우 토지의 표시와 지적공부가 일치하지 아니하다는 사실을 [① 관할 등기관서 / ② 토지소유자]에 통지하여야 한다.

07 도시개발사업 등 토지개발사업의 시행자는 그 사업의 착수·변경 또는 완료사실을 그 사유가 발생한 날부터 [① 10일 / ② 15일] 이내에 지적소관청에 신고하여야 한다.

정답

01 ① **02** ① **03** ② **04** ① **05** ② **06** ① **07** ②

제4장 지적측량

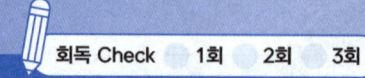

- 지적측량의 개념을 먼저 이해한 후 지적측량의 종류와 기간, 검사 등의 절차를 학습한다.
- 지적위원회의 심의·의결사항과 지적측량적부심사의 절차를 파악하고 암기하여야 한다.

제1절 | 서설

제30회, 제32회, 제33회, 제36회

알아두기

1. **지적측량의 의의**: '지적측량'이란 토지를 지적공부에 등록하거나 지적공부에 등록된 경계점을 지상에 복원하기 위하여 필지의 경계 또는 좌표와 면적을 정하는 측량을 말하며, 지적확정측량 및 지적재조사측량을 포함한다. 「공간정보의 구축 및 관리 등에 관한 법률」에는 지적측량이 아닌 다른 종류의 측량도 존재하므로 지적측량의 정확한 개념을 파악하여야 한다.

2. **지적측량의 절차**: 지적측량이 필요한 토지소유자 등은 과거에는 지적소관청에 신청하였으나, 현행 법령에 따르면 지적측량수행자에게 지적측량을 의뢰하여야 하며 일정한 기간 동안 측량한 후 지적소관청의 검사를 받아야 한다.

3. **지적위원회**: 지적측량성과에 대하여 다툼이 있는 경우 이를 해결하기 위한 기구로서 지적위원회를 두고 있으며, 이는 지방지적위원회와 중앙지적위원회로 나누어 2심제도를 구성한다. 중앙지적위원회에서는 지적측량적부'재'심사와 그 밖에 지적 관련 정책이나 기술의 연구개발을 병행하고 있다.

지적측량

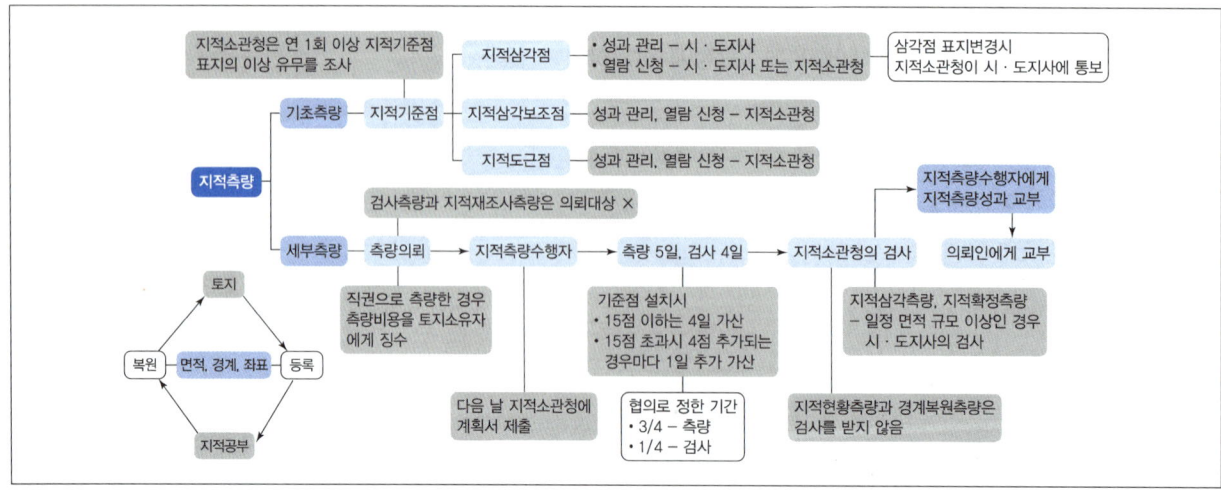

1 지적측량의 의의

'지적측량'이란 토지를 지적공부에 등록하거나 지적공부에 등록된 경계점을 지상에 복원하기 위하여 필지의 경계 또는 좌표와 면적을 정하는 측량을 말하며, 지적확정측량 및 지적재조사측량을 포함한다.

2 지적측량의 대상

다음의 경우에는 지적측량을 하여야 한다(법 제23조 제1항).

(1) 지적기준점을 정하는 경우(기초측량)

(2) 지적측량성과를 검사하는 경우(검사측량)

(3) 다음의 어느 하나에 해당하는 경우로서 측량을 할 필요가 있는 경우

① 지적공부를 복구하는 경우(복구측량)

② 토지를 신규등록하는 경우(신규등록측량)

③ 토지를 등록전환하는 경우(등록전환측량)

④ 토지를 분할하는 경우(분할측량)

⑤ 바다가 된 토지의 등록을 말소하는 경우(등록말소측량)

⑥ 축척을 변경하는 경우(축척변경측량)

⑦ 지적공부의 등록사항을 정정하는 경우(등록사항정정측량)

⑧ 도시개발사업 등의 시행지역에서 토지의 이동이 있는 경우(지적확정측량)

⑨ 「지적재조사에 관한 특별법」에 따른 지적재조사사업에 따라 토지의 이동이 있는 경우(지적재조사측량)

(4) 경계점을 지상에 복원하는 경우(경계복원측량)

(5) 지상건축물 등의 현황을 지적도 및 임야도에 등록된 경계와 대비하여 표시하는 데에 필요한 경우(지적현황측량)

> 「지적측량 시행규칙」 제5조 【지적측량의 구분 등】 ① 지적측량은 기초측량과 1필지의 경계와 면적을 정하는 세부측량으로 구분한다.
> ② 지적측량은 평판(平板)측량, 전자평판측량, 경위의(經緯儀)측량, 전파기(電波機) 또는 광파기(光波機)측량, 사진측량, 위성측량 및 드론측량 등의 방법에 따른다.

Tip 「공간정보의 구축 및 관리 등에 관한 법률」상 각종 측량 중 지적측량만이 시험범위에 해당한다.

기출
1. 지적측량은 지적기준점을 정하기 위한 기초측량과 1필지의 경계와 면적을 정하는 세부측량으로 구분하며, 평판측량, 전자평판측량, 경위의측량, 전파기 또는 광파기측량, 사진측량, 위성측량 및 드론측량 등의 방법에 따른다.
2. 지적공부의 복구, 신규등록, 등록전환 및 축척변경을 하기 위하여 세부측량을 하는 경우에는 필지마다 면적을 측정하여야 한다.

기출 공간정보의 구축 및 관리 등에 관한 법령상 지상건축물 등의 현황을 지적도 및 임야도에 등록된 경계와 대비하여 표시하는 지적측량은 지적현황측량이다. 제32회

기출 지적기준점측량의 절차는 계획의 수립, 준비 및 현지답사, 선점(選點) 및 조표(調標), 관측 및 계산과 성과표의 작성 순서에 따른다.

> **제7조【지적측량의 방법 등】** ③ 법 제23조 제1항 제1호에 따른 지적기준점측량의 절차는 다음 각 호의 순서에 따른다.
> 1. 계획의 수립
> 2. 준비 및 현지답사
> 3. 선점(選點) 및 조표(調標)
> 4. 관측 및 계산과 성과표의 작성

예제

1. 공간정보의 구축 및 관리 등에 관한 법령상 지적측량을 실시하여야 하는 경우로 틀린 것은? 　　　　　　　　　　　　　　　　　　　　제33회

   ① 지적기준점을 정하는 경우
   ② 경계점을 지상에 복원하는 경우
   ③ 지상건축물 등의 현황을 지형도에 표시하는 경우
   ④ 바다가 된 토지의 등록을 말소하는 경우로서 측량을 할 필요가 있는 경우
   ⑤ 지적공부의 등록사항을 정정하는 경우로서 측량을 할 필요가 있는 경우

   해설 ③ 지형도에 표시하는 경우가 아니라, 지적도, 임야도에 등록된 경계와 대비하여 표시하는 데에 필요한 경우에 지적현황측량을 실시한다(영 제18조). **정답** ③

2. 공간정보의 구축 및 관리 등에 관한 법령상 지적측량을 실시하여야 하는 경우를 모두 고른 것은? 　　　　　　　　　　　　　　　　제30회

   > ㉠ 토지소유자가 지적소관청에 신규등록 신청을 하기 위하여 측량을 할 필요가 있는 경우
   > ㉡ 지적소관청이 지적공부의 일부가 멸실되어 이를 복구하기 위하여 측량을 할 필요가 있는 경우
   > ㉢ 「지적재조사에 관한 특별법」에 따른 지적재조사사업에 따라 토지의 이동이 있어 측량을 할 필요가 있는 경우
   > ㉣ 토지소유자가 지적소관청에 바다가 된 토지에 대하여 지적공부의 등록말소를 신청하기 위하여 측량을 할 필요가 있는 경우

   ① ㉠, ㉡, ㉢　　② ㉠, ㉡, ㉣　　③ ㉠, ㉢, ㉣
   ④ ㉡, ㉢, ㉣　　⑤ ㉠, ㉡, ㉢, ㉣

   해설 ㉠㉡㉢㉣ 모두 지적측량을 실시하여야 한다.
   　㉠ 신규등록측량이다.
   　㉡ 복구측량이다.
   　㉢ 지적재조사측량이다.
   　㉣ 1필 토지의 일부가 바다로 된 경우에는 말소를 위한 측량이 필요한 경우가 있을 수 있다(등록말소측량). **정답** ⑤

3. 공간정보의 구축 및 관리 등에 관한 법령상 지적측량을 실시하여야 하는 경우로 틀린 것은?　　　　제36회

① 토지의 합병에 따라 지적공부를 정리하는 경우
② 지적측량수행자가 실시한 지적측량성과를 검사하는 경우
③ 등록전환을 하는 경우로서 측량을 할 필요가 있는 경우
④ 신규등록을 하는 경우로서 측량을 할 필요가 있는 경우
⑤ 「지적재조사에 관한 특별법」에 따른 지적재조사사업에 따라 토지의 이동이 있는 경우로서 측량을 할 필요가 있는 경우

해설　① 합병, 지목변경은 지적측량을 요하지 아니한다.　　　　정답 ①

제2절 | 지적측량의 절차　　제32회, 제33회, 제34회

1 지적측량 의뢰인

토지소유자 등 이해관계인은 지적측량을 할 필요가 있는 경우(검사측량과 지적재조사측량은 제외)에는 지적측량수행자에게 지적측량을 의뢰하여야 한다.

> 참고 **지적측량수행자**(법 제24조 제1항)
> 1. 지적측량업의 등록을 한 자
> 2. 「국가공간정보 기본법」 제12조에 따라 설립된 한국국토정보공사

예제

공간정보의 구축 및 관리 등에 관한 법령상 토지소유자 등 이해관계인이 지적측량수행자에게 지적측량을 의뢰하여야 하는 경우가 아닌 것을 모두 고른 것은? (단, 지적측량을 할 필요가 있는 경우임)　　제32회

㉠ 지적측량성과를 검사하는 경우
㉡ 토지를 등록전환하는 경우
㉢ 축척을 변경하는 경우
㉣ 「지적재조사에 관한 특별법」에 따른 지적재조사사업에 따라 토지의 이동이 있는 경우

① ㉠, ㉡　　② ㉠, ㉣　　③ ㉢, ㉣
④ ㉠, ㉡, ㉢　　⑤ ㉡, ㉢, ㉣

해설　② 검사측량과 지적재조사측량은 지적측량에는 포함되나, 소유자 등이 지적측량수행자에게 의뢰하여야 하는 대상에서는 제외된다.　　　정답 ②

> 기출 토지소유자는 토지를 분할하는 경우로서 지적측량을 할 필요가 있는 경우에는 지적측량수행자에게 지적측량을 의뢰하여야 한다.

❷ 지적측량의 의뢰방법

(1) 지적측량의뢰서 제출

지적측량을 의뢰하고자 하는 자는 지적측량의뢰서에 의뢰 사유를 증명하는 서류를 첨부하여 지적측량수행자에게 제출하여야 한다(규칙 제25조 제1항).

(2) 지적측량수수료 지급

① 지적측량을 의뢰하는 자는 지적측량수행자에게 지적측량수수료를 내야 한다(법 제106조 제2항).

② 지적소관청이 직권으로 조사·측량하여 지적공부를 정리한 경우
   ⊙ 토지소유자가 신청하여야 할 사항으로서 토지소유자의 신청이 없어 지적소관청이 직권으로 조사·측량하여 지적공부를 정리한 때에는 그 조사·측량에 들어간 비용을 지적소관청이 토지소유자로부터 징수한다(법 제106조 제4항 본문).
   ⓒ 다만, 지적소관청이 직권으로 바다로 된 토지의 등록말소를 한 경우에는 그러하지 아니하다(법 제106조 제4항 단서).
   ⓒ 토지소유자가 지적공부를 정리한 날부터 30일 내에 측량수수료를 납부하지 아니한 경우에는 국세 또는 지방세 체납처분의 예에 따라 토지소유자로부터 징수한다(법 제106조 제6항, 규칙 제117조).

❸ 지적측량수행계획서 제출

(1) 지적측량수행자는 지적측량 의뢰를 받은 때에는 측량기간, 측량일자 및 측량 수수료 등을 적은 지적측량수행계획서를 그 다음 날까지 지적소관청에 제출하여야 한다. 제출한 지적측량수행계획서를 변경한 경우에도 같다(규칙 제25조 제2항).

(2) 지적소관청은 지적측량수행자가 제출한 지적측량수행계획서에 따라 지적측량을 하려는 지역의 지적공부와 부동산종합공부에 관한 전산자료를 지적측량수행자에게 제공하여야 한다.

(3) 지적소관청은 지적측량수행자가 측량업무수행을 위하여 전산화 이전의 지적공부, 측량부·측량결과도·면적측정부, 측량성과 파일 등 측량성과에 관한 자료를 요청한 경우에는 특별한 사정이 없는 한 지적측량수행자에게 제공하여야 한다.

4 지적측량의 수행

지적측량수행자는 지적측량 의뢰를 받으면 지적측량을 하여 그 측량성과를 결정하여야 한다.

5 지적측량성과의 검사

(1) 검사권자

지적측량수행자가 지적측량을 하였으면 시·도지사, 대도시 시장(「지방자치법」 제198조에 따라 서울특별시·광역시 및 특별자치시를 제외한 인구 50만 이상의 시의 시장을 말한다. 이하 같다) 또는 지적소관청으로부터 측량성과에 대한 검사를 받아야 한다. 다만, 지적공부를 정리하지 아니하는 측량으로서 경계복원측량 및 지적현황측량의 경우에는 그러하지 아니하다.

(2) 지적측량성과도 발급

① 지적소관청은 「건축법」 등 관계 법령에 따른 분할제한 저촉 여부 등을 판단하여 측량성과가 정확하다고 인정하면 지적측량성과도를 지적측량수행자에게 발급하여야 한다.
② 지적측량수행자는 측량의뢰인에게 그 지적측량성과도를 포함한 지적측량결과부를 지체 없이 발급하여야 한다. 이 경우 검사를 받지 아니한 지적측량성과도는 측량의뢰인에게 발급할 수 없다.

> **참고** 지적측량성과의 검사방법과 검사절차
>
> 1. 지적측량수행자는 측량부·측량결과도·면적측정부, 측량성과 파일 등 측량성과에 관한 자료(전자파일 형태로 저장한 매체 또는 인터넷 등 정보통신망을 이용하여 제출하는 자료를 포함한다)를 지적소관청에 제출하여 그 성과의 정확성에 관한 검사를 받아야 한다. 다만, 지적삼각점측량성과 및 경위의측량방법으로 실시한 지적확정측량성과인 경우에는 다음의 구분에 따라 검사를 받아야 한다.
>   ① 국토교통부장관이 정하여 고시하는 면적 규모 이상의 지적확정측량성과: 시·도지사 또는 대도시 시장(「지방자치법」 제175조에 따라 서울특별시·광역시 및 특별시를 제외한 인구 50만 이상 대도시의 시장을 말한다. 이하 같다)
>   ② 국토교통부장관이 정하여 고시하는 면적 규모 미만의 지적확정측량성과: 지적소관청
> 2. 시·도지사 또는 대도시 시장은 위 ①에 따른 검사를 하였을 때에는 그 결과를 지적소관청에 통지하여야 한다.

6 지적측량기간 및 측량검사기간

(1) 원칙
지적측량의 측량기간은 5일로 하며, 측량검사기간은 4일로 한다.

(2) 지적기준점을 설치하여 측량하는 경우
지적기준점을 설치하여 측량 또는 측량검사를 하는 경우 지적기준점이 15점 이하인 때에는 4일을, 15점을 초과하는 때에는 4일에 15점을 초과하는 4점마다 1일을 가산한다.

(3) 합의에 의하여 기간을 정하는 경우
지적측량의뢰인과 지적측량수행자가 서로 합의하여 따로 기간을 정하는 경우에는 그 기간에 따르되, 전체 기간의 4분의 3은 측량기간으로, 4분의 1은 측량검사기간으로 본다.

> **예제**
>
> 1. 공간정보의 구축 및 관리 등에 관한 법령상 지적측량수행자가 지적측량 의뢰를 받은 때 그 다음 날까지 지적소관청에 제출하여야 하는 것으로 옳은 것은?
>   제34회
>
>   ① 지적측량수행계획서
>   ② 지적측량의뢰서
>   ③ 토지이동현황조사계획서
>   ④ 토지이동정리결의서
>   ⑤ 지적측량결과서
>
> **해설** ① 지적측량수행자는 토지소유자 등으로부터 지적측량 의뢰를 받은 때에는 측량기간, 측량일자 및 측량수수료 등을 적은 별지 제16호 서식의 지적측량수행계획서를 그 다음 날까지 지적소관청에 제출하여야 한다. **정답** ①

기출
1. 지적기준점을 설치하지 않고 측량 또는 측량검사를 하는 경우 지적측량의 측량기간은 5일, 측량검사기간은 4일을 원칙으로 한다.
2. 지적측량의 측량기간은 5일로 하며, 측량검사기간은 4일로 한다. 다만, 지적기준점을 설치하여 측량 또는 측량검사를 하는 경우 지적기준점이 15점 이하인 경우에는 4일을, 15점을 초과하는 경우에는 4일에 15점을 초과하는 4점마다 1일을 가산한다. 제34회

2. 공간정보의 구축 및 관리 등에 관한 법령상 지적측량의 측량기간 및 검사기간에 대한 설명이다. (   )에 들어갈 내용으로 옳은 것은? (단, 지적측량의뢰인과 지적측량수행자가 서로 합의하여 따로 기간을 정하는 경우는 제외함) 제34회

> 지적측량의 측량기간은 (㉠)일로 하며, 측량검사기간은 (㉡)일로 한다. 다만, 지적기준점을 설치하여 측량 또는 측량검사를 하는 경우 지적기준점이 15점 이하인 경우에는 (㉢)일을, 15점을 초과하는 경우에는 (㉣)일에 15점을 초과하는 (㉤)점마다 1일을 가산한다.

① ㉠ 4, ㉡ 4, ㉢ 4, ㉣ 4, ㉤ 3
② ㉠ 5, ㉡ 4, ㉢ 4, ㉣ 4, ㉤ 4
③ ㉠ 5, ㉡ 4, ㉢ 4, ㉣ 5, ㉤ 3
④ ㉠ 5, ㉡ 4, ㉢ 5, ㉣ 5, ㉤ 4
⑤ ㉠ 6, ㉡ 5, ㉢ 5, ㉣ 5, ㉤ 3

해설 지적측량의 측량기간은 (㉠ 5)일로 하며, 측량검사기간은 (㉡ 4)일로 한다. 다만, 지적기준점을 설치하여 측량 또는 측량검사를 하는 경우 지적기준점이 15점 이하인 경우에는 (㉢ 4)일을, 15점을 초과하는 경우에는 (㉣ 4)일에 15점을 초과하는 (㉤ 4)점마다 1일을 가산한다.

정답 ②

제3절 │ 지적기준점

제31회, 제33회, 제34회

❶ 지적기준점의 구분

지적기준점은 지적삼각점, 지적삼각보조점, 지적도근점으로 구분된다(영 제8조 제1항 제3호).

(1) 지적삼각점

지적측량시 수평위치 측량의 기준으로 사용하기 위하여 국가기준점을 기초로 하여 정한 기준점을 말한다.

(2) 지적삼각보조점

지적측량시 수평위치 측량의 기준으로 사용하기 위하여 국가기준점과 지적삼각점을 기초로 하여 정한 기준점을 말한다.

(3) 지적도근점

지적측량시 필지에 대한 수평위치 측량기준으로 사용하기 위하여 국가기준점, 지적삼각점, 지적삼각보조점 및 다른 지적도근점을 기초로 하여 정한 기준점을 말한다.

❷ 지적기준점성과의 관리 및 열람

(1) 의의

① 시·도지사나 지적소관청은 지적기준점성과와 그 측량기록을 보관하고 일반인이 열람할 수 있도록 하여야 한다.
② 지적기준점성과의 등본이나 그 측량기록의 사본을 발급받으려는 자는 국토교통부령으로 정하는 바에 따라 시·도지사나 지적소관청에 그 발급을 신청하여야 한다.

(2) 지적기준점성과의 관리

① 지적삼각점성과는 특별시장·광역시장·도지사 또는 특별자치도지사가 관리하고, 지적삼각보조점성과 및 지적도근점성과는 지적소관청이 관리하여야 한다.
② 지적소관청이 지적삼각점을 설치하거나 변경하였을 때에는 그 측량성과를 시·도지사에게 통보하여야 한다.
③ 지적소관청은 지형·지물 등의 변동으로 인하여 지적삼각점성과가 다르게 된 때에는 지체 없이 그 측량성과를 수정하고 그 내용을 시·도지사에게 통보하여야 한다.

(3) 지적기준점성과의 열람 및 등본 발급

지적기준점성과 또는 그 측량부를 열람하거나 등본을 발급받으려는 자는 지적삼각점성과에 대해서는 특별시장·광역시장·특별자치시장·도지사·특별자치도지사 또는 지적소관청에 신청하고, 지적삼각보조점성과 및 지적도근점성과에 대해서는 지적소관청에 신청하여야 한다.

기출 시·도지사나 지적소관청은 지적기준점성과와 그 측량기록을 보관하여야 한다.

기출
1. 지적삼각점성과의 열람 및 등본 발급 신청은 시·도지사 또는 지적소관청에 한다. 제31회
2. 지적삼각보조점성과를 열람하거나 등본을 발급받으려는 자는 지적소관청에 신청하여야 한다. 제34회
3. 지적도근점성과를 열람하거나 등본을 발급받으려는 자는 지적소관청에 신청하여야 한다.
4. 시·도지사나 지적소관청은 지적기준점성과와 그 측량기록을 보관하고 일반인이 열람할 수 있도록 하여야 한다. 제33회

Tip 지적기준점성과의 관리는 시·도지사나 지적소관청이 하지만, 지적기준점 '표지'의 이상 유무 조사는 지적소관청이 연 1회 이상 한다는 점을 유의한다.

「지적측량 시행규칙」 제2조의2 【지적기준점표지의 설치·관리 등】 ② 지적소관청은 연 1회 이상 지적기준점표지의 이상 유무를 조사하여야 한다. 이 경우 멸실되거나 훼손된 지적기준점표지를 계속 보존할 필요가 없을 때에는 폐기할 수 있다.
③ 지적소관청이 관리하는 지적기준점표지가 멸실되거나 훼손되었을 때에는 지적소관청은 다시 설치하거나 보수하여야 한다.

구분	기준점 표지 관리	측량성과의 보존·관리	측량성과의 열람신청	통보
지적 삼각점	지적소관청	시·도지사	시·도지사 또는 지적소관청	표지·설치·변경시 지적소관청이 시·도지사에게 통보
지적 삼각 보조점	지적소관청	지적소관청	지적소관청	–
지적도 근점	지적소관청	지적소관청	지적소관청	–

> **예제**
>
> 공간정보의 구축 및 관리 등에 관한 법령상 지적측량의 의뢰, 지적기준점성과의 보관·열람 및 등본 발급 등에 관한 설명으로 옳은 것은? 제33회
>
> ① 지적삼각보조점성과 및 지적도근점성과를 열람하거나 등본을 발급받으려는 자는 지적측량수행자에게 신청하여야 한다.
> ② 지적측량을 의뢰하려는 자는 지적측량의뢰서에 의뢰 사유를 증명하는 서류를 첨부하여 지적소관청에 제출하여야 한다.
> ③ 시·도지사나 지적소관청은 지적기준점성과와 그 측량기록을 보관하고 일반인이 열람할 수 있도록 하여야 한다.
> ④ 지적소관청이 지적측량 의뢰를 받은 때에는 측량기간, 측량일자 및 측량수수료 등을 적은 지적측량수행계획서를 그 다음 날까지 지적측량수행자에게 제출하여야 한다.
> ⑤ 지적측량의뢰인과 지적측량수행자가 서로 합의하여 따로 기간을 정하는 경우에는 그 기간에 따르되, 전체 기간의 4분의 1은 측량기간으로, 전체 기간의 4분의 3은 측량검사기간으로 본다.
>
> **해설** ① 지적삼각보조점성과 및 지적도근점성과를 열람하거나 등본을 발급받으려는 자는 지적소관청에 신청하여야 한다.
> ② 지적측량을 의뢰하려는 자는 지적측량의뢰서에 의뢰 사유를 증명하는 서류를 첨부하여 지적측량수행자에게 제출하여야 한다.
> ④ 지적측량수행자가 지적측량 의뢰를 받은 때에는 측량기간, 측량일자 및 측량수수료 등을 적은 지적측량수행계획서를 그 다음 날까지 지적소관청에 제출하여야 한다.
> ⑤ 지적측량의뢰인과 지적측량수행자가 서로 합의하여 따로 기간을 정하는 경우에는 그 기간에 따르되, 전체 기간의 4분의 3은 측량기간으로, 전체 기간의 4분의 1은 측량검사기간으로 본다.
> **정답 ③**

제4절 | 지적위원회 및 지적측량적부심사 제31회, 제32회, 제34회, 제36회

1 지적위원회

(1) 지적위원회의 종류

① 중앙지적위원회: 다음의 사항을 심의·의결하기 위하여 국토교통부에 중앙지적위원회를 둔다(법 제28조 제1항).
  ㉠ 지적 관련 정책개발 및 업무개선 등에 관한 사항
  ㉡ 지적측량기술의 연구·개발 및 보급에 관한 사항
  ㉢ 지적측량 적부심사(適否審査)에 대한 재심사(再審査)
  ㉣ 측량기술자 중 지적분야 측량기술자(이하 '지적기술자'라 한다)의 양성에 관한 사항
  ㉤ 지적기술자의 업무정지처분 및 징계 요구에 관한 사항

② 지방지적위원회: 지적측량에 대한 적부심사 청구사항을 심의·의결하기 위하여 특별시·광역시·특별자치시·도 또는 특별자치도에 지방지적위원회를 둔다(법 제28조 제2항).

> **기출** 지적 관련 정책개발 및 업무개선 등에 관한 사항, 지적측량기술의 연구·개발 및 보급에 관한 사항, 제29조 제6항에 따른 지적측량 적부심사(適否審査)에 대한 재심사(再審査), 측량기술자 중 지적분야 측량기술자(이하 '지적기술자'라 한다)의 양성에 관한 사항, 지적기술자의 업무정지처분 및 징계 요구에 관한 사항을 심의·의결하기 위하여 국토교통부에 중앙지적위원회를 둔다. 제31회

> **예제**
> 공간정보의 구축 및 관리 등에 관한 법령상 지적측량적부심사에 대한 재심사와 지적분야 측량기술자의 양성에 관한 사항을 심의·의결하기 위하여 설치한 위원회는? 제30회
> ① 축척변경위원회 ② 중앙지적위원회
> ③ 토지수용위원회 ④ 경계결정위원회
> ⑤ 지방지적위원회
> **해설** ② 지적측량적부심사에 대한 재심사와 지적기술자의 양성에 관한 사항은 중앙지적위원회의 심의·의결사항에 해당한다. **정답** ②

(2) 중앙지적위원회의 구성(영 제20조)

① 중앙지적위원회는 위원장 및 부위원장 각 1명을 포함하여 5명 이상 10명 이내의 위원으로 구성한다.
② 위원장은 국토교통부의 지적업무담당 국장이, 부위원장은 국토교통부 지적업무담당 과장이 된다.
③ 위원은 지적에 관한 학식과 경험이 풍부한 사람 중에서 국토교통부장관이 임명하거나 위촉한다.
④ 위원장 및 부위원장을 제외한 위원의 임기는 2년으로 한다.

> **기출**
> 1. 중앙지적위원회는 위원장 1명과 부위원장 1명을 포함하여 5명 이상 10명 이하의 위원으로 구성한다.
> 2. 위원장은 국토교통부의 지적업무담당 국장이, 부위원장은 국토교통부의 지적업무담당 과장이 된다.

⑤ 중앙지적위원회의 간사는 국토교통부의 지적업무 담당 공무원 중에서 국토교통부장관이 임명하며, 회의 준비, 회의록 작성 및 회의 결과에 따른 업무 등 중앙지적위원회의 서무를 담당한다.

(3) 지적위원회의 회의 등(영 제21조)

① 회의의 소집
  ㉠ 지적위원회 위원장은 지적위원회의 회의를 소집하고 그 의장이 된다.
  ㉡ 위원장이 위원회의 회의를 소집하는 때에는 회의일시·장소 및 심의안건을 회의 5일 전까지 각 위원에게 서면으로 통지하여야 한다.
② 회의는 재적위원 과반수의 출석으로 개의하고 출석위원 과반수의 찬성으로 의결한다.
③ 중앙지적위원회는 관계인을 출석하게 하여 의견을 들을 수 있으며, 필요하면 현지조사를 할 수 있다.
④ 위원이 심사 또는 재심사시 그 측량 사안에 관하여 관련이 있는 경우에는 그 안건의 심의 또는 의결에 참석할 수 없다.

기출
1. 중앙지적위원회의 회의는 재적위원 과반수의 출석으로 개의(開議)하고, 출석위원 과반수의 찬성으로 의결한다. 제34회
2. 중앙지적위원회는 관계인을 출석하게 하여 의견을 들을 수 있으며, 필요하면 현지조사를 할 수 있다. 제34회

> **참고** 위원회 위원의 제척·기피·회피(영 제20조의2)
>
> 1. 중앙지적위원회의 위원이 다음의 어느 하나에 해당하는 경우에는 중앙지적위원회의 심의·의결에서 제척(除斥)된다.
>   ① 위원 또는 그 배우자나 배우자이었던 사람이 해당 안건의 당사자가 되거나 그 안건의 당사자와 공동권리자 또는 공동의무자인 경우
>   ② 위원이 해당 안건의 당사자와 친족이거나 친족이었던 경우
>   ③ 위원이 해당 안건에 대하여 증언, 진술 또는 감정을 한 경우
>   ④ 위원이나 위원이 속한 법인·단체 등이 해당 안건의 당사자의 대리인이거나 대리인이었던 경우
>   ⑤ 위원이 해당 안건의 원인이 된 처분 또는 부작위에 관여한 경우
> 2. 해당 안건의 당사자는 위원에게 공정한 심의·의결을 기대하기 어려운 사정이 있는 경우에는 중앙지적위원회에 기피신청을 할 수 있고, 중앙지적위원회는 의결로 이를 결정한다. 이 경우 기피 신청의 대상인 위원은 그 의결에 참여하지 못한다.
> 3. 위원이 위 1.의 각 호에 따른 제척 사유에 해당하는 경우에는 스스로 해당 안건의 심의·의결에서 회피(回避)하여야 한다.

> **예제**
>
> 공간정보의 구축 및 관리 등에 관한 법령상 중앙지적위원회의 구성 및 회의 등에 관한 설명으로 옳은 것을 모두 고른 것은?
> 제34회
>
> > ㉠ 중앙지적위원회의 간사는 국토교통부의 지적업무 담당 공무원 중에서 지적업무 담당 국장이 임명하며, 회의 준비, 회의록 작성 및 회의 결과에 따른 업무 등 중앙지적위원회의 서무를 담당한다.
> > ㉡ 중앙지적위원회의 회의는 재적위원 과반수의 출석으로 개의(開議)하고, 출석위원 과반수의 찬성으로 의결한다.
> > ㉢ 중앙지적위원회는 관계인을 출석하게 하여 의견을 들을 수 있으며, 필요하면 현지조사를 할 수 있다.
> > ㉣ 위원장이 중앙지적위원회의 회의를 소집할 때에는 회의일시·장소 및 심의안건을 회의 7일 전까지 각 위원에게 서면으로 통지하여야 한다.
>
> ① ㉠, ㉡ ② ㉡, ㉢
> ③ ㉠, ㉡, ㉢ ④ ㉠, ㉢, ㉣
> ⑤ ㉡, ㉢, ㉣
>
> **해설** ㉠ 중앙지적위원회의 간사는 국토교통부장관이 임명한다.
> ㉣ 회의 5일 전까지 각 위원에게 서면으로 통지하여야 한다.
>
> **정답** ②

❷ 지적측량적부심사

(1) 적부심사 청구

토지소유자, 이해관계인 또는 지적측량수행자는 지적측량성과에 대하여 다툼이 있는 경우에는 대통령령으로 정하는 바에 따라 관할 시·도지사를 거쳐 지방지적위원회에 지적측량적부심사를 청구할 수 있다.

> **영 제24조【지적측량의 적부심사 청구 등】** ① 법 제29조 제1항에 따라 지적측량 적부심사(適否審査)를 청구하려는 자는 심사청구서에 다음 각 호의 구분에 따른 서류를 첨부하여 특별시장·광역시장·특별자치시장·도지사 또는 특별자치도지사(이하 '시·도지사'라 한다)를 거쳐 지방지적위원회에 제출하여야 한다.
> 1. 토지소유자 또는 이해관계인: 지적측량을 의뢰하여 발급받은 지적측량성과
> 2. 지적측량수행자(지적측량수행자 소속 지적기술자가 청구하는 경우만 해당한다): 직접 실시한 지적측량성과
> ② 시·도지사는 법 제29조 제2항 제3호에 따른 현황 실측도를 작성하기 위하여 필요한 경우에는 관계 공무원을 지정하여 지적측량을 하게 할 수 있으며, 필요하면 지적측량수행자에게 그 소속 지적기술자를 참여시키도록 요청할 수 있다.

기출 토지소유자, 이해관계인 또는 지적측량수행자는 지적측량성과에 대하여 다툼이 있는 경우에는 관할 시·도지사를 거쳐 지방지적위원회에 지적측량적부심사를 청구할 수 있다.

지적측량적부심사

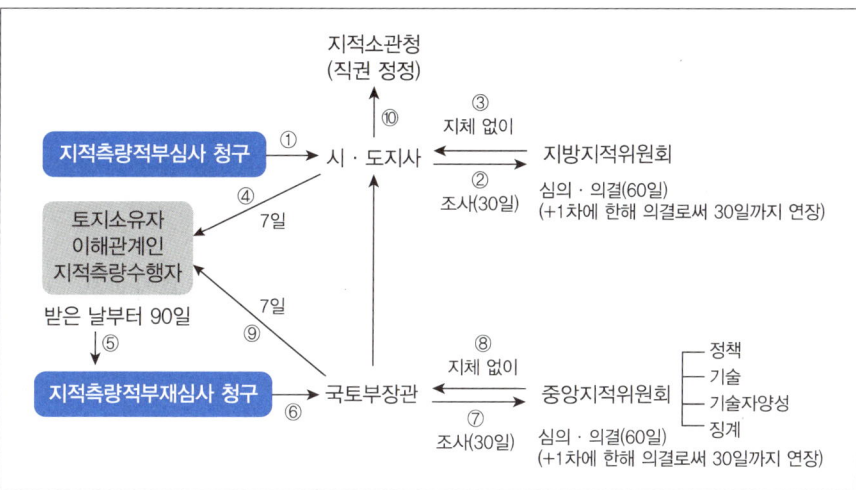

(2) 지방지적위원회에의 회부

지적측량적부심사청구서를 받은 시·도지사는 30일 이내에 일정한 사항을 조사하여 지방지적위원회에 회부하여야 한다(법 제29조 제2항).

(3) 심의 및 의결

지적측량적부심사청구를 회부받은 지방지적위원회는 그 심사청구를 회부받은 날부터 60일 이내에 심의·의결하여야 한다. 다만, 부득이한 경우에는 그 심의기간을 해당 지적위원회의 의결을 거쳐 30일 이내에서 한 번만 연장할 수 있다(법 제29조 제3항).

(4) 의결서 송부

지방지적위원회는 지적측량적부심사를 의결한 때에는 위원장과 참석위원 전원이 서명 및 날인한 지적측량적부심사의결서를 작성하여 지체 없이 시·도지사에게 송부하여야 한다(법 제29조 제4항, 영 제25조 제1항).

(5) 적부심사청구인 및 이해관계인에게 통지

① 시·도지사는 의결서를 받은 날부터 7일 이내에 지적측량적부심사 청구인 및 이해관계인에게 그 의결서를 통지하여야 한다.
② 시·도지사가 의결서를 통지하는 때에는 90일 이내에 재심사를 청구할 수 있음을 서면으로 알려야 한다(법 제29조 제5항, 영 제25조 제2항).

기출 시·도지사는 지방지적위원회의 의결서를 받은 날부터 7일 이내에 지적측량적부심사 청구인 및 이해관계인에게 그 의결서를 통지하여야 한다.

(6) 지적측량적부 재심사절차

지적측량적부심사의결서를 받은 자가 지방지적위원회의 의결에 불복하는 경우에는 그 의결서를 **받은 날부터 90일 이내**에 국토교통부장관을 거쳐 중앙지적위원회에 재심사를 청구할 수 있다(법 제29조 제6항). 재심사청구절차에 관하여는 적부심사청구절차에 관한 규정을 준용한다.

> **기출** 시·도지사로부터 의결서를 받은 자가 지방지적위원회의 의결에 불복하는 경우에는 그 의결서를 받은 날부터 90일 이내에 국토교통부장관을 거쳐 중앙지적위원회에 재심사를 청구할 수 있다.

(7) 재심사의결서 송부

중앙지적위원회로부터 재심사의결서를 받은 국토교통부장관은 그 의결서를 관할 시·도지사에게 송부하여야 한다(법 제29조 제8항).

(8) 의결서 사본의 지적소관청에 송부

시·도지사는 지방지적위원회의 의결서를 받은 후 해당 지적측량적부심사청구인 및 이해관계인이 그 의결서를 받은 날부터 90일 이내에 재심사청구를 하지 아니하면 지방지적위원회의 의결서 사본을 지적소관청에 보내야 하며, 재심사청구를 하여 중앙지적위원회의 의결서를 받은 경우에는 그 의결서 사본에 지방지적위원회의 의결서 사본을 첨부하여 지적소관청에 보내야 한다(법 제29조 제9항).

(9) 지적측량적부심사에 따른 등록사항의 정정

① 위 (8)에 따라 지방지적위원회 또는 중앙지적위원회의 의결서 사본을 받은 지적소관청은 그 내용에 따라 지적공부의 등록사항을 직권으로 **정정**하거나 **측량성과를 수정**하여야 한다(법 제29조 제10항).

② 다만, 특별자치시장은 지방지적위원회의 의결서를 받은 경우나 중앙지적위원회의 재심사의결서를 받은 경우 직접 그 내용에 따라 지적공부의 등록사항을 정정하거나 측량성과를 수정하여야 한다(법 제29조 제11항).

(10) 중복청구 금지

지방지적위원회의 의결이 있은 후 그 의결서를 받은 날부터 90일 이내에 재심사를 청구하지 아니하거나 중앙지적위원회의 의결이 있는 경우에는 해당 지적측량성과에 대하여 다시 지적측량적부심사청구를 할 수 없다(법 제29조 제12항).

예제

1. 공간정보의 구축 및 관리 등에 관한 법령상 지적측량의 적부심사 등에 관한 설명으로 옳은 것은? 제32회

① 지적측량적부심사 청구를 받은 지적소관청은 30일 이내에 다툼이 되는 지적측량의 경위 및 그 성과, 해당 토지에 대한 토지이동 및 소유권 변동 연혁, 해당 토지 주변의 측량기준점, 경계, 주요 구조물 등 현황 실측도를 조사하여 지방지적위원회에 회부하여야 한다.

② 지적측량적부심사 청구를 회부받은 지방지적위원회는 부득이한 경우가 아닌 경우 그 심사청구를 회부받은 날부터 90일 이내에 심의·의결하여야 한다.

③ 지방지적위원회는 부득이한 경우에 심의기간을 해당 지적위원회의 의결을 거쳐 60일 이내에서 한 번만 연장할 수 있다.

④ 시·도지사는 지방지적위원회의 지적측량적부심사 의결서를 받은 날부터 7일 이내에 지적측량적부심사 청구인 및 이해관계인에게 그 의결서를 통지하여야 한다.

⑤ 의결서를 받은 자가 지방지적위원회의 의결에 불복하는 경우에는 그 의결서를 받은 날부터 90일 이내에 시·도지사를 거쳐 중앙지적위원회에 재심사를 청구할 수 있다.

해설 ① 지적소관청이 아닌 시·도지사가 조사하여 지방지적위원회에 회부하여야 한다.
② 90일이 아닌 60일 이내에 심의·의결하여야 한다.
③ 60일이 아닌 30일 이내에 한 번만 연장할 수 있다.
⑤ 국토교통부장관을 거쳐 중앙지적위원회에 재심사를 청구할 수 있다. **정답** ④

2. 공간정보의 구축 및 관리 등에 관한 법령상 지적위원회 및 지적측량의 적부심사 등에 관한 설명으로 틀린 것은? 제29회

① 토지소유자, 이해관계인 또는 지적측량수행자는 지적측량성과에 대하여 다툼이 있는 경우에는 관할 시·도지사를 거쳐 지방지적위원회에 지적측량적부심사를 청구할 수 있다.

② 지방지적위원회는 지적측량에 대한 적부심사 청구사항과 지적기술자의 징계 요구에 관한 사항을 심의·의결한다.

③ 시·도지사는 지방지적위원회의 의결서를 받은 날부터 7일 이내에 지적측량적부심사 청구인 및 이해관계인에게 그 의결서를 통지하여야 한다.

④ 시·도지사로부터 의결서를 받은 자가 지방지적위원회의 의결에 불복하는 경우에는 그 의결서를 받은 날부터 90일 이내에 국토교통부장관을 거쳐 중앙지적위원회에 재심사를 청구할 수 있다.

⑤ 중앙지적위원회는 관계인을 출석하게 하여 의견을 들을 수 있으며, 필요하면 현지조사를 할 수 있다.

해설 ② 지적기술자의 징계 요구에 관한 사항은 중앙지적위원회의 심의·의결사항에 해당한다.

정답 ②

3. 공간정보의 구축 및 관리 등에 관한 법령상 지적측량의 적부심사 등에 관한 설명이다. ( )에 들어갈 내용으로 옳은 것은?   제36회

- (㉠)(으)로부터 지적측량적부심사청구를 회부받은 지방지적위원회는 그 심사청구를 회부 받은 날부터 (㉡) 이내에 심의·의결하여야 한다. 다만, 부득이한 경우에는 그 심의기간을 해당 지적위원회의 의결을 거쳐 30일 이내에서 한 번만 연장할 수 있다.
- (㉢)은(는) 지방지적위원회의 의결서를 받은 날부터 (㉣) 이내에 지적측량적부심사 청구인 및 이해관계인에게 그 의결서를 통지하여야 한다.

① ㉠: 시·도지사, ㉡: 60일, ㉢: 시·도지사, ㉣: 15일
② ㉠: 시·도지사, ㉡: 90일, ㉢: 지적소관청, ㉣: 15일
③ ㉠: 시·도지사, ㉡: 60일, ㉢: 시·도지사, ㉣: 7일
④ ㉠: 지적소관청, ㉡: 60일, ㉢: 지적소관청, ㉣: 7일
⑤ ㉠: 지적소관청, ㉡: 90일, ㉢: 시·도지사, ㉣: 15일

해설
- (㉠ 시·도지사)(으)로부터 지적측량적부심사청구를 회부받은 지방지적위원회는 그 심사청구를 회부 받은 날부터 (㉡ 60일) 이내에 심의·의결하여야 한다. 다만, 부득이한 경우에는 그 심의기간을 해당 지적위원회의 의결을 거쳐 30일 이내에서 한 번만 연장할 수 있다.
- (㉢ 시·도지사)은(는) 지방지적위원회의 의결서를 받은 날부터 (㉣ 7일) 이내에 지적측량적부심사 청구인 및 이해관계인에게 그 의결서를 통지하여야 한다.

정답 ③

4. 공간정보의 구축 및 관리 등에 관한 법령상 지적위원회 등에 관한 설명으로 옳은 것은?   제36회

① 지적측량성과에 대하여 다툼이 있는 경우 토지소유자, 이해관계인 또는 지적측량수행자는 관할 시·도지사를 거쳐 중앙지적위원회에 지적측량적부심사를 청구할 수 있다.
② 중앙지적위원회는 지적재조사 기본계획의 수립 및 변경에 관한 사항을 심의·의결한다.
③ 중앙지적위원회의 위원장이 회의를 소집할 때에는 회의 일시·장소 및 심의 안건을 회의 7일 전까지 각 위원에게 서면으로 통지하여야 한다.
④ 중앙지적위원회가 현지조사를 위해 필요할 때에는 지적측량수행자에게 그 소속 측량기술자 중 지적기술자를 참여시키도록 요청할 수 있다.
⑤ 중앙지적위원회로부터 의결서를 받은 국토교통부장관은 그 의결서를 지적소관청에 송부하여야 한다.

해설 ① 지적측량성과에 대하여 다툼이 있는 경우 토지소유자, 이해관계인 또는 지적측량수행자는 관할 시·도지사를 거쳐 '지방'지적위원회에 지적측량적부심사를 청구할 수 있다.
② 중앙지적위원회는 지적재조사 기본계획의 수립 및 변경에 관한 사항은 중앙지적위원회의 심의·의결사항이 아니다.
③ 중앙지적위원회의 위원장이 회의를 소집할 때에는 회의 일시·장소 및 심의 안건을 회의 5일 전까지 각 위원에게 서면으로 통지하여야 한다.
⑤ 중앙지적위원회로부터 의결서를 받은 시·도지사는 그 의결서를 지적소관청에 송부하여야 한다.

정답 ④

제4장 메타인지 학습체크

01 '지적측량'이란 토지를 지적공부에 등록하거나 지적공부에 등록된 경계점을 지상에 복원하기 위하여 각 필지의 경계 또는 좌표와 면적을 정하는 측량을 말하며, 지적확정측량 및 지적재조사측량을 [① 포함 / ② 제외]한다.

02 지상건축물 등의 현황을 지적도 및 임야도에 등록된 경계와 대비하여 표시하는 데에 필요한 경우 실시하는 측량이 [① 경계복원측량 / ② 지적현황측량]이다.

03 지적측량수행자가 지적측량 의뢰를 받은 때에는 측량기간, 측량일자 및 측량수수료 등을 기록한 지적측량 수행계획서를 [① 그 다음 날까지 / ② 3일 이내에] 지적소관청에 제출하여야 한다.

04 지적공부를 정리하지 아니하는 경계복원측량이나 [① 지적확정측량 / ② 지적현황측량]의 성과는 지적소관청 또는 시·도지사의 검사를 요하지 아니한다.

05 지적측량기간과 지적측량검사기간은 특별한 약정이 없는 한 동지역이든 읍·면지역이든 [① 7일, 5일 / ② 5일, 4일]로 한다.

06 지적삼각보조점성과 및 지적도근점성과를 열람하거나 등본을 발급받으려는 자는 [① 지적측량수행자 / ② 지적소관청]에(게) 신청하여야 한다.

07 [① 시·도지사나 지적소관청 / ② 지적측량수행자]은(는) 지적기준점성과와 그 측량기록을 보관하고 일반인이 열람할 수 있도록 하여야 한다.

08 중앙지적위원회의 위원은 지적에 관한 학식과 경험이 풍부한 자 중에서 국토교통부장관이 임명하거나 위촉하고 위원장과 부위원장을 [① 제외 / ② 포함]한 위원의 임기는 2년으로 한다.

09 토지소유자, 이해관계인 또는 지적측량수행자는 지적측량성과에 대하여 다툼이 있는 경우에는 대통령령으로 정하는 바에 따라 관할 시·도지사를 거쳐 지방지적위원회에 지적측량적부[① 심사 / ② 재심사]를 청구할 수 있다.

정답

01 ①   02 ②   03 ①   04 ②   05 ②   06 ②   07 ①   08 ①   09 ①

MEMO

제 2 편
부동산등기법

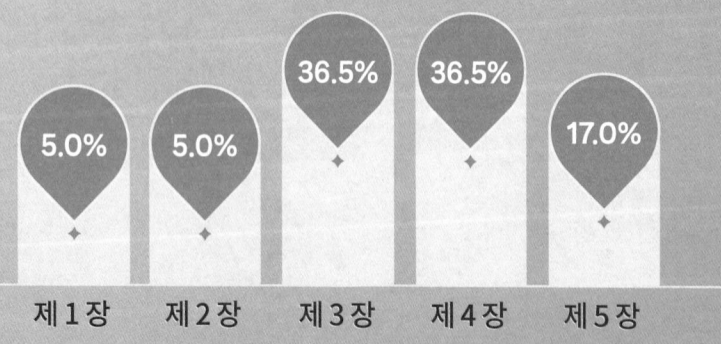

◆ 최근 5개년 출제경향 분석

- 제 1 장 | 부동산등기 총설
- 제 2 장 | 등기설비
- 제 3 장 | 등기총론
- 제 4 장 | 여러 가지 권리의 등기
- 제 5 장 | 여러 가지 등기

제2편 부동산등기법

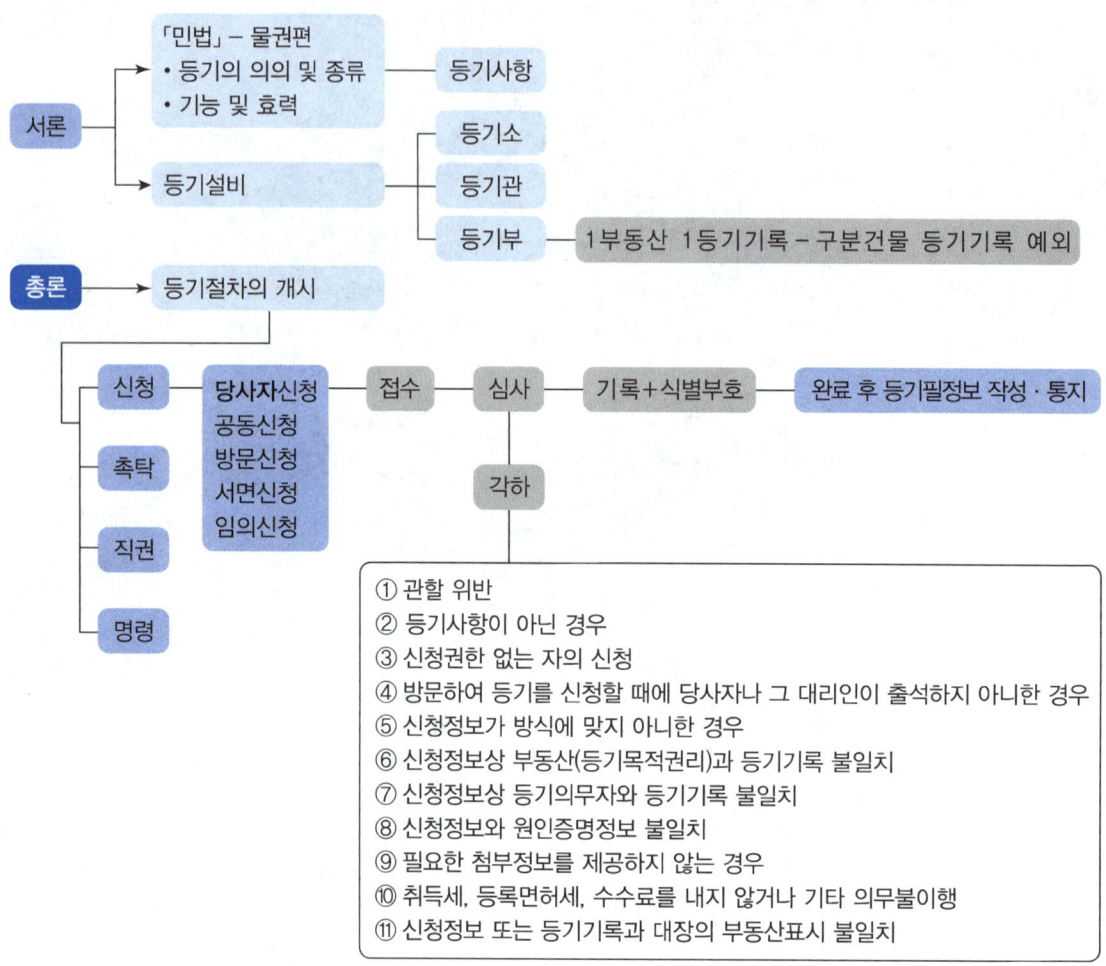

제2편 5개년 평균 출제문항 수 총 24문제 | 12문제

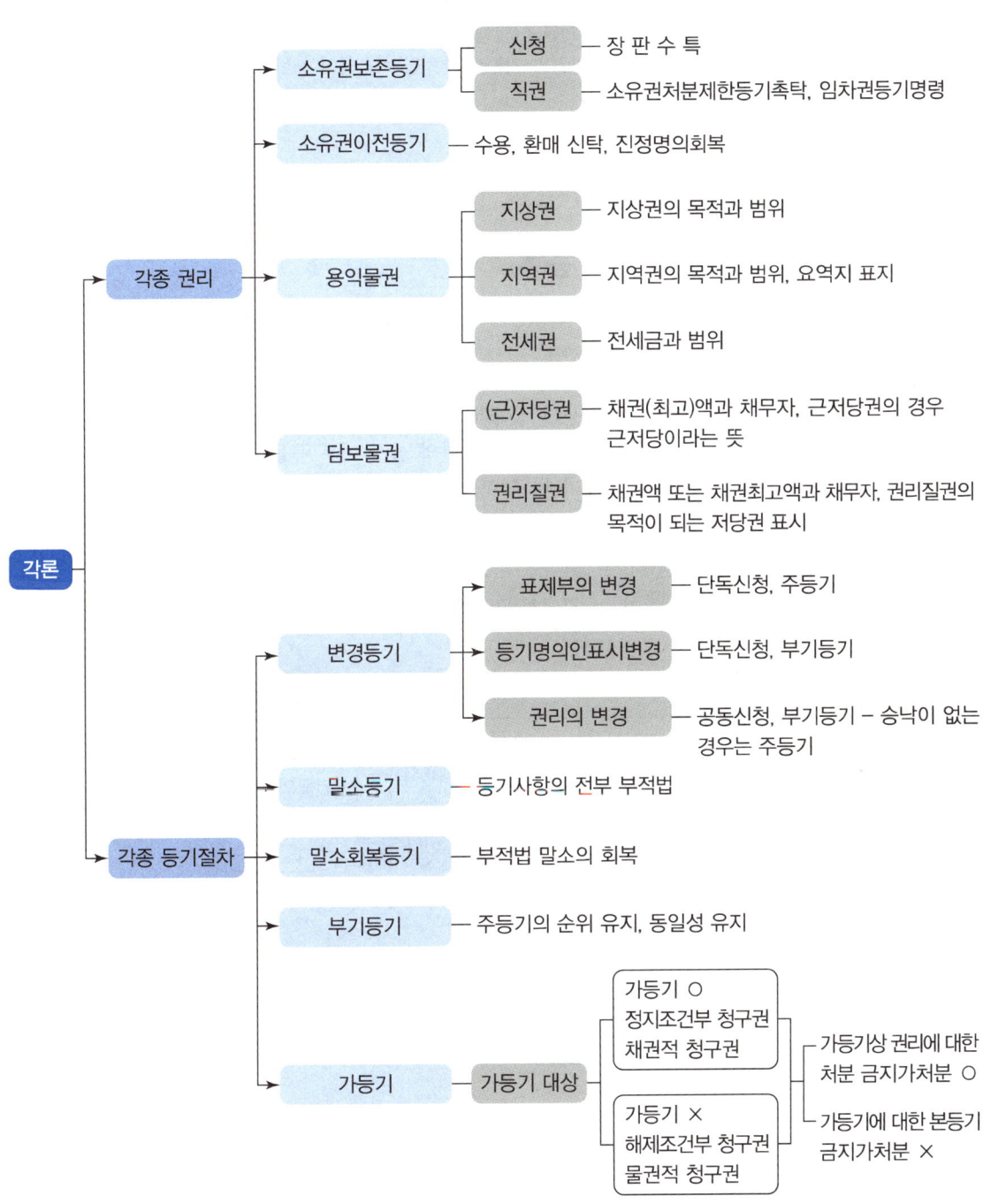

제1장 부동산등기 총설

- 우리나라 「민법」과 부동산등기에 대한 전반적인 내용을 개별적인 암기가 아니라 이해를 중심으로 학습하여야 한다.
- 등기의 절차를 먼저 숙지하고 대장과의 관계를 이해하여야 한다.
- 등기절차에 따라 실행된 우리나라 부동산등기의 기능과 효력을 학습하여야 한다.

제1절 | 부동산등기의 의의와 등기의 종류

알아두기

1. **부동산등기의 의의**: 부동산 거래를 위해서는 부동산의 정확한 현황뿐만 아니라 해당 부동산에 관한 권리관계, 즉 정확한 소유권자가 누구인지, 저당권, 전세권 등의 제한물권의 설정 여부 등을 파악하여야 한다. 이러한 내용을 가장 정확하게 기록하고 있는 국가 장부가 바로 부동산등기부이다.
2. **1부동산 1등기기록의 원칙**: 부동산이라는 물건을 기준으로 등기기록을 편성하며, 1등기기록은 표제부와 갑구와 을구로 구성된다.
3. **등기의 종류**: 보존등기, 설정등기, 말소등기 등 다양한 종류의 등기가 존재한다.

등기부와 지적공부의 관계

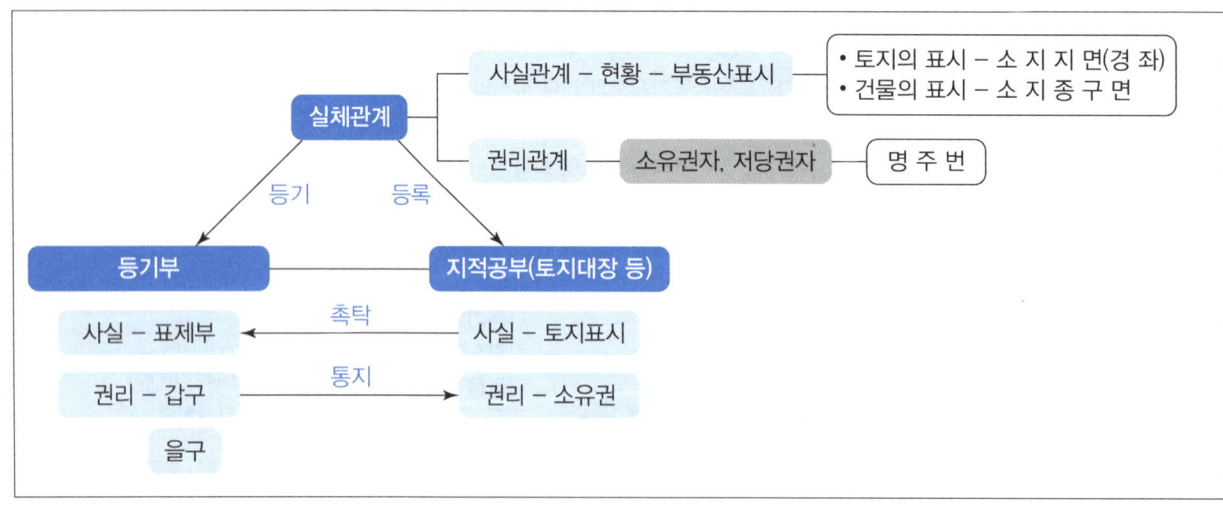

등기절차의 개시

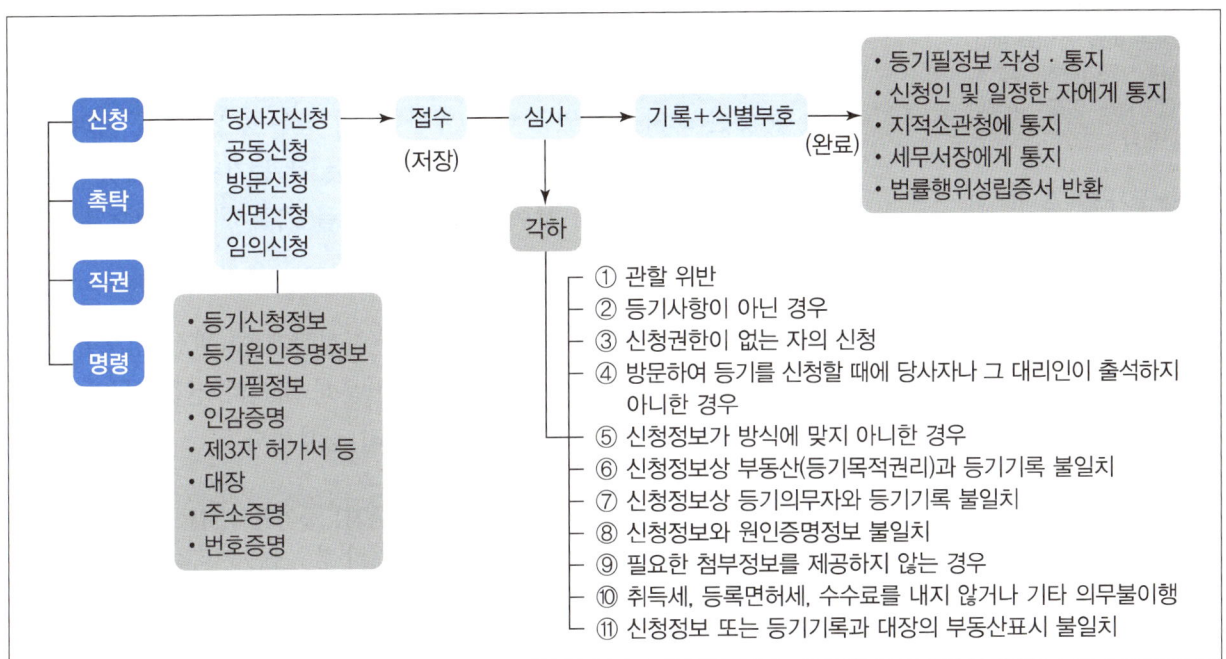

❶ 부동산등기의 의의

(1) '부동산등기'란 국가기관인 등기관이 등기부에 '부동산의 표시'와 그에 대한 일정한 '권리관계'를 법정절차에 따라 '기록하는 것' 또는 '그러한 기록 자체'를 말한다. 따라서 등기관이 등기신청을 수리하여 등기필정보를 교부한 경우에도 등기관의 과실로 인하여 등기부에 기록되지 않은 경우에는 등기가 있다고 할 수 없다.

(2) 현행 「부동산등기법」상 등기부와 등기기록 등에 관한 규정
① '등기부'란 전산정보처리조직에 의하여 입력·처리된 등기정보자료를 대법원규칙으로 정하는 바에 따라 편성한 것을 말한다.
② '등기기록'이란 1필의 토지 또는 1개의 건물에 관한 등기정보자료를 말한다.
③ 등기신청은 해당 부동산이 다른 부동산과 구별될 수 있게 하는 정보가 전산정보처리조직에 저장된 때 접수된 것으로 본다.
④ 등기관이 등기를 마친 경우 그 등기는 접수한 때부터 효력을 발생한다.

참고 현행 「부동산등기법」은 과거 장부식 등기부나 카드식 등기부와 다르게 전산정보처리조직에 의하여 기록하는 형식을 취하고 있다. 따라서 과거 등기부에 기재하고 등기관의 날인으로 등기절차가 완료되었던 것에 반해, 현재는 전산정보처리조직에 기록하고 등기사무를 처리한 등기관이 누구인지 알 수 있는 조치를 하여 등기절차를 마치게 된다.

용어 등기필정보
등기부에 새로운 권리자가 기록되는 경우에 그 권리자를 확인하기 위하여 등기관이 작성한 정보를 말한다.

참고 📖
1. 「부동산등기법」 ⇨ 제2편에서는 이를 '법'이라 한다.
2. 「부동산등기규칙」 ⇨ 제2편에서는 이를 '규칙'이라 한다.

기출 등기관이 등기를 마친 경우 그 등기는 접수한 때부터 효력이 발생한다. 제32회

⑤ 등기관이 등기사무를 처리한 때에는 등기사무를 처리한 등기관이 누구인지 알 수 있는 조치를 하여야 한다.

⑥ '등기관이 등기를 마친 경우'란 등기사무를 처리한 등기관이 누구인지 알 수 있는 조치를 하였을 때를 말한다. 이 경우 등기사무를 처리한 등기관이 누구인지 알 수 있도록 하는 조치는 각 등기관이 제1항의 등기전자서명을 하여 미리 부여받은 식별부호를 기록하는 방법으로 한다.

(3) 등기부와 대장의 이원화

지적공부가 토지의 표시, 즉 토지의 현황(사실관계)에 관한 정보를 주로 공시하는 데 반해, 부동산등기부는 부동산(특히 토지와 건물)의 권리관계(소유권, 저당권 등)를 주로 공시하는 공적 장부이다.

> 「부동산등기법」 제62조 【소유권변경 사실의 통지】 등기관이 다음 각 호의 등기를 하였을 때에는 지체 없이 그 사실을 토지의 경우에는 지적소관청에, 건물의 경우에는 건축물대장 소관청에 각각 알려야 한다.
> 1. 소유권의 보존 또는 이전
> 2. 소유권의 등기명의인 표시의 변경 또는 경정
> 3. 소유권의 변경 또는 경정
> 4. 소유권의 말소 또는 말소회복
>
> 「공간정보의 구축 및 관리 등에 관한 법률」 제89조 【등기촉탁】 ① 지적소관청은 제64조 제2항(신청 또는 직권에 의한 토지이동정리로, 신규등록을 제외한다)·제66조 제2항(지번변경)·제82조(바다로 된 토지의 등록말소)·제83조 제2항(축척변경)·제84조 제2항(직권정정) 또는 제85조 제2항(행정구역 개편시 새 지번부여)에 따른 사유로 토지의 표시변경에 관한 등기를 할 필요가 있는 경우에는 지체 없이 관할 등기관서에 그 등기를 촉탁하여야 한다. 이 경우 등기촉탁은 국가가 국가를 위하여 하는 등기로 본다.
>
> 「부동산등기법」 제29조 【신청의 각하】 등기관은 다음 각 호의 어느 하나에 해당하는 경우에만 이유를 적은 결정으로 신청을 각하하여야 한다.
> 11. 신청정보 또는 등기기록의 부동산의 표시가 토지대장·임야대장 또는 건축물대장과 일치하지 아니한 경우

② 부동산등기의 종류

1. 기능(대상)에 의한 분류

(1) 부동산표시에 관한 등기(표제부의 등기, 사실의 등기)

① 등기기록 중 표제부에 기록하는 등기이다. 즉, 부동산의 소재·지번·지목(건물의 경우에는 구조, 종류)·면적 등 그 부동산의 물리적 현황을 공시하는 등기기록이다. 다만, 예외적으로 대지권의 등기는 권리에 관한 등기라고 할 수 있으나 1동 건물의 표제부와 전유부분의 표제부에 등기한다.

② 표제부의 등기는 갑구와 을구에 등기된 권리의 목적물에 대한 정보를 공시하는 역할을 하지만 다음과 같이 별도로 독립된 등기로 인정되는 경우도 있다.

㉠ 구분건물 등기기록에는 1동의 건물에 대한 표제부를 두고 전유부분마다 표제부, 갑구, 을구를 둔다.

㉡ 규약상 공용부분인 뜻의 등기신청이 있는 경우에 등기관이 그 등기를 할 때에는 그 등기기록 중 표제부에 공용부분이라는 뜻을 기록하고 각 구의 소유권과 그 밖의 권리에 관한 등기를 말소하는 표시를 하여야 한다.

(2) 권리에 관한 등기(갑구·을구의 등기)

① 등기기록 중 갑구(소유권)와 을구(소유권 이외의 권리)에 하는 부동산의 권리관계에 관한 등기이다.

② 갑구와 을구에는 소유권, 저당권 등의 보존·설정·이전·변경 등의 권리내용에 관한 등기를 주로 기록하지만, 그 권리자의 성명이나 명칭, 주소, 등록번호와 같이 권리자의 표시에 관한 등기도 기록된다.

2. 형식에 의한 분류

(1) 주등기(독립등기)

기존 등기와 독립하여 순위번호를 붙여서 하는 등기로서 독립등기라고도 한다. 원칙적으로 등기는 주등기의 형식으로 행하여진다. 표제부의 등기, 소유권이전등기, 각종 권리의 말소등기 등은 주등기로 실행한다.

(2) 부기등기

주등기 또는 부기등기의 순위번호에 가지번호(2-1, 2-2, 2-1-1)를 붙여서 하는 등기를 말한다. 등기명의인표시변경등기, 소유권 이외의 권리의 이전등기, 소유권이 아닌 권리를 목적으로 하는 설정등기 등은 부기등기로 실행하게 되며 주등기가 말소되면 그 주등기에 부기된 부기등기는 직권말소되는 특징이 있다.

♣ 부기등기의 예

[을구]			(소유권 이외의 권리에 관한 사항)		
순위번호	등기목적	접수	등기원인	권리자 및 기타사항	
1	전세권설정	2018년 1월 9일 제1346호	2018년 1월 2일 설정계약	전세금 목적 및 범위 ~~전세권자~~	100,000,000원 주거용 건물 전부 ~~김춘추~~ ~~650725-1234567~~ ~~서울 은평구 응암로 27~~
1-1	1번 전세권이전	2018년 10월 5일 제79291호	2018년 10월 1일 양도	전세권자	김유신 540501-129876 서울 광진구 구의동 57

* 위 견본은 실제 양식과 차이가 있을 수 있으며, 학습목적으로 가공된 것으로서 모두 실제 내용이 아닙니다.

3. 효력에 의한 분류

등기 본래의 효력(권리변동의 효력, 대항력 등)을 발생하게 하느냐 그렇지 않느냐에 따라서 종국등기와 예비등기로 나누어진다.

(1) 종국등기(본등기)

등기의 효력, 즉 물권변동의 효력, 대항력, 추정력 등의 효력을 가지는 등기를 말한다. 일반적으로 등기는 종국등기를 의미한다.

(2) 예비등기

등기의 효력이 인정되지 않는 임시적인 등기로서 청구권 보전을 위한 가등기가 이에 속한다. 가등기가 실행되어도 그 자체로는 물권변동의 효력이나 추정력 등의 종국등기 효력은 인정되지 아니하고 본등기가 되면 순위를 소급하여 보전하는 역할을 할 뿐이다.

4. 내용에 의한 분류

(1) 기입등기

보존등기, 이전등기, 설정등기와 같이 등기기록에 새로운 내용을 기입하는 등기를 말한다.

(2) 변경등기

어떤 등기가 행하여진 후에 등기된 사항에 변경이 생겨서 후발적으로 등기와 실체관계 사이에 일부 불일치가 생긴 경우 그 불일치를 고쳐서 바로잡기 위하여 하는 등기를 말한다. 이미 등기된 소유권의 등기명의인이 개명을 한 경우 그 개명 후의 성명으로 고쳐서 바로잡는 경우가 이에 해당한다.

(3) 경정등기

등기절차에 착오(잘못 기재) 또는 유루(빠뜨림)가 있어서 원시적으로 등기와 실체관계 사이에 일부 불일치가 생긴 경우 이를 등기완료 후에 고쳐서 바로잡기 위하여 하는 등기이다. 등기를 신청하면서 착오나 유루가 있어서 실제 성명과 다른 성명으로 처음부터 잘못 기록된 경우라면 경정등기를 통해서 바로잡게 된다.

(4) 말소등기

기존의 등기사항의 전부가 원시적 또는 후발적 이유로 말미암아 불일치(부적법)하게 된 경우에 기존등기의 '전부'를 소멸시키는 등기를 말한다. 예를 들어 적법하게 경료된 저당권설정등기가 담보하던 채권이 소멸하게 된 경우 필요 없게 된 저당권설정등기를 등기부에서 소멸시켜야 하는 경우 저당권말소등기를 실행하게 된다.

(5) 말소회복등기

기존 '등기사항'의 전부 또는 일부가 부적법하게 말소된 경우에 이를 회복하기 위한 등기를 말한다. 채권이 소멸하지도 않았으나 부적법하게 저당권설정등기가 말소되었다면 이를 원래의 순위와 효력을 회복시키기 위하여 실행하는 등기가 말소회복등기이다.

(6) 멸실등기

기존의 등기된 부동산이 전부 소멸되어 물리적으로 존재하지 않게 된 경우 행하는 등기를 말한다. 토지나 건물의 일부가 소멸한 때에는 멸실등기가 아니라 변경등기의 대상이 되는 점을 주의하여야 한다. 부동산이 멸실한 때에는 그 부동산 위에 존재하는 모든 권리는 당연히 소멸하고 등기의 목적물이 존재하지 않으므로 등기기록도 폐쇄한다.

> **참고** 우리나라 등기제도의 특징
>
> 1. 등기절차의 개시 – 신청주의 원칙
>   법률에 다른 규정이 있는 경우를 제외하고는 등기는 당사자의 신청 또는 관공서의 촉탁에 따라 한다(법 제22조).
> 2. 등기신청 방법의 이원화 – 방문신청과 전자신청
>   신청인 또는 그 대리인(代理人)이 등기소에 출석하여 서면을 제출하는 방법과, 전산정보처리조직을 이용하여 보내는 방법이 있고 우편신청은 할 수 없다.
> 3. 등기관의 심사권 – 형식적 심사주의
>   등기관에게 실질적 조사권한을 부여하지 않고 등기에 필요한 신청정보 및 첨부정보와 등기부만으로 심사하는 방식을 취하고 있으므로 형식적 심사주의를 취하고 있다고 본다.
> 4. 물적 편성주의(物的編成主義) – 1부동산 1등기기록의 원칙
>   ① 우리「부동산등기법」은 '등기부를 편성할 때에는 1필의 토지 또는 1개의 건물에 대하여 1개의 등기기록을 둔다. 다만, 1동의 건물을 구분한 건물에 있어서는 1동의 건물에 속하는 **전부에 대하여 1개의 등기기록을 사용한다**(법 제15조).'라고 규정함으로써 물적 편성주의를 택하고 있다.
>   ② 등기기록에는 부동산의 표시에 관한 사항을 기록하는 표제부와 소유권에 관한 사항을 기록하는 갑구(甲區) 및 소유권 외의 권리에 관한 사항을 기록하는 을구(乙區)를 둔다.
>   ③ 구분건물 등기기록에는 1동의 건물에 대한 표제부를 두고 **전유부분마다 표제부, 갑구, 을구를 둔다.**
> 5. 토지 · 건물등기부의 이원화
>   우리「민법」이 토지와 건물을 별개의 부동산으로 취급하고 있으므로「부동산등기법」도 등기부를 토지등기부와 건물등기부의 2종으로 나누고 있다.

6. 등기와 물권변동과의 관계 – 성립요건주의(형식주의)

부동산의 물권을 취득하기 위하여 등기라는 형식적 요건을 요구하는 입법주의를 형식주의 또는 성립요건주의라 하고, 등기라는 형식이 없어도 법률행위 당사자의 의사표시만으로 물권변동을 인정하는 입법주의를 의사주의라고 한다. 현행 「민법」은 "부동산에 관한 **법률행위**로 인한 물권의 득실변경은 등기하여야 그 효력이 생긴다(「민법」 제186조)."라고 규정하고 있어 성립요건주의(형식주의)를 취하고 있다.

7. 부동산등기의 공신력 불인정

등기의 공신력을 인정한다고 하면 등기가 허위·부실의 등기라 하더라도 부동산의 공시방법인 등기를 믿고 거래한 자를 보호하기 위하여 그 등기가 공시하고 있는 대로 믿고 거래한 자에게 등기상 권리의 취득을 인정하게 된다. 그러나 현행법상 등기의 공신력에 관한 명문의 규정은 없고 판례와 학설은 등기의 공신력을 인정하지 않고 있다. 따라서 등기를 믿고 거래하였지만 권리를 취득하지 못하는 경우가 있을 수 있다.

기출 매수인이 등기부의 기록을 믿고 부동산을 취득하였지만 소유권을 취득하지 못하는 경우가 있다.

판례 등기의 공신력 부정

1. 등기의 공신력이 인정되지 않는 현행 등기제도하에서는 등기기재에 부합하는 실체상의 권리관계가 존재함을 전제로 그 등기의 유효성이 인정된다(대판 68다199).

2. 부동산등기에는 공신력이 인정되지 아니하므로, 부동산의 소유권이전등기가 부실등기인 경우 그 부실등기를 믿고 부동산을 매수하여 소유권이전등기를 경료하였다 하더라도 그 소유권을 취득한 것으로 될 수 없고, 부동산에 관한 소유권이전등기가 무효라면 이에 터잡아 이루어진 근저당권설정등기는 특별한 사정이 없는 한 무효이며, 무효인 근저당권에 기하여 진행된 임의경매절차에서 부동산을 경락받았다 하더라도 그 소유권을 취득할 수 없다(대판 2006다72802).

제1장 메타인지 학습체크 제1절 부동산등기의 의의와 등기의 종류

01 등기신청은 신청정보가 전산정보처리조직에 저장된 때 [① 접수 / ② 완료]된 것으로 본다.

02 등기관이 등기를 마친 경우, 그 등기는 등기를 [① 접수한 / ② 마친] 때부터 효력을 발생한다.

03 등기를 마친 경우 그 등기의 효력은 [① 대법원규칙으로 정하는 등기신청정보가 전산정보처리조직에 저장된 / ② 등기신청인이 등기완료통지서를 받았을] 때 발생한다.

04 부동산의 표시변경등기(표제부 등기)는 언제나 [① 주등기 / ② 부기등기] 형식으로 실행한다.

05 말소등기의 말소등기는 허용[① 된다. / ② 되지 아니한다.]

06 등기된 건물이 화재로 없어진 경우, [① 말소등기 / ② 멸실등기]를 한다.

07 등기의 일부를 붉은 선으로 지우는 것은 말소등기[① 이다. / ② 가 아니다.]

정답
01 ①   02 ①   03 ①   04 ①   05 ②   06 ②   07 ②

제2절 | 등기사항과 등기의 효력

제34회

🎯 알아두기

1. 등기사항: 모든 부동산이 등기대상은 아니며, 모든 물권이 등기대상이 되는 것도 아니다.
2. 부동산등기의 기능과 효력: 우리나라 부동산등기제도는 당사자신청주의를 취하고 있으므로 당사자가 신청을 하지 않으면 미등기로 남을 수밖에 없다. 따라서 우리 「민법」은 계약과 같은 법률행위 후 이에 부합하는 등기를 하여야 물권이 변동되는 것으로 하여 간접적으로 등기를 하도록 하고 있다. 이를 등기의 물권변동적 효력이라 한다.
3. 등기의 유효요건: 형식적으로 등기기록에 그 내용이 기재되어 있어야 하며 그 내용이 실제 벌어진 권리변동과 부합하여야 물권이 변동된다는 법적인 효력이 발생한다.

📌 등기 서론

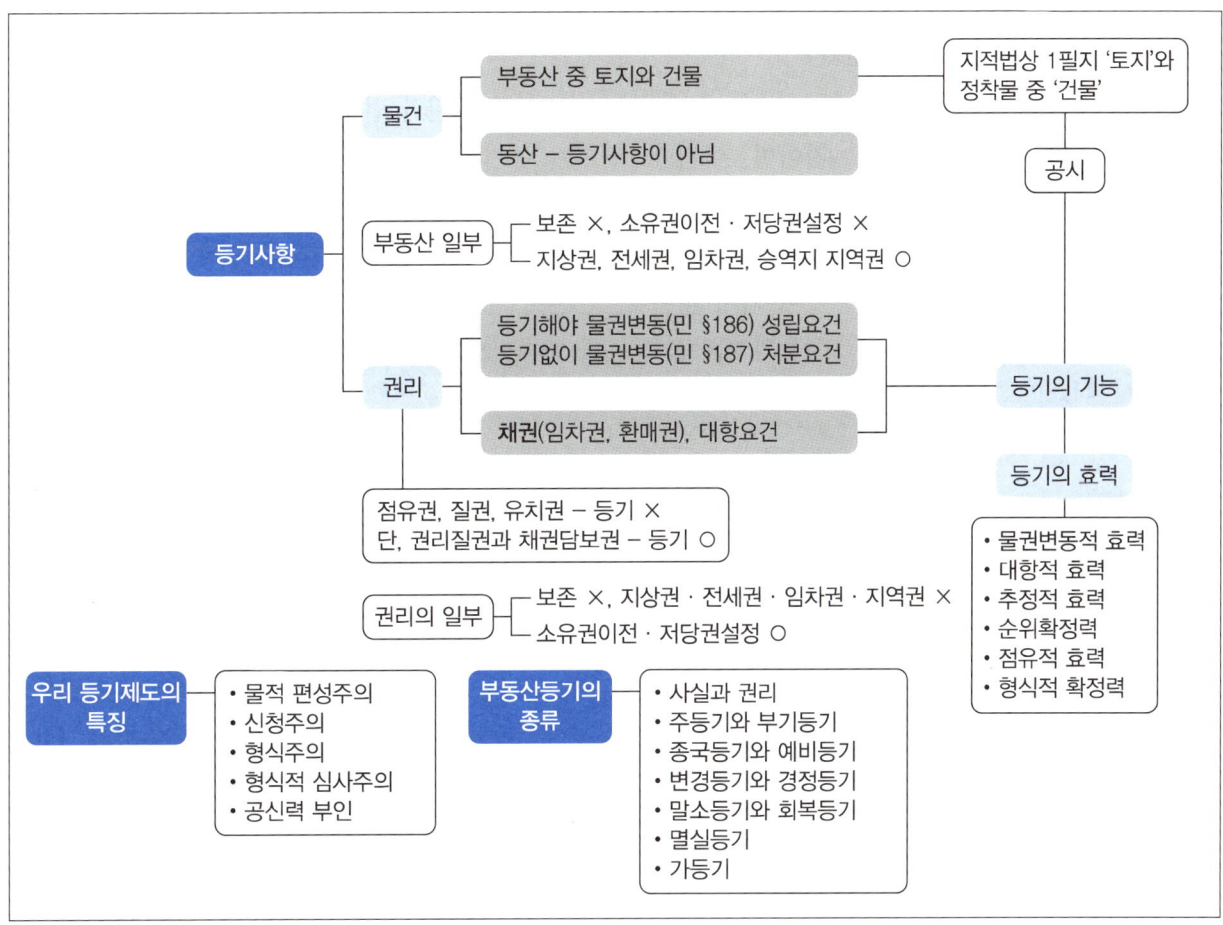

1 등기사항

1. 서설

모든 물건, 모든 권리를 다 「부동산등기법」상 등기할 수 있는 것은 아니다. 「부동산등기법」은 토지와 건물에 대한 물권을 원칙적으로 등기할 수 있는 권리로 하고 있다. 또한 채권 중에서도 임차권이나 환매권과 같이 등기할 수 있는 권리로 규정된 것들도 있다.

2. 등기할 사항인 물건(객체)

우리 「민법」상 부동산이란 토지 및 그 정착물을 말한다. 그러나 정착물 중 특별법상의 예외(「입목에 관한 법률」상의 입목 등)를 제외하고는 「부동산등기법」상 독립하여 등기의 대상이 될 수 없으므로 결국 「부동산등기법」상 등기의 대상이 되는 물건은 토지와 건물뿐이다.

(1) 토지

① 「공간정보의 구축 및 관리 등에 관한 법률」에 의한 1필지가 하나의 토지이며, 이러한 1필지가 등기의 대상이 된다.
② 토지라 하더라도 사권(私權)의 목적이 될 수 있는 경우에만 등기할 수 있으므로 사권의 목적이 되지 않는 공유수면하의 토지 등은 등기의 대상이 되지 않는다. 반면에 사권의 목적이 되는 토지라면 그것이 비록 공용의 제한을 받는다 하더라도 등기할 수 있다(예 「도로법」상의 도로나 하천, 방조제).

> **참고** 「하천법」상 하천에 대한 등기
>
> 2008.4.7. 시행 「하천법」이 하천의 국유제를 폐지하고 하천인 사유토지에 대하여 사권을 행사할 수 없도록 하면서도, 예외적으로 소유권이전, 저당권 설정 등의 일부 사권을 행사할 수 있도록 하고 있음(「하천법」제4조)에 따라 등기예규가 마련되었다.
>
> 1. 대상 토지
>   「하천법」상의 하천으로서, 등기부상의 지목이 하천 또는 제방으로 등기된 토지(소유권보존등기의 경우에는 토지대장상의 지목이 하천 또는 제방)를 대상으로 한다.

기출 사권의 목적이 되는 부동산이면 공용의 제한을 받고 있다 하더라도 등기의 대상이 된다.

2. 등기할 수 있는 경우
   ① 설정, 보존, 이전, 변경, 처분의 제한 또는 소멸에 대하여 이를 할 수 있다.
      ㉠ 소유권
      ㉡ 저당권
      ㉢ 권리질권
   ② 가등기는 위 권리의 설정, 이전, 변경 또는 소멸의 청구권을 보전하려 할 때에 이를 할 수 있다.
   ③ 예고등기(삭제)
   ④ 신탁등기
   ⑤ 부동산 표시변경등기
   ⑥ 등기명의인의 표시변경등기
   ⑦ 「부동산등기법」, 「민법」 또는 특별법에 따른 특약 또는 제한사항의 등기
3. 등기를 할 수 없는 경우
   지상권·지역권·전세권 또는 임차권에 대한 권리의 설정, 이전 또는 변경의 등기는 「하천법」상의 하천에 대하여는 이를 할 수 없다.

기출 「하천법」상 하천에 대한 지상권설정등기신청이 있는 경우 등기관은 '사건이 등기할 것이 아닌 경우'에 해당하므로 각하하여야 한다.
제34회

(2) 건물

① '건물'이란 토지에 정착하여 지붕과 벽을 갖춘 토지의 정착물로서 일정한 용도에 사용되고 쉽게 해체·이동할 수 없는 것을 말한다. 한편, 1동의 건물을 수개로 구분한 부분의 건물이 구조상·이용상 독립성의 요건을 구비하고 있으면 그 부분을 독립한 1개의 건물(예 아파트, 연립주택 등)로 취급할 수 있는데 이러한 건물을 '**구분건물**'이라 한다.

② 건물의 개수는 물리적인 구조뿐만 아니라 소유자의 의사, 거래 또는 이용의 목적물로서 건물의 상태 등을 고려하여 정한다. 그러므로 구조상·이용상 독립성이 있어 구분건물로서 객관적 요건을 갖췄다 하더라도 소유자의 의사에 따라 구분건물로 등기를 할 수도 있고 일반건물로 등기를 할 수도 있다.

참고 📖 개방형 축사의 부동산등기

'개방형 축사'란 소[牛]의 질병을 예방하고 통기성(通氣性)을 확보할 수 있도록 둘레에 벽을 갖추지 아니하고 소를 사육하는 용도로 사용할 수 있는 건축물을 말한다. 이러한 개방형 축사가 건축물대장에 축사로 등록되어 있고 연면적이 100m²를 초과하는 등 일정한 요건을 갖춘 경우에는 「부동산등기법」에서 정하는 절차에 따라 건물등기부에 등기할 수 있다(「축사의 부동산등기에 관한 특례법」).

🔑 등기의 대상이 되는 물건

등기 ○	등기 ×
• 「하천법」상 하천 • 「도로법」상의 도로 • 방조제(지목: 제방) • 농업용 고정식 유리온실 • 유류저장탱크, 싸이로, 비각 • 조적조, 컨테이너구조, 슬레이트지붕건물 • 구분건물의 전유부분, 규약상 공용부분 • 부속건물	• 공유수면하의 토지 • 교량, 터널, 토굴 • 농지개량시설의 공작물(방수문) • 방조제의 부대시설(배수갑문) • 비닐하우스, 견본주택(모델하우스), 옥외풀장 • 급유탱크 • 주유소의 캐노피 • 컨테이너 건물 • 구분건물의 구조상 공용부분(복도, 계단)

> **💡 심화** 등기할 수 있는 건물과 「건축법」상 건축물
>
> 우리 「민법」은 건물을 토지와 별개의 부동산으로 취급하고 있다. 다만, 이러한 건물의 개념에 대하여 「건축법」과 「부동산등기법」 사이에 차이가 있다.
>
> 1. 「건축법」상 건축물
>   「건축법」상 '건축물'이란 토지에 정착(定着)하는 공작물 중 지붕과 기둥 또는 벽이 있는 것과 이에 딸린 시설물, 지하나 고가(高架)의 공작물에 설치하는 사무소·공연장·점포·차고·창고, 그 밖에 대통령령으로 정하는 것을 말한다(「건축법」 제2조 제2호).
>
> 2. 예규 제1086호의 등기능력 있는 건축물
>   「건축법」상 건축물에 관하여 건물로서 소유권보존등기를 신청한 경우, 등기관은 그 건축물이 토지에 견고하게 정착되어 있는지(정착성), 지붕 및 주벽 또는 그에 유사한 설비를 갖추고 있는지(외기분단성), 일정한 용도로 계속 사용할 수 있는 것인지(용도성) 여부를 당사자가 신청서에 첨부한 건축물대장등본 등에 의하여 종합적으로 심사하여야 한다고 하면서 건축물대장등본 등에 의하여 건물로서의 요건을 갖추었는지 여부를 알 수 없는 경우, 등기관은 신청인으로 하여금 소명자료로서 당해 건축물에 대한 사진이나 도면을 제출하게 하여 등기능력 없는 건축물이 건물로서 등기되지 않도록 주의를 기울여야 한다고 한다.
>
> 3. 차이점
>   「건축법」상 건축물이 모두 「부동산등기법」상 등기할 수 있는 건물이 되는 것은 아니다. 예를 들어 주유소 캐노피는 지붕과 기둥이 있어 「건축법」상 건축물이라 할 수 있으나, 「부동산등기법」상 등기할 수 있는 독립한 건물로 등기할 수 없다.

3. 등기할 수 있는 권리 제34회

(1) 부동산 물권

「부동산등기법」상 등기할 사항인 권리는 원칙적으로 부동산 물권이다. 「민법」상 소유권, 지상권, 지역권, 전세권, 저당권 등이 있으며 부동산물권은 아니지만 권리질권과 채권담보권은 일정한 경우 등기능력이 인정된다(법 제3조). 점유권, 유치권, 동산질권, 특수지역권, 분묘기지권, 주위토지통행권 등은 「부동산등기법」상 등기할 수 있는 물권이 아니다.

(2) 부동산임차권·환매권

부동산임차권과 환매권은 물권은 아니지만 예외적으로 등기할 수 있다(「민법」제621조). 이들 권리는 반드시 등기할 필요는 없지만 등기하면 제3자에 대한 대항력이 생긴다.

	점유권		×	–
	소유권		○	–
물권	용익물권	지상권	○	구분지상권도 등기할 수 있는 권리에 해당한다.
		지역권	○	–
		전세권	○	–
	담보물권	저당권	○	–
		질권	×	단, 권리질권(채권담보권)은 저당권등기에 부기등기 ○
		유치권	×	–
채권	임차권		○	–
	환매권		○	–

> **참고 법 제3조【등기할 수 있는 권리 등】**
> 등기는 부동산의 표시(表示)와 다음 각 호의 어느 하나에 해당하는 권리의 보존, 이전, 설정, 변경, 처분의 제한 또는 소멸에 대하여 한다.
> 1. 소유권(所有權)
> 2. 지상권(地上權)
> 3. 지역권(地役權)
> 4. 전세권(傳貰權)
> 5. 저당권(抵當權)
> 6. 권리질권(權利質權)
> 7. 채권담보권(債權擔保權)
> 8. 임차권(賃借權)
>
> **기출** 주위토지통행권은 확인판결을 받았다 하더라도 등기할 수 없다. 제34회
>
> **용어 채권담보권**
> 1. 담보약정에 따라 금전의 지급을 목적으로 하는 지명채권(여러 개의 채권 또는 장래에 발생할 채권을 포함한다)을 목적으로 등기한 담보권을 말한다(「동산·채권 등의 담보에 관한 법률」).
> 2. 채권담보권의 부기등기는 저당권자가 등기의무자가 되고 채권담보권자가 등기권리자가 되어 공동으로 신청한다. 등기 목적은 '저당권부채권담보권의 설정'으로 한다.

예제

「부동산등기법」상 등기할 수 없는 것을 모두 고른 것은? 제34회

㉠ 분묘기지권	㉡ 전세권저당권
㉢ 주위토지통행권	㉣ 구분지상권

① ㉠, ㉢ ② ㉡, ㉣ ③ ㉠, ㉡, ㉢
④ ㉠, ㉢, ㉣ ⑤ ㉡, ㉢, ㉣

해설 ① 분묘기지권(㉠)과 주위토지통행권(㉢)은 등기할 수 있는 권리가 아니다.

정답 ①

4. 부동산의 일부와 권리의 일부

(1) 부동산의 일부

토지 1필지의 일부에 대하여는 「공간정보의 구축 및 관리 등에 관한 법률」상 분할을 선행하지 않고는 소유권을 이전하거나 저당권을 설정하지 못한다. 반면에 전세권이나 지상권, 지역권, 임차권과 같은 용익권은 부동산 일부에도 설정이 가능하다. 건물도 1개 건물(1동 건물) 단위로 등기대상이 된다. 따라서 1동의 건물을 구분 또는 분할하는 절차를 밟기 전에는 건물의 일부에 대한 소유권을 이전하거나 저당권을 설정하지 못한다. 다만, 1동의 건물 일부에 대하여 전세권 등의 용익권은 설정할 수 있다.

(2) 권리의 일부

권리의 일부인 지분은 당해 부동산의 전부에 효력을 미치며 그 범위를 특정할 수 없지만 공시는 가능하므로 지분이전등기나 지분을 목적으로 하는 저당권설정등기는 가능하다. 반면에 범위를 특정할 수 없으므로 지분을 목적으로 하는 전세권 등 용익권을 설정할 수는 없다.

♣ **부동산의 일부와 권리의 일부 비교** 제23회, 제34회, 제36회

구분	소유권 보존등기	소유권이전등기, 저당권설정등기	지상권, 전세권, 임차권설정등기	지역권설정
부동산의 일부	×	×	○(도면)	승역지 지역권 ○(도면), 요역지 지역권 ×
권리의 일부	×	○	×	×

> **예제**
>
> 등기에 관한 설명으로 틀린 것은?   제23회
> ① 사권(私權)의 목적이 되는 부동산이면 공용제한을 받고 있다 하더라도 등기의 대상이 된다.
> ② 1필지 토지의 특정된 일부분에 대하여 분할을 선행하지 않으면 지상권을 설정하지 못한다.
> ③ 건물의 공유지분에 대하여는 전세권등기를 할 수 없다.
> ④ 1동의 건물을 구분 또는 분할의 절차를 밟기 전에도 건물 일부에 대한 전세권설정등기가 가능하다.
> ⑤ 주위토지통행권은 확인판결을 받았다 하더라도 등기할 수 없다.
>
> **해설** ② 지상권과 같은 용익권은 부동산의 특정 일부에 대하여도 설정이 가능하다.   **정답** ②

5. 등기를 하여야 효력이 발생하는 물권변동

(1) 법률행위에 의한 물권변동

부동산에 관한 법률행위(예 매매, 증여, 교환 등)로 인한 물권의 득실변경은 등기를 하여야 그 효력이 발생한다(「민법」제186조). 이 경우 등기를 물권변동의 효력발생요건 또는 성립요건이라고 한다. 법률규정에 의한 변동과 구별하여야 한다. 또한 채권의 변동에는 이 규정이 적용되지 않는다.

(2) 시효취득(점유취득시효)

'점유취득시효'란 타인 소유의 부동산을 20년간 소유의 의사로 평온·공연하게 점유한 경우 등기를 함으로써 그 소유권을 취득하는 제도를 말한다(「민법」제245조). 부동산의 점유취득시효는 「민법」제245조라는 법률규정에 의한 물권변동이지만, 소유권취득(물권변동)에 등기를 요한다는 점에서 「민법」제187조의 법률규정에 의한 물권변동의 예외적인 경우로 볼 수 있다.

6. 등기 없이도 효력이 발생하는 물권변동(「민법」제187조)

상속, 공용징수, 판결, 경매 기타 법률의 규정에 의한 부동산에 관한 물권의 취득은 등기를 요하지 않지만, 등기를 하지 아니하면 이를 처분하지 못한다. 이 경우의 등기는 처분요건으로서의 기능을 한다.

(1) 상속(포괄유증 포함)

상속은 피상속인의 사망으로 그 재산상의 지위를 상속인이 포괄적으로 승계하는 것이므로 피상속인의 사망시에 피상속인의 부동산물권은 상속인에게 당연히 이전된다(「민법」제1005조).

(2) 공용징수

공용징수에 의하여 사업시행자는 수용의 개시일에 등기 없이도 물권을 취득한다.

(3) 판결

판결은 그 내용에 따라 확인판결, 이행판결, 형성판결로 나눌 수 있는데, 「민법」제187조의 판결은 공유물분할판결과 같은 형성판결만을 의미한다(판례). 판결에 의하여 물권이 변동하는 시기는 그 판결이 확정된 때이다.

> **심화 유증의 물권변동시기**
> 포괄유증의 경우 상속처럼 유증자의 사망시 유증받은 권리·의무를 포괄적으로 승계취득한다(「민법」제1073조). 그러나 특정유증의 경우에는 유증자의 사망으로 바로 물권변동이 일어나는 것은 아니고 수증자 앞으로 소유권이전등기가 경료된 때에 발생한다. 주의할 것은 유증을 원인으로 소유권이전등기를 신청하는 경우에는 포괄유증이나 특정유증을 불문하고 공동으로 등기를 신청하여야 한다는 점이다. 즉, 유언집행자나 상속인이 등기의무자가 되고, 수증자가 등기권리자가 된다.

(4) 경매

「민법」 제187조의 경매는 국가기관이 행하는 공경매를 말하며, 경매의 경우에는 매수인이 매각대금을 다 낸 때(공매의 경우는 매수인이 매수대금을 완납한 때)에 매수인이 등기 없이 매각의 목적인 권리를 취득한다.

(5) 기타 법률규정의 예

「민법」 제187조에 등기 없이 취득할 수 있는 모든 물권변동을 다 규정할 수는 없으며, 다음과 같은 변동의 경우에도 법률규정에 의한 물권변동으로 등기를 요하지 아니한다.

① 신축건물의 소유권 취득, 공유수면매립지의 소유권 취득
② 법정지상권(「민법」 제305조, 제316조), 관습법상 법정지상권의 취득
③ 법정저당권의 취득(「민법」 제649조)
④ 존속기간 만료에 의한 용익물권의 소멸
⑤ 피담보채권의 소멸에 의한 저당권의 소멸
⑥ 부동산의 멸실에 의한 물권소멸
⑦ 원인행위의 실효(무효·취소·해제)로 인한 물권의 복귀(판례)
⑧ 혼동에 의한 물권의 소멸(「민법」 제191조)

> **참고** 등기의 기능
>
> 등기의 기능은 권리와 상황에 따라 다음과 같이 분류할 수 있다.
>
> 1. 효력발생요건으로서의 등기(법률행위)
>   부동산에 관한 **법률행위**로 인한 물권의 득실변경(발생, 변경, 소멸)은 등기하여야 그 효력이 생긴다(「민법」 제186조). 그러므로 이 경우 등기는 물권변동이라는 효력을 발생시키는 기능을 한다고 할 수 있다.
>
> 2. 처분요건으로서의 등기(법률의 규정)
>   상속, 공용징수, 판결, 경매 기타 **법률의 규정**에 의한 부동산에 관한 물권의 취득은 등기를 요하지 아니한다. 그러나 등기를 하지 아니하면 이를 처분하지 못한다(「민법」 제187조). 즉, 등기를 하여야 이를 처분할 수 있으므로 처분요건으로서의 기능을 한다고 할 수 있다.
>
> 3. 대항요건으로서의 등기(채권, 임의적 기재사항)
>   **채권**(임차권, 환매권), 각종 권리의 임의적 기재사항은 등기하지 않더라도 효력이 발생하지만 이를 당사자 이외의 제3자에게 대항하기 위해서는 등기를 하여야 한다. 이러한 채권의 경우 법률의 규정이 있는 경우에만 등기할 수 있으며 이 등기가 실행되면 제3자에게도 그 권리내용을 주장할 수 있는 기능을 한다.

Tip 전세권 법정 갱신은 등기 없이도 연장되지만 등기까지 해야 그 전세권을 목적으로 저당권을 설정할 수 있다. 즉, 전세권이라는 물권이 그 기간이 연장되는 변동에 있어서는 법률 규정에 따라 등기를 요하지 않지만 이를 처분하는 의미가 있는 저당권설정을 위해서는 등기를 요한다.

참고 가등기는 등기할 수 있는 권리들의 설정·이전·변경·소멸의 청구권을 보전하려 할 때에 한다. 따라서 보존·처분의 제한의 가등기는 하지 못한다.

② 등기의 효력 제32회, 제34회

1. 권리(물권)변동적 효력

(1) 「민법」제186조에서는 부동산에 관한 법률행위로 인한 물권의 득실변경은 등기하여야 그 효력이 있다고 규정한다. 따라서 등기는 물권변동(득실변경)의 효력이 있다고 할 수 있다.

(2) 등기관이 등기를 마친 경우 그 등기는 접수한 때부터 효력을 발생하므로(법 제6조) 법률행위로 인한 물권변동의 효력발생시기는 등기를 접수한 때이다.

> 참고 원칙적으로 특별법에 의한 특약사항, 금지사항 등은 그러한 사항을 등기할 수 있다는 법령상의 근거가 있어야만 이를 등기할 수 있다(예규 제1617호).

2. 대항력

(1) 등기를 하지 않으면 당사자 사이에서만 채권적 효력을 가질 뿐이지만, 등기를 함으로써 그 등기내용에 관하여 당사자 이외의 제3자에게도 대항할 수 있는 효력을 가지는데 이를 등기의 '대항력'이라고 한다.

(2) 임차권등기, 환매특약등기, 신탁등기, 각종 등기의 임의적 신청정보(존속기간, 지료, 이자와 그 지급시기 등) 등은 등기를 하지 않아도 당사자 사이에 효력이 발생하지만, 등기를 하여야 당사자 이외의 제3자에게도 그 효력을 주장할 수 있다.

3. 순위확정적 효력

(1) 의의

같은 부동산에 관하여 등기한 권리의 순위는 법률에 다른 규정이 없으면 등기한 순서에 따른다(법 제4조).

(2) 개별등기의 순위

① 등기의 순서는 등기기록 중 같은 구(區)에서 한 등기는 순위번호에 따르고, 다른 구에서 한 등기는 접수번호에 따른다(법 제4조 제2항).

> 참고 규칙 제22조 제2항
> 접수번호는 대법원예규에서 정하는 바에 따라 전국 모든 등기소를 통합하여 부여하되, 매년 새로 부여하여야 한다.

② 부기등기의 순위는 주등기의 순위에 따른다. 그러나 부기등기 상호간의 순위는 그 등기 순서에 따른다(법 제5조).

> 기출
> 1. 부동산에 내한 가압류등기와 저당권설정등기 상호간의 순위는 접수번호에 따른다. 제34회
> 2. 2번 저당권이 설정된 후 1번 저당권 일부이전의 부기등기가 이루어진 경우, 배당에 있어서 그 부기등기가 2번 저당권에 우선한다. 제34회
> 3. 가등기 후에 제3자 명의의 소유권이전등기가 이루어진 경우, 가등기에 기한 본등기가 이루어지면 본등기는 제3자 명의 등기에 우선한다. 제34회

③ 가등기에 의한 본등기를 한 경우 본등기의 순위는 가등기의 순위에 따른다(법 제91조).
④ 말소회복등기는 종전의 등기와 동일한 순위와 효력을 보유한다(판례).
⑤ 대지권에 대한 등기로서의 효력이 있는 등기와 대지권의 목적인 토지의 등기기록 중 해당 구에 한 등기의 순서는 접수번호에 따른다(법 제61조 제2항).

> **예제**
>
> 등기한 권리의 순위에 관한 설명으로 틀린 것은? (다툼이 있으면 판례에 따름)
> 제34회
>
> ① 부동산에 대한 가압류등기와 저당권설정등기 상호간의 순위는 접수번호에 따른다.
> ② 2번 저당권이 설정된 후 1번 저당권 일부이전의 부기등기가 이루어진 경우, 배당에 있어서 그 부기등기가 2번 저당권에 우선한다.
> ③ 위조된 근저당권해지증서에 의해 1번 근저당권등기가 말소된 후 2번 근저당권이 설정된 경우, 말소된 1번 근저당권등기가 회복되더라도 2번 근저당권이 우선한다.
> ④ 가등기 후에 제3자 명의의 소유권이전등기가 이루어진 경우, 가등기에 기한 본등기가 이루어지면 본등기는 제3자 명의 등기에 우선한다.
> ⑤ 집합건물 착공 전의 나대지에 대하여 근저당권이 설정된 경우, 그 근저당권등기는 집합건물을 위한 대지권등기에 우선한다.
>
> **해설** ③ 위조된 근저당권해지증서에 의하여 저당권등기가 말소되더라도 이는 부적법한 말소로 회복등기가 가능하며, 회복등기가 이루어지면 종전 등기의 순위와 효력이 유지되므로 2번 근저당권이 이보다 우선할 수는 없다.   **정답** ③

4. 추정적 효력

(1) 의의

어떤 등기가 있으면 그에 대응하는 실체적 권리관계가 존재하는 것으로 추정되는 효력을 등기의 '추정력'이라 한다. 등기의 추정력을 인정하는 명문의 규정은 없으나 등기는 제도적으로 그 유효성이 상당히 보장되며 국가기관에 의하여 관리된다는 점에서 해석상 이를 인정한다(통설, 판례). 등기의 추정력이 실제로 작용하는 부분은 재판에 있어서 입증책임의 문제인데, 등기된 것과 다른 사실을 주장하는 자가 입증책임을 부담하여야 한다.

(2) 추정력이 미치는 범위

① **등기된 권리의 적법추정**: 등기된 권리가 등기명의인에게 귀속하는 것으로 추정되고 그 등기에 의하여 물권변동이 유효하게 성립한 것으로 추정된다. 또한 저당권설정등기의 경우 저당권의 존재 자체뿐만 아니라 이에 상응하는 피담보채권도 존재한다고 추정된다.

② **등기절차의 적법추정**: 등기가 있는 경우에는 적법한 절차에 의하여 이루어진 등기라고 추정된다. 등기의 전제조건의 충족(예 토지거래허가, 농지매매에 있어서 농지취득자격증명) 등도 추정되며 부동산을 매수한 등기명의인이 상대방의 대리인과 매매계약을 체결했다고 주장하는 경우 대리권의 존재도 추정된다.

③ **등기원인의 적법추정**: 등기의 추정력은 등기원인에는 미치지 않는다는 학설도 있으나, 판례는 등기원인에도 추정력이 미치는 것으로 보고 있다.

④ **인적 범위(권리변동의 당사자 간 추정력 인정 여부)**

㉠ 소유권보존등기는 소유권이 진실하게 보존되어 있다는 사실에 관하여서만 추정력이 있고 소유권보존 이외의 권리변동이 진실하다는 점에 관하여서는 추정력이 없다. 이와 같은 보존등기의 본질에 비추어 보존등기 명의인이 원시취득자가 아니라는 점이 증명되면 그 보존등기의 추정력은 깨진다. 즉, 소유권보존등기명의인이 보존등기 전의 소유자로부터 소유권을 양수한 것이라고 주장하고 전소유자는 양도 사실을 부인하는 경우 소유권이전등기와는 다르게 그 보존등기의 추정력은 깨어지고 그 보존등기명의인 측에서 양수 사실을 입증할 책임이 있다(대판 82다카707).

㉡ 등기의 추정력은 제3자에 대한 관계에서뿐만 아니라, 권리변동의 당사자 사이에도 미친다는 것이 판례의 태도이다. 즉, 소유권이전등기가 경료되어 있는 경우에 그 등기명의인은 제3자에 대하여뿐만 아니라 그 전소유자에 대하여서도 적법한 등기원인에 의하여 소유권을 취득한 것으로 추정된다(대판 91다26379).

(3) 추정력이 부정되는 경우

① 등기의 추정력은 권리관계에 대한 추정이므로 권리등기가 아닌 부동산의 표시등기에는 추정력이 인정되지 않는다.

② 가등기에는 추정력이 인정되지 않는다. 따라서 소유권이전청구권 보전을 위한 가등기가 있다고 하여 소유권이전등기를 청구할 어떤 법률관계가 있다고 추정되지 않는다.

(4) 점유의 추정력과의 관계

「민법」제200조(점유자가 점유물에 대하여 행사하는 권리는 적법하게 보유한 것으로 추정한다)가 등기된 부동산에 대해서도 적용되느냐에 대하여 다툼이 있으나, 부동산에 있어서는 등기라는 강력한 공시방법이 있다는 점에서 등기제도가 없는 동산에 점유의 추정력을 인정하는 경우와는 차이가 있다고 할 수 있다. 등기된 부동산에 대해서는 등기의 추정력을 우선하고 점유의 추정력은 적용되지 않는다는 것이 다수설·판례이다.

5. 후등기 저지력(형식적 확정력)

일정한 등기가 기록되어 있는 이상, 이를 말소하기 전까지는 이와 양립할 수 없는 등기를 할 수 없게 하는 효력을 말한다. 그러므로 어느 부동산에 대하여 전세권등기가 경료되어 있는 경우 해당 전세권이 실질적으로 소멸하여 그 등기가 무효의 등기가 되었어도 이를 말소하기 전에는 동일한 범위에 대하여 새로운 전세권설정등기는 허용되지 아니한다.

6. 점유적 효력(「민법」제245조)

소유자로 등기되어 있는 자는 10년간 소유의 의사로 평온·공연하게 선의이며 과실 없이 그 부동산을 점유한 때에는 그 소유권을 취득한다(등기부취득시효). 반면 20년간 소유의 의사로 평온·공연하게 부동산을 점유하는 자는 등기함으로써 그 소유권을 취득한다. 점유취득시효(20년)에 비하여 등기부취득시효는 등기가 되어 있다는 점 때문에 그 점유기간이 10년 단축되는 효력이 있다는 것으로 해석하는 학설이 있다. 이를 등기의 '점유적 효력'이라 한다.

기출 乙의 토지에 甲명의의 소유권이전등기청구권 보전을 위한 가등기가 있더라도 甲은 소유권이전등기를 청구할 정당한 법률관계가 있다고 추정되지 않는다.

기출 1필지의 토지 전부에 대하여 이미 소멸한 전세권의 설정등기가 존재하는 경우 다른 전세권의 설정등기 신청을 수리하지 못한다.

참고 사망자 명의로 신청하여 이루어진 이전등기는 일단 원인무효의 등기라고 볼 것이어서 등기의 추정력을 인정할 여지가 없으므로, 등기의 유효를 주장하는 자가 현재의 실체관계와 부합함을 증명할 책임이 있다(대판 2018다200730).

예제

등기의 효력에 관한 설명으로 틀린 것은? (다툼이 있으면 판례에 따름) 제26회

① 등기를 마친 경우 그 등기의 효력은 대법원규칙으로 정하는 등기신청정보가 전산정보처리조직에 저장된 때 발생한다.
② 대지권을 등기한 후에 한 건물의 권리에 관한 등기는 건물만에 관한 것이라는 뜻의 부기등기가 없으면 대지권에 대하여 동일한 등기로서 효력이 있다.
③ 같은 주등기에 관한 부기등기 상호간의 순위는 그 등기순서에 따른다.
④ 소유권이전등기청구권을 보전하기 위한 가등기에 대하여는 가압류등기를 할 수 없다.
⑤ 등기권리의 적법추정은 등기원인의 적법에서 연유한 것이므로 등기원인에도 당연히 적법추정이 인정된다.

해설 ④ 가등기에 대한 처분제한(가압류나 가처분 등)의 등기는 가능하다. 반면 처분제한등기(가압류나 가처분 등기)에 대한 가등기는 불가능하다.
① 등기관이 등기를 마친 경우 그 등기는 접수한 때부터 효력을 발생한다.

> **등기절차 관련 규정**
> 1. '등기관이 등기를 마친 경우'란 등기사무를 처리한 등기관이 누구인지 알 수 있는 조치를 하였을 때를 말한다.
> 2. 등기신청은 대법원규칙으로 정하는 등기신청정보가 전산정보처리조직에 '저장'된 때 접수된 것으로 본다.
> 3. '대법원규칙으로 정하는 등기신청정보'란 해당 부동산이 다른 부동산과 구별될 수 있게 하는 정보를 말한다.
> 4. 같은 토지 위에 있는 여러 개의 구분건물에 대한 등기를 동시에 신청하는 경우에는 그 건물의 소재 및 지번에 관한 정보가 전산정보처리조직에 저장된 때 등기신청이 접수된 것으로 본다.

정답 ④

❸ 등기의 유효요건 제34회

1. 의의

등기가 등기로서 유효하기 위해서는 「부동산등기법」이 정하는 적법절차에 따른 등기기록이 존재하여야 하고(형식적 유효요건), 그 등기기록에 부합하는 실체관계가 있어야 한다(실체적 유효요건).

2. 형식적 유효요건

(1) 관할등기소에 등기할 것

부동산의 소재지를 관할하는 지방법원, 그 지원(支院) 또는 등기소, 즉 관할등기소에서 등기하여야 한다(법 제7조 제1항). 관할을 위반한 등기는 당연무효이고, 직권말소의 대상이 된다.

(2) 등기할 수 있는 사항일 것

사건이 등기할 사항이 아닌 경우에 해당하는 등기신청이 있으면 각하하여야 하나, 이를 간과하고 등기가 경료되었다면 이 등기는 실체관계에 부합한다 하더라도 당연무효이고, 직권말소의 대상이 된다.

(3) 신청절차에 흠결이 없을 것

법 제29조 제3호 이하의 신청절차에 위반한 등기(제3호~제11호 위반)라 하더라도 판례는 당사자에게 등기신청의사가 있고 또한 실체적 유효요건을 갖추고 있는 한 유효하다는 입장이다. 즉, 위조문서에 의하여 실행된 등기라 하더라도 그것이 실체관계에 부합하는 경우에는 그러한 등기도 유효하고, 무권대리인이 신청한 등기라도 등기관이 이를 간과하고 등기를 실행한 경우에는 실체관계와 부합하는 한 그 등기도 유효하다.

(4) 등기기록이 존재할 것

등기는 물권변동의 효력발생요건이고, 효력존속요건은 아니므로 유효하게 존재하였던 등기가 불법으로 말소된 경우에도 등기가 표상하는 권리는 소멸되지 않는다(판례). 이러한 경우 말소회복등기에 의하여 회복할 수 있다.

(5) 중복등기

1부동산 1등기기록의 원칙상 이미 보존등기가 된 부동산에 대해 중복하여 보존등기의 신청이 있는 경우 그 신청은 각하(이미 보존등기된 부동산에 대해 다시 보존등기를 신청한 경우)하여야 한다. 반면 이미 1부동산에 중복등기가 경료된 경우 이 중 어느 등기기록을 정리할 것인가의 문제가 발생한다.
① 동일인 명의의 중복보존등기에 대한 판례의 태도: 동일 부동산에 관하여 동일인 명의로 중복보존등기가 경료된 경우, 나중에 경료된 등기는 무효이고 이 무효인 등기를 기초로 타인명의로 소유권이전등기가 경료되어도 이 등기 역시 무효라고 한다.

참고 부동산에 관한 보존등기, 특히 건물에 관한 보존등기가 어떤 건물을 공시하든 효력의 유무는 일반 사회관념상 동 등기의 기재로서 당해 건물의 동일성을 인식할 수 있는가의 여부에 있는 것이므로 당해 건물의 건축기간, 건물 각 부분의 구조, 평수 또는 소재지 등에 관하여 등기부 기재와 다소 차이가 있다 할지라도 일반 관념상 동일 인식에 결여된 바가 없으면 동 보존등기는 당해 건물을 공시하는 효력이 있다(대판 4292민상281).

② 동일인이 아닌 중복보존등기에 대한 판례의 태도: 동일 부동산에 관하여 등기명의인을 달리하여 중복된 소유권보존등기가 경료된 경우에는 먼저 이루어진 소유권보존등기가 원인무효가 되지 않는 한 뒤에 된 소유권보존등기는 무효라고 한다.

3. 실체적 유효요건

(1) 실체관계에 부합할 것

등기가 유효하기 위해서는 등기기록이 실체관계에 부합하여야 한다. 즉, 등기에 부합하는 부동산과 등기명의인이 존재하고 등기된 대로의 물권행위가 존재하여야 한다. 다만, 물권행위가 반드시 등기보다 먼저 있어야 하는 것은 아니므로 유효한 물권행위가 존재하지 아니하는 위조된 등기는 일단 무효이지만, 후에 그에 대응하는 물권행위가 있게 되면 유효한 등기로서 물권변동이 될 수 있다.

(2) 권리변동 과정이 실체관계와 부합하지 아니한 경우

① 중간생략등기

㉠ 부동산물권이 甲 ⇨ 乙 ⇨ 丙으로 순차적으로 이전되어야 할 경우 중간 취득자 乙의 등기를 생략하고 최초의 양도인 甲으로부터 직접 최후의 양수인 丙에게 하는 등기가 중간생략등기이다.

㉡ 「부동산등기 특별조치법」상 조세포탈과 부동산투기 등을 방지하기 위하여 위 법률 제2조 제2항 및 제8조 제1호에서 등기하지 아니하고 제3자에게 전매하는 행위를 일정 목적범위 내에서 형사처벌하도록 되어 있으나 이로씨 순치매도한 당사자 사이의 중간생략등기 합의에 관한 사법상 효력까지 무효로 한다는 취지는 아니다(대판 92다39112).

㉢ 최종 양수인이 중간생략등기의 합의를 이유로 최초 양도인에게 직접 중간생략등기를 청구하기 위하여는 관계 당사자 전원의 의사합치가 필요하지만, 당사자 사이에 적법한 원인행위가 성립되어 일단 중간생략등기가 이루어진 이상 중간생략등기에 관한 합의가 없었다는 이유만으로는 중간생략등기가 무효라고 할 수는 없다(대판 2003다40651).

② 토지거래허가구역 내의 토지가 토지거래허가 없이 소유자인 최초 매도인으로부터 중간 매수인에게, 다시 중간 매수인으로부터 최종 매수인에게 순차로 매도되었다면 각 매매계약의 당사자는 각각의 매매계약에 관하여 토지거래허가를 받아야 하며, 위 당사자들 사이에 최초의 매도인이 최종 매수인 앞으로 직접 소유권이전등기를 경료하기로 하는 중간생략등기의 합의가 있었다고 하더라도 이는 적법한 토지거래허가 없이 경료된 등기로서 무효이다(대판 97다33218).

② 모두생략등기: 미등기부동산이 전전양도된 경우 최후의 양수인이 소유권보존등기를 한 경우에도 그 등기가 결과적으로 실질적 법률관계에 부합된다면 그 등기는 무효라고 볼 수 없다(대판 83다카1152).

③ 실제와 다른 등기원인에 의한 등기: 실질적으로는 증여이나 등기신청시 등기원인을 매매로 하여 소유권이전등기를 신청하여 그 등기가 실행되었다면 실체관계에 부합하는 등기이므로 무효는 아니다. 다만, 「부동산등기 특별조치법」상 허위의 등기원인 기재로 처벌의 대상이 될 수 있다.

④ 실체관계와 등기의 시간적 불일치
  ㉠ 등기원인이 없이 소유권이전등기가 된 후에 적법한 매매가 이루어졌다면 그 등기는 유효가 된다.
  ㉡ 무효등기의 유용: 유효인 저당권설정등기가 그 피담보채권의 변제로 소멸된 경우, 그 등기를 말소하지 않은 상태에서 후에 발생한 금전채권의 담보를 위한 등기로 사용하는 경우를 말한다. 판례는 권리의 등기에 대하여 등기상 이해관계인이 생기지 않은 경우 유용하는 것을 인정한다. 다만, 멸실된 건물의 등기를 신축건물에 유용하는 것은 무효라고 한다.

> **판례** 중간생략등기의 묵시적 합의

대여금에 대한 담보로서 부동산소유권이전등기에 소요되는 인감증명과 매수인란이 백지로 된 매도증서 위임장을 작성해 받은 자는 담보의 목적으로 자기 또는 제3자에게 이전등기를 할 수 있고 제3자에게 이전등기를 한 경우에는 중간생략의 묵시적 합의가 있었다고 보아도 좋을 것이다(대판 70다2996).

기출 미등기부동산이 전전양도된 경우, 최후의 양수인이 소유권보존등기를 한 때에도 그 등기가 결과적으로 실질적 법률관계에 부합된다면, 특별한 사정이 없는 한 그 등기는 무효라고 볼 수 없다. 제34회

기출 실체적 권리관계의 소멸로 인하여 무효가 된 담보가등기라도 이해관계 있는 제3자가 있기 전에 다른 채권담보를 위하여 유용하기로 합의하였다면 그 등기는 유효하다.

> **예제**

등기의 효력에 관한 설명으로 틀린 것은? (다툼이 있으면 판례에 따름) 제32회

① 등기관이 등기를 마친 경우 그 등기는 접수한 때부터 효력이 발생한다.
② 소유권이전등기청구권 보전을 위한 가등기에 기한 본등기가 된 경우 소유권이전의 효력은 본등기시에 발생한다.
③ 사망자 명의의 신청으로 마쳐진 이전등기에 대해서는 그 등기의 무효를 주장하는 자가 현재의 실체관계와 부합하지 않음을 증명할 책임이 있다.
④ 소유권이전등기청구권 보전을 위한 가등기권리자는 그 본등기를 명하는 판결이 확정된 경우라도 가등기에 기한 본등기를 마치기 전 가등기만으로는 가등기된 부동산에 경료된 무효인 중복소유권보존등기의 말소를 청구할 수 없다.
⑤ 폐쇄된 등기기록에 기록되어 있는 등기사항에 관한 경정등기는 할 수 없다.

해설 ③ 사망자 명의의 신청으로 마쳐진 이전등기에 대하여는 등기의 추정력을 인정할 수 없다. 그러므로 상대방에게 무효를 입증할 책임이 없다.
⑤ 폐쇄된 등기기록은 현재 등기기록으로서의 효력이 없으므로 경정등기를 할 수 없다.

정답 ③

메타인지 학습체크 제2절 등기사항과 등기의 효력

01 1필지의 토지의 특정된 일부를 분할하지 않는 특정 일부의 소유권이전등기는 할 수 [① 있다. / ② 없다.]

02 공유지분에 대한 임차권을 등기할 수 [① 있다. / ② 없다.]

03 공유자 중 1인은 자기 지분만의 소유권이전등기를 신청할 수 [① 있다. / ② 없다.]

04 1필지의 토지의 특정된 일부분에 대한 [① 분할을 선행하지 않으면 지상권을 설정하지 못한다. / ② 지상권설정을 할 수 있다.]

05 1동의 건물의 구분 또는 분할 절차를 밟기 전에도 건물 일부에 대한 [① 저당권설정등기 / ② 전세권설정등기]가 가능하다.

06 등기원인을 실제와 다르게 증여를 매매로 등기한 경우, 그 등기가 실체관계와 부합되면 [① 유효 / ② 무효]이다.

07 등기의 순서는 등기기록 중 다른 구에서 한 등기는 [① 순위번호 / ② 접수번호]에 따른다.

08 대지권에 대한 등기로서의 효력이 있는 등기와 대지권의 목적인 토지의 등기기록 중 해당 구에 한 등기의 순서는 [① 순위번호 / ② 접수번호]에 따른다.

09 등기의 추정력은 [① 권리의 / ② 부동산표시의] 등기에는 인정되지 않는다.

10 가등기가 실행되어 있다면 본등기를 할 어떠한 법률관계가 있다고 추정[① 되지 않는다. / ② 된다.]

정답
01 ② 02 ② 03 ① 04 ② 05 ② 06 ① 07 ② 08 ② 09 ② 10 ①

11 토지거래허가구역 내에 있는 토지에 관한 매매계약에 있어 최종 매수인과 최초 매도인을 매매 당사자로 하는 토지거래허가를 받아 최종 매수인 앞으로 소유권이전등기를 경료한 경우 중간생략등기의 합의가 있었다면 이 등기는 [① 유효 / ② 무효]이다.

12 건물멸실로 무효인 소유권보존등기라도 이해관계 있는 제3자가 있기 전 신축건물에 유용하기로 합의한 경우에는 [① 유효 / ② 무효]이다.

13 전세권이 존속기간의 만료로 소멸한 경우에는 그 전세권설정등기를 말소하지 않고도 후순위로 중복하여 전세권설정등기를 신청할 수 [① 있다. / ② 없다.]

14 [① 분묘기지권 / ② 구분지상권]은 등기할 수 없다.

정답

11 ② 12 ② 13 ② 14 ①

제2장 등기설비

회독 Check 1회 2회 3회

- 등기설비 중 등기부의 편성과 내용, 구분건물 등기기록의 특징을 집중적으로 공부한다.
- 등기기록과 그 부속서류의 보관과 공개에 관한 내용도 가끔씩 출제되므로 기본적인 사항을 확인해 둔다.

제1절 | 등기소와 등기관

알아두기

1. **등기부의 형식**: 부동산등기기록은 1부동산 1등기기록으로 구성되는 물적 편성이며, 갑구에는 소유권에 관한 사항을, 을구에는 소유권 이외의 권리에 관한 사항을 등기한다.
2. **구분건물의 등기기록**: 아파트와 같은 구분건물의 등기기록은 일반건물의 등기기록과는 그 형식과 내용이 다를 수밖에 없다. 어떠한 특징을 갖고 있는지 또한 구분건물 등기기록에 기록되는 대지권의 등기는 어떠한 내용과 효력을 지니고 있는지 공부하여야 한다.
3. **등기 공개제도**: 증명서 발급제도와 열람신청제도를 간략히 공부하며 등기기록 등의 관리에 관하여도 알아보아야 한다.

등기설비

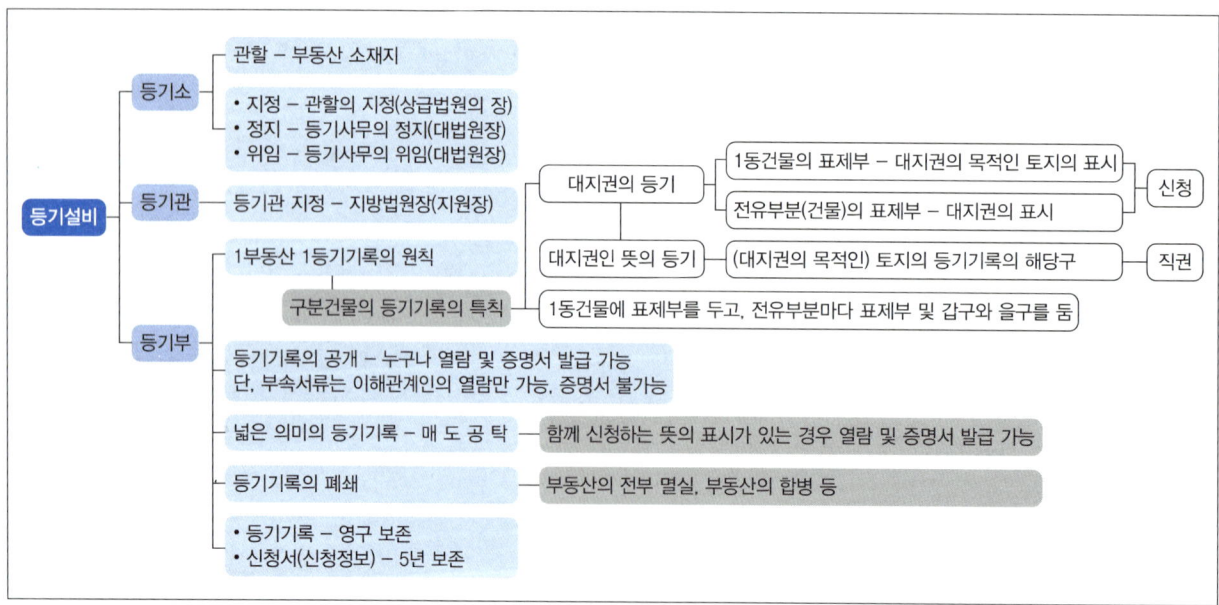

❶ 등기소의 의의와 관할

(1) 등기사무는 부동산의 소재지를 관할하는 지방법원, 그 지원(支院) 또는 등기소(이하 '등기소'라 한다)에서 담당한다.

> **참고** 등기소의 관할
>
> 1. 관할의 지정
>   ① 부동산이 여러 등기소의 관할구역에 걸쳐 있는 경우 그 부동산에 대한 최초의 등기신청을 하고자 하는 자는 각 등기소를 관할하는 상급법원의 장에게 관할 등기소의 지정을 신청하여야 한다.
>   ② 관할 등기소의 지정신청은 해당 부동산의 소재지를 관할하는 등기소 중 어느 한 등기소에 신청서를 제출하는 방법으로 한다.
>   ③ 관할 등기소의 지정신청서를 받은 등기소는 그 신청서를 지체 없이 상급법원의 장에게 송부하여야 하고, 상급법원의 장은 부동산의 소재지를 관할하는 등기소 중 어느 한 등기소를 관할 등기소로 지정하여야 한다.
> 2. 관할의 위임
>   대법원장은 어느 등기소의 관할에 속하는 사무를 다른 등기소에 위임하게 할 수 있다(법 제8조).

(2) 관할 등기소가 다른 여러 개의 부동산과 관련하여 등기목적과 등기원인이 동일하거나 그 밖에 대법원규칙으로 정하는 등기신청이 있는 경우에는 그 중 하나의 관할 등기소에서 해당 신청에 따른 등기사무를 담당할 수 있다.

(3) 등기관이 당사자의 신청이나 직권에 의한 등기를 하고, 요역지 지역권에 대한 등기나 공동저당인 뜻의 등기 또는 대법원규칙으로 정하는 바에 따라 다른 부동산에 대하여 등기를 하여야 하는 경우에는 그 부동산의 관할 등기소가 다른 때에도 해당 등기를 할 수 있다.

(4) 상속 또는 유증으로 인한 등기신청의 경우에는 부동산의 관할 등기소가 아닌 등기소도 그 신청에 따른 등기사무를 담당할 수 있다.

> **참고** 등기소의 관할
> 등기소의 관할은 권리자의 주소지가 아니라 등기할 권리의 목적인 부동산의 소재지를 기준으로 정하여지는 것이 원칙이다. 대체로 행정구역인 시·군·구와 유사하나, 별도의 법률과 규칙에 의한 재판 관할구역을 기준으로 정하여진다.
> 다만, 일부 예외를 인정한다.

> **참고** 대법원장은 어느 등기소의 관할에 속하는 사무를 다른 등기소에 위임하게 할 수 있다.

> **참고** 상속·유증 사건의 관할에 관한 특례
>
> 상속 또는 유증으로 인한 등기신청의 경우에는 부동산의 관할 등기소가 아닌 등기소도 그 신청에 따른 등기사무를 담당할 수 있다. 이 경우 부동산의 관할 등기소가 아닌 등기소에도 그 등기를 신청할 수 있는 경우는 다음과 같다.
>
> 1. 상속 또는 유증으로 인한 소유권이전등기를 신청하는 경우
> 2. 상속으로 인한 소유권이전등기가 마쳐진 후 다음에 해당하는 사유가 있는 경우 그 사유를 원인으로 해당 등기를 신청하는 경우
>   ① 법정상속분에 따라 상속등기를 마친 후에 상속재산 협의분할(조정분할·심판분할을 포함한다)등이 있는 경우
>   ② 상속재산 협의분할에 따라 상속등기를 마친 후에 그 협의를 해제(다시 새로운 협의분할을 한 경우를 포함한다)한 경우
>   ③ 상속포기신고를 수리하는 심판 또는 상속재산 협의분할계약을 취소하는 재판 등이 있는 경우

> **참고** 등기사무의 정지
> 정지 기간 중에는 등기사무가 정지되므로 등기사무 정지 기간 중의 등기신청은 각하(법 제29조 제2호 위반)된다.

(5) 대법원장은 다음 중 어느 하나에 해당하는 경우로서 등기소에서 정상적인 등기사무의 처리가 어려운 경우에는 기간을 정하여 등기사무의 정지를 명령하거나 대법원규칙으로 정하는 바에 따라 등기사무의 처리를 위하여 필요한 처분을 명령할 수 있다.
① 「재난 및 안전관리 기본법」 제3조 제1호의 재난이 발생한 경우
② 정전 또는 정보통신망의 장애가 발생한 경우
③ 그 밖에 ① 또는 ②에 준하는 사유가 발생한 경우

❷ 등기관

(1) 등기관의 의의

등기사무는 등기소에 근무하는 법원서기관·등기사무관·등기주사 또는 등기주사보 중에서 지방법원장(등기소의 사무를 지원장이 관장하는 경우에는 지원장)이 지정하는 자[이하 '등기관'(登記官)이라 한다]가 처리한다(법 제11조 제1항).

(2) 등기관의 등기사무처리

① 등기관은 등기사무를 전산정보처리조직을 이용하여 등기부에 등기사항을 기록하는 방식으로 처리하여야 한다(법 제11조 제2항).

② 등기관은 접수번호의 순서에 따라 등기사무를 처리하여야 한다(법 제11조 제3항).

③ 등기관이 등기사무를 처리한 때에는 등기사무를 처리한 등기관이 누구인지 알 수 있는 조치로서 각 등기관이 미리 부여받은 식별부호를 기록한다(법 제11조 제4항, 규칙 제7조).

> **참고** 등기관의 업무처리의 제한
>
> 1. 취지
>   등기는 사인의 재산권에 중대한 영향을 미치므로 등기업무의 공정성을 확보하기 위하여 일정한 경우 등기관의 업무처리에 제한을 두고 있다.
>
> 2. 업무처리의 제한대상
>   등기관은 자기, 배우자 또는 4촌 이내의 친족(이하 '배우자 등'이라 한다)이 등기신청인인 때에는 그 등기소에서 소유권등기를 한 성년자로서 등기관의 배우자 등이 아닌 자 2명 이상의 참여가 없으면 등기를 할 수 없다. 배우자 등의 관계가 끝난 후에도 같다(법 제12조 제1항).
>
> 3. 업무처리의 제한에 위반한 등기의 효력
>   업무처리의 제한에 위반한 등기가 실체관계에 부합하는 한 무효인 등기는 아니며 또한 그러한 등기가 있다고 하여도 이의나 항고의 대상이 되는 것은 아니다(판례).

제2절 | 등기부

1 토지와 일반건물의 등기기록

(1) 의의

'등기부'란 전산정보처리조직에 의하여 입력·처리된 등기정보자료를 대법원규칙에 정하는 바에 따라 편성한 것을 말한다(법 제2조 제1호).

(2) 종류

등기부는 토지등기부와 건물등기부로 구분한다(법 제14조 제1항).

> **참고** 등기부 관련 용어의 비교
>
> 1. 등기기록이란 1필의 토지 또는 1개의 건물에 관한 등기정보자료를 말한다.
> 2. 등기부부본자료(登記簿副本資料)란 등기부와 동일한 내용으로 보조기억장치에 기록된 자료를 말한다.
> 3. 공동담보(전세)목록, 신탁원부, 도면, 매매목록도 넓은 의미의 등기부에 포함된다고 해석할 수 있으며, 이들은 영구보존대상이다.

(3) 등기부의 편성(물적 편성주의)

① **1부동산 1등기기록의 원칙**: 「부동산등기법」은 권리자인 사람을 기준으로 등기부를 편성하지 않고, 권리의 객체인 1개의 부동산을 단위로 하여 등기부를 편성한다. 이를 '물적 편성주의'라 한다. 즉, 「부동산등기법」은 "등기부를 편성할 때에는 1필의 토지 또는 1개의 건물에 대하여 1개의 등기기록을 둔다(법 제15조 제1항 전단)."라고 규정함으로써 물적 편성주의의 구체적 실현방법으로 1부동산 1등기기록의 원칙을 취하고 있다.

② **구분건물 등기기록에 관한 특칙**

　㉠ 1부동산 1등기기록의 원칙에 의하면 구분건물의 개개의 구분건물(전유부분)이 독립된 부동산이므로 각 구분건물마다 1개의 등기기록을 사용하여야 할 것이지만, 「부동산등기법」은 "1동의 건물을 구분한 건물에 있어서는 1동의 건물에 속하는 전부에 대하여 1개의 등기기록을 사용한다(법 제15조 제1항 단서)."라고 규정하여 1부동산 1등기기록의 원칙에 대한 형식적 예외를 인정하고 있다.

　㉡ 이러한 경우에도 1동의 건물을 구분한 각 건물마다 표제부와 갑구 및 을구를 두기 때문에 실질적으로는 1부동산 1등기기록의 원칙을 따르고 있다고 할 수 있다.

③ **일반 등기기록의 구성**: 1등기기록은 표제부, 갑구, 을구로 구성되어 다음과 같은 사항을 기록한다(법 제15조 제2항).

　㉠ **표제부**: 표제부에는 부동산의 표시에 관한 사항을 기록한다.

　㉡ **갑구**: 소유권에 관한 사항(예 소유권 보존, 이전, 변경, 말소, 소유권에 관한 가압류, 가처분, 가등기 등)을 기록한다.

　㉢ **을구**: 소유권 이외의 권리에 관한 사항(예 지상권, 지역권, 전세권, 저당권, 권리질권, 채권담보권, 임차권설정, 이전, 변경, 말소, 이러한 권리에 관한 가압류, 가처분, 가등기 등)을 기록한다.

기출 1동의 건물을 구분한 건물에 있어서는 1동의 건물에 속하는 전부에 대하여 1등기기록을 사용한다.

> **참고** **폐쇄등기부** 제32회, 제33회

1. 의의
   ① 등기관이 등기기록에 등기된 사항을 새로운 등기기록에 옮겨 기록한 때에는 종전 등기기록을 폐쇄하여야 하는데(법 제20조 제1항), 이 경우 종전 등기기록을 폐쇄등기기록이라 한다.
   ② 1976년 5월 1일부터 장부식 등기부가 바인더식(카드식) 등기부로 전환되면서 종전 장부식 등기부 전체가 모두 폐쇄되었다. 또한 1998년 10월 7일부터 바인더식 등기부가 전산 등기부로 전환되면서 전산처리가 완료됨에 따라 종전 바인더식(카드식) 등기부도 모두 폐쇄등기부가 되었다.

2. 폐쇄사유
   ① 甲토지를 乙토지에 합병하여 합필의 등기를 한 경우, 甲건물을 乙건물 또는 그 부속건물에 합병한 경우
   ② 부동산의 멸실등기를 하는 경우(그러나 멸실한 건물이 1동의 건물을 구분한 것인 때에는 1동의 건물에 대한 등기기록을 폐쇄하는 것이 아니라, 해당 구분건물의 등기기록을 폐쇄한다)
   ③ 보존등기를 말소하는 경우(그러나 1동에 속하는 구분건물 중 일부만에 관하여 보존등기를 말소하는 경우에는 그 구분건물의 표시에 관한 등기는 존치하여야 하므로 그 등기기록을 폐쇄하지 아니한다)
   ④ 중복등기를 말소하는 경우

3. 폐쇄등기기록의 효력
   등기기록이 폐쇄되면 그 등기는 공시력과 권리추정력을 상실하여 현재 등기로서의 효력이 없다. 다만, 옮겨 적은 사항의 불명이나 착오·유루가 있는 경우 또는 과거의 권리관계에 관한 다툼이 있는 경우 중요한 역할을 하므로 폐쇄등기기록도 잠정적인 효력은 있다고 할 수 있다.

4. 폐쇄등기기록의 보존기간
   폐쇄한 등기기록은 영구히 보존하여야 한다(법 제20조 제2항).

5. 폐쇄등기기록의 열람과 증명
   등기사항의 열람과 증명에 관한 규정은 모두 폐쇄등기기록에 준용한다(법 제20조 제3항).

기출 등기관이 등기기록의 전환을 위해 등기기록에 등기된 사항을 새로운 등기기록에 옮겨 기록한 때에는 종전 등기기록을 폐쇄해야 한다. 제33회

기출 A토지를 B토지에 합병하여 등기관이 합필등기를 한 때에는 A토지에 관한 등기기록을 폐쇄해야 한다.

기출 폐쇄된 등기기록에 기록되어 있는 등기사항에 관한 경정등기는 할 수 없다. 제32회

기출 폐쇄한 등기기록은 영구히 보존해야 한다.

기출 폐쇄한 등기기록에 대해서도 등기사항의 열람과 등기사항증명서의 발급을 청구할 수 있다. 제32회

📌 토지 등기기록

[토지] 경기도 김포시 북변동 600　　　　　　　　　고유번호 0000-0000-000000

[표제부]		(토지의 표시)			
표시번호	접수	소재지번	지목	면적	등기원인 및 기타사항
2	2005년 5월 20일	경기도 김포시 북변동 600	전	1960m²	지목변경

[갑구]			(소유권에 관한 사항)	
순위번호	등기목적	접수	등기원인	권리자 및 기타사항
1 (전 3)	소유권이전	1999년 2월 19일 제8584호	1999년 2월 8일 매매	소유자　오재미 530310-******* 경기도 김포시 김포대로 926번길 88-36호, 701동 901호(북변동, 풍년마을)

[을구]			(소유권 외의 권리에 관한 사항)	
순위번호	등기목적	접수	등기원인	권리자 및 기타사항
4	근저당권설정	2013년 3월 14일 제15081호	2013년 3월 14일 설정계약	채권최고액 금 120,000,000원 채무자　오재수 　　　　경기도 김포시 김포대로 926번길 88-36, 701동 902호(북변동, 풍년마을) 근저당권자 김포농업협동조합 　　　　124436-****** 　　　　경기도 김포시 북변동 301-2 공동담보 토지 경기도 김포시 북변동 **
7	지상권설정	2013년 3월 20일 제16339호	2013년 3월 20일 설정계약	목적　건물 기타 공작물이나 수목의 소유 범위　토지의 전부 존속기간 2013년 3월 20일부터 만 30년 지료　없음 지상권자 김포농업협동조합 　　　　124436-****** 　　　　경기도 김포시 북변동 30***

* 위 견본은 실제 양식과 차이가 있을 수 있으며, 학습목적으로 가공된 것으로서 모두 실제 내용이 아닙니다.

📌 토지 등기기록

[토지] 충청북도 영동군 매곡면 어촌리 산 123-2 　　　　　고유번호 1513-1996-569977

[표제부]					(토지의 표시)
표시번호	접수	소재지번	지목	면적	등기원인 및 기타사항
1 (전1)	1997년 6월 5일	충청북도 영동군 매곡면 어촌리 산 123-2	임야	3948m^2	
					「부동산등기법」제177조의6 제1항의 규정에 의하여 2000년 12월 19일 전산이기

[갑구]				(소유권에 관한 사항)	
순위번호	등기목적	접수	등기원인	권리자 및 기타사항	
1 (전 1)	소유권보존	1970년 7월 7일 제3867호		소유자　김철수 430728-******* 　　　　　서울 은평구 응암동 123 　　　　　법률 제2111호에 의하여 등기	
				「부동산등기법」제177조의6 제1항의 규정에 의하여 2000년 12월 19일 전산이기	
2	소유권이전	2018년 11월 2일 제11616호	2018년 11월 1일 증여	소유자　김정환 090325-******* 　　　　　경기도 김포시 김포대로 926번길 46 　　　　　701동 801호(북변동, 풍년마을)	

[을구]	(소유권 외의 권리에 관한 사항)
	기록사항 없음

* 위 견본은 실제 양식과 차이가 있을 수 있으며, 학습목적으로 가공된 것으로서 모두 실제 내용이 아닙니다.

📌 구분건물 등기기록

[구분건물] 경기도 김포시 풍무동 OO아파트 제205동 제5층 제501호   고유번호 0000-0000-000000

[표제부] (1동의 건물의 표시)

표시번호	접수	소재지번, 건물명칭 및 번호	건물내역	등기원인 및 기타사항
1	2001년 10월 10일	경기도 김포시 풍무동 234, 235 유현마을 205동	철근콘크리트조 경사지붕 5층 아파트 1층 520m^2 2층 500m^2 3층 500m^2 4층 500m^2 5층 500m^2	도면편철장 제285호

(대지권의 목적인 토지의 표시)

표시번호	소재지번	지목	면적	등기원인 및 기타사항
1	1. 경기도 김포시 풍무동 234 2. 경기도 김포시 풍무동 235	대 대	3,000m^2 1,500m^2	2001년 10월 10일

[표제부] (전유부분의 건물의 표시)

표시번호	접수	건물번호	건물내역	등기원인 및 기타사항
1	2001년 10월 10일	제5층 제501호	철근콘크리트조 100m^2	도면편철장 제286호

(대지권의 표시)

표시번호	대지권종류	대지권비율	등기원인 및 기타사항
1	1, 2 소유권대지권	4,500분의 20	2001년 9월 8일 대지권 2001년 10월 10일

[갑구] (소유권에 관한 사항)

순위번호	등기목적	접수	등기원인	권리자 및 기타사항
1	소유권보존	2001년 10월 10일 제43883호		소유자 주식회사 동해종합건설 12011-0000000 서울특별시 영등포구 여의도동 360-4 네모빌딩 10층
2	소유권이전	2001년 11월 10일 제43950호	1999년 3월 30일 매매	소유자 박기훈 701025-1234567 김포시 김포대로 926번길 46 88-36

[을구] (소유권 외의 권리에 관한 사항)

순위번호	등기목적	접수	등기원인	권리자 및 기타사항
1	근저당권설정	2001년 11월 10일 제43955호	2001년 11월 8일 설정계약	채권최고액 금 150,000,000원 채무자 박기훈 김포시 김포대로 926번길 46 88-36 근저당권자 주식회사 한빛은행 110111-0022233 서울 중구 회현동5가 201

* 위 견본은 실제 양식과 차이가 있을 수 있으며, 학습목적으로 가공된 것으로서 모두 실제 내용이 아닙니다.

[토지] 경기도 김포시 풍무동 234   고유번호 0000-0000-000000

[표제부]		(토지의 표시)			
표시번호	접수	소재지번	지목	면적	등기원인 및 기타사항
2	1995년 7월 22일	경기도 김포시 풍무동 234	대	3000m^2	지목변경

[갑구]			(소유권에 관한 사항)		
순위번호	등기목적	접수	등기원인	권리자 및 기타사항	
1 (전 3)	소유권이전	1965년 2월 19일 제8584호	1965년 2월 8일 매매	소유자 장회장 530310-******* 경기도 김포시 김포대로 9번길 10	
2	소유권대지권			건물의 표시 경기도 김포시 풍무동 234외 1필지 유현마을 205동 2001년 10월 10일 등기	

* 위 견본은 실제 양식과 차이가 있을 수 있으며, 학습목적으로 가공된 것으로서 모두 실제 내용이 아닙니다.

❷ 구분건물의 등기부 제34회

(1) 구분건물의 의의

① 개념: 구분건물은 1동의 건물의 일부분이나 구조상·이용상 독립성을 갖추고 독립한 소유권 기타 권리의 목적이 되는 건물을 말한다.

② 성립요건

㉠ 구분건물이 되기 위해서는 각 전유부분이 다른 전유부분과 구조적으로 분리되어 있어야 하고(구조상 독립성), 다른 전유부분을 통하지 아니하고도 외부로 출입할 수 있도록 이용에 있어서 독립성(이용상 독립성)이 있어야 한다. 다만, 상가건물은 일정 요건을 갖춘 경우 이용상 독립성만 있으면 구조상 독립성이 없더라도 구분건물로서 등기가 가능하다.

㉡ 구조상·이용상 독립성이 있더라도 소유자의 의사에 따라 일반건물로 등기할 수도 있으므로 이러한 독립성을 갖춘 건물을 반드시 구분건물로 등기하여야 하는 것은 아니다.

③ 전유부분과 공용부분

㉠ 전유부분: 단독소유권의 목적이 될 수 있으며 각각 별도로 등기대상이 된다. 각 전유부분마다 표제부와 갑구 및 을구를 둔다.

> **참고** 규칙 제12조(부동산 고유번호)
> 1. 등기기록을 개설할 때에는 1필의 토지 또는 1개의 건물마다 부동산고유번호를 부여하고 이를 등기기록에 기록하여야 한다.
> 2. 구분건물에 대하여는 전유부분마다 부동산고유번호를 부여한다.

ⓒ 공용부분: 구분소유자 전원 또는 일부의 공용에 제공된 건물부분으로 구조상 공용부분과 규약상 공용부분으로 나누어진다. 구조상 공용부분은 등기할 사항이 아닌 경우에 해당하나, 규약상 공용부분은 실질이 전유부분의 성질을 가졌으나 규약에 의하여 공용으로 사용하는 부분으로 하여 등기할 수 있다.

ⓒ 규약상 공용부분의 등기
ⓐ 규약상 공용부분(共用部分)이라는 뜻의 등기는 소유권의 등기명의인이 신청하여야 한다. 즉, 단독신청에 의한다. 이 경우 공용부분인 건물에 소유권 외의 권리에 관한 등기가 있을 때에는 그 권리의 등기명의인의 승낙이 있어야 한다.
ⓑ 규약상 공용부분에 관한 등기기록은 표제부에 공용부분이라는 뜻을 기록하고 각 구의 소유권과 그 밖의 권리에 관한 등기를 말소하는 표시를 하여야 한다(규칙 제104조 제3항).
ⓒ 공용부분이라는 뜻을 정한 규약을 폐지한 경우에 공용부분의 취득자는 지체 없이 단독으로 소유권보존등기를 신청하여야 한다. 이 경우 등기관이 소유권보존등기를 하였을 때에는 공용부분이라는 뜻의 등기를 말소하는 표시를 하여야 한다.

기출 규약상 공용부분을 등기하는 경우에는 갑구와 을구를 두지 않고 표제부만 둔다.

기출 집합건물의 규약상 공용부분에 대해 공용부분이라는 뜻을 정한 규약을 폐지한 경우, 공용부분의 취득자는 지체 없이 소유권보존등기를 신청해야 한다.

(2) 구분건물의 등기기록의 구성

1동의 건물을 구분한 건물에 있어서는 1동의 건물에 속하는 전부에 대하여 1개의 등기기록을 사용하는데, 여기서 1개의 등기기록은 1동의 건물에 대하여는 표제부만 두고 1동의 건물을 구분한 각 건물마다 표제부, 갑구, 을구를 두는 것으로 구성된다(규칙 제14조 제1항).

① 1동 건물의 표제부: 1동 건물의 표제부는 1동 건물의 표시와 대지권의 목적인 토지의 표시를 기록한다(규칙 제14조 제2항, 제88조 제1항).
   ㉠ 1동 건물의 표시: 표시번호란, 접수란, 소재지번·건물명칭 및 번호란, 건물내역란, 등기원인 및 기타사항란을 둔다.
   ㉡ 대지권의 목적인 토지의 표시: 대지권의 목적인 토지의 표시를 위한 표시번호란, 소재지번란, 지목란, 면적란, 등기원인 및 기타사항란을 둔다.

② 구분건물(전유부분의 건물)의 표제부: 구분한 건물의 표제부는 전유부분의 건물의 표시와 대지권의 표시를 기록한다(규칙 제14조 제2항, 제88조 제1항).

기출 대지권이 있는 경우 1동의 건물의 등기기록의 표제부에 대지권의 목적인 토지의 표시에 관한 사항을 기록한다.

㉠ 전유부분의 건물의 표시: 표시번호란, 접수란, 건물번호란, 건물내역란, 등기원인 및 기타사항란을 둔다. 소재와 지번은 1동 건물의 표제부에 등기하였으므로 전유부분 표제부에 등기할 필요가 없다.

㉡ 대지권의 표시: 대지권의 표시를 위한 표시번호란, 대지권종류란, 대지권비율란, 등기원인 및 기타사항란을 둔다.

③ 구분건물(전유부분의 건물)의 갑구 및 을구: 갑구 및 을구는 일반 등기기록과 동일하다.

기출 등기할 건물이 구분건물인 경우에 등기관은 1동 건물의 등기기록의 표제부에는 소재와 지번, 건물명칭 및 번호를 기록하고, 전유부분의 등기기록의 표제부에는 건물번호를 기록하여야 한다. 제31회

기출 대지권의 표시에 관한 사항은 전유부분의 등기기록 표제부에 기록하여야 한다. 제34회

예제

구분건물 등기기록의 표제부에 기록되지 않는 사항은?   제24회

① 전유부분의 등기기록의 표제부에 건물번호
② 대지권이 있는 경우, 전유부분의 등기기록의 표제부에 대지권의 표시에 관한 사항
③ 1동 건물의 등기기록의 표제부에 소재와 지번
④ 대지권이 있는 경우, 1동 건물의 등기기록의 표제부에 대지권의 목적인 토지의 표시에 관한 사항
⑤ 대지권등기를 하였을 경우, 1동 건물의 등기기록의 표제부에 소유권이 대지권이라는 뜻

해설 ⑤ 대지권이라는 뜻의 등기는 대지권의 목적인 토지의 등기기록 갑구 또는 을구에 직권으로 등기한다. 그러므로 표제부에 등기하는 사항이 아니다.

등기기록		대지권등기의 내용	등기방법
건물 등기기록	1동 전체 표제부	대지권의 목적인 토지의 표시	신청
	전유부분 표제부	대지권의 표시(대지권의 종류, 비율)	
토지 등기기록	갑구 또는 을구	대지권인 뜻(취지)의 등기	직권

정답 ⑤

---

❸ 대지권의 등기와 구분건물의 일체성

(1) 대지권의 의의

① '대지사용권'이란 구분건물의 소유자가 건물의 전유부분을 소유하기 위하여 건물의 대지에 대하여 가지는 권리를 말한다. 대지권이란 건물을 위하여 토지를 합법적으로 사용할 수 있는 권리로서 건물을 처분하는 경우 건물과 분리되지 않고 건물에 수반되는 권리를 말한다. 대지사용권(대지권)은 소유권이 대부분이지만 지상권·전세권·임차권일 수도 있다.

② 대지권은 토지에 대한 사용권이지만 건물 등기기록에 등기하여 한번에 건물과 토지의 권리를 파악할 수 있게 하고, 등기절차를 간소화하는 역할을 한다.

(2) 대지권에 관한 등기

① 대지권의 등기(규칙 제88조 제1항)
  ㉠ 대지권의 목적인 토지의 표시: 1동 건물의 등기기록의 표제부에 표시번호, 대지권의 목적인 토지의 일련번호, 소재지번, 지목, 면적과 등기연월일을 기록한다.
  ㉡ 대지권의 표시: 표시번호, 대지권의 목적인 토지의 일련번호, 대지권의 종류, 대지권의 비율, 등기원인 및 그 연월일과 등기연월일을 전유부분의 등기기록의 표제부에 기록한다.

② 대지권이라는 뜻의 등기: 등기관은 건물의 등기기록에 대지권등기를 하였을 때에는 그와 함께 직권으로 대지권의 목적인 토지의 등기기록의 갑구나 을구 중 해당하는 구에 어느 권리(소유권, 지상권, 전세권 또는 임차권)가 대지권이라는 뜻과 그 대지권을 등기한 1동의 건물을 표시할 수 있는 사항 및 그 등기연월일을 기록하여야 한다(법 제40조 제4항, 규칙 제89조 제1항).

③ 전유부분(구분건물)과 대지사용권의 일체성
  ㉠ 대지권을 등기한 후에 한 건물의 권리에 관한 등기는 대지권에 대하여 동일한 등기로서 효력이 있다. 다만, 그 등기에 건물만에 관한 것이라는 뜻의 부기가 되어 있을 때에는 그러하지 아니하다(법 제61조 제1항).
  ㉡ 대지권에 대한 등기로서의 효력이 있는 등기와 대지권의 목적인 토지의 등기기록 중 해당 구에 한 등기의 순서는 접수번호에 따른다(법 제61조 제2항).

(3) 대지권등기 후 분리처분금지의 등기

대지권의 등기를 하게 되면 구분건물과 대지권의 일체성 원칙에 의하여 분리하여 처분하는 것이 금지된다.

① 건물의 등기기록
  ㉠ 대지권이 등기된 구분건물의 등기기록에는 건물만에 관한 소유권이전등기 또는 저당권설정등기, 그 밖에 이와 관련이 있는 등기를 할 수 없다(법 제61조 제3항).

기출 건물의 등기기록에 대지권의 등기를 한 때에는 그 권리의 목적인 토지의 등기기록에 대지권이라는 뜻을 등기하여야 한다.

기출 대지권을 등기한 후에 한 건물의 권리에 관한 등기는 건물만에 관한 것이라는 뜻의 부기등기가 없으면 대지권에 대하여 동일한 등기로서 효력이 있다.

기출 집합건물 착공 전의 나대지에 대하여 근저당권이 설정된 경우, 그 근저당권등기는 집합건물을 위한 대지권등기에 우선한다. 제34회

ⓒ 건물만을 목적으로 하는 전세권, 임차권 등의 용익권등기는 가능하다. 또한 대지권등기를 하기 전에 설정된 저당권에 기한 경매개시결정등기나 대지권등기를 하기 전에 실행된 가등기에 기한 본등기는 할 수 있다.

② 토지의 등기기록
  ㉠ 토지의 소유권이 대지권인 경우
    ⓐ 토지의 소유권이 대지권인 경우에 대지권이라는 뜻의 등기가 되어 있는 토지의 등기기록에는 소유권이전등기, 저당권설정등기, 그 밖에 이와 관련이 있는 등기를 할 수 없다(법 제61조 제4항).
    ⓑ 토지만을 목적으로 하는 지상권, 지역권, 전세권, 임차권 등의 용익권등기는 가능하다.
  ㉡ 토지의 지상권·전세권·임차권이 대지권인 경우
    ⓐ 토지의 등기기록에는 지상권(전세권, 임차권)의 이전등기, 지상권(전세권) 목적의 저당권설정등기는 할 수 없다(법 제61조 제5항).
    ⓑ 토지의 등기기록에는 소유권을 목적으로 하는 이전등기나 이전가등기, 저당권설정등기, 압류, 가압류 등의 등기는 가능하다.

기출 대지권을 등기한 건물의 등기기록에는 그 건물만에 관한 전세권설정등기를 할 수 있다.

기출 대지권등기를 하기 전 토지에 설정된 저당권의 실행으로 인한 경매신청등기와 이에 따른 소유권이전등기는 처분의 일체성이 적용되지 않아 허용된다.

대지권등기 후 분리처분 가능 여부

구분	건물등기부	토지등기부	
		대지권이 소유권	대지권이 지상권, 전세권, 임차권
금지되는 등기	건물만 소유권이전, 저당권설정등기	토지만 소유권이전등기, 저당권설정등기	지상권·전세권·임차권의 이전등기, 지상권·전세권 목적 저당권설정등기
허용되는 등기	건물만 전세권, 임차권등기	지상권, 전세권, 임차권, 지역권설정등기	소유권이전등기, 저당권설정등기

> **참고** 일체성의 예외가 있는 경우의 처리
>
> 1. 건물만에 관한 뜻의 부기
>   구분건물의 등기기록에 대지권의 등기를 하기 전에 그 건물에 관하여 소유권보존등기와 소유권이전등기 외의 소유권에 관한 등기 또는 소유권 외의 권리(저당권 등)에 관한 등기가 있을 때에는 그 등기에 건물만에 관한 것이라는 뜻을 기록하여야 한다(규칙 제92조 제1항).

참고 📖 대지권이 있는 구분건물에 대한 직권에 의한 표시변경등기 등(규칙 제94조의2)

1. 등기관이 구분건물의 대지권의 목적인 토지의 등기기록에 법 제34조의 등기사항에 관한 변경이나 경정의 등기를 마쳤을 때에는 1동의 건물의 표제부 중 대지권의 목적인 토지의 표시에 관하여 변경 또는 경정된 사항의 등기를 직권으로 하여야 한다.
2. 등기관이 구분건물의 대지권의 목적인 토지의 등기기록에 분필, 합필등기를 마치거나 그 등기가 토지대장이나 임야대장과 일치하지 않아 이를 경정하기 위한 등기를 마쳤을 때에는 직권으로 1동의 건물의 표제부 중 대지권의 목적인 토지의 표시와 전유부분의 표제부 중 대지권의 표시에 관하여 변경 또는 경정된 사항의 등기를 하여야 한다.
3. 등기관은 구분건물에 대한 소유권이전등기를 할 때에 구분건물의 등기기록 중 대지권의 목적인 토지의 표시와 토지 등기기록의 부동산의 표시가 일치하지 아니한 경우 먼저 직권으로 제1항 또는 제2항에 따른 표시의 변경 또는 경정등기를 하여야 한다.
4. 1.부터 3.까지의 규정에 따라 직권에 의한 표시의 변경이나 경정등기가 되어 있지 않은 건물에 대하여 멸실등기의 신청이 있는 경우 등기관은 먼저 직권으로 1.부터 3.까지의 규정에 따른 표시의 변경 또는 경정등기를 하여야 한다.

2. 토지의 등기기록에 별도의 등기가 있다는 뜻의 기록
   대지권의 목적인 토지의 등기기록에 대지권이라는 뜻의 등기를 한 경우로서 그 토지 등기기록에 소유권보존등기나 소유권이전등기 외의 소유권에 관한 등기 또는 소유권 외의 권리에 관한 등기가 있을 때에는 등기관은 그 건물의 등기기록 중 **전유부분 표제부**에 토지 등기기록에 별도의 등기가 있다는 뜻을 기록하여야 한다(규칙 제90조 제1항).

3. 창설적 공동저당권등기가 있는 경우 토지 등기기록의 저당권설정등기에 대한 직권말소
   구분건물의 등기기록에 대지권의 등기를 하기 전에 존재하는 저당권에 관한 등기로서 그 건물과 대지권에 관한 등기에 대하여 등기원인, 그 연월일과 접수번호가 같은 것일 때에는 건물 등기기록에 건물만에 관한 뜻을 기록하지 아니하고, 토지 등기기록에 존재하는 대지권에 대한 저당권에 관한 등기는 직권으로 말소한다(규칙 제92조 제1항 단서 및 제2항).

예제

집합건물의 등기에 관한 설명으로 옳은 것은? 제29회

① 등기관이 구분건물의 대지권등기를 하는 경우에는 건축물대장 소관청의 촉탁으로 대지권의 목적인 토지의 등기기록에 소유권, 지역권, 전세권 또는 임차권이 대지권이라는 뜻을 기록하여야 한다.
② 구분건물로서 그 대지권의 변경이 있는 경우에는 구분건물의 소유권의 등기명의인은 1동의 건물에 속하는 다른 구분건물의 소유권의 등기명의인을 대위하여 대지권의 변경등기를 신청할 수 있다.
③ '대지권에 대한 등기로서 효력이 있는 등기'와 '대지권의 목적인 토지의 등기기록 중 해당 구에 한 등기'의 순서는 순위번호에 따른다.
④ 구분건물의 등기기록에 대지권이 등기된 후 건물만에 관해 저당권설정계약을 체결한 경우, 그 설정계약을 원인으로 구분건물만에 관한 저당권설정등기를 할 수 있다.
⑤ 토지의 소유권이 대지권인 경우 토지의 등기기록에 대지권이라는 뜻의 등기가 되어 있더라도, 그 토지에 대한 새로운 저당권설정계약을 원인으로 하여, 그 토지의 등기기록에 저당권설정등기를 할 수 있다.

해설 ② 법 제41조 제3항
① 소관청의 촉탁이 아니라 등기관의 직권으로 기록하여야 한다.
③ 순위번호가 아니라 접수번호에 따른다.
④ 대지권등기 후 구분건물만에 관한 저당권설정등기는 할 수 없다.
⑤ 토지의 소유권이 대지권이라는 뜻의 등기가 된 토지등기부에 그 토지소유권을 담보목적으로 하는 저당권설정등기는 할 수 없다.

정답 ②

제3절 | 등기기록의 보관, 증명서 발급과 열람

1 등기기록의 보관 및 이동 금지 제33회

(1) 등기부는 대법원규칙으로 정하는 장소에 보관·관리하여야 하며, 전쟁·천재지변이나 그 밖에 이에 준하는 사태를 피하기 위한 경우 외에는 그 장소 밖으로 옮기지 못한다(법 제14조 제3항).

(2) 등기부의 부속서류는 전쟁·천재지변이나 그 밖에 이에 준하는 사태를 피하기 위한 경우 외에는 등기소 밖으로 옮기지 못한다. 다만, 신청서나 그 밖의 부속서류에 대하여는 법원의 명령 또는 촉탁이 있거나 법관이 발부한 영장에 의하여 압수하는 경우에는 그러하지 아니하다(법 제14조 제4항).

Tip 등기부는 법관이 발부한 영장에 의하여 압수하는 경우에도 대법원규칙으로 정하는 보관·관리장소 밖으로 옮길 수 없다.

> **참고** 등기기록 등의 보존기간
>
> 1. 신탁원부 등 보조기억장치에 저장한 정보의 보존기간
>   ① 신탁원부: 영구
>   ② 공동담보(전세)목록: 영구
>   ③ 도면: 영구
>   ④ 매매목록: 영구
>   ⑤ 신청정보 및 첨부정보와 취하정보: 5년
> 2. 등기소에 갖추어 두어야 할 장부의 보존기간
>   ① 부동산등기신청서 접수장: 5년
>   ② 기타 문서 접수장: 10년
>   ③ 결정원본 편철장: 10년
>   ④ 이의신청서류 편철장: 10년
>   ⑤ 사용자등록신청서류 등 편철장: 10년
>   ⑥ 신청서 기타 부속서류 편철장: 5년
>   ⑦ 신청서 기타 부속서류 송부부: 신청서, 그 밖의 부속서류가 반환된 날부터 5년
>   ⑧ 각종 통지부: 1년
>   ⑨ 열람신청서류 편철장: 1년
>   ⑩ 제증명신청서류 편철장: 1년

❷ 등기사항증명서의 발급

(1) 누구든지 수수료를 내고 대법원규칙으로 정하는 바에 따라 등기기록에 기록되어 있는 사항의 전부 또는 일부의 열람과 이를 증명하는 등기사항증명서의 발급을 청구할 수 있다(법 제19조 제1항).

(2) 등기기록의 부속서류에 대하여는 등기사항증명서의 발급을 신청할 수 없고 이해관계 있는 부분만 열람을 청구할 수 있을 뿐이다(법 제19조 제1항 단서). 즉, 증명서 발급은 할 수 없다.

기출 등기원인을 증명하는 정보에 대하여는 이해관계 있는 부분만 열람을 청구할 수 있다. 제33회

(3) 등기사항증명서를 발급할 때에는 등기사항증명서의 종류를 명시하고, 등기기록의 내용과 다름이 없음을 증명하는 내용의 증명문을 기록하여야 한다(규칙 제30조 제1항).

(4) 신탁원부, 공동담보(전세)목록, 도면 또는 매매목록은 그 사항의 증명도 함께 신청하는 뜻의 표시가 있는 경우에만 등기사항증명서에 이를 포함하여 발급한다(규칙 제30조 제2항).

참고 등기사항증명서 발급 신청시 매매목록은 그 신청이 있는 경우에만 등기사항증명서에 포함하여 발급한다.

(5) 구분건물에 대한 등기사항증명서의 발급에 관하여는 1동의 건물의 표제부와 해당 전유부분에 관한 등기기록을 1개의 등기기록으로 본다(규칙 제30조 제3항).

> **참고** 등기사항증명서의 종류(규칙 제29조)
> 1. 등기사항전부증명서(말소사항 포함)
> 2. 등기사항전부증명서(현재 유효사항)
> 3. 등기사항일부증명서(특정인 지분)
> 4. 등기사항일부증명서(현재 소유현황)
> 5. 등기사항일부증명서(지분취득 이력)
> 6. 그 밖에 대법원예규로 정하는 증명서
>
> 다만, 폐쇄한 등기기록 및 대법원예규로 정하는 등기기록에 대하여는 1.로 한정한다.

❸ 등기기록 등의 열람

(1) 등기기록은 직접 등기소에 출석하는 방법, 인터넷을 이용하는 방법 등으로 열람할 수 있다. 등기소를 출석하여 등기기록을 열람하고자 하는 사람은 신청서를 제출하여야 한다(규칙 제26조 제1항).

(2) 등기기록의 열람은 누구나 할 수 있다. 그러므로 대리인이 열람을 신청하는 경우에도 그 권한을 증명할 필요가 없다. 그러나 대리인이 신청서나 그 밖의 부속서류의 열람을 신청할 때에는 신청서에 그 권한을 증명하는 서면을 첨부하여야 한다.

(3) 등기소에서의 출석열람은 등기기록에 기록된 등기사항을 전자적 방법으로 그 내용을 보게 하거나 그 내용을 기록한 서면을 교부하는 방법으로 한다.

(4) 신청서나 그 밖의 부속서류의 열람은 등기관 또는 그가 지정하는 직원이 보는 앞에서 하여야 한다. 다만, 인터넷을 이용하여 열람하는 경우 또는 등기소에 방문하여 전자문서를 열람하는 경우에는 전자적 방법으로 보게 할 수 있다.

> **법 제19조【등기사항의 열람과 증명】** ① 누구든지 수수료를 내고 대법원규칙으로 정하는 바에 따라 등기기록에 기록되어 있는 사항의 전부 또는 일부의 열람(閱覽)과 이를 증명하는 등기사항증명서의 발급을 청구할 수 있다. 다만, 등기기록의 부속서류에 대하여는 이해관계 있는 부분만 열람을 청구할 수 있다.
> ② 제1항에 따른 등기기록의 열람 및 등기사항증명서의 발급 청구는 관할 등기소가 아닌 등기소에 대하여도 할 수 있다.

참고 인터넷에 의한 신청서나 그 밖의 부속서류의 열람 등(규칙 제28조의2 제1항·제2항)
신청서나 그 밖의 부속서류의 열람 업무는 법원행정처장이 정하는 바에 따라 인터넷을 이용하여 처리할 수 있다. 이 경우 신청서나 그 밖의 부속서류의 열람을 신청할 수 있는 자는 다음과 같다.
1. 해당 등기신청의 당사자
2. 1.의 당사자로부터 열람을 위임받은 변호사나 법무사[법무법인·법무법인(유한)·법무조합 또는 법무사법인·법무사법인(유한)을 포함한다. 이하 '자격자대리인'이라 한다]

예제

등기부 등에 관한 설명으로 틀린 것은? 제27회

① 폐쇄한 등기기록은 영구히 보존해야 한다.
② A토지를 B토지에 합병하여 등기관이 합필등기를 한 때에는 A토지에 관한 등기기록을 폐쇄해야 한다.
③ 등기부부본자료는 등기부와 동일한 내용으로 보조기억장치에 기록된 자료이다.
④ 구분건물 등기기록에는 표제부를 1동의 건물에 두고 전유부분에는 갑구와 을구만 둔다.
⑤ 등기사항증명서 발급신청시 매매목록은 그 신청이 있는 경우에만 등기사항증명서에 포함하여 발급한다.

해설 ④ 전유부분에는 표제부와 갑구 및 을구를 둔다.

> 구분건물 등기의 특징
> 1. 1동 건물 전부 ⇨ 1개의 등기기록[1동 전체 표제부]
> 2. 전유부분마다 ⇨ [표제부] 및 각 구([갑구], [을구])
> 3. 등기사항증명서 발급(또는 열람)시 [1동의 건물 표제부]와 '해당'(전체 ×) 전유부분에 관한 등기기록을 1등기기록으로 본다.

정답 ④

기출 등기관이 등기를 마쳤을 때는 등기부부본자료를 작성해야 한다. 제33회

제2장 메타인지 학습체크

01 구조상·이용상 독립성이 있는 건물을 소유한 자는 그 건물을 [① 구분건물로서 등기하여야 한다. / ② 일반건물로 등기할 수 있다.]

02 구분건물의 등기용지(기록)는 1동 전체를 표시하는 표제부와 개개의 구분건물에 대한 [① 표제부와 갑구 및 을구 / ② 갑구 및 을구]로 편성되어 있다.

03 대지권이 있는 경우, 1동의 건물의 등기기록의 표제부에 [① 대지권의 목적인 토지의 표시 / ② 대지권인 뜻의 등기]에 관한 사항을 기록한다.

04 대지권을 등기한 건물에 관하여 그 건물만의 [① 소유권이전등기 / ② 전세권설정등기]가 가능하다.

05 등기소에 보관 중인 등기신청서는 법관이 발부한 영장에 의해 압수하는 경우에 등기소 밖으로 옮길 수 [① 있다. / ② 없다.]

06 등기부는 법관이 발부한 영장에 의하여 압수하는 경우에 대법원규칙으로 정하는 보관·관리장소 밖으로 옮길 수 [① 있다. / ② 없다.]

07 제공된 신청정보와 첨부정보의 보존기간은 [① 영구보존 / ② 5년]이다.

08 등기기록에 기록되어 있는 사항은 [① 누구나 / ② 이해관계 있는 사람만] 열람할 수 있다.

정답

01 ② **02** ① **03** ① **04** ② **05** ① **06** ② **07** ② **08** ①

제3장 등기총론

- 등기총론은 전체적인 등기절차를 망라하여 학습하는 단원이다. 등기필정보의 작성통지와 제공원리를 파악하여야 전체 절차를 이해하기 쉽다.
- 기본개념인 신청등기와 직권등기를 구별하여야 한다. 또한 신청등기는 원칙적으로 당사자 공동신청이므로 예외적인 단독신청의 사례들을 각론과 연결하여 공부하도록 한다.

제1절 | 등기절차의 개시방법

🎯 알아두기

1. **등기절차의 개시**: 등기절차는 당사자의 신청에 의하여 개시되는 것이 원칙이지만, 등기관이 직권으로 실행하거나 법원이나 관공서가 별도의 촉탁을 하여 실행되는 경우도 존재한다. 일반적인 절차와는 별도로 이의신청절차에서 법원이 일정한 등기를 명령하는 경우도 있다.
2. **직권등기**: 등기관이 당사자의 신청 없이도 적극적으로 등기절차를 개시하여야 하는 경우이므로 법률적 근거가 명확하여야 가능한 개시절차이다. 직권으로 소유권보존등기를 실행하거나, 직권으로 등기내용을 변경하거나, 직권으로 등기를 말소하는 다양한 절차가 있다.

🚩 등기절차의 개시와 당사자

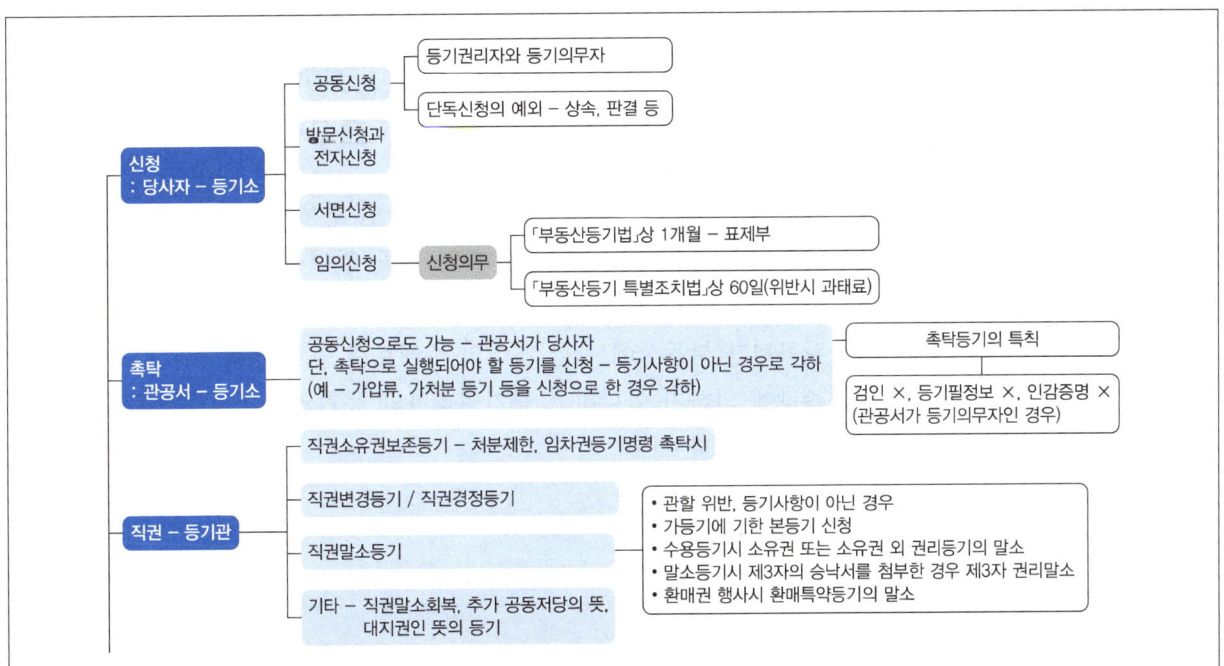

```
명령 - 이의신청시 법원 ─┬─ 이유 있다 인정 - 해당 처분명령
                      └─ 결정 전 가등기·부기등기 명령
```

① 신청주의 원칙

등기는 당사자의 신청 또는 관공서의 촉탁에 따라 한다. 다만, 법률에 다른 규정이 있는 경우에는 그러하지 아니하다. 촉탁에 따른 등기절차는 법률에 다른 규정이 없는 경우에는 신청에 따른 등기에 관한 규정을 준용한다. 반면 법률에 다른 규정이 있는 경우에는 등기관이 직권으로 등기를 실행하거나 이의신청절차에서 법원의 일정한 명령으로 등기를 실행하는 경우가 있다.

② 촉탁등기 제31회, 제32회, 제35회

(1) 의의

등기절차는 관공서의 촉탁에 의하여도 개시될 수 있다. 이 경우 관공서는 국가나 지방자치단체를 의미한다. 촉탁에 의한 등기절차는 그 실질이 당사자의 신청에 의한 경우와 다름이 없으므로 법률에 다른 규정이 없는 경우에는 신청에 따른 등기에 관한 규정을 준용한다.

기출 등기권리자인 관공서가 부동산거래의 주체로서 등기를 촉탁할 수 있는 경우라도 등기의무자와 공동으로 등기를 신청할 수 있다. 제32회

심화
1. 관공서가 공매처분을 한 경우에 등기권리자의 청구를 받으면 지체 없이 공매처분으로 인하여 소멸한 권리 및 체납처분에 관한 압류등기의 말소등기를 등기소에 촉탁하여야 한다(법 제97조).
2. 법원사무관 등은 경매절차에서 매수인(경락인)이 인수하지 아니한 부동산 위의 부담의 기입등기의 말소와 경매개시결정등기의 말소를 등기관에게 촉탁하여야 한다.

(2) 관공서가 등기권리자나 등기의무자인 경우의 촉탁등기

① 국가 또는 지방자치단체가 등기권리자인 경우에는 국가 또는 지방자치단체는 등기의무자의 승낙을 받아 해당 등기를 지체 없이 등기소에 촉탁하여야 한다.
② 국가 또는 지방자치단체가 등기의무자인 경우에는 국가 또는 지방자치단체는 등기권리자의 청구에 따라 지체 없이 해당 등기를 등기소에 촉탁하여야 한다.
③ 관공서가 부동산에 관한 거래의 주체로서 등기를 촉탁할 수 있는 경우 촉탁에 의하지 아니하고 등기권리자와 등기의무자 공동으로 등기신청이 가능하다.

(3) 공권력의 주체로서의 관공서 촉탁등기의 유형

① 가압류·가처분에 관한 등기
② 경매개시결정등기 및 매각(경락)에 의한 소유권이전등기
③ 임차권등기명령에 의한 주택·상가건물임차권등기
④ 관공서가 사업시행자인 경우 토지수용으로 인한 소유권이전등기
⑤ 체납처분으로 인한 압류등기 및 말소등기

> **참고** 공매처분으로 인한 등기의 촉탁
>
> 관공서가 공매처분(公賣處分)을 한 경우에 등기권리자의 청구를 받으면 지체 없이 다음의 등기를 등기소에 촉탁하여야 한다.
> 1. 공매처분으로 인한 권리이전의 등기
> 2. 공매처분으로 인하여 소멸한 권리등기(權利登記)의 말소
> 3. 체납처분에 관한 압류등기 및 공매공고등기의 말소

> **참고**
>
> 관공서가 체납처분(滯納處分)으로 인한 압류등기(押留登記)를 촉탁하는 경우에는 등기명의인 또는 상속인, 그 밖의 포괄승계인을 갈음하여 부동산의 표시, 등기명의인의 표시의 변경, 경정 또는 상속, 그 밖의 포괄승계로 인한 권리이전(權利移轉)의 등기를 함께 촉탁할 수 있다.

(4) 촉탁등기절차의 특징

① **우편에 의한 등기촉탁 가능**: 관공서가 촉탁정보 및 첨부정보를 적은 서면을 제출하는 방법으로 등기를 촉탁하는 경우에는 우편으로 그 촉탁서를 제출할 수 있다.
② **등기필정보의 제공 여부**: 관공서가 등기권리자의 청구에 의하여 등기를 촉탁하거나 부동산에 관한 권리를 취득하여 등기권리자로서 그 등기를 촉탁하는 경우에는 등기의무자의 권리에 관한 등기필정보를 제공할 필요가 없다.
③ **인감증명의 제출 여부**: 인감증명을 제출하여야 하는 자가 국가 또는 지방자치단체인 경우에는 인감증명을 제출할 필요가 없다(규칙 제60조 제3항).
④ **등기의무자의 주소를 증명하는 정보의 제공 여부**: 매각 또는 공매처분 등을 원인으로 관공서가 소유권이전등기를 촉탁하는 경우에는 등기의무자의 주소를 증명하는 정보를 제공할 필요가 없다.

기출 관공서가 상속재산에 대해 체납처분으로 인한 압류등기를 촉탁하는 경우, 상속인을 갈음하여 상속으로 인한 권리이전의 등기를 함께 촉탁할 수 없다. (×) 제35회

기출 관공서가 첨부정보 및 첨부정보를 적은 서면을 제출하는 방법으로 등기촉탁하는 경우에는 우편으로 그 촉탁서를 제출할 수 있다.

기출 등기의무자인 관공서가 등기권리자의 청구에 의하여 등기를 촉탁하는 경우, 등기의무자의 권리에 관한 등기필정보를 제공할 필요가 없다. 제32회

기출 관공서가 공매처분을 한 경우에 등기권리자의 청구를 받으면 지체 없이 공매처분으로 인한 권리이전의 등기를 등기소에 촉탁하여야 한다. 제31회

⑤ 「부동산등기법」제29조 제11호는 그 등기명의인이 등기신청을 하는 경우에 적용되는 규정이므로, 관공서가 등기촉탁을 하는 경우에는 등기기록과 대장상의 부동산의 표시가 부합하지 아니하더라도 그 등기촉탁을 수리하여야 한다(등기예규 제1625호).
⑥ 등기필정보 작성·통지 여부: 국가 또는 지방자치단체가 등기권리자인 경우 등기관은 등기완료 후에도 등기필정보를 작성·통지하지 아니한다.

> **예제**
>
> **1. 관공서의 촉탁등기에 관한 설명으로 틀린 것은?** 제32회
>
> ① 관공서가 경매로 인하여 소유권이전등기를 촉탁하는 경우, 등기기록과 대장상의 부동산의 표시가 부합하지 않은 때에는 그 등기촉탁을 수리할 수 없다.
> ② 관공서가 등기를 촉탁하는 경우 우편에 의한 등기촉탁도 할 수 있다.
> ③ 등기의무자인 관공서가 등기권리자의 청구에 의하여 등기를 촉탁하는 경우, 등기의무자의 권리에 관한 등기필정보를 제공할 필요가 없다.
> ④ 등기권리자인 관공서가 부동산거래의 주체로서 등기를 촉탁할 수 있는 경우라도 등기의무자와 공동으로 등기를 신청할 수 있다.
> ⑤ 촉탁에 따른 등기절차는 법률에 다른 규정이 없는 경우에는 신청에 따른 등기에 관한 규정을 준용한다.
>
> **해설** ① 「부동산등기법」제29조 제11호는 '신청정보 또는 등기기록의 부동산의 표시가 토지대장·임야대장 또는 건축물대장과 일치하지 아니한 경우'를 각하사유라고 규정하고 있다. 그러나 「부동산등기법」제29조 제11호는 그 등기명의인이 등기신청을 하는 경우에 적용되는 규정이므로, 관공서가 등기촉탁을 하는 경우에는 등기기록과 대장상의 부동산의 표시가 부합하지 아니하더라도 그 등기촉탁을 수리하여야 한다(등기예규 제1625호). **정답** ①
>
> **2. 등기의 촉탁에 관한 설명으로 틀린 것은?** 제35회
>
> ① 관공서가 상속재산에 대해 체납처분으로 인한 압류등기를 촉탁하는 경우, 상속인을 갈음하여 상속으로 인한 권리이전의 등기를 함께 촉탁할 수 없다.
> ② 법원의 촉탁으로 실행되어야 할 등기가 신청된 경우, 등기관은 그 등기신청을 각하해야 한다.
> ③ 법원은 수탁자 해임의 재판을 한 경우, 지체 없이 신탁원부 기록의 변경등기를 등기소에 촉탁하여야 한다.
> ④ 관공서가 등기를 촉탁하는 경우 우편으로 그 촉탁서를 제출할 수 있다.
> ⑤ 촉탁에 따른 등기절차는 법률에 다른 규정이 없는 경우에는 신청에 따른 등기에 관한 규정을 준용한다.
>
> **해설** ① 상속인을 갈음하여 관공서가 상속등기를 함께 촉탁할 수 있다. **정답** ①

> 📋 **참고** 가압류등기와 가처분등기

1. 가압류등기
   ① 의의: 가압류는 금전채권이나 금전으로 환산할 수 있는 채권에 관하여 장래 그 집행을 보전할 목적으로 미리 채무자의 재산을 압류하여 그 처분권을 잠정적으로 빼앗는 집행보전제도이다.
   ② 가압류의 목적물
      ㉠ 등기된 부동산은 가압류의 목적이 된다. 다만, 미등기부동산에 가압류등기 촉탁이 있는 경우 그 전제로서 등기관은 직권으로 소유권보존등기를 한 후 가압류등기를 한다.
      ㉡ 공유지분이나 전세권, 가등기된 청구권 등도 가압류의 대상이 되나, 합유지분은 가압류의 대상이 되지 않는다. 따라서 합유지분에 대한 가압류등기가 신청되면 등기관은 사건이 등기할 것이 아닌 경우에 해당하므로 각하하여야 한다.
   ③ 가압류등기의 실행: 가압류등기는 가압류사건번호와 **청구금액**을 기록하고 채권자를 기록한다.

   📌 가압류등기 예시

[갑구]			(소유권에 관한 사항)		
순위번호	등기목적	접수	등기원인	권리자 및 기타사항	
5	가압류	2009년 5월 7일 제5006호	2009년 5월 6일 수원지방법원의 가압류 결정(2009카단1000)	청구금액 채권자	금 40,000,000원 이광일 550505-1086756 서울 중구 회현동 6

   * 위 견본은 실제 양식과 차이가 있을 수 있으며, 학습목적으로 가공된 것으로서 모두 실제 내용이 아닙니다.

2. 가처분등기
   ① 의의: 채권자가 금전 이외의 물권이나 권리를 대상으로 하는 청구권을 가지고 있을 때 그 강제집행시까지 계쟁물이 멸실·처분되는 등 법률상·사실상 변경이 생기는 것을 막기 위하여 그 계쟁물의 현상을 동결시키는 보전처분이다.
   ② 가처분의 목적물
      ㉠ 등기된 부동산과 공유지분, 가등기상의 권리 등이 가처분의 대상이 될 수 있다.
      ㉡ 미등기부동산에 대하여 가처분등기 촉탁이 있는 경우 그 전제로 등기관은 직권으로 소유권보존등기를 한 후 가처분등기를 한다.
      ㉢ 가등기에 기한 본등기를 금지하는 가처분등기는 허용되지 아니한다.

③ 가처분등기의 실행
　㉠ 가처분등기는 갑구나 을구에 기록한다. 소유권에 관한 가처분은 주등기로, 소유권 이외의 권리나 가등기에 대한 가처분은 부기등기로 한다.
　㉡ 등기관이 가처분등기를 할 때에는 가처분의 피보전권리와 금지사항을 기록하여야 한다.
　㉢ 가처분의 피보전권리가 소유권 이외의 권리설정등기청구권으로서 소유명의인을 가처분채무자로 하는 경우에는 그 가처분등기를 등기기록 중 갑구에 한다.

④ 가처분등기 이후의 등기의 말소(법 제94조)
　㉠ 「민사집행법」 제305조 제3항에 따라 권리의 이전, 말소 또는 설정등기청구권을 보전하기 위한 처분금지가처분등기가 된 후 가처분채권자가 가처분채무자를 등기의무자로 하여 권리의 이전, 말소 또는 설정의 등기를 신청하는 경우에는, 대법원규칙으로 정하는 바에 따라 그 가처분등기 이후에 된 등기로서 가처분채권자의 **권리를 침해하는** 등기의 말소를 단독으로 신청할 수 있다.
　㉡ 등기관이 위 ㉠의 신청에 따라 가처분등기 이후의 등기를 말소할 때에는 직권으로 그 가처분등기도 말소하여야 한다. 가처분등기 이후의 등기가 없는 경우로서 가처분채무자를 등기의무자로 하는 권리의 이전, 말소 또는 설정의 등기만을 할 때에도 또한 같다.

구분	가처분 권리자가 본안승소로 소유권이전, 말소 또는 설정의 등기를 단독신청하는 경우
가처분등기 이후에 된 등기로서 가처분채권자의 권리를 침해하는 등기의 말소	단독신청으로 말소
그 가처분등기의 말소	직권으로 말소

📌 **가처분등기 예시**

[갑구]		(소유권에 관한 사항)		
순위번호	등기목적	접수	등기원인	권리자 및 기타사항
1	소유권보존	2004년 5월 4일 제3541호		소유자　유재석
2	가처분	2012년 5월 23일 제5263호	2012년 5월 12일 서울중앙지방법원의 가처분결정 (2012 카 합 200)	피보전권리 소유권이전등기청구권 채권자　박명수 681010-******* 서울특별시 관악구 관악대로 48 금지사항 양도, 담보권 설정 기타 일체의 처분행위의 금지
3	소유권 이전	2012년 6월 5일	2010년 6월 1일 매매	김구라
4	3번 소유권이전 말소	2014년 8월 17일 제###호	가처분에 의한 실효	
5	소유권이전	2014년 8월 17일 제###호	서울중앙지방법원의 확정판결	소유자　박명수
6	2번 가처분말소			가처분의 목적달성으로 인하여 2014년 8월 17일 등기
7	소유권이전	2015년 ####	(생략)	소유자　정형돈

* 위 견본은 실제 양식과 차이가 있을 수 있으며, 학습목적으로 가공된 것으로서 모두 실제 내용이 아닙니다.

③ 직권등기

등기절차는 법률에 다른 규정이 있는 경우에는 당사자의 신청이나 관공서의 촉탁이 없어도 등기관의 직권으로 개시될 수 있다.

(1) 소유권보존등기

미등기부동산에 대한 **법원의 처분제한**(예 가압류, 가처분, 경매개시결정등기 등) **의 등기촉탁** 또는 **임차권등기명령에 의한 주택·상가건물임차권등기촉탁**을 한 경우, 등기관은 직권으로 소유권보존등기를 하고 위의 처분제한등기 및 주택·상가건물임차권등기를 하여야 한다(법 제66조 제1항).

> 참고 📖 미등기주택에 대하여 임차권등기명령에 의한 등기촉탁이 있는 경우에 등기관은 직권으로 소유권보존등기를 한 후 주택임차권등기를 하여야 한다.

(2) 변경등기

① 행정구역·명칭 변경 등: 행정구역 또는 그 명칭이 변경된 경우에 등기관은 직권으로 부동산의 표시변경등기 또는 등기명의인의 주소변경등기를 할 수 있다(규칙 제54조).

② 소유권이전등기 신청시 등기의무자의 주소가 신청정보의 주소와 불일치한 경우 변경등기: 등기관이 소유권이전등기를 할 때에 등기명의인의 주소 변경으로 신청정보상의 등기의무자의 표시가 등기기록과 일치하지 아니하는 경우라도 첨부정보로서 제공된 주소를 증명하는 정보에 등기의무자의 등기기록상의 주소가 신청정보상의 주소로 변경된 사실이 명백히 나타나면 직권으로 등기명의인표시의 변경등기를 하여야 한다(규칙 제122조).

③ 지적소관청의 불부합통지에 의한 변경등기: 등기관이 지적(地籍)소관청으로부터 「공간정보의 구축 및 관리 등에 관한 법률」 제88조 제3항의 통지를 받은 경우에 제35조의 기간(1개월) 이내에 등기명의인으로부터 등기신청이 없을 때에는 그 통지서의 기재내용에 따른 변경의 등기를 직권으로 하여야 한다.

④ 착오 또는 유루가 등기관의 과오에 의한 경우 경정등기: 등기관이 등기의 착오나 빠진 부분이 등기관의 잘못으로 인한 것임을 발견한 경우에는 지체 없이 그 등기를 직권으로 경정하여야 한다. 다만, 등기상 이해관계 있는 제3자가 있는 경우에는 제3자의 승낙이 있어야 한다.

(3) 말소등기

① 관할 위반이나 사건이 등기할 것이 아닌 경우를 위반하여 기록된 등기의 말소: 등기관이 등기를 마친 후 그 등기가 제29조 제1호 또는 제2호에 해당된 것임을 발견하였을 때에는 등기권리자, 등기의무자와 등기상 이해관계 있는 제3자에게 1개월 이내의 기간을 정하여 그 기간에 이의를 진술하지 아니하면 등기를 말소한다는 뜻을 통지하여야 한다(법 제58조 제1항). 등기관은 위의 기간 이내에 이의를 진술한 자가 없거나 이의를 각하한 경우에는 등기를 직권으로 말소하여야 한다(법 제58조 제4항).

② 환매권행사시 환매특약등기의 말소: 환매권행사로 소유권이 원 소유자에게 복귀하는 소유권이전등기를 실행하는 경우 등기관은 환매특약등기를 직권으로 말소한다.

③ 수용으로 인한 소유권이전등기시 대상 토지에 기록된 각종 등기의 말소: 수용으로 인한 소유권이전등기시 소유권 또는 소유권 이외의 권리의 등기는 직권으로 말소한다(다만, 수용일 전 상속을 원인으로 수용일 후 경료된 소유권이전등기, 지역권등기와 토지수용위원회의 재결로 존속이 인정된 등기는 제외).

④ 말소등기를 하는 경우 그 말소할 권리를 목적으로 하는 제3자의 권리 말소: 어느 등기의 말소등기를 하는 경우에는 그 말소할 권리를 목적으로 하는 제3자의 권리에 관한 등기도 직권으로 말소한다(이해관계 있는 제3자의 승낙서를 요한다).

⑤ 가등기에 기한 본등기시 본등기된 권리를 침해하는 제3자의 중간처분등기의 말소등기: 등기관은 가등기에 의한 본등기를 하였을 때에는 가등기 이후에 된 등기로서 가등기에 의하여 보전되는 권리를 침해하는 등기를 직권으로 말소하여야 한다. 등기관이 가등기 이후의 등기를 말소하였을 때에는 지체 없이 그 사실을 말소된 권리의 등기명의인에게 통지하여야 한다.

⑥ 승소한 가처분권자의 단독신청시 그 가처분말소: 승소한 가처분권자가 이전, 설정, 말소등기를 단독신청한 경우 등기관은 그 가처분등기의 말소도 직권으로 실행하여야 한다.

④ 명령등기

(1) 가등기 또는 부기등기명령

등기관의 결정 또는 처분이 부당하다고 하는 자는 관할 지방법원에 이의신청을 할 수 있고, 법원은 재판 전에 가등기 또는 이의가 있다는 뜻의 부기등기를 명할 수 있다.

(2) 해당 처분명령

관할 지방법원은 이의에 대하여 이유 있다고 인정하면 등기관에게 그에 해당하는 처분을 명령하고 그 뜻을 이의신청인과 등기상 이해관계 있는 자에게 알려야 한다.

제3장 메타인지 학습체크 제1절 등기절차의 개시방법

01 관공서가 촉탁정보 및 첨부정보를 적은 서면을 제출하는 방법으로 등기촉탁하는 경우에는 우편으로 그 촉탁서를 제출할 수 [① 있다. / ② 없다.]

02 공동신청을 해야 할 경우, 등기권리자가 지방자치단체인 때에는 등기의무자의 [① 승낙이 없더라도 / ② 승낙을 받아] 해당 등기를 등기소에 촉탁해야 한다.

03 관공서 또는 법원의 촉탁으로 실행되어야 할 등기를 신청한 경우 사건이 등기할 것이 아닌 경우의 각하사유에 해당[① 한다. / ② 하지 않는다.]

04 지방자치단체가 등기권리자인 경우, 등기관은 등기필정보를 작성·통지[① 한다. / ② 하지 않는다.]

05 등기관이 미등기토지에 대하여 법원의 촉탁에 따라 가압류등기를 할 때에는 [① 등기관의 직권 / ② 법원의 촉탁]으로 소유권보존등기를 한다.

06 처분금지가처분등기가 된 후 가처분채무자를 등기의무자로 하여 소유권이전등기를 신청하는 경우 그 가처분등기 후에 마쳐진 등기 중 가처분채권자의 권리를 침해하는 등기는 [① 등기관이 직권 / ② 가처분채권자의 단독신청]으로 말소한다.

정답

01 ① 02 ② 03 ① 04 ② 05 ① 06 ②

제2절 | 등기신청 의무

❶ 등기신청 자유의 원칙(임의신청)

등기신청은 사법상 사적 자치의 원칙에 따라 강제되지 않는 것이 원칙이다.

❷ 등기신청 의무

예외적으로 등기부와 대장의 부동산표시를 일치시키기 위한 경우나 투기와 탈세를 막고 사회질서를 유지하기 위한 목적으로 「부동산등기법」과 「부동산등기 특별조치법」과 같은 법률에서 당사자에게 일정한 등기를 신청할 의무를 부과하는 경우가 있다.

(1) 「부동산등기법」상 신청의무(대장과 등기부의 부동산표시를 일치시키기 위한 경우) – 위반시 과태료 없음

① 토지의 분할·합병·멸실이 있는 경우와 토지의 표시에 관한 등기사항(지목, 면적 등)에 변경이 있는 경우에는 그 토지소유권의 등기명의인은 그 사실이 있는 때부터 1개월 이내에 그 등기를 신청하여야 한다(법 제35조, 제39조).

② 건물의 분할·구분·합병·멸실이 있는 경우와 건물의 표시에 관한 등기사항(건물의 번호·종류·구조 등)에 변경이 있는 경우에는 그 건물소유권의 등기명의인은 그 사실이 있는 때부터 1개월 이내에 그 등기를 신청하여야 한다(법 제41조, 제43조).

(2) 「부동산등기 특별조치법」상 신청의무 – 위반시 과태료 있음

① 미등기부동산에 대하여 소유권이전을 내용으로 하는 계약을 체결한 자는 계약체결 전에 보존등기를 신청할 수 있는 경우에는 그 계약체결일로부터, 계약체결 후에 보존등기를 신청할 수 있게 된 경우에는 보존등기를 신청할 수 있게 된 날부터 60일 이내에 보존등기를 신청하여야 한다(법 제2조 제5항).

② 부동산의 소유권이전을 내용으로 하는 계약을 체결한 자는 계약의 당사자가 서로 대가적인 채무를 부담하는 경우에는 반대급부의 이행이 완료된 날 또는 계약 당사자의 일방만이 채무를 부담하는 경우에는 그 계약의 효력이 발생한 날부터 60일 이내에 소유권이전등기를 신청하여야 한다(법 제2조 제1항).

> **기출**
> 1. 甲이 자기 소유 부동산에 관한 소유권보존등기를 신청할 수 있음에도 이를 하지 않고 乙에게 증여하는 계약을 체결하였다면, 증여계약체결일이 보존등기 신청기간의 기산일이다.
> 2. 甲소유 부동산을 乙에게 증여하기로 하였다면 甲과 乙은 증여계약의 효력이 발생한 날부터 60일 이내에 부동산에 대한 소유권이전등기를 신청하여야 한다.

제3장 메타인지 학습체크 제2절 등기신청 의무

01 甲건물을 乙건물에 합병하는 경우 乙건물의 소유권의 등기명의인은 건축물대장상 건물의 합병등록이 있은 날로부터 [① 60일 이내 / ② 1개월 이내]에 건물합병등기를 신청하여야 한다.

02 甲소유 부동산을 乙에게 매도하였다면 甲과 乙은 [① 매매계약을 체결한 / ② 반대급부 이행이 완료된] 날부터 60일 이내에 부동산에 대한 소유권이전등기를 신청하여야 한다.

03 甲이 자기 소유 미등기부동산에 관한 소유권보존등기를 신청할 수 있음에도 이를 하지 않고 乙에게 증여하는 계약을 체결하였다면 [① 증여계약체결일 / ② 소유권보존등기 신청가능일]이 보존등기 신청기간의 기산일이다.

정답

01 ②   02 ②   03 ①

제3절 │ 등기신청당사자

제30회, 제32회, 제34회, 제36회

🎯 알아두기

1. 등기신청적격(등기당사자능력): 등기신청을 할 수 있는 등기당사자가 되기 위한 법률적 자격을 등기신청적격이라 한다.
2. 등기권리자와 등기의무자: 등기절차의 심사는 등기관의 형식적 심사에 의하므로 등기관은 그 실체적인 진실을 심사하기 어렵다. 그러므로 등기신청을 등기권리자와 등기의무자가 공동으로 신청하게 함으로써 그 등기에 의하여 권리를 취득하거나 이익을 보는 자와 반대로 권리를 상실하거나 불이익을 보는 자가 함께 등기를 신청하게 되어 등기의 진정성을 확보할 수 있다.

👤 등기신청당사자

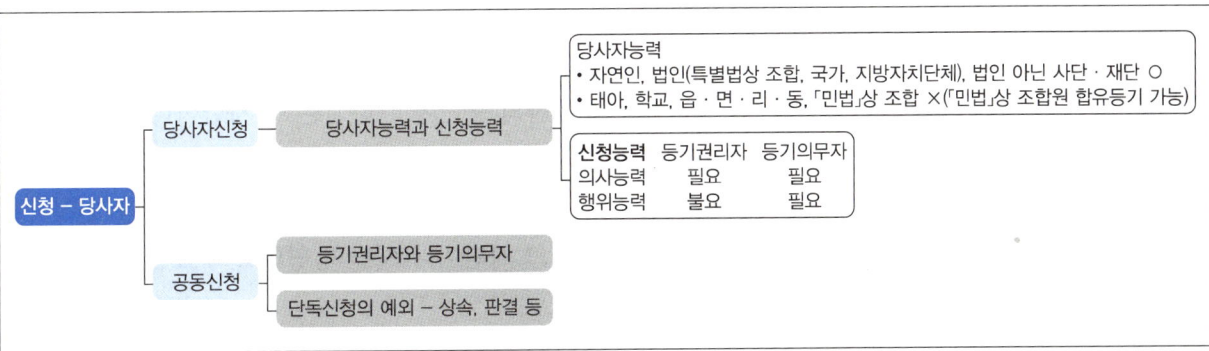

❶ 등기신청의 당사자능력

(1) 의의

등기신청의 당사자능력이란 등기신청에 있어서 당사자인 등기권리자 또는 등기의무자가 될 수 있는 법률상의 자격, 즉 등기명의인이 될 수 있는 자격을 말한다. 이를 등기신청적격이라고도 한다.

(2) 등기신청적격이 인정되는 경우

등기는 사권을 공시하는 제도이므로 「민법」상 권리능력자(자연인, 법인)는 당연히 당사자능력이 있다. 반면 「부동산등기법」은 법인이 아닌 사단 또는 재단에 대하여도 등기신청적격을 인정하고 있다.

① 자연인: 자연인은 출생부터 사망시까지 생존하고 있는 자를 말하며, 자연인인 이상 미성년자, 제한능력자, 외국인 모두 원칙적으로 당사자능력이 인정된다.

② 법인: 공법인, 사법인, 사단법인, 재단법인, 영리법인, 비영리법인 등 모두 등기당사자능력을 인정한다. 그러므로 그 실질이 법인인 특별법상 조합이나 공법인인 국가나 지방자치단체(시·도, 시·군·구) 명의로도 등기할 수 있다.

③ 법인 아닌 사단 또는 재단

　㉠ 권리능력 없는 사단이나 재단은 법인과 같은 조직체이기는 하지만, 설립등기를 하지 않음으로써 「민법」상 권리능력이 인정되지 않는 단체이다. 이러한 단체로는 종중, 문중, 교회, 사찰, 정당, 아파트 입주자대표회의 등이 있다.

　㉡ "종중, 문중, 그 밖에 대표자나 관리인이 있는 법인 아닌 사단이나 재단에 속하는 부동산의 등기에 관하여는 그 사단이나 재단을 등기권리자 또는 등기의무자로 한다(법 제26조 제1항)."라고 하여 「부동산등기법」은 법인 아닌 사단이나 재단의 등기신청적격을 인정하고 있다. 다만, 등기는 그 사단이나 재단의 명의로 대표자 또는 관리인이 신청한다.

> **심화** 법인 아닌 사단이나 재단의 등기신청 첨부정보(규칙 제48조)
>
> 법 제26조의 종중, 문중, 그 밖에 대표자나 관리인이 있는 법인 아닌 사단이나 재단이 등기를 신청하는 경우에는 다음의 정보를 첨부정보로서 등기소에 제공하여야 한다.
> 1. 정관이나 그 밖의 규약
> 2. 대표자나 관리인임을 증명하는 정보. 다만, 등기되어 있는 대표자나 관리인이 신청하는 경우에는 그러하지 아니하다.
> 3. 「민법」 제276조 제1항의 결의(사원총회 결의)가 있음을 증명하는 정보(법인 아닌 사단이 등기의무자인 경우로 한정한다)
> 4. 대표자나 관리인의 주소 및 주민등록번호를 증명하는 정보

(3) 등기신청적격이 인정되지 않는 경우

① 태아: 정지조건설을 취하는 판례의 입장에 따르면, 태아의 등기신청적격을 인정할 수 없다. 다만, 태아가 출생한 경우에는 자연인이므로 경정등기로 상속재산에 대한 등기를 할 수 있다.

기출 외국인은 법령이나 조약의 제한이 없는 한 자기 명의로 등기신청을 하고 등기명의인이 될 수 있다. 제32회

기출 법인 아닌 사단인 종중이 건물을 매수한 경우, 종중의 대표자는 종중 명의로 소유권이전등기를 신청할 수 있다. 제34회

기출
1. 법인 아닌 사단(社團)은 그 사단 명의로 대표자가 등기를 신청할 수 있다. 제32회
2. 법인 아닌 사단 A명의의 부동산에 관하여 A와 B의 매매를 원인으로 이전등기를 신청하는 경우 특별한 사정이 없는 한 A의 사원총회결의가 있음을 증명하는 정보를 제출하여야 한다.

② 「민법」상 조합: 「민법」상의 조합은 권리능력이 없으므로 조합을 등기명의인으로 등기할 수는 없고 저당권설정등기의 채무자로도 등기부에 기록할 수 없다. 다만, 조합원 전원명의의 합유등기는 가능하다.

> **참고** 「민법」상의 조합
> 2인 이상이 상호출자하여 공동사업을 경영할 것을 약정하는 상호간의 법률행위를 조합계약이라 하며, 조합은 이러한 조합계약에 의하여 성립한다.

③ 학교: 학교는 하나의 시설물이므로 등기당사자능력이 인정되지 않는다. 즉, 학교는 등기명의인이 될 수 없다. 사립학교라면 학교법인의 명의로, 국립학교라면 국가의 명의로, 공립학교라면 지방자치단체의 명의로 등기함이 원칙이다.

④ 읍·면·리·동: 읍·면·리·동은 지방자치단체가 아니므로 등기신청적격이 인정되지 않는다. 다만, 권리능력 없는 사단으로서의 요건을 갖춘 경우에는 등기신청적격이 인정되어 그 명의로 등기를 할 수 있다.

❷ 등기권리자와 등기의무자 제31회

등기는 등기권리자(登記權利者)와 등기의무자(登記義務者)가 공동으로 신청한다. 즉, 등기신청은 등기의 양 당사자가 함께 신청하여야 하는 것을 원칙으로 한다. 공동신청은 등기의 진정성을 확보하기 위한 대표적인 제도이다.

(1) 등기권리자와 등기의무자의 개념

① 실체법상의 등기권리사란 등기청구권을 가지는 자를 말하며, 등기의무자란 등기청구권에 협력할 의무를 부담하는 자를 말한다. 그리고「부동산등기법」상 등기권리자라 함은 신청된 등기가 실행됨으로써 등기기록상 권리 또는 기타의 이익을 취득하는 것으로 기록되는 자를 말하며, 등기의무자라 함은 반대로 신청된 등기가 실행됨으로써 등기기록상 권리 또는 기타의 이익을 상실하게 되는 자를 말한다.

② 「부동산등기법」상의 등기권리자·등기의무자와 실체법상의 등기권리자·등기의무자는 대부분 서로 일치하지만 반드시 일치하는 것은 아니다. 즉, 「부동산등기법」상 등기의무자인 매도인이 매수인을 상대로 등기신청에 협력할 것을 요구하는 등기인수청구권을 행사하게 되면 실체법상으로는 등기권리자라 할 수 있는 것이다.

기출
1. 「민법」상 조합은 등기능력이 없는 것이므로 이러한 조합 자체를 채무자로 표시하여 근저당권설정등기를 할 수는 없다.
2. 「민법」상 조합의 소유인 부동산을 등기할 경우, 조합원 전원의 명의로 합유등기를 한다. 제30회

기출 시설물로서의 학교는 학교 명의로 등기할 수 없다. 제32회, 제34회

기출 행정조직인 읍, 면은 등기의 당사자능력이 없다. 제32회

기출
1. 자신의 토지를 매도한 자는 매수인에 대하여 소유권이전등기의 인수를 청구할 수 있다
2. 실체법상 등기권리자와 절차법상 등기권리자는 일치하지 않는 경우도 있다. 제30회
3. 실체법상 등기권리자는 실체법상 등기의무자에 대해 등기신청에 협력할 것을 요구할 권리를 가진 자이다. 제30회
4. 절차법상 등기의무자에 해당하는지 여부는 등기기록상 형식적으로 판단해야 하고, 실체법상 권리·의무에 대해서는 고려해서는 안 된다. 제30회

기출

1. 甲소유로 등기된 토지에 설정된 乙명의의 근저당권을 丙에게 이전하는 등기를 신청하는 경우, 등기의무자는 乙이다. 제31회
2. 甲에서 乙로, 乙에서 丙으로 순차로 소유권이전등기가 이루어졌으나 乙명의의 등기가 원인무효임을 이유로 甲이 丙을 상대로 丙명의의 등기말소를 명하는 확정판결을 얻은 경우, 그 판결에 따른 등기에 있어서 등기권리자는 乙이다. 제31회
3. 채무자 甲에서 乙로 소유권이전등기가 이루어졌으나 甲의 채권자 丙이 등기원인이 사해행위임을 이유로 그 소유권이전등기의 말소판결을 받은 경우, 그 판결에 따른 등기에 있어서 등기권리자는 甲이다. 제31회

(2) 절차법상 등기권리자와 등기의무자

구분	등기권리자	등기의무자
소유권이전등기(매매)	매수인	매도인
환매특약등기	환매특약부매매의 매도인	환매특약부매매의 매수인
전세권설정등기	전세권자	전세권설정자
전세권말소등기	전세권설정자	전세권자
권리질권	권리질권자	저당권자
지역권	지역권자(요역지소유자 등)	지역권설정자(승역지소유자 등)
가등기에 기한 본등기	가등기권리자	가등기의무자(제3취득자 ×)
소유권이전 후 저당권말소	변제시 – 제3취득자 또는 저당권설정자	현재 저당권등기명의인

예제

1. 「부동산등기법」상 등기의 당사자능력에 관한 설명으로 틀린 것은? 제32회

① 법인 아닌 사단(社團)은 그 사단 명의로 대표자가 등기를 신청할 수 있다.
② 시설물로서의 학교는 학교 명의로 등기할 수 없다.
③ 행정조직인 읍, 면은 등기의 당사자능력이 없다.
④ 「민법」상 조합을 채무자로 표시하여 조합재산에 근저당권설정등기를 할 수 있다.
⑤ 외국인은 법령이나 조약의 제한이 없는 한 자기 명의로 등기신청을 하고 등기명의인이 될 수 있다.

해설 ④ 「민법」상의 조합은 권리능력이 없으므로, 조합을 등기명의인으로 등기할 수 없고 저당권설정등기의 채무자로도 등기부에 기록할 수 없다. **정답 ④**

2. 등기권리자와 등기의무자에 관한 설명으로 틀린 것? 제30회

① 실체법상 등기권리자와 절차법상 등기권리자는 일치하지 않는 경우도 있다.
② 실체법상 등기권리자는 실체법상 등기의무자에 대해 등기신청에 협력할 것을 요구할 권리를 가진 자이다.
③ 절차법상 등기의무자에 해당하는지 여부는 등기기록상 형식적으로 판단해야 하고, 실체법상 권리·의무에 대해서는 고려해서는 안 된다.
④ 甲이 자신의 부동산에 설정해 준 乙명의의 저당권설정등기를 말소하는 경우 甲이 절차법상 등기권리자에 해당한다.
⑤ 부동산이 甲 ⇨ 乙 ⇨ 丙으로 매도되었으나 등기명의가 甲에게 남아 있어 丙이 乙을 대위하여 소유권이전등기를 신청하는 경우 丙은 절차법상 등기권리자에 해당한다.

해설 ⑤ 甲으로부터 乙에게 실행하는 소유권이전등기이므로 절차법상 등기권리자는 乙이 되며 乙의 채권자인 丙이 이를 대위하여 신청하는 것에 불과하다. **정답 ⑤**

3. 등기의 신청에 관한 설명으로 틀린 것은? 제36회

① 공동상속인 중 일부는 자신의 상속지분만에 대한 상속등기를 신청할 수 없다.
② 「민법」상 조합재산에 속하는 부동산의 등기는 그 조합의 명의로 조합원이 신청할 수 있다.
③ 등기원인이 발생한 후에 등기권리자에 대하여 상속이 있는 경우, 상속인이 그 등기를 신청할 수 있다.
④ 건물 또는 토지의 소유권을 포기한 경우, 그 소유권을 포기한 자는 단독으로 그에 따른 등기를 신청할 수 없다.
⑤ 전세권의 범위를 10층 북쪽 $201m^2$에서 3층 동쪽 $485m^2$로 변경하는 경우, 전세권변경등기가 아니라 별개의 전세권 설정등기를 신청해야 한다.

해설 ② 「민법」상 조합 명의로는 등기할 수 없다.
④ 건물 또는 토지의 소유권을 포기한 경우 그 소유권을 포기한 자는 단독으로 그에 따른 등기를 신청할 수 없으며, 「민법」제252조 제2항에 의하여 그 소유권을 취득하는 국가와 공동으로 소유권포기를 원인으로 한 소유권이전등기를 신청하여야 한다. 다만, 위 등기를 신청하는 경우에 등기상 이해관계가 있는 제3자가 있는 때에는 신청서에 그 자의 승낙서 또는 이에 대항할 수 있는 재판의 등본을 첨부하여야 한다. **정답** ②

❸ 단독신청과 제3자에 의한 등기신청

> **알아두기**
> 1. 등기의 단독신청: 등기권리자나 등기명의인이 단독으로 등기를 신청하더라도 등기의 진정성이 확보되는 경우들이 있다.
> 2. 제3자에 의한 등기신청: 대리인이 등기를 신청할 수 있으며 계약당사자가 사망하였다면 그 상속인이 상속등기를 생략하고 직접 그 계약에 의한 등기를 신청할 수 있는 제도가 있다. 또한 채무자의 등기를 채권자가 대신 신청하는 제도도 있는데, 이를 대위신청이라 한다.

♔ 단독신청과 제3자에 의한 등기신청

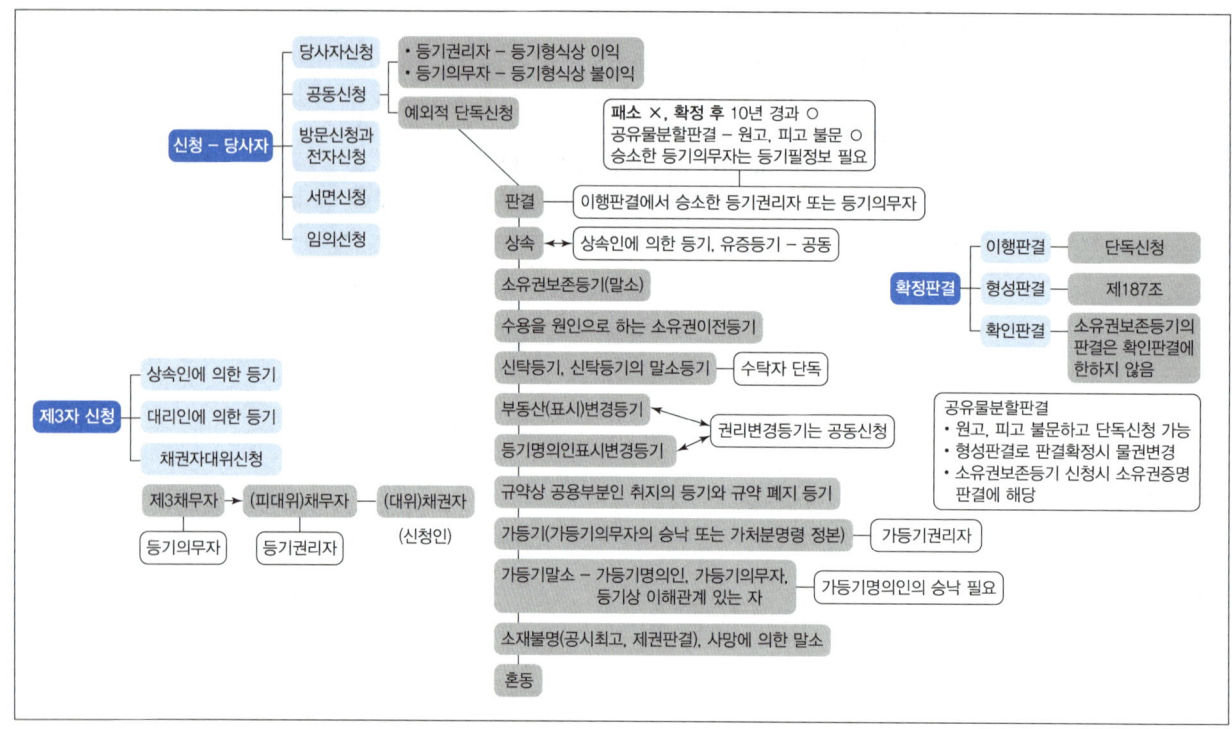

1. **단독신청** 제31회, 제32회, 제33회, 제35회, 제36회

   등기는 공동신청에 의하는 것이 원칙이나, 해당 등기의 특성상 등기의무자가 존재하지 않거나 공동신청에 의하지 않더라도 등기의 진정성이 보장되는 경우라면 단독신청이 허용된다.

(1) 판결에 의한 등기

① 의의: 판결에 의한 등기신청이라 함은 등기의무자나 등기권리자가 등기신청에 협력하지 않는 경우에 의사진술을 명하는 판결을 받아 승소한 등기권리자나 승소한 등기의무자가 단독으로 등기신청을 하는 것을 말한다. 「부동산등기법」은 "등기절차의 이행 또는 인수를 명하는 판결에 의한 등기는 승소한 등기권리자 또는 등기의무자가 단독으로 신청하고, 공유물을 분할하는 판결에 의한 등기는 등기권리자 또는 등기의무자가 단독으로 신청한다."라고 하여 판결에 의한 단독신청을 규정하고 있다.

② 판결의 종류: 여기서의 판결은 등기신청에 협력할 것을 명하는 확정된 이행판결을 의미하고, 확인판결과 형성판결은 이에 해당되지 않는다. 다만, 공유물분할판결은 형성판결이지만 예외적으로 단독신청할 수 있다.

③ 확정판결 또는 이에 준하는 집행권원일 것

㉠ 확정판결이어야 한다. 따라서 확정되지 아니한 가집행선고가 붙은 판결에 의하여 등기를 신청한 경우 등기관은 그 신청을 각하하여야 한다.

㉡ 확정판결과 동일한 효력이 있는 화해조서·인낙조서, 화해권고결정, 민사조정조서·조정에 갈음하는 결정, 가사조정조서·조정에 갈음하는 결정 등도 가능하지만, 공증인 작성의 공정증서는 등기신청을 이행하기로 하는 조항이 기재되어 있더라도 이것으로 단독신청을 할 수는 없다.

㉢ 등기절차의 이행을 명하는 확정판결을 받았다면 그 확정시기에 관계없이, 즉 확정 후 10년이 경과하였다 하더라도 그 판결에 의한 등기신청을 할 수 있다.

④ 신청인

㉠ 승소한 등기권리자 또는 승소한 등기의무자는 단독으로 판결에 의한 등기신청을 할 수 있다. 승소한 등기권리자에는 적극적 당사자인 원고뿐만 아니라 피고나 당사자참가인도 포함된다. 패소한 등기의무자는 그 판결에 기하여 직접 등기권리자 명의의 등기신청을 하거나 승소한 등기권리자를 대위하여 등기신청을 할 수 없다.

㉡ 공유물분할판결이 확정되면 그 소송당사자는 원고·피고인지 여부에 관계없이 그 확정판결을 첨부하여 등기권리자 또는 등기의무자 단독으로 공유물분할을 원인으로 한 지분이전등기를 신청할 수 있다.

기출 공동신청이 요구되는 등기라 하더라도 다른 일방의 의사표시를 명하는 이행판결이 있는 경우에는 단독으로 등기를 신청할 수 있다.

기출
1. 이행판결에 의한 등기는 승소한 등기권리자가 단독으로 신청할 수 있다.
2. 공유물분할판결이 확정되면 그 소송의 피고도 단독으로 공유물분할을 원인으로 한 지분이전등기를 신청할 수 있다.

> **심화** 판결에 의한 등기절차
>
> 1. 판결에 의한 등기의 등기원인과 그 연월일
>   ① 이행판결: 등기절차의 이행을 명하는 판결에 의하여 등기를 신청하는 경우에는 그 판결주문에 명시된 등기원인과 그 연월일을 등기신청서에 기재하는 것이 원칙이다. 다만, 등기절차의 이행을 명하는 판결주문에 등기원인과 그 연월일이 명시되어 있지 아니한 경우 등기신청서에는 등기원인은 '확정판결'로, 그 연월일은 '판결선고일'을 기재한다.
>   ② 형성판결: 형성판결인 경우에는 등기신청서에 등기원인은 '판결에서 행한 형성처분(공유물분할 등)'을 기재하고, 그 연월일은 '판결확정일'을 기재한다.
>
> 2. 판결에 의한 등기신청시 첨부정보
>   ① 등기원인을 증명하는 정보(등기원인증서): 판결에 의한 등기를 신청함에 있어 등기원인증서로서 판결정본과 그 판결이 확정되었음을 증명하는 확정증명서를 첨부하여야 한다. 다만, 송달증명서와 집행문의 첨부를 요하지 않는 것이 원칙이다.
>   ② 등기의무자의 권리에 관한 등기필정보: 등기원인이 집행력 있는 판결인 경우 등기의무자의 권리에 관한 등기필정보는 제공할 필요가 없으나, 판결이라 하더라도 승소한 등기의무자가 단독으로 신청하는 경우에는 등기의무자의 권리에 관한 등기필정보를 제공하여야 한다.
>   ③ 등기권리자의 주소를 증명하는 정보를 첨부정보로 제공하여야 하며 소유권이전등기시 함께 첨부하는 등기의무자의 주소증명정보는 이 경우 첨부정보로 제공할 필요가 없다.
>
> 3. 이행판결이나 공유물분할판결이 아닌 판결
>   다음의 판결로는 등기를 단독으로 신청할 수 없다.
>   ① "○○재건축조합의 조합원 지위를 양도하라."와 같은 판결
>   ② "소유권지분 10분의 3을 양도한다."라고 한 화해조서
>   ③ "소유권이전등기절차에 필요한 서류를 교부한다."라고 한 화해조서
>   ④ 매매계약이 무효라는 확인판결에 의한 소유권이전등기의 말소등기 신청
>   ⑤ 소유권확인판결에 의한 소유권이전등기의 신청
>   ⑥ 근저당권설정등기를 명하는 판결주문에 필수적 기재사항인 채권최고액이나 채무자가 명시되지 아니한 경우

(2) 상속 등 포괄승계를 원인으로 하는 등기

상속, 법인의 합병, 그 밖에 대법원규칙으로 정하는 포괄승계에 따른 등기는 등기권리자가 단독으로 신청한다.

> **기출** 법인합병을 원인으로 한 저당권이전등기는 단독으로 신청할 수 있는 등기이다.

> **심화** 상속으로 인한 소유권이전등기
>
> 1. 신청인
>   ① 상속으로 인한 등기는 등기권리자(상속인)가 단독으로 신청한다.
>   ② 상속인이 수인인 경우에는 상속인 전원이 동시에 신청하거나 상속인 중 일부가 전원명의 상속등기를 신청할 수 있다. 그러나 **공동상속인 중 일부가 일부의 상속등기나 자기의 상속지분만에 관하여 상속등기를 신청할 수는 없다.**
>
> 2. 신청정보 및 첨부정보
>   ① 신청정보에 등기원인은 '상속', 등기원인일자는 '상속개시일(피상속인의 사망일)'을 적어서 등기소에 제공한다.
>   ② 상속으로 인한 소유권이전등기를 신청하는 경우에는 상속을 증명하는 시·구·읍·면장의 서면, 상속인의 주소를 증명하는 정보 등을 제공하여야 한다. 그러나 등기의무자가 존재하지 않으므로 등기의무자의 권리에 관한 등기필정보, 인감증명(협의분할에 의한 상속등기시에는 상속인 전원의 인감증명 제출) 등은 제공할 필요가 없다.
>
> 3. 협의분할에 의한 상속등기
>   ① 유언에 의한 분할방법을 지정한 경우가 아닌 한 공동상속인은 **언제든지** 협의에 의한 상속재산을 분할할 수 있다(「민법」 제1013조 제1항). 상속재산의 분할은 상속이 개시된 때(피상속인 사망시)에 소급하여 효력이 있다(「민법」 제1015조).
>   ② 법정상속분에 따른 상속등기를 하기 전에 협의분할을 한 경우에는 협의분할에 의한 **소유권이전등기(단독신청)**를 신청하여야 하나, 법정상속분에 따른 상속등기를 한 후에 협의분할을 한 경우에는 **소유권경정등기(공동신청)**를 신청하여야 한다.

기출 협의분할에 의한 상속등기를 신청하는 경우 등기원인을 '협의분할에 의한 상속'으로, 그 연월일을 '피상속인이 사망한 날'로 한다. 상속등기 후 상속재산 분할협의로 경정등기를 신청하는 경우 등기원인은 '협의분할'로, 그 연월일은 '협의가 성립한 날'로 한다(등기예규 제1675호). 제35회

(3) 소유권보존등기

소유권보존등기 또는 소유권보존등기의 말소등기는 등기명의인으로 될 자 또는 등기명의인이 단독으로 신청한다.

(4) 수용을 원인으로 하는 소유권이전등기

수용으로 인한 소유권이전등기는 등기권리자가 단독으로 신청할 수 있다 (법 제99조 제1항).

(5) 등기명의인표시변경 또는 경정등기

등기명의인표시의 변경이나 경정의 등기는 해당 권리의 등기명의인이 단독으로 신청한다(법 제23조 제6항).

기출
1. 등기명의인표시변경등기는 해당 권리의 등기명의인이 단독으로 신청할 수 있다.
2. 부동산표시의 변경이나 경정의 등기는 소유권의 등기명의인이 단독으로 신청한다. 제33회

Tip 👆 권리변경등기는 공동신청이 원칙임을 주의한다.

기출 가등기권리자는 가등기의무자의 승낙이 있는 경우에 단독으로 가등기를 신청할 수 있다. 제31회

기출
1. 가등기명의인은 단독으로 가등기의 말소를 신청할 수 있다. 제31회
2. 가등기의무자는 가등기명의인의 승낙을 받아 단독으로 가등기의 말소를 신청할 수 있다. 제31회

기출 등기의 말소를 공동으로 신청하여야 하는 경우, 등기의무자의 소재불명으로 제권판결을 받으면 등기권리자는 그 사실을 증명하여 단독으로 등기의 말소를 신청할 수 있다.

(6) 부동산표시변경등기

부동산표시의 변경이나 경정의 등기는 소유권의 등기명의인이 단독으로 신청한다(법 제23조 제5항).

(7) 규약상 공용부분인 뜻의 등기와 그 말소등기

규약상 공용부분이라는 뜻의 등기는 소유권의 등기명의인이 신청하여야 한다(법 제47조 제1항). 공용부분이라는 뜻을 정한 규약을 폐지한 경우에 공용부분의 취득자는 지체 없이 소유권보존등기를 신청하여야 한다. 이러한 소유권보존등기를 하였을 때 등기관은 공용부분이라는 뜻의 등기를 말소하는 표시를 하여야 한다.

(8) 가등기와 가등기말소

① 가등기권리자는 가등기의무자의 승낙이 있거나 가등기를 명하는 법원의 가처분명령(假處分命令)이 있을 때에는 단독으로 가등기를 신청할 수 있다(법 제89조).

② 가등기의 말소
  ㉠ 가등기명의인은 단독으로 가등기의 말소를 신청할 수 있다(법 제93조 제1항).
  ㉡ 가등기의무자 또는 가등기에 관하여 등기상 이해관계 있는 자는 가등기명의인의 승낙을 받아 단독으로 가등기의 말소를 신청할 수 있다(법 제93조 제2항).

(9) 말소등기

① 등기명의인인 사람의 사망으로 권리가 소멸한다는 약정이 등기되어 있는 경우에 사람의 사망으로 그 권리가 소멸하였을 때에는, 등기권리자는 그 사실을 증명하여 단독으로 해당 등기의 말소를 신청할 수 있다(법 제55조).

② 등기권리자가 등기의무자의 소재불명으로 인하여 공동으로 등기의 말소를 신청할 수 없는 때에는 「민사소송법」의 규정에 의하여 공시최고 후 제권판결을 받아 신청서에 그 등본을 첨부하여 등기권리자만으로 등기의 말소를 신청할 수 있다(법 제56조).

③ 혼동으로 소멸한 권리의 말소등기는 그 등기명의인이 단독으로 신청한다.

(10) 신탁등기와 신탁등기의 말소등기
① 신탁재산에 속하는 부동산의 신탁등기는 수탁자(受託者)가 단독으로 신청한다.
② 신탁등기의 말소등기는 수탁자가 단독으로 신청할 수 있다.

> **예제**
>
> 1. 단독으로 등기를 신청할 수 있는 것을 모두 고른 것은? (단, 판결 등 집행권원에 의한 신청은 제외함) 제32회
>
>   ㉠ 가등기명의인의 가등기말소등기신청
>   ㉡ 토지를 수용한 한국토지주택공사의 소유권이전등기신청
>   ㉢ 근저당권의 채권최고액을 감액하는 근저당권자의 변경등기신청
>   ㉣ 포괄유증을 원인으로 하는 수증자의 소유권이전등기신청
>
>   ① ㉠   ② ㉠, ㉡   ③ ㉡, ㉢
>   ④ ㉠, ㉢, ㉣   ⑤ ㉡, ㉢, ㉣
>
>   **해설** ㉠ 가등기명의인은 가등기말소등기를 단독으로 신청할 수 있다.
>   ㉡ 수용을 원인으로 하는 소유권이전등기는 사업시행자의 단독신청에 의한다. 다만, 국가나 지방자치단체, 법에 규정된 사업에 관한 공사가 사업시행자인 경우에는 단독신청이 아닌 촉탁등기에 해당될 수 있다.
>   ㉢ 권리변경등기는 공동신청으로 채권최고액을 감액하는 경우의 근저당권변경등기의 경우에는 근저당권자가 등기의무자, 근저당권설정자가 등기권리자가 된다.
>   ㉣ 포괄유증이나 특정유증을 불문하고 유증을 원인으로 하는 소유권이전등기는 공동신청(수증자가 등기권리자, 상속인이나 유언집행자가 등기의무자)에 의한다.   **정답** ②
>
> 2. 등기권리자 또는 등기명의인이 단독으로 신청하는 등기에 관한 설명으로 틀린 것을 모두 고른 것은? 제28회
>
>   ㉠ 등기의 말소를 공동으로 신청해야 하는 경우, 등기의무자의 소재불명으로 제권판결을 받으면 등기권리자는 그 사실을 증명하여 단독으로 등기의 말소를 신청할 수 있다.
>   ㉡ 수용으로 인한 소유권이전등기를 하는 경우, 등기권리자는 그 목적물에 설정되어 있는 근저당권설정등기의 말소등기를 단독으로 신청하여야 한다.
>   ㉢ 이행판결에 의한 등기는 승소한 등기권리자가 단독으로 신청할 수 있다.
>   ㉣ 말소등기신청시 등기의 말소에 대하여 등기상 이해관계 있는 제3자의 승낙이 있는 경우, 그 제3자 명의의 등기는 등기권리자의 단독신청으로 말소된다.
>   ㉤ 등기명의인 표시변경등기는 해당 권리의 등기명의인이 단독으로 신청할 수 있다.
>
>   ① ㉠, ㉢   ② ㉠, ㉣   ③ ㉡, ㉣
>   ④ ㉡, ㉤   ⑤ ㉢, ㉤

해설 ⓒ 수용으로 인한 소유권이전등기를 하는 경우 그 목적물에 설정되어 있는 근저당권설정등기의 말소는 등기관의 직권으로 실행된다.
ⓔ 말소등기신청시 그 말소에 이해관계 있는 제3자의 승낙이 있는 경우 그 제3자 명의의 등기는 등기관이 직권으로 말소한다.

정답 ③

3. 등기권리자와 등기의무자가 공동으로 등기신청을 해야 하는 것은? (단, 판결 등 집행권원에 의한 등기신청은 제외함) 제35회

① 소유권보존등기의 말소등기를 신청하는 경우
② 법인의 합병으로 인한 포괄승계에 따른 등기를 신청하는 경우
③ 등기명의인표시의 경정등기를 신청하는 경우
④ 토지를 수용한 사업시행자가 수용으로 인한 소유권이전등기를 신청하는 경우
⑤ 변제로 인한 피담보채권의 소멸에 의해 근저당권설정등기의 말소등기를 신청하는 경우

해설 ⑤ 변제로 인한 피담보채권의 소멸에 의해 근저당권설정등기의 말소등기를 신청하는 경우라면 저당권설정자 또는 제3취득자가 등기권리자, 저당권자가 등기의무자가 되어 공동신청하는 것이 원칙이다.
①②③④ 모두 단독신청에 해당한다.

정답 ⑤

4. 등기권리자와 등기의무자가 등기를 공동으로 신청해야 하는 경우는? 제36회

① 특정유증에 따른 등기
② 이행판결에 의한 등기
③ 부동산표시의 변경등기
④ 소유권보존등기의 말소등기
⑤ 신탁재산에 속하는 부동산의 신탁등기

해설 ① 특정유증이나 포괄유증을 원인으로 하는 소유권이전등기는 공동신청에 의한다.

정답 ①

상속등기와 상속인에 의한 등기, 유증등기

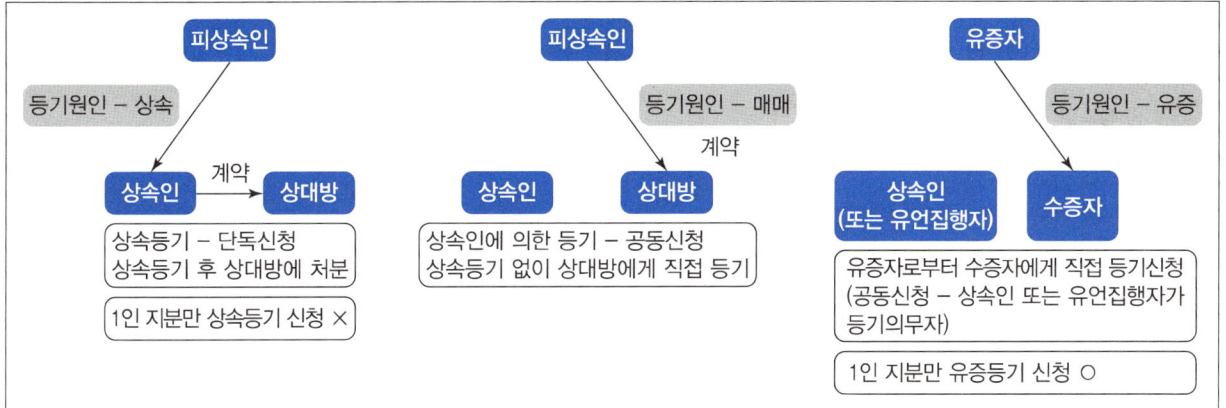

2. 포괄승계인에 의한 등기 제31회, 제33회

(1) 의의

등기원인이 **발생한 후**에 그에 따른 등기를 하기 전에 등기권리자 또는 등기의무자에 대하여 상속이나 그 밖의 포괄승계가 있는 경우에는 상속인이나 그 밖의 포괄승계인이 그 등기를 신청할 수 있다. 예를 들어 甲이 乙에게 부동산을 매도하였으나 소유권이전등기를 하기 전에 甲이 사망한 때에는, 甲의 상속인 丙이 등기의무자가 되고, 乙이 등기권리자가 되어 乙명의의 소유권이전등기를 공동으로 신청할 수 있다.

> **참고** 매수인이 사망한 경우 상속인에 의한 등기
>
> 甲이 乙로부터 부동산을 매수하였으나 소유권이전등기를 하기 전에 甲이 사망하고 그 후 甲의 공동상속인 중의 1인인 丙이 乙을 상대로 丙 자신의 법정상속지분만에 관하여 소유권이전등기절차를 이행하라는 소를 제기하여 승소의 확정판결을 받은 경우에, 丙은 위 확정판결정본과 확정증명서를 첨부하여 자신의 법정상속지분만에 관하여 매매를 원인으로 한 소유권이전등기를 신청할 수 있다(등기선례 제200607-5호).

기출 甲이 그 소유 부동산을 乙에게 매도하고 사망한 경우, 甲의 단독상속인 丙은 등기의무자로서 甲과 乙의 매매를 원인으로 하여 甲으로부터 乙로의 이전등기를 신청할 수 있다. 제31회

Tip A, B 간의 매매 후 등기 전에 매수인 B가 사망한 경우 B의 상속인 C는 A와 공동으로 C명의의 소유권이전등기를 신청할 수 있다. 즉, 등기권리자가 사망한 경우에도 그 포괄승계인이 등기권리자로서 직접 자기명의의 등기를 공동신청으로 할 수 있다.

(2) 상속등기와 포괄승계인에 의한 등기의 차이

상속등기는 상속을 등기원인으로 하여 단독신청에 의한 소유권이전등기를 실행하는 데 반하여, 포괄승계인에 의한 등기는 상속을 원인으로 하지 아니하며 공동신청에 의하여 등기를 실행한다는 점에서 차이가 있다.

🔑 **상속등기와 상속인에 의한 등기, 유증등기의 비교**

구분	상속으로 인한 등기	상속인에 의한 등기	유증을 원인으로 한 권리이전등기
등기원인	상속	매매 등	유증
신청인	단독신청	공동신청 (상속인과 상대방)	공동신청[유언집행자 (또는 상속인)와 수증자]
등기필정보	불요	필요	필요
비고	–	상속등기를 거치지 않고 바로 이전등기 등	유증자로부터 수증자에게 바로 등기

기출 피상속인으로부터 그 소유의 부동산을 매수한 매수인이 등기신청을 하지 않고 있던 중 상속이 개시된 경우, 상속인은 신분을 증명할 수 있는 서류를 첨부하여 피상속인으로부터 바로 매수인 앞으로 소유권이전등기를 신청할 수 있다. 제33회

(3) 포괄승계인에 의한 등기신청의 특칙

포괄승계인에 의한 등기신청의 경우에는 신청정보상의 등기의무자의 표시와 등기기록상의 등기의무자의 표시가 서로 부합되지 않는 것이 당연하므로, 신청정보에 적힌 등기의무자의 표시가 등기기록과 일치하지 아니한 경우의 각하사유에 해당하지 아니한다(법 제29조 제7호).

> **심화** 유증을 원인으로 하는 소유권이전등기 제35회
>
> 1. 수증자가 수인인 포괄유증이 있는 경우, 그 소유권이전등기는 수증자 전원이 공동으로 신청하거나 각자가 **자기 지분만에 대하여 신청할 수 있다**.
> 2. 유증으로 인한 소유권이전등기는 **상속등기를 거치지 않고** 직접 수증자명의로 등기를 신청한다. 그러나 유증의 등기 전에 이미 상속등기가 경료된 경우에는 상속등기를 말소함이 없이 상속인으로부터 유증으로 인한 소유권이전등기를 신청할 수 있다.
> 3. 유증을 원인으로 한 소유권이전등기는 포괄유증이나 특정유증을 불문하고 수증자를 등기권리자, 유언집행자 또는 상속인을 등기의무자로 하여 **공동으로 신청**하여야 한다. 수증자가 유언집행자로 지정되거나 상속인인 경우에도 같다.
> 4. 미등기부동산을 유증받은 수증자가 자신의 명의로 바로 소유권보존등기를 실행할 수는 없다. 다만, **포괄유증을 받은 자**는 직접 그 명의로 소유권보존등기 실행이 가능하다.
> 5. 유증으로 인한 소유권이전등기가 상속인의 유류분을 침해하더라도 **수리하여야 한다**.
> 6. 유증으로 인한 소유권이전청구권보전의 **가등기**는 유언자가 사망한 후인 경우에만 수리하고 생존 중에는 수리하여서는 아니 된다. 다만, 사인증여의 가등기는 생존 중에도 가능하다.

기출 수증자가 여럿인 포괄유증의 경우에는 각자가 자기 지분만에 대하여 소유권이전등기를 신청할 수 있다.

예제

부동산등기에 관한 설명으로 옳은 것은? 제35회

① 유증으로 인한 소유권이전등기는 상속등기를 거치지 않으면 유증자로부터 직접 수증자 명의로 신청할 수 없다.
② 유증으로 인한 소유권이전등기신청이 상속인의 유류분을 침해하는 내용인 경우에는 등기관은 이를 수리할 수 없다.
③ 상속재산분할심판에 따른 상속인의 소유권이전등기는 법정상속분에 따른 상속등기를 거치지 않으면 할 수 없다.
④ 상속등기 경료 전의 상속재산분할협의에 따라 상속등기를 신청하는 경우, 등기원인일자는 '협의분할일'로 한다.
⑤ 권리의 변경등기는 그 등기로 등기상 이해관계 있는 제3자의 권리가 침해되는 경우, 그 제3자의 승낙 또는 이에 대항할 수 있는 재판이 있음을 증명하는 정보의 제공이 없으면 부기등기로 할 수 없다.

해설 ① 유증으로 인한 소유권이전등기는 상속등기를 거치지 않고 유증자로부터 직접 수증자 명의로 신청할 수 있다.
② 유증으로 인한 소유권이전등기신청이 상속인의 유류분을 침해하는 내용인 경우에도 등기관은 이를 수리할 수 있다.
③ 상속재산분할심판에 따른 상속인의 소유권이전등기는 법정상속분에 따른 상속등기를 거치지 않고 할 수 있다.
④ 상속등기 경료 전의 상속재산분할협의에 따라 상속등기를 신청하는 경우, 등기원인일자는 피상속인이 사망한 날로 한다.

정답 ⑤

3. 대위등기신청 제31회, 제33회, 제34회

「민법」과 「부동산등기법」 규정에 의하여 등기신청권자를 대위하여 대위신청인이 피대위자 명의의 등기를 신청하는 것을 말한다.

(1) 채권자대위권에 의한 대위신청

甲, 乙, 丙이 순차로 부동산을 매매한 경우, 甲은 소유권이전등기절차에 협력할 의사를 가지고 있으나 乙이 등기신청을 하지 않고 있는 경우 乙의 채권자인 丙이 자기의 채권을 보전하기 위하여 乙의 등기신청권을 대위행사하여 甲으로부터 乙로의 등기를 신청할 수 있다.

기출 채권자대위권에 의한 등기신청의 경우, 대위채권자는 채무자의 등기신청권을 자기의 이름으로 행사한다. 제34회

기출 채권자 甲이 채권자대위권에 의하여 채무자 乙을 대위하여 등기신청하는 경우 乙에게 등기신청권이 없으면 甲은 대위등기를 신청할 수 없다. 제31회

Tip 채무자인 상속인이 이미 상속포기를 한 경우에는 채무자의 등기신청권이 없으므로 채권자는 상속인을 대위하여 상속등기를 신청할 수 없다.

기출 상속인이 상속포기를 할 수 있는 기간 내에도 상속인의 채권자가 대위권을 행사하여 상속등기를 신청할 수 있다. 제33회

기출 채권자 甲이 채권자대위권에 의하여 채무자 乙을 대위하여 등기신청하는 경우 대위등기신청에서는 乙이 아니라 甲이 등기신청인이다. 제31회

기출 채권자 甲이 채권자대위권에 의하여 채무자 乙을 대위하여 등기신청하는 경우 대위신청에 따른 등기를 한 경우, 등기관은 乙에게 등기완료의 통지를 하여야 한다. 제31회

기출
1. 구분건물로서 그 대지권의 변경이 있는 경우에는 구분건물의 소유권의 등기명의인은 1동의 건물에 속하는 다른 구분건물의 소유권의 등기명의인을 대위하여 대지권의 변경등기를 신청할 수 있다.
2. 등기된 건물이 멸실된 경우에는 건물소유권의 등기명의인만이 멸실등기를 신청할 수 있는 것은 아니다.
3. 수익자 또는 위탁자는 수탁자에 대위하여 신탁의 등기를 신청할 수 있다. 제34회
4. 1동의 건물에 속하는 구분건물 중 일부만에 관하여 소유권보존등기를 신청하면서 나머지 구분건물의 표시에 관한 등기를 동시에 신청하는 경우, 구분건물의 소유자는 1동에 속하는 다른 구분건물의 소유자를 대위하여 그 건물의 표시에 관한 등기를 신청할 수 있다. 제33회

(2) 채권자대위신청의 요건

① 채권자에게도 보전할 채권이 존재하여야 한다. 채권자의 채권은 특정채권(등기청구권)이든 일반 금전채권이든 묻지 않는다.
② 채권자대위신청은 채무자가 등기권리자로서 신청하는 등기나 채무자의 권리에 영향이 없는 등기(부동산표시변경등기, 등기명의인표시변경등기 등)에 대하여 할 수 있다. 그러나 채무자가 등기의무자로서 신청하는 등기는 채무자에게 불이익을 주어서 채권자에게 실익이 없기 때문에 대위신청을 할 수 없다.
③ 채권자가 채무자로부터 자기로의 등기를 하기 위하여 채무자의 등기를 대위신청하는 경우 채무자로부터 채권자 자신으로의 등기를 동시에 신청하지 않더라도 수리하여야 한다.
④ 채무자와 제3자의 공동신청에 의하는 경우에는 채권자도 제3자와 공동으로 신청하여야 한다. 또한 채권자의 채권자도 채권자의 대위권을 다시 대위하여 등기신청을 할 수 있다.

(3) 등기의 실행 및 등기완료 통지

① 대위신청에 의한 등기는 표제부 및 갑구나 을구에 등기할 수 있으며 대위자의 성명(또는 명칭), 주소(또는 사무소 소재지) 및 대위 원인을 기록한다.
② 등기를 완료한 후 등기명의인을 위한 등기필정보를 작성하지 아니하고 등기를 신청한 대위채권자 및 등기권리자인 채무자에게 등기완료 사실을 통지한다.

(4) 「부동산등기법」상 대위신청

① 소유권보존등기를 신청하는 구분건물의 소유자는 1동에 속하는 다른 구분건물의 소유자를 대위하여 그 건물의 표시에 관한 등기를 신청할 수 있다(법 제46조 제1항·제2항).
② 건물소유자와 대지소유자가 다른 상태에서 건물이 멸실된 경우, 건물소유권의 등기명의인이 1개월 이내에 멸실등기를 신청하지 아니하면 그 건물대지의 소유자가 건물소유권의 등기명의인을 대위하여 그 등기를 신청할 수 있다.
③ 수익자나 위탁자는 수탁자를 대위하여 신탁등기를 단독으로 신청할 수 있다.
④ 대지권의 표시에 관한 건물의 표시변경등기는 당해 구분소유자 전원이 신청하거나 일부가 다른 구분소유자를 대위하여 일괄신청하여야 한다.

> **예제**

등기신청에 관한 설명으로 틀린 것은? 제23회

① 공동신청이 요구되는 등기라 하더라도 다른 일방의 의사표시를 명하는 이행판결이 있는 경우에는 단독으로 등기를 신청할 수 있다.
② 甲소유의 부동산에 관하여 甲과 乙이 매매계약을 체결한 후 아직 등기신청을 하지 않고 있는 동안, 매도인 甲이 사망한 경우에는 상속등기를 생략하고 甲의 상속인이 등기의무자가 되어 그 등기를 신청할 수 있다.
③ 유증으로 인한 소유권이전등기는 수증자를 등기권리자, 유언집행자 또는 상속인을 등기의무자로 하여 공동으로 신청하여야 한다.
④ 같은 채권의 담보를 위하여 소유자가 다른 여러 개의 부동산에 대한 저당권설정등기를 신청하는 경우, 1건의 신청정보로 일괄하여 신청할 수 없다.
⑤ 甲, 乙, 丙 순으로 소유권이전등기가 된 상태에서 甲이 乙과 丙을 상대로 원인무효에 따른 말소판결을 얻은 경우, 甲이 확정판결에 의해 丙명의의 등기의 말소를 신청할 때에는 乙을 대위하여 신청하여야 한다.

> **해설** ④ 등기의 신청은 1건당 1개의 부동산에 관한 신청정보를 제공하는 방법으로 하여야 한다. 다만, 등기목적과 등기원인이 동일하거나 그 밖에 대법원규칙으로 정하는 경우에는 같은 등기소의 관할 내에 있는 여러 개의 부동산에 관한 신청정보를 일괄하여 제공하는 방법으로 할 수 있다. 즉, 같은 채권의 담보를 위하여 소유자가 다른 여러 개의 부동산에 대한 저당권설정등기를 신청하는 경우, 1건의 신청정보로 일괄하여 신청할 수 있다. **정답 ④**

📌 대위등기 기재의 예

[갑구] (소유권에 관한 사항)

순위번호	등기목적	접수	등기원인	권리자 및 기타사항
1	소유권보존	2003년 3월 5일 세3005호		소유자 임꺽정 490114-1056429 서울 종로구 원서동 2 대위자 변강쇠 서울 종로구 원남동 7 대위원인 2001년 1월 5일 매매에 의한 소유권이전등기청구권

* 위 견본은 실제 양식과 차이가 있을 수 있으며, 학습목적으로 가공된 것으로서 모두 실제 내용이 아닙니다.

4. 대리인에 의한 등기신청 제33회, 제34회

(1) 임의대리인의 자격

방문신청대리인의 경우, 특별한 제한이 없으므로 변호사 또는 법무사가 아니라도 등기신청의 대리인이 될 수 있지만, 변호사 또는 법무사가 아닌 자는 등기신청의 대리행위를 업으로 하지 못한다. 그러나 전자신청대리의 경우에는 변호사나 법무사에 한한다.

기출
1. 대리인이 방문하여 등기신청을 대리하는 경우, 그 대리인은 행위능력자임을 요하지 않는다. 제33회
2. 전자표준양식에 의한 등기신청의 경우, 자격자대리인(법무사 등)이 아닌 자도 타인을 대리하여 등기를 신청할 수 있다.

Tip 전자표준양식에 의한 등기신청은 방문신청에 해당한다.

기출 법무사는 매매계약에 따른 소유권이전등기를 매도인과 매수인 쌍방을 대리하여 신청할 수 있다. 제34회

(2) 「부동산등기법」상 자기계약 및 쌍방대리

「민법」상 법률행위에 대하여는 본인의 승낙이 없는 경우나 채무의 이행이 아닌 경우에는 원칙적으로 자기계약(상대방대리) 및 쌍방대리를 금지하고 있다(「민법」 제124조). 반면, 등기신청행위는 법률행위가 아니고 채무의 이행에 준하는 것으로 볼 수 있으므로 자기계약 및 쌍방대리가 가능하다.

(3) 대리권흠결의 효과

대리권 없는 자의 등기신청은 이를 각하하여야 하나, 이를 간과하고 등기가 실행된 경우라 하더라도 본인의 추인이 있거나 그 등기가 실체관계와 부합하면 그 등기는 유효하다(대판 71다1163). 예를 들면, 등기신청의 대리권을 수여받은 자가 본인의 사망 후에 등기를 신청하여 경료된 등기라도 사망 전에 적법하게 수여된 대리권에 기한 등기라면 무효는 아니라고 한다(대판 88다카29986).

> **예제**
>
> 甲이 그 소유의 부동산을 乙에게 매도한 경우에 관한 설명으로 틀린 것은? 제30회
> ① 乙이 부동산에 대한 소유권을 취득하기 위해서는 소유권이전등기를 해야 한다.
> ② 乙은 甲의 위임을 받더라도 그의 대리인으로서 소유권이전등기를 신청할 수 없다.
> ③ 乙이 소유권이전등기신청에 협조하지 않는 경우 甲은 乙에게 등기신청에 협조할 것을 소구(訴求)할 수 있다.
> ④ 甲이 소유권이전등기신청에 협조하지 않는 경우 乙은 승소판결을 받아 단독으로 소유권이전등기를 신청할 수 있다.
> ⑤ 소유권이전등기가 마쳐지면 乙은 등기신청을 접수한 때 부동산에 대한 소유권을 취득한다.
>
> **해설** ② 「민법」 제124조는 「민법」상 법률행위에 대하여는 원칙적으로 상대방대리나 쌍방대리를 금지하고 있으나, 등기신청행위는 법률행위가 아닌 채무의 이행에 준하는 것으로 볼 수 있으므로 이를 할 수 있다. 즉, 상대방을 대리하여 등기를 신청할 수 있다. **정답** ②

제3장 메타인지 학습체크 제3절 등기신청당사자

01 「민법」상 조합은 조합 자체를 채무자로 표시하여 근저당권설정등기를 할 수 [① 있다. / ② 없다.]

02 사립대학교는 설립주체를 불문하고 학교 명의로 등기를 신청할 수 [① 있다. / ② 없다.]

03 법인 아닌 사단은 [① 그 사단 / ② 그 대표자나 관리인]의 명의로 대표자나 관리인이 등기를 신청한다.

04 법인 아닌 사단이 [① 등기권리자 / ② 등기의무자]로서 등기를 신청하는 경우 특별한 사정이 없는 한 그 법인 아닌 사단의 사원총회 결의가 있음을 증명하는 정보를 제출하여야 한다.

05 승소한 등기권리자가 판결에 의한 등기를 신청하지 않는 경우 패소한 등기의무자가 그 판결에 의한 등기를 신청할 수 [① 있다. / ② 없다.]

06 공유물을 분할하는 판결에 의한 등기는 [① 등기권리자 또는 등기의무자가 단독으로 신청한다. / ② 등기권리자와 등기의무자가 공동으로 신청하여야 한다.]

07 등기절차의 이행을 명하는 판결이 확정된 후, 10년이 지난 경우에 그 판결에 의한 등기신청을 할 수 [① 있다. / ② 없다.]

08 법인 합병을 원인으로 하는 저당권이전등기는 [① 단독으로 신청할 수 있는 / ② 공동으로 신청하여야 하는] 등기이다.

09 수용으로 인한 소유권이전등기를 하는 경우, 그 목적물에 설정되어 있는 근저당권설정등기의 말소등기는 [① 등기권리자가 단독으로 신청하여야 한다. / ② 등기관이 직권으로 말소한다.]

10 전세권설정등기의 말소를 공동신청하여야 하나 전세권자가 소재불명인 경우 [① 「민사소송법」에 따른 공시최고 후 제권판결을 받은 / ② 전세금반환증서와 전세권설정계약서를 첨부한] 등기권리자가 단독으로 신청할 수 있다.

정답
01 ② 02 ② 03 ① 04 ② 05 ② 06 ① 07 ① 08 ① 09 ② 10 ①

제3장 메타인지 학습체크 제3절 등기신청당사자

11 가등기의무자도 [① 가등기명의인 / ② 이해관계인]의 승낙을 받아 단독으로 가등기의 말소를 청구할 수 있다.

12 신탁재산에 속하는 부동산의 신탁등기는 [① 신탁자와 수탁자가 공동 / ② 수탁자 단독]으로 신청하여야 한다.

13 甲이 그 명의로 등기된 부동산을 乙에게 매도한 뒤 단독상속인 丙을 두고 사망한 경우, 丙은 자신을 등기의무자로 하여 甲에서 직접 乙로의 이전등기를 신청할 수 [① 있다. / ② 없다.]

14 유증으로 인한 소유권이전등기는 상속등기를 [① 거쳐 / ② 거치지 아니하고] 수증자 명의로 이전등기를 신청하여야 한다.

15 수증자가 여럿인 포괄유증의 경우에는 각자가 자기 지분만에 대하여 소유권이전등기를 신청할 수 [① 있다. / ② 없다.]

16 등기된 건물이 멸실된 경우에는 건물소유권의 등기명의인만이 멸실등기를 신청[① 할 수 있는 것은 아니다. / ② 할 수 있다.]

17 수익자 또는 위탁자는 수탁자에 대위하여 신탁의 등기를 신청할 수 [① 있다. / ② 없다.]

18 채권자가 채무자를 대위하여 등기신청을 하는 경우, [① 채권자 / ② 채무자]가 등기신청인이 된다.

19 채권자대위에 의한 등기를 마친 경우 등기관은 대위신청인 및 피대위자에게 등기완료 통지를 하고 등기필정보를 작성·통지[① 하여야 한다. / ② 하지 아니한다.]

20 전자표준양식에 의한 등기신청의 경우, 자격자대리인(법무사 등)이 아닌 자도 타인을 대리하여 등기를 신청할 수 [① 있다. / ② 없다.]

21 대리인이 방문하여 등기신청을 대리하는 경우 그 대리인은 행위능력자임을 [① 요한다. / ② 요하지 않는다.]

 정답

11 ①　12 ②　13 ①　14 ②　15 ①　16 ①　17 ①　18 ①　19 ②　20 ①　21 ②

제4절 | 등기절차와 첨부정보

제30회

🎯 알아두기

1. **등기신청정보와 등기원인증명정보**: 신청서에 포함되어야 할 내용이 바로 신청정보이다. 이를 서면에 적어 제출하거나 전자적인 방법으로 제공하면서 일정한 첨부정보를 함께 등기소에 제공하여야 한다. 등기원인증명정보도 그러한 첨부정보에 해당되는데 이는 해당 등기를 하게 된 원인이 되는 계약서나 판결서를 의미한다.

2. **등기필정보와 인감증명**: 등기를 신청하는 등기의무자는 자신이 과거에 등기소로부터 받은 등기필정보를 등기소에 제공하여야 한다. 또한 그 등기의무자가 소유권의 등기명의인인 경우에는 자신의 인감증명도 등기소에 제출하여야 한다. 인감증명이 필요한 경우에 대해 더 구체적으로 알아보아야 한다.

📌 등기의 서면신청

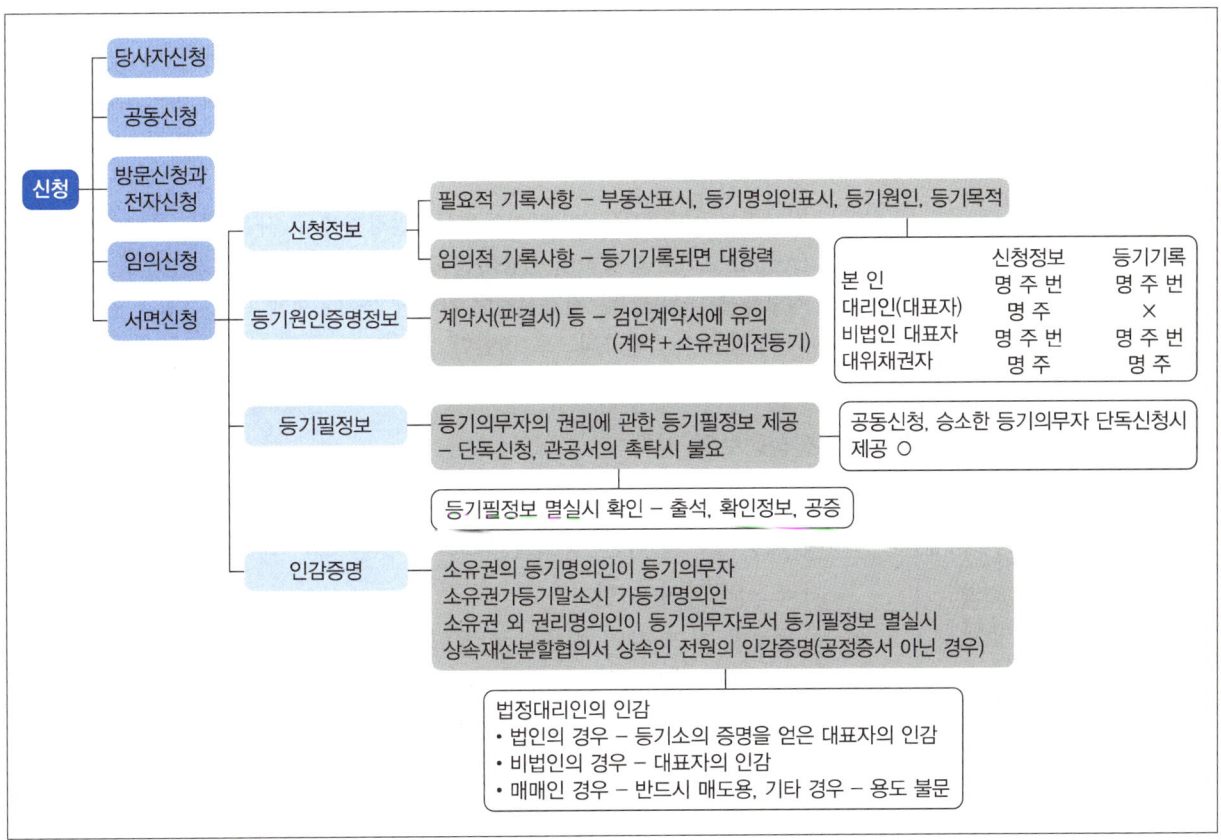

❶ 등기신청정보와 등기원인증명정보 _{제33회, 제35회}

1. 신청정보

(1) 신청정보의 작성방법

등기의 신청은 1건당 1개의 부동산에 관한 신청정보를 제공하는 방법으로 하여야 한다. 다만, 등기목적과 등기원인이 동일하거나 그 밖에 대법원규칙으로 정하는 경우에는 같은 등기소의 관할이 아니더라도 여러 개의 부동산에 관한 신청정보를 일괄하여 제공하는 방법으로 할 수 있다(법 제25조).

> **참고** 등기신청 방법 (2025.1.31. 시행)
>
> 등기는 다음의 어느 하나에 해당하는 방법으로 신청한다.
>
> 1. 방문신청
>   신청인 또는 그 대리인(代理人)이 등기소에 출석하여 신청정보 및 첨부정보를 적은 서면을 제출하는 방법. 다만, 대리인이 변호사나 법무사인 경우에는 대법원규칙으로 정하는 사무원을 등기소에 출석하게 하여 그 서면을 제출할 수 있다.
> 2. 전자신청
>   전산정보처리조직을 이용[이동통신단말장치에서 사용되는 애플리케이션(Application)을 통하여 이용하는 경우를 포함한다]하여 신청정보 및 첨부정보를 보내는 방법. 전자신청이 가능한 등기유형에 관한 사항과 전자신청의 방법은 대법원규칙으로 정한다.

(2) 등기신청정보의 기록

① 방문신청을 하는 경우에는 등기신청서에 신청정보의 내용으로 등기소에 제공하여야 하는 정보를 적고 신청인 또는 그 대리인이 기명날인하거나 서명하여야 한다.

② 신청서가 여러 장일 때에는 신청인 또는 그 대리인이 간인을 하여야 하고, 등기권리자 또는 등기의무자가 여러 명일 때에는 그중 **1명**이 간인하는 방법으로 한다. 다만, 신청서에 서명을 하였을 때에는 각 장마다 연결되는 서명을 함으로써 간인을 대신한다.

기출
1. 동일한 부동산에 관하여 소유권이전등기와 저당권설정등기를 신청하기 위해서는 별개의 신청서로 하여야 한다.
2. 같은 채권의 담보를 위하여 소유자가 다른 여러 개의 부동산에 대한 저당권설정등기를 신청하는 경우, 1건의 신청정보로 일괄하여 신청할 수 있다.

참고 신청인이 다수인 경우 날인하지 아니한 신청인과 이해상반되는 경우가 있을 수 있으므로 신청인 전원이 정정인을 날인한다(예규 제585조).

기출 신청서가 여러 장일 때에는 신청인 또는 그 대리인이 간인을 하여야 하고, 등기권리자 또는 등기의무자가 여러 명일 때에는 그중 1명이 간인하는 방법으로 한다.

③ 신청서나 그 밖의 등기에 관한 서면을 작성할 때에는 자획(字劃)을 분명히 하여야 한다. 이러한 서면에 적은 문자의 정정, 삽입 또는 삭제를 한 경우에는 그 글자 수를 난외(欄外)에 적으며 문자의 앞뒤에 괄호를 붙이고 이에 날인 또는 서명하여야 한다. 이 경우 삭제한 문자는 해독할 수 있게 글자체를 남겨두어야 한다.

> **참고** 관할 등기소가 다른 여러 개의 부동산 관련 등기

1. 관할 등기소가 다른 여러 개의 부동산과 관련한 등기신청
   ① 등기사무는 부동산의 소재지를 관할하는 지방법원, 그 지원(支院) 또는 등기소(이하 '등기소'라 한다)에서 담당한다.
   ② 관할 등기소가 다른 여러 개의 부동산과 관련하여 등기목적과 등기원인이 동일하거나 그 밖에 대법원규칙으로 정하는 등기신청이 있는 경우에는 그 중 하나의 관할 등기소에서 해당 신청에 따른 등기사무를 담당할 수 있다. 그러므로 여러 개의 부동산에 관하여 관할 등기소가 다른 아래의 경우 그 중 하나의 관할 등기소에 그 등기를 신청할 수 있다.

   > ㉠ 동일한 채권에 관하여 여러 개의 부동산에 관한 권리를 목적으로 하는 저당권설정(이하 '공동저당'이라 한다)등기의 신청
   > ㉡ 여러 개의 부동산에 관한 전세권설정 또는 전전세 등기의 신청
   > ㉢ 공동저당 또는 공동 전세권이나 전전세 등기(위 ㉠, ㉡)에 대한 이전·변경·말소등기의 신청
   > ㉣ 그 밖에 동일한 등기원인을 증명하는 정보에 따라 등기목적과 등기 원인이 동일한 등기의 신청
   > ㉤ 소유자가 다른 여러 부동산에 대한 공동저당 또는 공동 전세권이나 전전세 등기(위 ㉠, ㉡)의 신청
   > ㉥ 소유자가 다른 여러 부동산에 대한 공동저당 또는 공동 전세권이나 전전세 등기에 대한 이전·변경·말소등기의 신청
   > ㉦ 공동저당 목적으로 새로 추가되는 부동산이 종전에 등기한 부동산과 다른 등기소의 관할에 속하는 경우에는 종전의 등기소에 추가되는 부동산에 대한 저당권설정등기의 신청

   ③ 공동저당 일부의 소멸 또는 변경의 신청은 소멸 또는 변경되는 부동산의 관할 등기소 중 한 곳에 신청할 수 있다.
   ④ 여러 관할 등기소 중 하나에 등기신청을 하는 경우에는 법 제7조의2 제1항에 관한 등기신청임을 신청정보의 내용으로 등기소에 제공하여야 하며 여러 개의 부동산에 관한 신청정보를 일괄신청방법으로 제공하여야 한다. 이 경우 공동저당의 등기신청인 경우에는 해당 부동산 전부에 관한 사항을 신청정보의 내용으로 등기소에 제공하여야 한다.

2. 관할이 다른 여러 개의 부동산과 관련한 등기관의 처분

  등기관이 당사자의 신청이나 직권에 의한 등기를 하고 제71조, 제78조 제4항(제72조 제2항에서 준용하는 경우를 포함한다) 또는 대법원규칙으로 정하는 바에 따라 다른 부동산에 대하여 등기를 하여야 하는 다음의 경우에는 그 부동산의 관할 등기소가 다른 때에도 해당 등기를 할 수 있다.

> ① 법 제71조 제1항 및 제4항에 따른 승역지와 다른 등기소의 관할에 속하는 요역지에 대한 등기
> ② 법 제78조 제4항(법 제72조 제2항에서 준용하는 경우를 포함한다)에 따라 다른 등기소의 관할에 속하는 종전 부동산에 대한 등기
> ③ 멸실한 토지와 다른 등기소의 관할에 속하는 부동산이 함께 소유권 외의 권리의 목적인 경우로서 제84조 제2항 또는 제3항에 따른 등기
> ④ 대지권의 목적인 토지가 다른 등기소의 관할에 속하는 경우로서 제89조 및 제93조에 따른 등기
> ⑤ 공동담보의 일부 소멸 또는 변경의 등기를 하는 부동산과 다른 등기소의 관할에 속하는 종전 부동산에 대한 제136조 제1항에 따른 등기
> ⑥ 그 밖에 ①부터 ⑤까지와 유사한 경우로서 신청 또는 직권에 의한 등기를 하고 다른 등기소의 관할에 속하는 부동산에 대해서도 하여야 하는 등기

(3) 신청정보의 내용

① 부동산의 표시에 관한 사항

  ㉠ 토지: 토지의 소재와 지번·지목·면적을 적는다.

  ㉡ 건물: 건물의 소재와 지번·구조·종류와 면적, 건물번호가 있는 경우에는 그 번호, 부속건물이 있는 때에는 그 구조·종류와 면적을 적는다.

  ㉢ 구분건물

  ⓐ 1동의 건물의 표시: 소재와 지번·건물명칭 및 번호·구조·종류·면적을 적는다. 다만, 1동의 건물의 구조·종류·면적은 건물의 표시에 관한 등기나 소유권보존등기를 신청하는 경우로 한정한다.

  ⓑ 전유부분의 건물의 표시: 건물번호·구조·면적을 적는다. 소재와 지번은 이를 기재할 필요가 없다.

  ⓒ 구분건물에 대지권이 있는 때에는 그 권리의 표시를 적어야 한다.

② 신청인의 성명(또는 명칭), 주소(또는 사무소 소재지) 및 주민등록번호(또는 부동산등기용 등록번호)
③ 신청인이 법인인 경우에는 그 대표자의 성명과 주소(대리인에 의하여 등기를 신청하는 경우에는 그 성명과 주소)
④ 등기원인과 그 연월일
⑤ 등기의 목적
⑥ 등기필정보. 다만, 공동신청 또는 승소한 등기의무자의 단독신청에 의하여 권리에 관한 등기를 신청하는 경우로 한정한다.
⑦ 등기소의 표시
⑧ 신청연월일

기출 대리인에 의하여 등기를 신청하는 경우, 신청정보의 내용으로 대리인의 성명과 주소를 제공해야 한다. 제35회

참고 첨부정보(규칙 제46조)
등기를 신청하는 경우에는 다음의 정보를 그 신청정보와 함께 첨부정보로서 등기소에 제공하여야 한다.
1. 등기원인을 증명하는 정보
2. 등기원인에 대하여 제3자의 허가, 동의 또는 승낙이 필요한 경우에는 이를 증명하는 정보
3. 등기상 이해관계 있는 제3자의 승낙이 필요한 경우에는 이를 증명하는 정보 또는 이에 대항할 수 있는 재판이 있음을 증명하는 정보
4. 신청인이 법인인 경우에는 그 대표자의 자격을 증명하는 정보
5. 대리인에 의하여 등기를 신청하는 경우에는 그 권한을 증명하는 정보
6. 등기권리자(새로 등기명의인이 되는 경우로 한정한다)의 주소(또는 사무소 소재지) 및 주민등록번호(또는 부동산등기용 등록번호)를 증명하는 정보. 다만, 소유권이전등기를 신청하는 경우 또는 등기의무자의 동일성 확인이 필요한 경우에는 등기의무자의 주소(또는 사무소 소재지)를 증명하는 정보도 제공하여야 한다.
7. 소유권이전등기를 신청하는 경우에는 토지대장·임야대장·건축물대장 정보나 그 밖에 부동산의 표시를 증명하는 정보

> **참고** 변호사나 법무사가 자필서명한 첨부정보 제공하는 경우
>
> 변호사나 법무사[법무법인·법무법인(유한)·법무조합 또는 법무사법인·법무사법인(유한)을 포함한다. 이하 '자격자대리인'이라 한다]가 다음의 등기를 신청하는 경우, 자격자대리인(법인의 경우에는 담당 변호사·법무사를 의미한다)이 주민등록증·인감증명서·본인서명사실확인서 등 법령에 따라 작성된 증명서의 제출이나 제시, 그 밖에 이에 준하는 확실한 방법으로 위임인이 등기의무자인지 여부를 확인하고 자필서명한 정보
> 1. 공동으로 신청하는 권리에 관한 등기
> 2. 승소한 등기의무자가 단독으로 신청하는 권리에 관한 등기

> **예제**
>
> 매매를 원인으로 한 토지소유권이전등기를 신청하는 경우에 「부동산등기규칙」상 신청정보의 내용으로 등기소에 제공해야 하는 사항으로 옳은 것은? 제33회
> ① 등기권리자의 등기필정보
> ② 토지의 표시에 관한 사항 중 면적
> ③ 토지의 표시에 관한 사항 중 표시번호
> ④ 신청인이 법인인 경우에 그 대표자의 주민등록번호
> ⑤ 대리인에 의하여 등기를 신청하는 경우에 그 대리인의 주민등록번호
>
> **해설** ① 등기권리자의 등기필정보가 아닌 등기의무자의 등기필정보를 제공한다.
> ③ 표시번호는 등기관이 표제부의 등기를 기록하는 순서대로 기록하므로 신청정보의 내용이 될 수 없다.
> ④⑤ 대리인이나 법인의 대표자 성명과 주소는 신청정보내용으로 제공하나 주민등록번호는 해당하지 않는다.
> **정답** ②

	소유권(일부)이전등기신청			
접수	년 월 일 제 호	처리인	등기관 확인	각종 통지

부동산의 표시(거래신고관리번호/거래가액)
충청북도 영동군 매곡면 어촌리 산 123-2 임야 3948m²

거래신고관리번호:　　　　　　거래가액:

등기원인과 그 연월일	2018년 11월 1일 증여
등기의 목적	소유권(일부) 이전
이전할 지분	

구분	성명 (상호·명칭)	주민등록번호 (등기용 등록번호)	주소(소재지)	지분 (개인별)
등기의무자	김철수	430728-*******	서울 은평구 응암동 123	
등기권리자	김정환	090325-*******	경기도 김포시 김포대로 926번길 46 701동 801호	

* 위 견본은 실제 양식과 차이가 있을 수 있으며, 학습목적으로 가공된 것으로서 모두 실제 내용이 아닙니다.

시가표준액 및 국민주택채권매입금액				
부동산의 표시	부동산별 시가표준액		부동산별 국민주택채권매입금액	
1.	금	원	금	원
2.	금	원	금	원
3.	금	원	금	원
국민주택채권매입총액		금	원	
국민주택채권발행번호				
취득세(등록면허세) 금		원	지방교육세 금	원
^		^	농어촌특별세 금	원
세액 합계		금	원	
등기신청 수수료		금	원	
^		납부번호:		

등기의무자의 등기필정보		
부동산고유번호		
성명(명칭)	일련번호	비밀번호

첨부 서면	
1. 계약서　　　　　　　　　　　　　　통	1. 주민등록표등(초)본
1. 취득세(등록면허세)영수필확인서　　통	1. 위임장
1. 인감증명서나 본인서명사실확인서	1. 부동산거래계약신고필증
또는 전자본인서명확인서 발급증　통	1. 매매목록
1. 등기필증　　　　　　　　　　　　통	1. 등기신청수수료영수필확인서
1. 토지·임야·건축물대장등본　　　　통	〈기 타〉

2018년 11월 1일

　　　　　　　　위 신청인　김철수　　　　　　(전화: 　　　　　)
　　　　　　　　　　　　　　김정환
　　　　　　　　(또는)위 대리인　김병렬　　　(전화: 　　　　　)

청주 지방법원 영동지원 등기계　　　등기소 귀중

— 신청서 작성요령 —

* 1. 부동산표시란에 2개 이상의 부동산을 기재하는 경우에는 그 부동산의 일련번호를 기재하여야 합니다.
  2. 신청인란 등 해당란에 기재할 여백이 없을 경우에는 별지를 이용합니다.

* 위 견본은 실제 양식과 차이가 있을 수 있으며, 학습목적으로 가공된 것으로서 모두 실제 내용이 아닙니다.

2. 등기원인증명정보 제32회

(1) 의의

등기원인을 증명하는 정보란 등기할 권리변동의 원인인 법률행위 또는 기타의 법률사실의 성립을 증명하는 정보를 말한다. 일반적으로는 매매계약서나 설정계약서가 해당이 되며 판결을 받은 경우 판결정본이 원인증서가 된다. 상속의 경우는 가족관계등록사항증명서나 상속재산분할협의서, 유증의 경우는 유언증서, 수용으로 인한 소유권이전등기의 경우는 토지수용위원회의 재결서 등도 등기원인을 증명하는 정보에 해당한다고 할 수 있다.

(2) 검인계약서

계약을 원인으로 한 소유권이전등기를 신청할 때에는 계약서에 시장(또는 구청장)·군수 또는 그 권한의 위임을 받은 자(읍·면·동장)의 검인을 받아 이를 관할 등기소에 제출하여야 한다(「부동산등기 특별조치법」제3조).

① 검인대상인 경우: 계약을 원인으로 하여 소유권이전등기를 신청하는 때에는 계약의 종류를 불문하고 검인을 받아야 한다. 그 예로는 매매·교환·증여계약서뿐만 아니라 공유물분할계약서, 신탁해지약정서, 명의신탁해지약정서, 양도담보계약서 등이 있다. 또한 등기원인증명정보가 집행력 있는 판결서(또는 판결과 같은 효력을 갖는 조서)인 경우에도 그 판결서에 검인을 받아야 한다.

② 검인대상이 아닌 경우
   ㉠ 등기원인이 계약이 아닌 경매, 공매, 상속, 수용, 취득시효, 진정명의 회복 등의 법률의 규정인 경우에는 검인을 받을 필요가 없다.
   ㉡ 「부동산 거래신고 등에 관한 법률」에 의한 부동산거래신고필증 또는 토지거래허가증을 교부받은 경우 검인을 받은 것으로 본다. 따라서 별도의 검인을 받을 필요는 없다.
   ㉢ 계약의 일방 당사자가 국가 또는 지방자치단체로서 촉탁등기인 경우에는 검인을 받지 아니한다.

기출 공유물분할합의, 양도담보계약 또는 명의신탁해지약정을 원인으로 하여 사인간 토지소유권이전등기 신청시 등기원인을 증명하는 서면에 검인을 받아야 한다. 제32회

기출 등기원인을 증명하는 서면이 집행력 있는 판결인 경우 판결서에 검인을 받아야 한다.

기출 계약의 일방 당사자가 국가 또는 지방자치단체인 경우에는 검인을 받을 필요가 없다.

> **예제**
>
> 2021년에 사인(私人)간 토지소유권이전등기 신청시, 등기원인을 증명하는 서면에 검인을 받아야 하는 경우를 모두 고른 것은? 제32회
>
> ㉠ 임의경매
> ㉡ 진정명의회복
> ㉢ 공유물분할합의
> ㉣ 양도담보계약
> ㉤ 명의신탁해지약정
>
> ① ㉠, ㉡ ② ㉠, ㉢
> ③ ㉡, ㉣ ④ ㉢, ㉤
> ⑤ ㉢, ㉣, ㉤
>
> **해설** ⑤ 계약의 종류를 불문하고 소유권이전등기를 신청하는 경우에는 계약서에 검인을 받아야 한다. 그러므로 경매나 진정명의회복의 경우는 계약에 해당하지 않으므로 검인대상이 아니다. 공유물분할합의(㉢)나 양도담보계약(㉣), 명의신탁해지약정(㉤) 등은 모두 계약에 해당하므로 소유권이전등기 신청시에 검인을 받아야 한다. **정답** ⑤

3. 등기의무자의 권리에 관한 등기필정보의 제공 제35회, 제36회

(1) 의의

등기관이 새로운 권리에 관한 등기를 마쳤을 때에는 등기필정보를 작성하여 등기권리자에게 통지하여야 한다(법 제50조). 등기필정보를 통지받은 등기권리자가 이후 등기의무자로서 등기를 신청할 때 이것을 등기소에 제공하게 함으로써 등기의 진정성을 확보하기 위함이다.

(2) 등기필정보를 제공하는 경우

공동신청 또는 **승소한 등기의무자의 단독신청**의 경우 등기의무자는 등기신청정보에 등기필정보를 기록하여 제공한다. 그러므로 승소한 등기권리자의 단독신청, 상속을 원인으로 하는 소유권이전등기, 단독으로 소유권보존등기를 신청하는 경우 등에는 제공하지 아니한다.

기출 등기원인을 증명하는 정보가 등기절차의 인수를 명하는 집행력 있는 판결인 경우, 승소한 등기의무자는 등기신청시 등기필정보를 제공할 필요가 없다. (×) 제35회

기출
1. 승소한 등기의무자가 단독으로 권리에 관한 등기를 신청하는 경우 그의 등기필정보를 등기소에 제공해야 한다. 제30회
2. 승소한 등기의무자가 단독으로 등기신청을 한 경우 등기필정보를 등기권리자에게 통지하지 않아도 된다. 제30회
3. 승소한 등기권리자가 단독으로 판결에 의한 소유권이전등기를 신청하는 경우, 등기의무자의 권리에 관한 등기필정보를 제공할 필요가 없다.

> **심화** 등기필정보의 작성 및 통지(예규 제1604호 참조)

1. 의의
   등기필정보는 등기가 마쳐진 모든 경우에 작성하는 것이 아니다. 예를 들어 저당권말소등기나 등기명의인표시변경등기의 경우에는 원칙적으로 작성·통지하지 아니한다.

2. 등기필정보의 작성
   등기관이 등기권리자의 신청에 의하여 다음 중 어느 하나의 등기를 하는 때에는 등기필정보를 작성하여야 한다. 그 이외의 등기를 하는 때에는 등기필정보를 작성하지 아니한다.
   ① 법 제3조 기타 법령에서 등기할 수 있는 권리로 규정하고 있는 권리를 **보존·설정·이전**하는 등기를 하는 경우
   ② 위 ①의 권리의 **설정** 또는 **이전청구권보전**을 위한 **가등기**를 하는 경우
   ③ 권리자를 **추가**하는 경정 또는 변경등기(甲 단독소유를 甲, 乙공유로 경정하는 경우나 합유자가 추가되는 합유명의인표시변경등기 등)를 하는 경우

3. 등기필정보의 기재사항과 구성
   ① 등기필정보의 기재사항: 등기필정보에는 권리자, (주민)등록번호, 부동산고유번호, 부동산소재, 접수일자, 접수번호, 등기목적, 일련번호 및 비밀번호를 기재한다.
   ② 등기필정보의 구성: 등기필정보의 **일련번호**는 영문 또는 아라비아 숫자를 조합한 12개로 구성하고 **비밀번호**는 50개를 부여한다.

4. 등기필정보의 작성방법
   ① 일반신청의 경우: 등기필정보는 부동산 및 등기명의인이 된 신청인별로 작성하되, 등기신청서의 접수연월일 및 접수번호가 동일한 경우에는 부동산이 다르더라도 등기명의인별로 작성할 수 있다. 그러므로 등기명의인이 신청하지 않은 다음의 등기 중 어느 하나의 등기를 하는 경우에는 등기명의인을 위한 등기필정보를 작성하지 아니한다.
      ㉠ 채권자대위에 의한 등기
      ㉡ 등기관의 직권에 의한 보존등기
      ㉢ 승소한 등기의무자의 신청에 의한 등기
   ② 관공서 촉탁의 경우: 관공서가 등기를 촉탁한 경우에는 등기필정보를 작성하지 아니한다. 다만, 관공서가 **등기권리자**를 위해 등기를 촉탁하는 경우에는 그러하지 아니하다.

> **참고** 일련번호의 부여
> 1. 등기필정보는 아라비아 숫자와 그 밖의 부호의 조합으로 이루어진 일련번호와 비밀번호로 구성한다(규칙 제106조).
> 2. 등기필정보의 일련번호는 영문 또는 아라비아 숫자를 조합한 12개로 구성하고 비밀번호는 50개를 부여한다(예규 제1604호).

> **예제**
>
> **등기절차에 관한 설명으로 옳은 것은?** 제27회
> ① 등기관의 처분에 대한 이의는 집행정지의 효력이 있다.
> ② 소유권이전등기신청시 등기의무자의 주소증명정보는 등기소에 제공하지 않는다.
> ③ 지방자치단체가 등기권리자인 경우, 등기관은 등기필정보를 작성·통지하지 않는다.
> ④ 자격자대리인이 아닌 사람도 타인을 대리하여 전자신청을 할 수 있다.
> ⑤ 전세권설정범위가 건물 전부인 경우, 전세권설정등기 신청시 건물도면을 첨부정보로서 등기소에 제공해야 한다.
>
> **해설** ③ 국가 또는 지방자치단체가 등기권리자인 경우에는 등기필정보를 작성·통지하지 아니한다.
> ① 등기관의 처분에 대한 이의는 집행정지의 효력이 없다.
> ② 소유권이전등기신청시 등기의무자의 주소증명정보도 등기소에 제공하여야 한다.
> ④ 자격자대리인이 아닌 사람은 타인을 대리하여 전자신청을 할 수 없다.
> ⑤ 전세권설정범위가 건물 '일부'인 경우, 전세권설정등기 신청시 건물도면을 첨부정보로서 등기소에 제공하여야 한다. **정답 ③**

(3) 등기필정보가 멸실한 때의 등기신청

등기필정보를 제공하여야 하는 경우 등기의무자의 등기필정보가 없을 때에는 ① 등기의무자 또는 그 법정대리인이 등기소에 출석하여 등기관으로부터 등기의무자 등임을 확인(확인조서)받아야 한다. 다만, ② 등기신청인의 대리인(변호사나 법무사만을 말한다)이 등기의무자 등으로부터 위임받았음을 확인한 경우(확인서면) 또는 ③ 신청서(위임에 의한 대리인이 신청하는 경우에는 그 권한을 증명하는 서면을 말한다) 중 등기의무자 등의 작성부분에 관하여 공증(公證)을 받은 경우에는 그러하지 아니하다.

심화 등기필정보 대신 확인방법으로 등기가 완료된 경우 등기관은 등기의무자에게 등기완료통지를 하여야 한다(확인제도의 악용을 막기 위함).

기출 등기관이 법원의 촉탁에 따라 가압류등기를 하기 위해 직권으로 소유권보존등기를 한 경우 소유자에게 등기필정보를 통지하지 않는다. 제30회

> **예제**

1. 등기필정보에 관한 설명으로 틀린 것은? 제30회

① 승소한 등기의무자가 단독으로 등기신청을 한 경우 등기필정보를 등기권리자에게 통지하지 않아도 된다.
② 등기관이 새로운 권리에 관한 등기를 마친 경우 원칙적으로 등기필정보를 작성하여 등기권리자에게 통지해야 한다.
③ 등기권리자가 등기필정보를 분실한 경우 관할 등기소에 재교부를 신청할 수 있다.
④ 승소한 등기의무자가 단독으로 권리에 관한 등기를 신청하는 경우 그의 등기필정보를 등기소에 제공해야 한다.
⑤ 등기관이 법원의 촉탁에 따라 가압류등기를 하기 위해 직권으로 소유권보존등기를 한 경우 소유자에게 등기필정보를 통지하지 않는다.

해설 ③ 등기필정보는 절대 재교부하지 않으며, 등기의무자나 법정대리인이 직접 등기소에 출석하여 확인조서를 작성하는 방법으로 확인을 받아야 한다. 이외에도 변호사나 법무사 등의 확인정보를 받아 대신할 수 있는 방법, 등기신청정보를 등기의무자가 직접 작성했다는 공증을 받아 그 부본을 제출하는 방법으로 대신할 수 있을 뿐이다. **정답 ③**

2. 등기소에 제공해야 하는 부동산등기의 신청정보와 첨부정보에 관한 설명으로 틀린 것은? 제35회

① 등기원인을 증명하는 정보가 등기절차의 인수를 명하는 집행력 있는 판결인 경우, 승소한 등기의무자는 등기신청시 등기필정보를 제공할 필요가 없다.
② 대리인에 의하여 등기를 신청하는 경우, 신청정보의 내용으로 대리인의 성명과 주소를 제공해야 한다.
③ 매매를 원인으로 소유권이전등기를 신청하는 경우, 등기의무자의 주소 또는 사무소 소재지를 증명하는 정보를 제공해야 한다.
④ 등기상 이해관계 있는 제3자의 승낙이 필요한 경우, 이를 증명하는 정보 또는 이에 대항할 수 있는 재판이 있음을 증명하는 정보를 첨부정보로 제공해야 한다.
⑤ 첨부정보가 외국어로 작성된 경우에는 그 번역문을 붙여야 한다.

해설 ① 승소한 등기의무자 단독으로 등기를 신청하는 경우 그가 보유하고 있는 등기필정보를 등기소에 제공하여야 한다. **정답 ①**

등기필정보 및 등기완료통지

접수번호: 11616　　　　　　　　　　　　　　　　　　　　대리인: 일반인 김병렬

> 권　리　자 : 김정환
> (주민)등록번호 : ****** - *******
> 주　　　소 : 경기도 김포시 김포대로 926번길 46 701동 801호
>
> 부동산고유번호 : 1513-1996-569977
> 부 동 산 소 재 : [토지] 충청북도 영동군 매곡면 어촌리 산 123-2
>
> 접 수 일 자 : 2018년 11월 2일　　접수번호 : 11616
> 등 기 목 적 : 소유권이전
> 등기원인 및 일자 : 2018년 11월 1일 증여

부착기준선 ㄷ

일련번호 : WTDI-UPRV-P6H1
비밀번호(기재순서 : 순번 – 비밀번호)

01-7952	11-7072	21-2009	31-8842	41-3168
02-5790	12-7320	22-5102	32-1924	42-7064
03-1568	13-9724	23-1903	33-1690	43-4443
04-8861	14-8752	24-5554	34-3155	44-6994
05-1205	15-8608	25-7023	35-9695	45-2263
06-8893	16-5164	26-3856	36-6031	46-2140
07-5311	17-1538	27-2339	37-8569	47-3151
08-3481	18-3188	28-8119	38-9800	48-5318
09-7450	19-7312	29-1505	39-6977	49-1314
10-1176	20-1396	30-3488	40-6557	50-6459

2018년 11월 2일

청주지방법원 영동지원 등기계

※ 등기필정보 사용방법 및 주의사항
- ◈ 보안스티커 안에는 다음 번 등기신청시에 필요한 일련번호와 50개의 비밀번호가 기재되어 있습니다.
- ◈ 등기신청시 보안스티커를 떼어내고 일련번호와 비밀번호 1개를 임의로 선택하여 해당 순번과 함께 신청서에 기재하면 종래의 등기필증을 첨부한 것과 동일한 효력이 있으며, 등기필정보 및 등기완료통지서면 자체를 첨부하는 것이 아님에 유의하시기 바랍니다.
- ◈ 따라서 등기신청시 등기필정보 및 등기완료통지서면을 거래상대방이나 대리인에게 줄 필요가 없고, 대리인에게 위임한 경우에는 일련번호와 비밀번호 50개 중 1개와 해당 순번만 알려주시면 됩니다.
- ◈ 만일 등기필정보의 비밀번호 등을 다른 사람이 안 경우에는 종래의 등기필증을 분실한 것과 마찬가지의 위험이 발생하므로 관리에 철저를 기하시기 바랍니다.
- ☞ 등기필정보 및 등기완료통지서는 종래의 등기필증을 대신하여 발행된 것으로 분실시 재발급되지 아니하니 보관에 각별히 유의하시기 바랍니다.

* 위 견본은 실제 양식과 차이가 있을 수 있으며, 학습목적으로 가공된 것으로서 모두 실제 내용이 아닙니다.

4. 인감증명 제34회, 제36회

(1) 의의

방문신청을 하는 경우에는 일정한 경우 인감증명을 제출하여야 한다. 이 경우 해당 신청서(위임에 의한 대리인이 신청하는 경우에는 위임장을 말한다)나 첨부서면에는 그 인감을 날인하여야 한다(규칙 제60조 제1항). 전자신청의 경우 공인인증서 정보가 함께 송신되므로 인감증명정보를 송신할 필요가 없다.

(2) 인감증명의 제출을 요하는 경우

① 소유권의 등기명의인이 등기의무자로서 등기를 신청하는 경우 등기의무자의 인감증명을 제출하여야 한다. 소유권이전등기나 소유권이전등기의 말소등기뿐만 아니라 저당권설정등기, 전세권설정등기의 경우에도 이에 해당하므로 인감증명을 제출하여야 한다.

② 소유권에 관한 가등기명의인이 가등기의 말소등기를 신청하는 경우 가등기명의인의 인감증명을 제출하여야 한다. 그러므로 소유권 이외의 권리에 관한 가등기를 말소하는 경우에는 해당하지 아니한다.

③ 소유권 외의 권리의 등기명의인이 등기의무자로서 법 제51조에 따라 등기필정보가 없어 등기의무자 등이 직접 출석하거나 자격자대리인의 확인정보를 제공하거나 공증서면 부본을 첨부하여 등기를 신청하는 경우 등기의무자의 인감증명을 제출하여야 한다. 과거 등기의무자 등이 직접 출석한 경우에는 인감증명을 첨부할 필요가 없었으나 이 경우에도 인감증명을 제출하도록 제도를 통일하였다.

④ 합필의 특례(토지 합병절차를 마친 후 합필등기 전에 합병된 일부 토지에 소유권이전등기나 근저당권설정등기 등이 된 경우)에 따라 합필등기를 신청하는 경우에는 종전 토지의 소유권이 합병 후의 토지에서 차지하는 지분을 신청정보의 내용으로 등기소에 제공하고, 이에 관한 토지소유자들의 확인이 있음을 증명하는 정보를 첨부정보로서 등기소에 제공하여야 하는데, 이 경우에 그 토지소유자들의 인감증명을 제출하여야 한다.

⑤ 1필의 토지의 일부에 지상권 등 용익권의 등기가 있는 경우에 분필등기를 신청할 때에는 권리가 존속할 토지의 표시에 관한 정보를 신청정보의 내용으로 등기소에 제공하고, 이에 관한 권리자의 확인이 있음을 증명하는 정보를 첨부정보로서 등기소에 제공하여야 하는데, 이 경우에 그 서면에 날인한 권리자의 인감증명을 제출하여야 한다.

⑥ 협의분할에 의한 상속등기를 신청하는 경우 상속인 전원의 인감증명을 제출하여야 한다.
⑦ 등기신청서에 제3자의 동의 또는 승낙을 증명하는 서면을 첨부하는 경우 그 제3자의 인감증명을 제출하여야 한다.
⑧ 법인 아닌 사단이나 재단의 등기신청에서 대법원예규로 정한 경우 인감증명을 제출하여야 한다.

(3) 인감증명을 제출하지 않는 경우
① 인감증명을 제출하여야 하는 자가 국가 또는 지방자치단체인 경우에는 인감증명을 제출할 필요가 없다.
② 위 (2)의 ④⑤⑥⑦에 해당하는 서면이 공정증서이거나 당사자가 서명 또는 날인하였다는 뜻의 공증인의 인증을 받은 서면인 경우에는 인감증명을 제출할 필요가 없다.

(4) 제출하여야 할 인감증명
① 위 (2)의 ①②③⑥에 따라 인감증명을 제출하여야 하는 자가 다른 사람에게 권리의 처분권한을 수여한 경우에는 그 대리인의 인감증명을 함께 제출하여야 한다.
② 외국인인 경우에는 「인감증명법」에 따른 인감증명 또는 본국의 관공서가 발행한 인감증명을 제출하여야 한다. 다만, 본국에 인감증명제도가 없고 또한 「인감증명법」에 따른 인감증명을 받을 수 없는 자는 신청서나 위임장 또는 첨부서면에 본인이 서명 또는 날인하였다는 뜻의 본국 관공서의 증명이나 본국 또는 대한민국 공증인의 인증(「재외공관 공증법」에 따른 인증을 포함한다)을 받음으로써 인감증명의 제출을 갈음할 수 있다.
③ 재외국민인 경우에는 위임장이나 첨부서면에 본인이 서명 또는 날인하였다는 뜻의 「재외공관 공증법」에 따른 인증을 받음으로써 인감증명의 제출을 갈음할 수 있다.
④ 매매를 원인으로 한 소유권이전등기신청의 경우에는 부동산매수자란에 매수인의 성명(법인은 법인명)·주민등록번호 및 주소가 기재되어 있는 인감증명(부동산매도용 인감증명)을 첨부하여야 한다. 매매 이외의 경우에는 다른 용도의 인감증명도 수리하여야 한다.
⑤ 등기신청서에 첨부하는 인감증명, 법인등기사항증명서, 주민등록표등본·초본, 가족관계등록사항별 증명서 및 건축물대장·토지대장·임야대장 등본은 발행일부터 3개월 이내의 것이어야 한다.

기출 소유권의 등기명의인인 지방자치단체가 등기의무자로서 등기를 방문신청하는 경우, 인감증명을 제출할 필요가 없다. 제36회

기출 상속등기를 신청하면서 등기원인을 증명하는 정보로서 상속인 전원이 참여한 공정증서에 의한 상속재산분할협의서를 제공하는 경우, 상속인들의 인감증명을 제출할 필요가 없다. 제34회

⑥ 인감증명을 제출하여야 하는 자는 인감증명을 제출하는 대신 신청서 등에 서명을 하고 본인서명사실확인서를 제출하거나 전자본인서명확인서의 발급증을 제출할 수 있다(규칙 제60조의2).

❷ 기타의 첨부정보 제34회, 제35회

> **알아두기**
>
> 1. 기타 첨부정보: 등기권리자의 주소증명정보와 부동산등기용 등록번호를 증명하는 정보가 필요하며 부동산표시를 증명하는 토지대장, 건축물대장 등도 필요하다. 또한 부동산 일부를 용익하는 등기를 신청한다면 지적도와 같은 도면이 필요한 경우도 있다.
> 2. 등기절차: 등기신청이 들어오면 등기관은 그 등기를 접수하며 접수번호를 부여하여야 하고 이를 심사하여 각하하거나 등기기록에 기록하여야 한다. 등기관을 나타내는 식별부호를 기록하면 등기절차는 완료되며 일정한 경우 등기필정보를 작성·통지하거나 등기완료 통지를 하게 된다.

📌 기타의 첨부서면과 각하사유

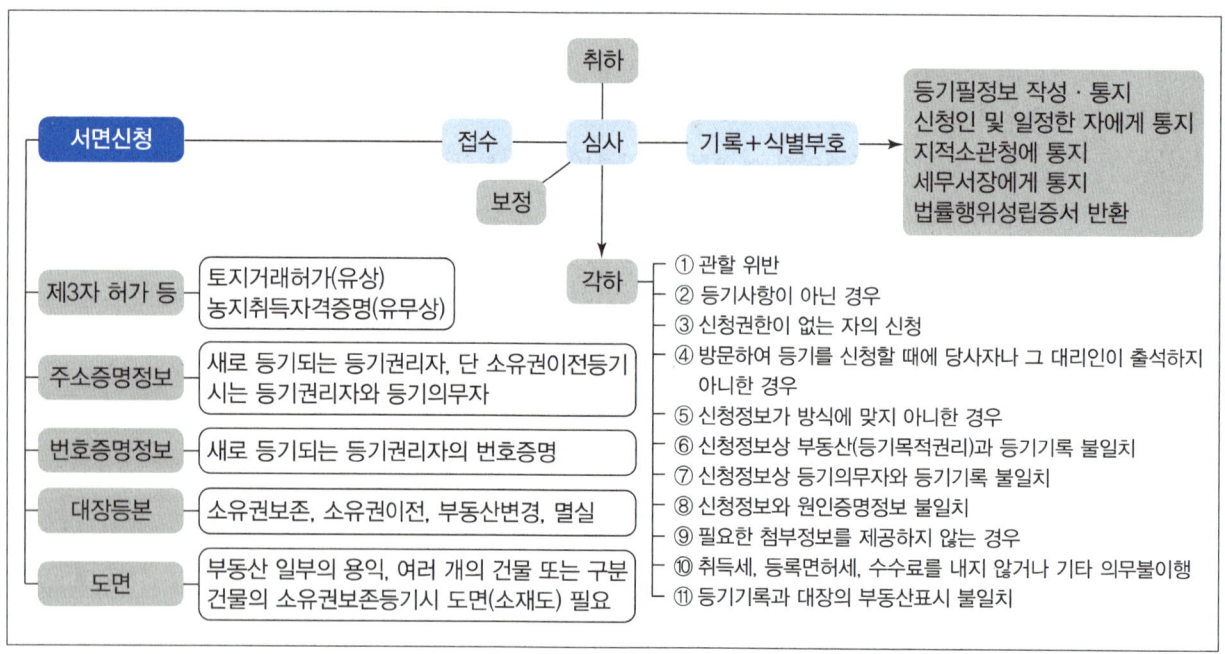

1. 등기원인에 대하여 제3자의 허가 등을 증명하는 정보 _{제36회}

(1) 토지거래허가서(「부동산 거래신고 등에 관한 법률」 제11조)

① 허가구역에 있는 토지에 관한 소유권·지상권(소유권·지상권의 취득을 목적으로 하는 권리를 포함한다)을 이전하거나 설정(대가를 받고 이전하거나 설정하는 경우만 해당한다)하는 계약(예약을 포함한다. 이하 '토지거래계약'이라 한다)을 체결하려는 당사자는 공동으로 대통령령으로 정하는 바에 따라 시장·군수 또는 구청장의 허가를 받아야 한다.

② 토지거래허가구역에서 소유권·지상권의 이전·설정청구권 보전의 가등기를 신청하는 경우에는 토지거래허가서를 첨부하여야 하지만, 그 가등기에 기한 본등기를 신청하는 때에는 별도의 토지거래허가서를 첨부할 필요는 없다.

> **심화** 토지거래허가 제공 여부
>
> 증여 ×, 가등기시 ○, 상속 ×, 유증 ×, 진정명의회복 ×, 취득시효 ×, 수용 ×, 「신탁법」상 신탁 ×(선례 4-609), 명의신탁해지 ×

(2) 농지취득자격증명

농지를 취득하려는 자는 농지 소재지를 관할하는 시장(구를 두지 아니한 시의 시장을 말하며, 도농 복합 형태의 시는 농지 소재지가 동지역인 경우만을 말한다), 구청장(도농 복합 형태의 시의 구에서는 농지 소재지가 동지역인 경우만을 말한다), 읍장 또는 면장(이하 '시·구·읍·면의 장'이라 한다)에게서 농지취득자격증명을 발급받아야 한다.

> **심화** 농지취득자격증명 제공 여부
>
> 증여 ○, 가등기시 ×, 상속 ×, 포괄유증 ×, 상속인에 대한 특정유증 ×, 진정명의회복 ×, 취득시효 ×, 공유물분할 ×, 수용 ×, 교환·공매·양도담보·계약해제·명의신탁해지·신탁 ○, 경매시 집행법원에 제출(○)하고, 이후 소유권이전등기촉탁시 첨부 ×

참고 농지에 대하여 명의신탁해지를 원인으로 한 소유권이전등기 이행판결을 받았다고 하더라도 그 판결에 의하여 소유권이전등기 신청 시에는 농지취득자격증명을 첨부하여야 한다(등기선례 제5-171).

기출 상속을 원인으로 하여 농지에 대한 소유권이전등기를 신청하는 경우, 농지취득자격증명은 필요하지 않다.

> **참고** 기타 제3자 허가 등
>
> 1. 토지에 관한 매매계약체결 당시에는 그 토지가 신고 또는 허가 대상토지가 아니었으나 위 매매를 원인으로 한 소유권이전등기를 신청할 때에는 당해 토지가 새로이 허가대상 토지로 된 경우 그 등기신청서에 토지거래신고필증이나 허가증을 첨부할 필요가 없다.
> 2. 「민법」상 사단법인 또는 재단법인이 부동산을 매매, 증여, 유증, 그 밖의 원인으로 취득하고 법인 명의로의 소유권이전등기를 신청하는 경우에는 그 등기신청서에 주무관청의 허가를 증명하는 서면을 첨부할 필요가 없다.
> 3. 학교법인이 그 기본재산인 부동산에 대하여 매매 등 처분을 하려는 경우에는 부동산의 규모에 관계없이 관할청의 허가를 받아야 하므로(「사립학교법」 제28조 제1항 참조) 현재 학교법인의 소유인 부동산에 대하여 타인명의로 소유권이전등기를 신청하고자 할 경우 그 신청서에는 위 허가서를 첨부하여야 한다.

2. 등기권리자의 주소를 증명하는 정보 제34회, 제35회

(1) 제출하는 경우

등기권리자(새로 등기명의인이 되는 경우로 한정한다)의 주소(또는 사무소 소재지) 및 주민등록번호(또는 부동산등기용 등록번호)를 증명하는 정보. 다만, 소유권이전등기를 신청하는 경우 또는 등기의무자의 동일성 확인이 필요한 경우에는 등기의무자의 주소(또는 사무소 소재지)를 증명하는 정보도 제공하여야 한다.

기출 매매를 원인으로 소유권이전등기를 신청하는 경우, 등기의무자의 주소를 증명하는 정보도 제공하여야 한다. 제34회, 제35회

기출 첨부정보가 외국어로 작성된 경우에는 그 번역문을 붙여야 한다. 제35회

(2) 특칙

소유권이전등기를 신청함에 있어 판결에 의하여 등기권리자가 단독으로 신청하거나, 경매(공매) 등으로 인한 관공서의 촉탁등기인 경우에는 등기권리자의 것만을 제공하면 된다.

3. 등록번호 증명정보

(1) 제출하는 경우

새로 등기명의인이 되는 경우의 등기권리자는 주민등록번호(또는 부동산등기용 등록번호)를 증명하는 정보를 제공하여야 한다.

(2) 등기권리자에게 주민등록번호가 없는 경우(국가·지방자치단체, 법인, 법인 아닌 사단 또는 재단, 재외국민, 외국인 등)에는 부동산등기용 등록번호를 병기하여야 하는데, 이때에는 부동산등기용 등록번호를 증명하는 서면을 제출하여야 한다.

등기권리자	등록번호 부여기관
국가, 지방자치단체, 국제기관, 외국정부	국토교통부장관이 지정·고시
법인	주된 사무소 소재지(회사의 경우에는 본점, 외국법인의 경우에는 국내에 최초로 설치등기를 한 영업소나 사무소) 관할 등기소의 등기관
법인 아닌 사단·재단 (국내에 사무소 설치등기 안 한 외국법인 포함)	시장·군수 또는 구청장
외국인	체류지 관할 지방출입국·외국인관서의 장(체류지 없는 경우 대법원 소재지를 체류지로 본다)
주민등록번호가 없는 재외국민	대법원 소재지 관할 등기소의 등기관

기출 외국인의 부동산등기용 등록번호는 그 체류지를 관할하는 지방출입국·외국인관서의 장이 부여한다.

예제

부동산등기용 등록번호에 관한 설명으로 옳은 것은? 제27회

① 법인의 등록번호는 주된 사무소 소재지를 관할하는 시장·군수 또는 구청장이 부여한다.
② 주민등록번호가 없는 재외국민의 등록번호는 대법원 소재지 관할 등기소의 등기관이 부여한다.
③ 외국인의 등록번호는 체류지를 관할하는 시장·군수 또는 구청장이 부여한다.
④ 법인 아닌 사단의 등록번호는 주된 사무소 소재지 관할 등기소의 등기관이 부여한다.
⑤ 국내에 영업소나 사무소의 설치등기를 하지 아니한 외국법인의 등록번호는 국토교통부장관이 지정·고시한다.

해설 ① 시장·군수 또는 구청장이 아닌 주된 사무소를 관할하는 등기소 등기관이 부여한다.
③ 체류지를 관할하는 지방출입국 외국인 관서의 장이 부여한다.
④⑤ 시장·군수 또는 구청장이 부여한다. **정답** ②

4. 대장등본 ^{제34회}

부동산변경·멸실등기, 소유권보존등기, 소유권이전등기를 신청하는 경우에는 대장과 등기부가 이원화되어 있으므로 이를 일치시키기 위하여 토지대장·임야대장의 등본 또는 건축물대장등본을 첨부하여야 한다. 이는 발행일로부터 3개월 이내의 것이어야 한다.

(1) 소유권보존등기를 신청하는 경우에는 토지의 표시를 증명하는 토지대장 정보나 임야대장 정보 또는 건물의 표시를 증명하는 건축물대장 정보나 그 밖의 정보를 첨부정보로서 등기소에 제공하여야 한다.

(2) 소유권이전등기를 신청하는 경우에는 토지대장·임야대장·건축물대장 정보나 그 밖에 부동산의 표시를 증명하는 정보를 등기소에 제공하여야 한다.

(3) 멸실등기
   ① 건물 멸실등기시 멸실건축물대장 정보 또는 그 밖의 정보를 첨부하여야 한다.
   ② 토지 멸실등기시 반드시 토지(임야)대장 정보를 등기소에 제공하여야 한다.

(4) 부동산변경등기
   토지와 건물의 표시변경등기를 신청하는 경우에는 그 변경을 증명하는 토지대장 정보(임야대장 정보)나 건축물대장 정보를 첨부정보로서 등기소에 제공하여야 한다.

5. 도면

(1) 건물의 도면을 제출하는 경우
   ① 대지 위에 여러 개의 건물이 있는 경우의 건물 소유권보존등기 신청시 건물의 소재도를 첨부정보로 제공하여야 한다. 다만, 건물의 표시를 증명하는 정보로서 건축물대장 정보를 등기소에 제공한 경우에는 그러하지 아니하다(규칙 제121조 제3항).
   ② 구분건물에 대한 소유권보존등기 신청시 1동의 건물소재도, 각 층의 평면도를 첨부정보로 제공하여야 한다. 다만, 건축물대장 정보를 등기소에 제공한 경우에는 그러하지 아니하다(규칙 제121조 제4항).

기출 토지에 대한 표시변경등기를 신청하는 경우, 등기원인을 증명하는 정보로서 토지대장 정보를 제공하면 된다. 제34회

참고 도면의 제출방법(규칙 제63조)
방문신청을 하는 경우라도 등기소에 제공하여야 하는 도면은 전자문서로 작성하여야 하며, 그 제공은 전산정보처리조직을 이용하여 등기소에 송신하는 방법으로 하여야 한다. 다만, 다음의 어느 하나에 해당하는 경우에는 그 도면을 서면으로 작성하여 등기소에 제출할 수 있다.
1. 자연인 또는 법인 아닌 사단이나 재단이 직접 등기신청을 하는 경우
2. 자연인 또는 법인 아닌 사단이나 재단이 자격자대리인이 아닌 사람에게 위임하여 등기신청을 하는 경우

③ 건물의 일부에 전세권이나 임차권의 등기가 있는 경우에 그 건물의 분할이나 구분의 등기를 신청할 시(규칙 제95조)
④ 건물의 일부에 대한 전세권·임차권설정등기신청시(규칙 제128조, 제130조)

기출 건물의 일부에 대한 전세권설정등기를 신청하는 경우 그 건물의 도면을 요한다.

(2) 지적도면을 제출하는 경우

① 1필의 토지의 일부에 지상권·전세권·임차권이나 승역지의 일부에 관하여 하는 지역권의 등기가 있는 경우에 분필등기를 신청할 시(규칙 제74조)
② 토지의 일부에 대한 지상권·지역권·전세권·임차권설정등기신청시(규칙 제126조, 제127조, 제128조, 제130조)

기출 1필 토지의 일부에 대해 지상권설정등기를 신청하는 경우, 그 일부를 표시한 지적도를 첨부정보로서 등기소에 제공하여야 한다. 제31회

예제

등기신청을 위한 첨부정보에 옳은 것을 모두 고른 것은? 제34회

㉠ 토지에 대한 표시변경등기를 신청하는 경우, 등기원인을 증명하는 정보로서 토지대장 정보를 제공하면 된다.
㉡ 매매를 원인으로 소유권이전등기를 신청하는 경우, 등기의무자의 주소를 증명하는 정보도 제공하여야 한다.
㉢ 상속등기를 신청하면서 등기원인을 증명하는 정보로서 상속인 전원이 참여한 공정증서에 의한 상속재산분할협의서를 제공하는 경우, 상속인들의 인감증명을 제출할 필요가 없다.
㉣ 농지에 대한 소유권이전등기를 신청하는 경우, 등기원인을 증명하는 정보가 집행력 있는 판결인 때에는 특별한 사정이 없는 한 농지취득자격증명을 첨부하지 않아도 된다.

① ㉠, ㉡
② ㉢, ㉣
③ ㉠, ㉡, ㉢
④ ㉠, ㉢, ㉣
⑤ ㉡, ㉢, ㉣

해설 ㉣ 농지에 대한 소유권이전등기를 신청하는 경우에는 집행력 있는 판결을 받은 경우라도 농지취득자격증명을 첨부한다.
정답 ③

메타인지 학습체크 제4절 등기절차와 첨부정보

01 동일한 부동산에 관하여 소유권이전등기와 저당권설정등기를 신청하기 위해서는 [① 별개의 / ② 동일한] 신청서로 하여야 한다.

02 같은 채권의 담보를 위하여 여러 개의 부동산에 대한 저당권설정등기를 신청하는 경우, 부동산의 관할 등기소가 서로 다르면 1건의 신청정보로 일괄하여 등기를 신청할 수 [① 있다. / ② 없다.]

03 「부동산 거래신고 등에 관한 법률」에 의한 부동산거래 신고필증을 교부받은 경우 검인을 [① 받은 것으로 본다. / ② 받아야 한다.]

04 등기원인을 증명하는 서면이 집행력 있는 판결인 경우 판결서에 검인을 [① 받아야 한다. / ② 받지 않는다.]

05 소유권이전등기나 저당권설정등기를 등기명의인이 되는 신청인이 직접 신청하여 등기가 경료된 경우라면 등기관은 [① 등기필정보를 작성하여 등기권리자에게 통지하여야 한다. / ② 등기완료통지로 족하고 등기필정보는 작성·통지하지 아니한다.]

06 국가 또는 지방자치단체가 등기권리자인 경우 등기관은 등기필정보를 [① 작성하여 국가 또는 지방자치단체에 통지하여야 한다. / ② 작성·통지하지 아니한다.]

07 승소한 등기의무자가 등기를 단독신청하는 경우 그 등기의무자는 등기필정보를 등기소에 제공[① 하여야 한다. / ② 하지 않아도 된다.]

08 승소한 등기권리자가 단독으로 판결에 의한 소유권이전등기를 신청하는 경우, 등기의무자의 권리에 관한 등기필정보를 제공할 필요가 [① 있다. / ② 없다.]

09 저당권설정등기를 방문신청시 소유권의 등기명의인인 등기의무자의 인감증명을 제출[① 하여야 한다. / ② 할 필요가 없다.]

10 저당권말소등기나 저당권이전등기 신청시 등기의무자의 등기필정보가 없어 등기의무자 등이 직접 출석하여 등기관의 확인조서에 의하는 경우에는 등기의무자의 인감증명을 제공[① 하여야 한다. / ② 할 필요가 없다.]

> **정답**
> **01** ① **02** ② **03** ① **04** ① **05** ① **06** ② **07** ① **08** ② **09** ① **10** ①

11 상속재산분할협의서가 공증인의 인증을 받은 서면인 경우에는 상속인 전원의 인감증명을 제출[① 하여야 한다. / ② 할 필요는 없다.]

12 인감증명의 사용용도란에 가등기용으로 기재된 인감증명서를 근저당권설정등기에 사용할 수 [① 있다. / ② 없다.]

13 진정명의회복을 원인으로 하는 소유권이전등기를 신청하는 경우에 토지거래허가나 농지취득자격증명을 [① 요하지 아니한다. / ② 제출하여야 한다.]

14 [① 상속 / ② 증여]을(를) 원인으로 하여 농지에 대한 소유권이전등기를 신청하는 경우 농지취득자격증명을 첨부하여야 한다.

15 농지에 대한 공유물분할을 원인으로 한 소유권이전등기를 신청하는 경우 농지취득자격증명을 제공[① 하여야 한다. / ② 할 필요가 없다.]

16 소유권이전등기신청시 등기의무자의 주소증명정보는 등기소에 제공[① 하여야 한다. / ② 을 요하지 아니한다.]

17 주민등록번호가 없는 재외국민의 등록번호는 [① 국내 최종 주소지 / ② 대법원 소재지] 관할 등기소의 등기관이 부여한다.

18 외국인의 등록번호는 체류지를 관할하는 [① 지방출입국·외국인관서의 장 / ② 대법원 소재지 관할 등기소의 등기관]이 부여한다.

19 법인 아닌 사단의 등록번호는 [① 주된 사무소 소재지 관할 등기소의 등기관 / ② 시장·군수 또는 구청장]이 부여한다.

20 전세권설정범위가 건물 [① 전부 / ② 일부]인 경우, 전세권설정등기신청시 건물 도면을 첨부정보로서 등기소에 제공하여야 한다.

21 지상권설정등기를 신청할 때에 그 범위가 토지의 일부인 경우, 그 부분을 표시한 [① 지적도 또는 임야도 / ② 토지대장]을(를) 첨부정보로서 등기소에 제공하여야 한다.

> **정답**
> 11 ② 12 ① 13 ① 14 ② 15 ② 16 ① 17 ② 18 ① 19 ② 20 ② 21 ①

제5절 | 등기관의 처분과 이의신청

🎯 알아두기

1. **등기각하 사유**: 등기관은 법 제29조에서 규정하는 사유에 해당하는 등기신청은 이유를 기재하여 각하하여야 한다. 특히 제29조 제2호의 '사건이 등기할 것이 아닌 경우'를 명확히 파악하고 있어야 한다.
2. **등기완료 후 절차**: 보존, 설정, 이전, 권리자를 추가하는 변경(경정)을 목적으로 하는 등기를 완료한 후 등기관은 등기명의인이 된 신청인에게 새로운 등기필정보를 작성하여 통지하여야 한다.
3. **이의신청**: 등기당사자나 등기상 직접 이해관계가 있는 자는 등기관의 처분에 대하여 이의신청을 할 수 있다. 이의신청은 관할 지방법원에 하는 것이지만, 구체적으로는 이의신청서를 등기소에 제출하는 방법으로 한다.

등기절차 개요

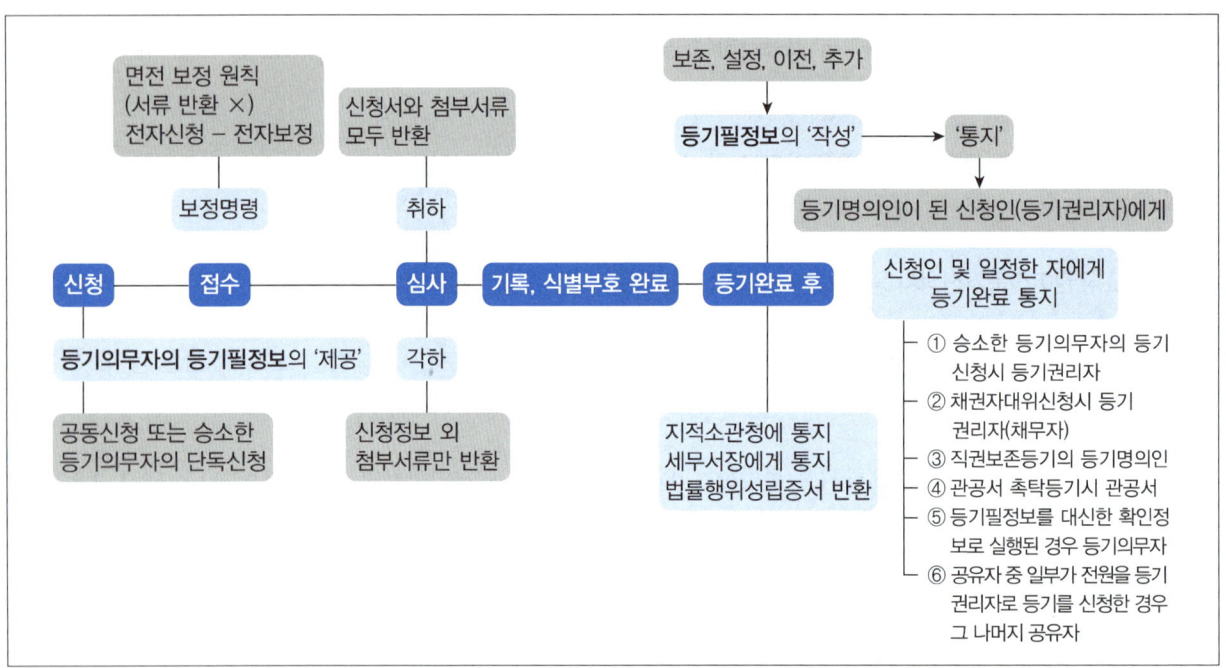

등기절차 전자신청 개요

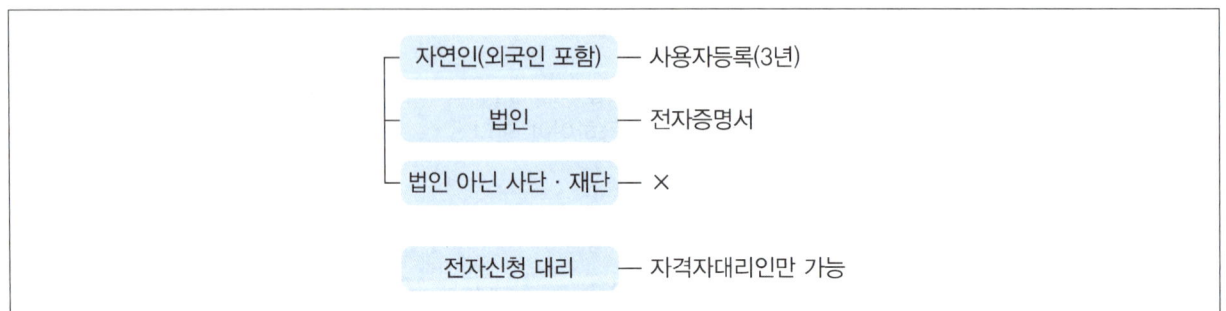

1 등기신청의 접수

1. 접수의무와 접수번호

(1) 접수의무

등기의 신청정보가 제공된 때에는 등기관은 등기신청을 접수할 의무가 있으므로 반드시 이를 접수하여야 한다.

(2) 접수번호

등기관이 신청정보를 받았을 때에는 접수장에 접수번호를 적어야 한다. 접수번호는 1년마다 새로 부여하여야 한다. 같은 부동산에 관하여 동시에 여러 개의 등기신청이 있는 경우에는 같은 접수번호를 부여하여야 한다.

2. 접수시기

(1) 등기신청의 접수시기는 해당 부동산이 다른 부동산과 구별될 수 있게 하는 정보가 전산정보처리조직에 저장된 때 접수된 것으로 본다(법 제6조 제1항).

(2) 같은 토지 위에 있는 여러 개의 구분건물에 대한 등기를 동시에 신청하는 경우에는 그 건물의 소재 및 지번에 관한 정보가 전산정보처리조직에 저장된 때 등기신청이 접수된 것으로 본다(규칙 제3조 제2항).

> **심화** 동시에 등기신청하여야 하는 경우
>
> 1. 환매특약등기와 소유권이전등기는 별개의 신청서로 반드시 동시에 신청하여야 한다.
> 2. 신탁등기와 신탁으로 인한 소유권이전등기는 동일한 서면으로 동시에 신청하여야 한다. 단, 위탁자 또는 수익자가 수탁자를 대위하여 신청하는 경우에는 그러하지 아니하다.
> 3. 최초로 구분건물의 소유권보존등기를 신청하고자 하는 자는 나머지 미등기 구분건물의 표시에 관한 등기를 동시에 신청하여야 한다.
> 4. 건물 신축으로 인하여 구분건물이 아닌 건물이 구분건물로 된 경우 신축건물의 보존등기를 신청하는 자는 다른 건물의 표시에 관한 등기 또는 표시변경등기와 동시에 신청하여야 한다.
> 5. 대지사용권의 이전등기는 대지권에 관한 등기와 동시에 신청하여야 한다.

심화 구분건물의 소유권보존등기와 대지권등기는 반드시 동시에 신청하여야 하는 것은 아니다.

② 등기신청의 심사와 각하 제30회, 제34회, 제35회

1. 등기관의 심사

등기관은 등기신청에 대하여 실체법상 권리관계와의 일치 여부를 심사할 권한은 없고, 오직 신청정보와 첨부정보 및 등기부에 의해서 등기요건에 합당한지 여부를 심사할 권한밖에 없다(대결 98마1333).

2. 등기신청의 취하

(1) 의의

① 등기신청의 취하란 등기신청인이 그가 한 등기신청을 스스로 철회하는 것을 말한다. 이는 명문의 규정은 없지만 판례와 실무에서 인정하고 있다.
② 등기신청의 취하는 등기관이 등기를 마치기 전까지 할 수 있다.

(2) 취하권자

취하할 수 있는 자는 등기신청인이며, 공동으로 한 등기신청은 반드시 공동으로 취하하여야 한다. 대리인이 취하하는 경우에는 그에 대한 특별수권이 있어야 한다.

(3) 등기를 일괄신청한 경우에는 그 전부뿐만 아니라 일부를 취하할 수도 있다.

(4) 등기관은 등기신청서접수장의 비고란에 취하되었음을 표시하고 신청정보와 첨부정보 및 등기신청수수료를 신청인 또는 그 대리인에게 반환한다.

> **참고** 흠결의 보정
>
> 1. 등기신청이 각하사유에 해당한다 할지라도, 신청의 잘못된 부분이 보정될 수 있는 경우로서 신청인이 등기관이 보정을 명한 날의 다음 날까지 그 잘못된 부분을 보정하였을 때에는 각하되지 않는다(법 제29조 단서).
> 2. 신청에 흠결이 있는 경우 등기관은 신청인에게 보정하도록 권고하는 것은 바람직하나 반드시 보정명령을 하여야 할 의무가 있는 것은 아니다(판례).

3. 등기신청의 각하

(1) 의의

등기관이 등기신청정보와 첨부정보 등을 심사하여 부적법한 때에는 등기기록에의 등재를 거부할 수 있는데, 이러한 거부하는 처분행위를 각하라고 한다.

(2) 각하사유

등기관은 다음의 어느 하나에 해당하는 경우에만 이유를 적은 결정으로 신청을 각하하여야 한다(법 제29조). 법 제29조에 규정된 각하사유 이외의 사유로는 각하할 수 없다.

① 사건이 그 등기소의 관할이 아닌 경우
② 사건이 등기할 것이 아닌 경우
　㉠ 등기능력 없는 물건 또는 권리에 대한 등기를 신청한 경우
　　ⓐ 공유수면하의 토지, 터널, 교량, 구조상 공용부분, 점유권, 유치권, 동산질권 등
　　ⓑ 부동산 일부에 대한 소유권이전등기, 저당권설정등기
　　ⓒ 지분에 대한 용익물권등기
　㉡ 법령에 근거가 없는 특약사항의 등기를 신청한 경우
　㉢ 구분건물의 전유부분과 대지사용권의 분리처분 금지에 위반한 등기를 신청한 경우
　㉣ 농지를 전세권설정의 목적으로 하는 등기를 신청한 경우
　㉤ 저당권을 피담보채권과 분리하여 양도하거나, 피담보채권과 분리하여 다른 채권의 담보로 하는 등기를 신청한 경우
　㉥ 일부 지분에 대한 소유권보존등기를 신청한 경우
　㉦ 공동상속인 중 일부가 자신의 상속지분만에 대한 상속등기를 신청한 경우
　㉧ 관공서 또는 법원의 촉탁으로 실행되어야 할 등기를 신청한 경우
　㉨ 이미 보존등기된 부동산에 대하여 다시 보존등기를 신청한 경우
　㉩ 그 밖에 신청취지 자체에 의하여 법률상 허용될 수 없음이 명백한 등기를 신청한 경우
　　ⓐ 가등기에 기한 본등기를 금지하는 가처분
　　ⓑ 매매로 인한 소유권이전등기와 동시에 하지 않은 환매특약등기의 신청
　　ⓒ 소유권이전등기말소청구권을 보전하기 위한 가등기의 신청
　　ⓓ 부동산의 합유지분에 대한 가압류등기
③ 신청할 권한이 없는 자가 신청한 경우
④ 방문신청방법에 따라 등기를 신청할 때에 당사자나 그 대리인이 출석하지 아니한 경우
⑤ 신청정보의 제공이 대법원규칙으로 정한 방식에 맞지 아니한 경우

기출 공동상속인 甲과 乙 중 甲이 자신의 상속지분에만 상속등기를 신청한 경우 등기관은 이를 각하하여야 한다.

기출 관공서의 공매처분으로 인한 권리이전의 등기를 매수인이 신청한 경우는 사건이 등기할 것이 아닌 경우의 각하사유에 해당한다.

심화 채권자 乙의 등기신청에 의한 甲소유 토지에 대한 가압류등기가 실행된 경우 이를 발견한 등기관은 사건이 등기할 것이 아닌 때의 각하사유를 위반하였음을 이유로 일정 절차를 거쳐 직권말소할 수 있다.

⑥ 신청정보의 부동산 또는 등기의 목적인 권리의 표시가 등기기록과 일치하지 아니한 경우
⑦ 신청정보의 등기의무자의 표시가 등기기록과 일치하지 아니한 경우. 다만, 다음의 어느 하나에 해당하는 경우는 제외한다.
　㉠ 법 제27조에 따라 포괄승계인이 등기신청을 하는 경우
　㉡ 신청정보와 등기기록의 등기의무자가 동일인임을 대법원규칙으로 정하는 바에 따라 확인할 수 있는 경우 ✚
⑧ 신청정보와 등기원인을 증명하는 정보가 일치하지 아니한 경우
⑨ 등기에 필요한 첨부정보를 제공하지 아니한 경우
⑩ 취득세(「지방세법」 제20조의2에 따라 분할납부하는 경우에는 등기하기 이전에 분할납부하여야 할 금액을 말한다), 등록면허세(등록에 대한 등록면허세만 해당한다) 또는 수수료를 내지 아니하거나 등기신청과 관련하여 다른 법률에 따라 부과된 의무를 이행하지 아니한 경우
⑪ 신청정보 또는 등기기록의 부동산의 표시가 토지대장·임야대장 또는 건축물대장과 일치하지 아니한 경우

✚ 이때 대법원규칙으로 정하는 내용은 다음과 같다.

신청정보의 등기의무자의 표시에 관한 사항 중 주민등록번호(또는 부동산등기용등록번호)는 등기기록과 일치하고 주소(또는 사무소 소재지)가 일치하지 아니하는 경우에도 주소를 증명하는 정보에 의해 등기의무자의 등기기록상 주소가 신청정보상의 주소로 변경된 사실이 확인되어 등기의무자의 동일성이 인정되는 경우

예제

등기신청의 각하사유에 해당하는 것을 모두 고른 것은?　　제29회

㉠ 매매로 인한 소유권이전등기 이후에 환매특약등기를 신청한 경우
㉡ 관공서의 공매처분으로 인한 권리이전의 등기를 매수인이 신청한 경우
㉢ 전세권의 양도금지특약을 등기신청한 경우
㉣ 소유권이전등기의무자의 등기기록상 주소가 신청정보의 주소로 변경된 사실이 명백한 때

① ㉠, ㉡
② ㉡, ㉢
③ ㉢, ㉣
④ ㉠, ㉡, ㉢
⑤ ㉠, ㉡, ㉢, ㉣

해설 ㉠ 환매특약등기는 반드시 소유권이전등기와 동시에 신청하여야 하므로 각하한다.
㉡ 관공서의 공매처분으로 인한 권리이전의 등기는 촉탁으로 실행하여야 할 등기이므로 각하된다.
㉢ 전세권의 양도금지특약은 등기할 수 있는 법령의 근거가 있는 특약으로 등기원인에 있으면 등기할 수 있는 임의적 기록사항이다.
㉣ 소유권이전등기 신청시 등기신청정보상의 등기의무자의 주소가 등기기록상 주소와 다른 경우라도 등기기록상 주소가 신청정보상 주소로 변경된 사실이 명백한 경우에는 그 소유권이전등기를 수리하고 직권으로 주소변경등기를 실행하여야 한다.　　**정답** ①

(3) 각하결정 및 효력

① 등기관이 등기신청을 각하함에는 이유를 적은 결정으로 하여야 한다(법 제29조). 전자신청에 대한 각하결정의 방식 및 고지방법은 방문신청과 동일한 방법으로 처리한다.

② 각하결정등본을 교부하거나 송달할 때에는 등기신청정보 이외의 첨부정보도 함께 교부하거나 송달하여야 한다. 다만, 첨부정보 중 각하사유를 증명할 서류는 이를 복사하여 당해 등기신청정보에 편철한다(예규 제878호).

(4) 각하사유를 간과하고 실행한 등기의 효력

① 관할 위반(제1호), 사건이 등기할 것이 아닌 경우(제2호)를 간과하고 한 등기는 당연무효이고 직권말소의 대상이 된다. 이 경우 이해관계인이 이의신청할 수 있다.

② 제1호와 제2호를 제외한 나머지 각하사유를 간과하고 실행한 등기는 그 등기가 실체관계와 부합하면 무효는 아니므로 직권말소의 대상이 아니고, 이의신청의 대상도 아니다.

예제

1. 「부동산등기법」 제29조 제2호의 '사건이 등기할 것이 아닌 경우'에 해당하는 것을 모두 고른 것은? (다툼이 있으면 판례에 따름) 제34회

   ㉠ 위조한 개명허가서를 첨부한 등기명의인 표시변경등기신청
   ㉡ 「하천법」상 하천에 대한 지상권설정등기신청
   ㉢ 법령에 근거가 없는 특약사항의 등기신청
   ㉣ 일부지분에 대한 소유권보존등기신청

   ① ㉠
   ② ㉠, ㉡
   ③ ㉢, ㉣
   ④ ㉡, ㉢, ㉣
   ⑤ ㉠, ㉡, ㉢, ㉣

   해설 ㉡㉢㉣ 법 제29조 제2호의 '사건이 등기할 것이 아닌 경우'에 해당하는 각하사유이다.
   ㉠ 위조한 서류에 의한 신청이므로 각하사유에 해당할 수는 있으나, 등기명의인 표시변경등기는 등기할 수 있는 사항이므로 제2호의 '사건이 등기할 것이 아닌 경우'에 해당하지는 않는다.
   정답 ④

참고 조사·교합업무의 원칙(예규 제1515호)

1. 등기관은 당사자가 제출한 신청서 및 첨부서면이 「부동산등기법」 등 제반 법령에 부합되는지의 여부를 조사한 후 접수번호의 순서대로 교합처리하여야 하며, 보정사무의 처리나 지연처리의 경우를 제외하고는 늦어도 오전에 제출된 사건에 대하여는 다음 날 18시까지, 오후에 제출된 사건에 대하여는 다음 다음 날 12시까지 등기필정보를 작성하여 교부하여야 한다.

2. 교합은 지방법원장으로부터 발급받은 등기관카드를 사용하여 등기관의 식별부호를 등기전산시스템에 기록하는 방법으로 하되, 식별부호는 지방법원장으로부터 부여받은 사용자번호로 한다.

2. 등기신청의 각하사유로서 '사건이 등기할 것이 아닌 경우'를 모두 고른 것은?

제35회

> ㉠ 구분건물의 전유부분과 대지사용권의 분리처분 금지에 위반한 등기를 신청한 경우
> ㉡ 농지를 전세권설정의 목적으로 하는 등기를 신청한 경우
> ㉢ 공동상속인 중 일부가 자신의 상속지분만에 대한 상속등기를 신청한 경우
> ㉣ 소유권 외의 권리가 등기되어 있는 일반건물에 대해 멸실등기를 신청한 경우

① ㉠, ㉡
② ㉡, ㉣
③ ㉢, ㉣
④ ㉠, ㉡, ㉢
⑤ ㉠, ㉡, ㉢, ㉣

해설 ㉠㉡㉢은 모두 사건이 등기할 것이 아닌 경우에 해당하나, ㉣의 경우는 건축물 대장 등을 첨부하여 단독신청으로 실행될 수 있는 등기이다. 만약 건축물대장을 첨부하지 못한다면 소유권 외 권리의 등기명의인에게 일정한 통지를 하는 등의 절차를 통해 단독신청할 수 있다. 그러므로 ㉣의 내용만으로는 각하사유라고 할 수 없다. **정답 ④**

참고 표제부의 등기사항

법 제34조【등기사항】 등기관은 토지 등기기록의 표제부에 다음 각 호의 사항을 기록하여야 한다.
1. 표시번호
2. 접수연월일
3. 소재와 지번(地番)
4. 지목(地目)
5. 면적
6. 등기원인

법 제40조【등기사항】 ① 등기관은 건물 등기기록의 표제부에 다음 각 호의 사항을 기록하여야 한다. 〈개정 2024.9.20.〉
1. 표시번호
2. 접수연월일
3. 소재, 지번, 건물명칭(건축물대장에 건물명칭이 기재되어 있는 경우만 해당한다. 이하 이 조에서 같다) 및 번호. 다만, 같은 지번 위에 1개의 건물만 있는 경우에는 건물번호는 기록하지 아니한다.
4. 건물의 종류, 구조와 면적. 부속건물이 있는 경우에는 부속건물의 종류, 구조와 면적도 함께 기록한다.
5. 등기원인

6. 도면의 번호[같은 지번 위에 여러 개의 건물이 있는 경우와 「집합건물의 소유 및 관리에 관한 법률」 제2조 제1호의 구분소유권(區分所有權)의 목적이 되는 건물(이하 "구분건물"이라 한다)인 경우로 한정한다.]

② 등기할 건물이 구분건물(區分建物)인 경우에 등기관은 1동 건물의 등기기록의 표제부에는 소재와 지번, 건물명칭 및 번호를 기록하고 전유부분의 등기기록의 표제부에는 건물번호를 기록하여야 한다. 〈개정 2024.9.20.〉

3 등기완료 후 절차 제34회

1. 등기절차의 완료

등기관이 등기사무를 처리한 때에는 등기사무를 처리한 등기관이 누구인지 알 수 있는 조치로서 각 등기관이 미리 부여받은 식별부호를 기록하여야 한다(법 제11조 제4항, 규칙 제7조). 등기관이 등기를 마친 경우 그 등기는 접수한 때부터 효력을 발생한다.

2. 등기필정보의 통지

(1) 의의

'등기필정보'란 등기부에 새로운 권리자가 기록되는 경우에 그 권리자를 확인하기 위하여 등기관이 작성한 정보를 말한다(법 제2조 제4호).

(2) 등기필정보 통지의 상대방

① 등기관은 등기를 마치면 등기필정보를 등기명의인이 된 신청인에게 통지한다. 다만, 관공서가 등기권리자를 위하여 등기를 촉탁한 경우에는 그 관공서 또는 등기권리자에게 등기필정보를 통지한다.

② 법정대리인이 등기를 신청한 경우에는 그 법정대리인에게, 법인의 대표자나 지배인이 신청한 경우에는 그 대표자나 지배인에게, 법인 아닌 사단이나 재단의 대표자나 관리인이 신청한 경우에는 그 대표자나 관리인에게 등기필정보를 통지한다.

(3) 등기필정보의 통지방법

① 방문신청의 경우: 등기필정보를 적은 서면(등기필정보통지서)을 교부하는 방법

② 전자신청의 경우: 전산정보처리조직을 이용하여 송신하는 방법

기출 등기필정보는 아라비아 숫자와 그 밖의 부호의 조합으로 이루어진 일련번호와 비밀번호로 구성한다. 제34회

(4) 등기필정보를 작성·통지하지 않는 경우(법 제50조, 규칙 제109조, 예규 제1604호)
   ① 등기권리자가 등기필정보의 통지를 원하지 아니하는 경우
   ② **국가 또는 지방자치단체가 등기권리자**인 경우: 관공서가 등기를 촉탁한 경우에는 등기필정보를 작성하지 아니한다. 다만, 관공서가 등기권리자를 위해 등기를 촉탁하는 경우에는 그러하지 아니하다.
   ③ 등기필정보를 전산정보처리조직으로 통지받아야 할 자가 수신이 가능한 때부터 **3개월 이내**에 전산정보처리조직을 이용하여 수신하지 않은 경우
   ④ 등기필정보통지서를 수령할 자가 등기를 마친 때부터 **3개월 이내**에 그 서면을 수령하지 않은 경우
   ⑤ **승소한 등기의무자**가 등기신청을 한 경우
   ⑥ 등기권리자를 **대위**하여 등기신청을 한 경우
   ⑦ 등기관이 **직권으로 소유권보존등기**를 한 경우
   ⑧ 공유자 중 일부가 「민법」 제265조 단서에 따른 공유물의 보존행위로서 공유자 전원을 등기권리자로 하여 권리에 관한 등기를 신청한 경우(등기권리자가 그 나머지 공유자인 경우로 한정한다).

(5) 등기필정보의 실효

등기명의인 또는 그 상속인 그 밖의 포괄승계인은 등기필정보의 실효신고를 할 수 있다.

3. 등기완료의 통지

(1) 등기관이 등기를 마쳤을 때에는 대법원규칙으로 정하는 바에 따라 신청인 등에게 그 사실을 알려야 한다(법 제30조).

(2) 등기완료통지는 **신청인** 및 다음의 어느 하나에 해당하는 자에게 하여야 한다(규칙 제53조).
   ① 승소한 등기의무자의 등기신청의 경우에는 등기권리자
   ② 대위채권자의 등기신청의 경우에는 등기권리자
   ③ 직권 소유권보존등기의 경우에는 소유권보존등기의 명의인
   ④ 등기필정보를 제공하여야 하는 등기신청에서 등기필정보를 제공하지 않고 확인제도나 확인정보를 제공한 등기신청에 있어서 등기의무자

⑤ 공유자 중 일부가 「민법」 제265조 단서에 따른 공유물의 보존행위로서 공유자 전원을 등기권리자로 하여 권리에 관한 등기를 신청한 경우(등기권리자가 그 나머지 공유자인 경우로 한정한다)
⑥ 관공서의 등기촉탁의 경우에는 그 관공서

> **심화** 등기완료 후 기타 절차
>
> 1. 소유권변경 사실의 통지
>   등기관이 다음의 등기를 하였을 때에는 지체 없이 그 사실을 토지의 경우에는 지적소관청에, 건물의 경우에는 건축물대장 소관청에 각각 알려야 한다(법 제62조).
>   ① 소유권의 보존 또는 이전
>   ② 소유권의 등기명의인표시의 변경 또는 경정
>   ③ 소유권의 변경 또는 경정
>   ④ 소유권의 말소 또는 말소회복
> 2. 과세자료의 제공
>   ① 등기관이 소유권의 보존 또는 이전의 등기(가등기를 포함한다)를 하였을 때에는 대법원규칙으로 정하는 바에 따라 지체 없이 그 사실을 부동산 소재지 관할 세무서장에게 통지하여야 한다(법 제63조).
>   ② 소유권변경 사실의 통지나 과세자료의 제공은 전산정보처리조직을 이용하여 할 수 있다(규칙 제120조).

기출 등기관이 토지소유권의 등기명의인표시변경등기를 하였을 때에는 지체 없이 그 사실을 지적소관청에 알려야 한다. 제31회

❹ 전자신청

1. 전자신청을 할 수 있는 자

(1) 사용자등록을 한 자연인(외국인 포함)과 「상업등기법」에 따른 전자증명서를 발급받은 법인은 전자신청을 할 수 있다. 다만, 외국인의 경우에는 ① 「출입국관리법」에 따른 외국인등록이나 ② 「재외동포출입국과 법적 지위에 관한 법률」에 따른 국내거소신고를 하여야 한다. 그러나 법인 아닌 사단이나 재단은 전자신청을 할 수 없다.

(2) 변호사나 법무사[법무법인·법무법인(유한)·법무사법인·법무사법인(유한)을 포함한다. 이하 '자격자대리인'이라 한다]는 다른 사람을 대리하여 전자신청을 할 수 있다. 자격자대리인이 아닌 자는 다른 사람을 대리하여 전자신청을 할 수 없다.

참고 전자신청
전산정보처리조직을 이용[이동통신단말장치에서 사용되는 애플리케이션(Application)을 통하여 이용하는 경우를 포함한다]하여 신청정보 및 첨부정보를 보내는 방법

기출
1. 법인 아닌 사단이나 재단은 전자신청을 할 수 없다.
2. 외국인은 외국인등록을 하였거나 국내거소신고를 한 경우에 전자신청을 할 수 있다.

2. 사용자등록

(1) 전자신청을 하기 위해서는 그 등기신청을 하는 당사자 또는 등기신청을 대리할 수 있는 자격자대리인이 최초의 등기신청 전에 사용자등록을 하여야 한다.

(2) 전자신청을 하고자 하는 당사자 또는 자격자대리인은 개인공인인증서(이하 '공인인증서'라 한다)를 발급받아 최초의 전자신청 전에 등기소(주소지나 사무소 소재지 관할 이외의 등기소에서도 할 수 있다)에 직접 출석하여 미리 사용자등록을 하여야 한다(예규 제1391호). 사용자등록 신청서에는 신청인의 인감증명과 주소증명서면을 첨부하여야 한다.

3. 사용자등록의 유효기간 및 유효기간의 연장(예규 1601-3호)

(1) 유효기간

사용자등록의 유효기간은 3년으로 한다. 다만, 자격자대리인 외의 자의 경우에는 대법원예규로 정하는 바에 따라 그 기간을 단축할 수 있다(규칙 제69조 제1항). 유효기간을 경과하여 사용자등록을 다시 하는 경우에는 최초로 사용자등록을 하는 절차와 같은 절차에 의하여야 한다.

(2) 유효기간의 연장신청

① 사용자등록을 한 사람은 유효기간 만료일 3개월 전부터 만료일까지 사이에 유효기간의 연장을 신청할 수 있다.

② 유효기간의 연장신청은 사용자등록관리시스템을 통해서도 할 수 있으며, 이 경우에는 공인인증서와 사용자등록번호를 이용하여 사용자인증을 받아야 한다.

❺ 이의신청 제30회, 제31회, 제34회, 제36회

📌 이의신청

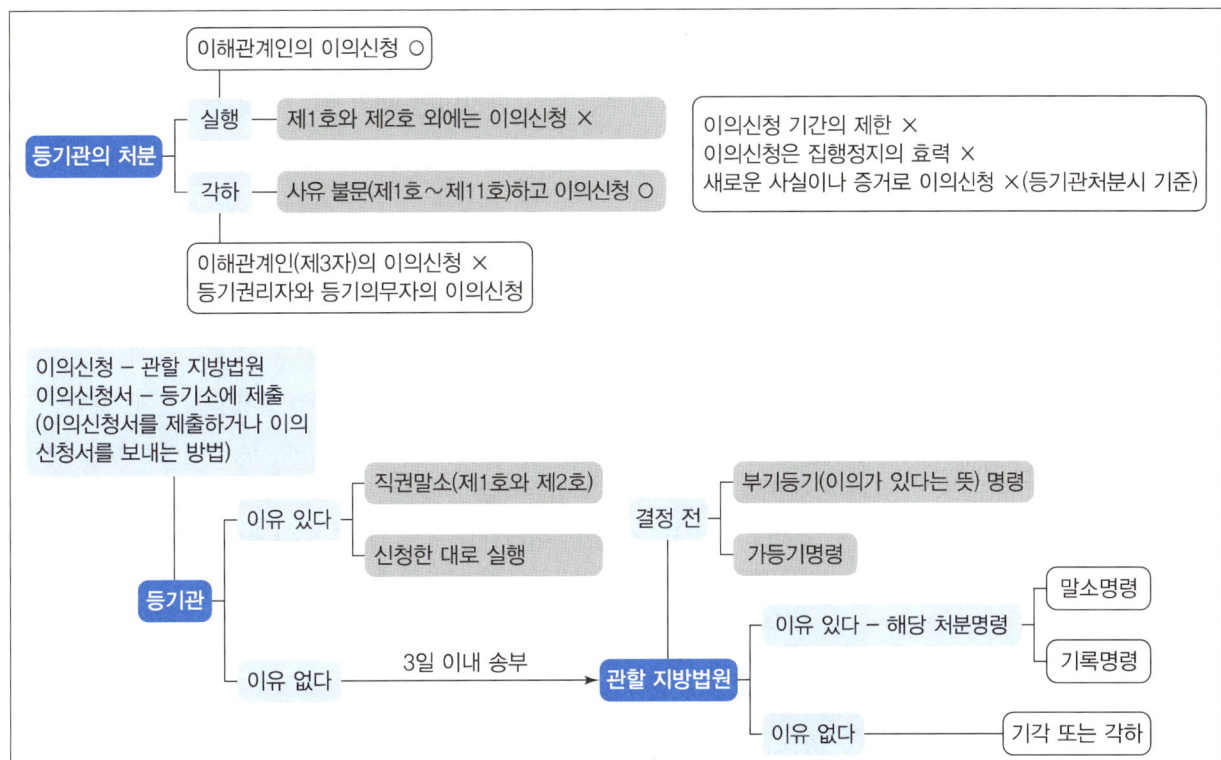

1. 서설

등기관의 처분이나 결정이 부당하다고 하는 자는 관할 지방법원에 이의신청을 할 수 있다.

2. 이의신청의 대상

(1) 이의신청의 대상은 등기관의 부당한 결정 또는 처분이다.

(2) **적극적 부당**

적극적 부당이란 등기신청을 각하하여야 함에도 불구하고(각하사유에 해당됨에도 불구하고) 이를 수리하여 등기를 실행하는 것을 말한다. 이 경우는 관할 위반이나 등기할 수 없는 경우를 간과하고 실행한 경우에만 이의신청을 할 수 있으며, 나머지 사유를 간과하고 실행한 경우에는 이의신청할 수 없다. 이 경우는 등기상 이해관계 있는 제3자가 이의신청을 할 수 있다.

(3) 소극적 부당

등기관이 등기신청을 수리하여 등기를 실행하여야 함에도 불구하고(각하사유에 해당하지 아니함에도) 등기신청을 각하하는 것을 말한다. 이러한 소극적 부당의 경우는 각하결정이 부당하다는 사유면 족하고 특별한 제한은 없다. 다만, 이 경우는 등기신청인인 등기권리자 및 등기의무자에 한하여 이의신청을 할 수 있고, 제3자는 이의신청할 수 없다.

> **심화** 이의신청인의 구체적인 예
>
> 1. 채권자가 채무자를 대위하여 경료한 등기가 채무자의 신청에 의하여 말소된 경우에는 그 말소처분에 대하여 채권자는 등기상 이해관계인으로서 이의신청을 할 수 있다.
> 2. 상속인이 아닌 자는 상속등기가 위법하다 하여 이의신청을 할 수 없다.
> 3. 저당권설정자는 저당권의 양수인과 양도인 사이의 저당권이전의 부기등기에 대하여 이의신청을 할 수 없다.
> 4. 등기의 말소신청에 있어 이해관계 있는 제3자의 승낙서 등 서면이 첨부되어 있지 아니하다는 이유는 제3자의 이해에 관한 것이므로, 말소등기의무자는 말소처분에 대하여 이의신청을 할 수 있는 등기상 이해관계인에 해당하지 아니하여 이의신청을 할 수 없다.

3. 이의신청의 방법 및 효력

(1) 등기관의 결정 또는 처분에 이의가 있는 자는 그 결정 또는 처분을 한 등기관이 속한 지방법원(관할 지방법원)에 이의신청을 할 수 있으나(법 제100조), 결정 또는 처분을 한 등기관이 속한 등기소에 이의신청서를 제출하거나 전산정보처리조직을 이용하여 이의신청정보를 보내는 방법으로 한다(법 제101조).

(2) 등기관의 처분시를 기준으로 처분이후의 새로운 사실이나 새로운 증거방법을 근거로 이의신청을 할 수는 없다.

(3) 이의신청의 기간에는 제한이 없으므로 이의의 이익이 있는 한 언제라도 이를 할 수 있다.

(4) 등기관의 결정 또는 처분에 대한 이의에는 집행정지의 효력이 없다(법 제104조).

4. 이의신청에 대한 등기관의 조치

(1) 이의가 이유 있다고 인정한 때

등기관은 이의가 이유 있다고 인정하면 그에 해당하는 처분을 하여야 한다(법 제103조 제1항). 즉, 각하결정에 대한 이의신청인 경우라면 그 등기신청에 따른 등기를 실행하고, 실행한 등기에 대한 이의신청인 경우라면 일정 절차를 거쳐 직권으로 말소한다.

(2) 이의가 이유 없다고 인정한 때

등기관은 이의가 이유 없다고 인정하면 이의신청일부터 3일 이내에 의견을 붙여 이의신청서 또는 이의신청정보를 관할 지방법원에 보내야 한다(제103조 제2항).

5. 법원의 조치

(1) 처분 전 가등기 또는 부기등기의 명령

관할 지방법원은 이의신청에 대하여 결정하기 전에 등기관에게 가등기 또는 이의가 있다는 뜻의 부기등기를 명령할 수 있다(법 제106조).

(2) 이의에 대한 결정

① 관할 지방법원은 이의에 대하여 이유를 붙여 결정을 하여야 한다. 이 경우 이의가 이유 있다고 인정하면 등기관에게 그에 해당하는 처분을 명령하고 그 뜻을 이의신청인과 등기상 이해관계인에게 알려야 한다(법 제105조 제1항).
② 관할 지방법원은 이의신청을 기각(각하 포함)하였을 때에는 그 결정등본을 등기관과 이의신청인에게 송달한다.
③ 관할 지방법원의 결정에 대하여 불복이 있는 이의신청인은 「비송사건절차법」에 따라 항고할 수 있다.

기출 관할 지방법원은 이의신청에 대하여 결정하기 전에 등기관에게 이의가 있다는 뜻의 부기등기를 명령할 수 있다.

심화

1. 지방법원이 그 등기의 기록명령을 하였더라도 기록명령에 따른 등기를 할 수 없는 경우
   - 권리이전등기의 기록명령이 있었으나, 그 기록명령에 따른 등기 전에 제3자 명의로 권리이전등기가 되어 있는 경우
   - 지상권·지역권·전세권·임차권설정등기의 기록명령이 있었으나, 그 기록명령에 따른 등기 전에 동일한 부분에 지상권·전세권·임차권설정등기가 되어 있는 경우
   - 말소등기의 기록명령이 있었으나 그 기록명령에 따른 등기 전에 등기상 이해관계인이 발생한 경우
   - 등기관이 기록명령에 따른 등기를 하기 위하여 신청인에게 첨부정보를 다시 등기소에 제공할 것을 명령하였으나 신청인이 이에 응하지 아니한 경우

2. 기재명령에 따른 등기를 함에 장애가 되지 아니하는 경우: 소유권이전등기 신청의 각하결정에 대한 이의신청에 기하여 관할 지방법원의 소유권이전등기 기록명령이 있기 전에 제3자 명의의 근저당권설정등기가 경료된 때와 같은 경우에는 기록명령에 따른 등기를 함에 장애가 되지 아니하므로, 기록명령에 따른 등기를 하여야 한다.

> **예제**

1. 등기절차에 관한 설명으로 옳은 것은? 　　　　　　　　　　　　　　　제27회
   ① 등기관의 처분에 대한 이의는 집행정지의 효력이 있다.
   ② 소유권이전등기신청시 등기의무자의 주소증명정보는 등기소에 제공하지 않는다.
   ③ 지방자치단체가 등기권리자인 경우, 등기관은 등기필정보를 작성·통지하지 않는다.
   ④ 자격자대리인이 아닌 사람도 타인을 대리하여 전자신청을 할 수 있다.
   ⑤ 전세권설정범위가 건물 전부인 경우, 전세권설정등기신청시 건물도면을 첨부정보로서 등기소에 제공해야 한다.

   해설 ① 등기관의 처분에 대한 이의는 집행정지의 효력이 없다.
   ② 소유권이전등기신청시 등기의무자의 주소증명정보도 등기소에 제공한다.
   ④ 자격자대리인이 아닌 사람은 타인을 대리하여 전자신청을 할 수 없다.
   ⑤ 전세권설정범위가 건물 전부인 경우, 전세권설정등기신청시 건물도면을 첨부정보로서 등기소에 제공할 필요가 없고 건물 일부를 전세권설정범위로 할 때 제공한다.
   　　　　　　　　　　　　　　　　　　　　　　　　　　　　　　정답 ③

2. 등기신청의 각하결정에 대한 이의신청에 따라 관할 지방법원이 그 등기의 기록명령을 하였더라도 그 기록명령에 따른 등기를 할 수 없는 경우를 모두 고른 것은? 　제36회

   > ㉠ 지상권말소등기의 기록명령이 있었으나, 그 기록명령에 따른 등기 전에 지상권을 목적으로 한 저당권이 성립한 경우
   > ㉡ 소유권이전등기의 기록명령이 있었으나, 그 기록명령에 따른 등기 전에 제3자 명의로 소유권이전등기가 되어 있는 경우
   > ㉢ 임차권설정등기의 기록명령이 있었으나, 그 기록명령에 따른 등기 전에 동일한 부분에 임차권설정등기가 되어 있는 경우
   > ㉣ 등기관이 기록명령에 따른 등기를 하기 위하여 신청인에게 첨부정보를 다시 등기소에 제공할 것을 명령하였으나, 신청인이 이에 응하지 아니한 경우

   ① ㉠　　　　　　　　　　　　　② ㉡, ㉢
   ③ ㉢, ㉣　　　　　　　　　　　④ ㉠, ㉡, ㉣
   ⑤ ㉠, ㉡, ㉢, ㉣

   해설 ⑤ 법원의 기록명령이 있었더라도 그 기록명령에 따른 등기 전 그 기록명령에 따른 등기를 하는데 지장이 있는 경우에는 그 기록명령에 따른 등기를 할 수 없다. 　**정답 ⑤**

제3장 메타인지 학습체크 제5절 등기관의 처분과 이의신청

01 [① 부동산의 일부 / ② 공유지분]에 대한 전세권설정등기는 할 수 있다.

02 공동가등기권자 중 일부의 가등기권자가 자기의 지분만에 관하여 본등기를 신청한 경우 등기관은 이를 [① 수리하여 등기 / ② 각하]하여야 한다.

03 합유자 중 1인의 지분에 대한 가압류기입등기촉탁이 있는 경우는 [① 등기신청의 각하사유 중 '사건이 등기할 것이 아닌 때'에 해당한다. / ② 지분을 표시하여 등기하여야 한다.]

04 甲소유 농지에 대하여 乙이 전세권설정등기를 신청한 경우 등기관은 이를 [① 수리하여 등기 / ② 각하]하여야 한다.

05 공동상속인 甲과 乙 중 甲이 [① 자신의 상속지분만 / ② 상속인 전원]에 대한 상속등기를 신청한 경우 등기관은 이를 각하하여야 한다.

06 저당권을 피담보채권과 분리하여 양도하거나, 피담보채권과 분리하여 다른 채권의 담보로 하는 등기를 신청한 경우 등기관은 이를 [① 수리하여 등기 / ② 각하]하여야 한다.

07 채권자 乙의 등기신청에 의한 甲소유 토지에 대한 가압류등기가 실행된 경우 이를 발견한 등기관은 [① 사건이 등기할 것이 아닌 때의 각하사유를 위반하였음을 이유로 일정 절차를 거쳐 직권말소할 수 있다. / ② 실체관계에 부합하므로 직권말소할 수 없다.]

08 승소한 등기의무자가 등기를 신청하여 마쳐진 경우에 등기관은 등기필정보[① 를 작성하여 통지하여야 한다. / ② 는 작성·통지하지 않고 등기완료 통지를 한다.]

09 등기관의 처분이 부당하다고 하는 자는 [① 관할 지방법원 / ② 등기소]에 이의신청서를 제출함으로써 이의신청을 할 수 있다.

정답

01 ① 02 ① 03 ① 04 ② 05 ① 06 ② 07 ① 08 ② 09 ②

제3장 메타인지 학습체크 제5절 등기관의 처분과 이의신청

10 등기관의 처분 후의 새로운 사실을 이의신청의 이유로 삼을 수 [① 있다. / ② 없다.]

11 등기관의 처분에 대한 이의에는 집행정지의 효력이 [① 있고, / ② 없고,] 기간의 제한이 없으므로 이의의 이익이 있는 한 언제라도 이의신청을 할 수 있다.

12 관할 지방법원은 이의신청에 대하여 결정[① 하기 전에 / ② 한 후에] 등기관에게 이의가 있다는 뜻의 부기등기를 명령할 수 있다.

13 상속인이 아닌 자는 상속등기가 위법하다 하여 이의신청을 할 수 [① 있다. / ② 없다.]

14 등기관은 이의가 이유 [① 있다 / ② 없다]고 인정하면 그에 해당하는 처분을 하여야 한다.

정답

10 ②   11 ②   12 ①   13 ②   14 ①

제4장 여러 가지 권리의 등기

회독 Check 1회 2회 3회

> 소유권보존등기는 명확한 범위에서 자주 출제되므로 철저히 학습한다. 그 밖에 소유권에 관한 등기로는 수용을 원인으로 하는 등기와 환매권, 신탁등기의 출제유형을 이해하여야 한다. 지상권, 지역권, 전세권은 용익물권으로서의 특성을 이해하여야 하며, 저당권에 관한 등기는 근저당권의 대상이 되는 권리와 등기형태(주등기 또는 부기등기), 저당권말소등기의 당사자 등을 집중적으로 학습한다.

제1절 │ 소유권보존등기

제30회, 제31회, 제33회, 제34회, 제36회

알아두기

1. **소유권보존등기절차**: 각 1필지의 토지나 1개의 건물에 대하여 첫 등기기록을 개설하는 등기이다. 해당 부동산의 소유자가 단독으로 등기를 신청하게 되나 등기관이 직권으로 소유권보존등기를 실행하게 되는 경우도 있음을 주의하여야 한다. 또한 구분건물의 공용부분으로 하는 규약을 폐지한 경우에도 소유권보존등기를 하게 된다는 점도 재미있는 포인트가 된다.

2. **소유권보존등기의 신청권자**: 단독신청의 경우 그 첫 소유권의 증명을 무엇으로 할 것인지, 그 신청절차가 기존 등기절차와 다른 점은 무엇인지 생각해 보아야 한다.

소유권보존등기

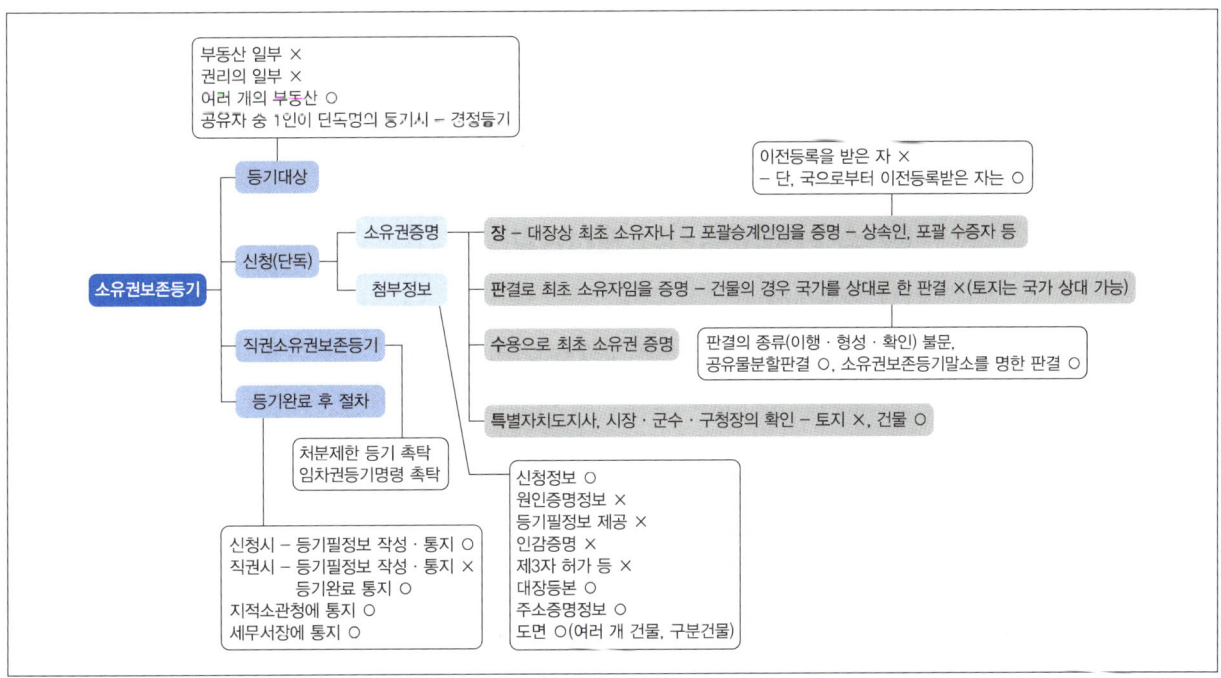

❶ 서설

(1) 의의

소유권보존등기란 미등기부동산에 대하여 새로이 등기기록을 개설하는 최초의 등기를 말한다.

(2) 소유권보존등기의 대상

1물1권주의 원칙상 소유권보존등기는 1부동산 전부에 대하여 소유권 전부를 등기하여야 한다. 부동산의 특정 일부 또는 공유자 중 1인의 지분만에 대하여는 소유권보존등기를 할 수 없다.

> **참고** 구분건물의 소유권보존등기와 공유부동산의 소유권보존등기
>
> 1. 구분건물의 소유권보존등기: 1동의 건물에 속하는 구분건물 중 일부만에 관하여 소유권보존등기를 신청하는 경우에는 나머지 구분건물의 표시에 관한 등기를 동시에 신청하여야 한다. 이 경우 구분건물의 소유자는 1동에 속하는 다른 구분건물의 소유자를 대위하여 그 건물의 표시에 관한 등기를 신청할 수 있다.
> 2. 미등기부동산을 여러 명의 공유자가 공유하는 경우
>   ① 미등기의 부동산이 공유일 때에는 소유권보존등기는 공유자 전원이 공동으로 신청할 수 있고, 공유자 중 1인 또는 수인이 공유자 전원을 표시하여 공유자 전원명의로 소유권보존등기를 신청할 수 있다(단, 공유자 1인은 자기의 지분만에 대해 소유권보존등기를 신청할 수 없다).
>   ② 甲·乙의 공유인 부동산을 甲이 단독명의로 보존등기를 했을지라도 이는 전부무효는 아니므로 말소등기를 할 수 없고, 甲과 乙을 공유로 하는 경정등기를 신청할 수 있다. 이를 일부말소 의미의 경정등기라 한다.

기출
1. 일부지분에 대한 소유권보존등기를 신청한 경우 그 등기신청은 각하되어야 한다.
2. 법원의 미등기부동산에 대한 소유권의 처분제한등기를 촉탁한 경우, 등기관은 직권으로 소유권보존등기를 하여야 한다.

❷ 소유권보존등기의 개시방법

(1) 단독신청

소유권보존등기(所有權保存登記) 또는 소유권보존등기의 말소등기(抹消登記)는 등기명의인으로 될 자 또는 등기명의인이 단독으로 신청한다.

(2) 직권 소유권보존등기

미등기부동산에 소유권에 관한 가압류나 가처분과 같은 **처분제한등기** 또는 미등기주택에 **주택임차권등기명령등기**가 촉탁된 경우 등기관은 직권으로 소유권보존등기를 실행하여야 한다.

> **심화** 소유권보존등기의 특수사례
>
> 1. 촉탁에 의한 소유권보존등기
>   직권 소유권보존등기를 하기 위한 처분제한의 등기는 법원의 재판에 따른 처분제한의 등기촉탁이어야 하므로 세무서의 체납처분에 의한 압류등기의 촉탁이 있을 때에는 등기관의 직권 보존등기가 아닌 세무서장의 대위로 보존등기를 촉탁하여야 한다.
> 2. 사용승인을 받지 못한 건물의 소유권보존등기
>   「건축법」상 요건을 충족하지 못하여 사용승인을 받지 못한 건물이라 하더라도 그 건물이 건축허가·신고를 경료한 건물이라면 직권 보존등기가 가능하다. 다만, 이 경우 제3자에게 불측의 손해를 끼치지 않도록 「건축법」상 사용승인을 받지 않은 건물임을 표제부에 기록하여야 한다. 추후에 「건축법」상 사용승인이 이루어진 경우에 그 건물의 소유권등기의 명의인은 1개월 이내에 표제부에 기록된 '「건축법」상 사용승인받지 않은 건물임'이라는 취지의 등기에 대한 말소등기를 신청하여야 한다.

기출
1. 미등기주택에 대해 임차권등기명령에 의한 등기촉탁이 있는 경우 등기관은 직권으로 소유권보존등기를 한 후 임차권등기를 해야 한다. 제30회
2. 등기관이 법원의 촉탁에 따라 소유권의 처분제한의 등기를 할 때는 직권으로 보존등기를 한다. 제33회

심화 미등기부동산에 가처분등기를 하기 위하여 직권으로 소유권보존등기가 실행된 경우 가처분등기에 대한 말소촉탁이 있더라도 소유권보존등기를 말소할 필요는 없다.

(3) 공용부분이라는 규약의 폐지

집합건물에 있어서 규약에 따른 공용부분이라는 뜻의 등기가 이루어진 후에 그 **규약이 폐지**된 경우, 그 공용부분의 **취득자**는 지체 없이 소유권보존등기를 신청하여야 한다.

기출 집합건물에 있어서 규약에 따른 공용부분이라는 뜻의 등기가 이루어진 후에 그 규약이 폐지된 경우 그 공용부분의 취득자는 지체 없이 소유권보존등기를 신청하여야 한다.

③ 소유권보존등기의 신청인

(1) 토지대장, 임야대장 또는 건축물대장에 최초의 소유자로 등록되어 있는 자 또는 그 상속인, 그 밖의 포괄승계인(법 제65조 제1호)

① 대장상 최초 소유자: 대장상 **최초 소유자로 등록**되어 있는 자가 소유권보존등기를 신청할 수 있다. 그러므로 대장상 소유권이전등록을 받은 소유명의인은 직접 자기명의로 소유권보존등기를 신청할 수는 없고, 최초 소유자의 명의로 소유권보존등기를 한 다음 소유권이전등기를 하여야 한다. 다만, 미등기토지의 지적공부상 '**국'으로부터 소유권이전등록**을 받은 경우에는 직접 자기명의로 소유권보존등기를 신청할 수 있고, '국'으로 소유권보존등기를 할 필요는 없다.

기출 대장에 최초 소유자로 등록된 자의 상속인은 보존등기를 신청할 수 있다. 제33회

기출 미등기건물의 건축물대장에 최초의 소유자로 등록된 자로부터 포괄유증을 받은 자는 그 건물에 관한 소유권보존등기를 신청할 수 있다. 제34회

② 포괄승계인(상속인, 포괄유증을 받은 자, 회사의 합병 후 존속회사): 유증의 목적 부동산이 미등기인 경우에는 토지대장, 임야대장 또는 건축물대장에 최초의 소유자로 등록되어 있는 자 또는 그 상속인의 포괄적 수증자가 단독으로 소유권보존등기를 신청할 수 있다(예규 제1512호). 그러나 유증의 목적부동산이 미등기인 경우라도 특정유증을 받은 자는 소유권보존등기를 신청할 수 없고, 유언집행자가 상속인 명의로 소유권보존등기를 마친 후에 유증을 원인으로 한 소유권이전등기를 신청하여야 한다(예규 제1512호).

(2) 확정판결에 의하여 자기의 소유권을 증명하는 자(법 제65조 제2호)

① 판결의 종류: 소유권을 증명하는 판결은 확인판결에 한하지 않으며, 형성판결이나 이행판결이라도 보존등기 신청인의 소유임을 확정하는 내용이면 충분하다.

기출 토지에 관한 소유권보존등기의 경우 당해 토지가 소유권보존등기 신청인의 소유임을 이유로 소유권보존등기의 말소를 명한 확정판결에 의해서 자기의 소유권을 증명하는 자는 소유권보존등기를 신청할 수 있다.

② 소유권보존등기를 신청할 수 있는 판결에 해당하는 경우의 예시: 다음의 판결은 법 제65조 제2호의 판결에 해당한다.
  ㉠ 당해 부동산이 보존등기 신청인의 소유임을 이유로 소유권보존등기의 말소를 명한 판결
  ㉡ 토지대장상 공유인 미등기토지에 대한 공유물분할의 판결. 다만, 이 경우에는 공유물분할의 판결에 따라 토지의 분필절차를 먼저 거친 후에 보존등기를 신청하여야 한다.

③ 판결의 상대방
  ㉠ 토지(임야)대장 또는 건축물대장상에 최초의 소유자로 등록되어 있는 자 또는 그 상속인, 그 밖의 포괄승계인을 상대로 하여야 한다.
  ㉡ 토지(임야)대장상의 소유자표시란이 공란으로 되어 있거나 소유자표시에 일부 누락이 있어 대장상의 소유자를 특정할 수 없는 경우에는 국가를 상대로 하여야 한다. 그러나 건물에 대하여는 국가를 상대로 한 소유권확인판결로 소유권보존등기를 신청할 수 없다.

(3) 수용으로 인하여 소유권을 취득하였음을 증명하는 자(법 제65조 제3호)

기출 미등기토지에 관한 소유권보존등기는 수용으로 인해 소유권을 취득했음을 증명하는 자도 신청할 수 있다.

미등기부동산을 수용한 사업시행자는 직접 자기명의로 소유권보존등기를 신청할 수 있지만, 이미 등기된 부동산을 수용한 경우에는 이전등기의 형식으로 한다.

(4) 특별자치도지사, 시장·군수 또는 구청장(자치구의 구청장을 말한다)의 확인에 의하여 자기의 소유권을 증명하는 자(건물의 경우로 한정한다)(법 제65조 제4호)

> 기출 군수의 확인에 의해 미등기 건물이 자기의 소유임을 증명하는 자는 소유권보존등기를 신청할 수 있다.
> 제30회, 제33회, 제34회

예제

소유권보존등기의 내용으로 틀린 것은? 　　　　　　　　　　　　　　제26회

① 건물에 대하여 국가를 상대로 한 소유권 확인판결에 의해서 자기의 소유권을 증명하는 자는 소유권보존등기를 신청할 수 있다.
② 일부 지분에 대한 소유권보존등기를 신청한 경우에는 그 등기신청은 각하되어야 한다.
③ 토지에 관한 소유권보존등기의 경우, 당해 토지가 소유권보존등기 신청인의 소유임을 이유로 소유권보존등기의 말소를 명한 확정판결에 의해서 자기의 소유권을 증명하는 자는 소유권보존등기를 신청할 수 있다.
④ 1동의 건물에 속하는 구분건물 중 일부만에 관하여 소유권보존등기를 신청하는 경우에는 나머지 구분건물의 표시에 관한 등기를 동시에 신청하여야 한다.
⑤ 미등기주택에 대하여 임차권등기명령에 의한 등기촉탁이 있는 경우에 등기관은 직권으로 소유권보존등기를 한 후 주택임차권등기를 하여야 한다.

해설 ① 국가를 상대로 한 판결에 의하여 자기 소유권을 주장한 소유권보존등기를 신청하는 경우는 토지에 한하며 건물에 대하여는 신청할 수 없다. 　　　　　　　　　　　　　　**정답** ①

④ 신청절차

(1) 신청정보의 제공사항

소유권보존등기를 신청하는 경우에는 법 제65조의 어느 하나에 따라 등기를 신청한다는 뜻을 신청정보의 내용으로 등기소에 제공하여야 한다. 반면, 등기원인과 그 연월일은 신청정보의 내용으로 등기소에 제공할 필요가 없다(규칙 제121조 제1항).

(2) 첨부정보

① 등기의무자의 등기필정보와 인감증명, 등기원인에 대한 제3자의 허가 등을 증명하는 정보는 제공하지 않는다.
② 부동산의 표시를 증명하는 각 대장정보를 등기소에 제공하여야 한다.

(3) 등기의 실행 및 완료 후 절차

① 새로운 등기기록을 개설하여 표제부와 갑구에 법정 등기사항을 적는다. 소유권보존등기를 할 때에는 **등기원인과 그 연월일을 기록하지 아니한다**(법 제64조).

② 소유권보존등기를 완료한 후 등기관은 대장소관청에 등기완료의 사실을 통지하고, 관할 세무서장에게 등기사실을 통지하여야 한다.

③ 당사자의 단독신청에 의하여 소유권보존등기를 완료한 경우에는 그 등기명의인이 된 신청인에게 새로운 등기필정보를 작성하여 통지하여야 한다. 다만, 등기관의 직권에 의한 소유권보존등기가 완료된 경우에는 등기필정보는 작성하지 아니하며 별도의 등기완료 통지를 등기명의인에게 하여야 한다.

예제

1. 소유권등기에 관한 설명으로 틀린 것은? (다툼이 있으면 판례에 따름) 제34회

① 미등기건물의 건축물대장상 소유자로부터 포괄유증을 받은 자는 자기 명의로 소유권보존등기를 신청할 수 있다.
② 미등기부동산이 전전양도된 경우, 최후의 양수인이 소유권보존등기를 한 때에도 그 등기가 결과적으로 실질적 법률관계에 부합된다면, 특별한 사정이 없는 한 그 등기는 무효라고 볼 수 없다.
③ 미등기토지에 대한 소유권을 군수의 확인에 의해 증명한 자는 그 토지에 대한 소유권보존등기를 신청할 수 있다.
④ 특정유증을 받은 자로서 아직 소유권등기를 이전받지 않은 자는 직접 진정명의회복을 원인으로 한 소유권이전등기를 청구할 수 없다.
⑤ 부동산 공유자의 공유지분 포기에 따른 등기는 해당 지분에 관하여 다른 공유자 앞으로 소유권이전등기를 하는 형태가 되어야 한다.

해설 ③ 특별자치도지사, 시장, 군수 또는 구청장의 확인으로 미등기건물의 소유권을 증명한 자는 그 건물에 대한 소유권보존등기를 할 수 있다. 따라서 이러한 확인으로 토지에 대한 소유권보존등기는 할 수 없다. **정답** ③

2. 소유권보존등기에 관한 설명으로 옳은 것은? 제29회

① 보존등기에는 등기원인과 그 연월일을 기록한다.
② 군수의 확인에 의하여 미등기토지가 자기의 소유임을 증명하는 자는 보존등기를 신청할 수 있다.
③ 등기관이 미등기부동산에 관하여 과세관청의 촉탁에 따라 체납처분으로 인한 압류등기를 하기 위해서는 직권으로 소유권보존등기를 하여야 한다.
④ 미등기토지에 관한 소유권보존등기는 수용으로 인하여 소유권을 취득하였음을 증명하는 자도 신청할 수 있다.
⑤ 소유권보존등기를 신청하는 경우 신청인은 등기소에 등기필정보를 제공하여야 한다.

해설 ① 소유권보존등기에는 등기원인과 그 연월일을 기록할 필요가 없다.
② 특별자치도지사, 시장·군수·구청장의 확인에 의하여 미등기'건물'의 소유권보존등기를 신청할 수 있으나 '토지'는 할 수 없다.
③ 세무서장은 등기되지 아니한 부동산을 압류할 때에는 토지대장 등본, 건축물대장 등본 또는 부동산종합증명서를 갖추어 보존등기를 소관 등기소에 촉탁하여야 한다(「국세징수법」 제45조 제3항). 즉, 등기관이 직권으로 소유권보존등기를 하여야 하는 것은 아니다.
⑤ 소유권보존등기를 신청하는 경우 등기필정보를 제공할 필요는 없다. **정답 ④**

3. 소유권에 관한 등기에 대한 설명으로 옳은 것을 모두 고른 것은? 제36회

㉠ 소유권보존등기에는 등기원인과 그 연월일을 기록한다.
㉡ 공유물분할금지 약정의 변경등기는 공유자 전원이 공동으로 신청하여야 한다.
㉢ 시장의 확인에 의하여 미등기토지의 소유자임을 증명하는 자는 소유권보존등기를 신청할 수 있다.
㉣ 등기관이 미등기토지에 관해 법원의 촉탁으로 경매개시결정 등기를 할 때에는 직권으로 소유권보존등기를 한다.

① ㉣
② ㉠, ㉢
③ ㉡, ㉣
④ ㉠, ㉡, ㉢
⑤ ㉠, ㉡, ㉢, ㉣

해설 ㉠ 소유권보존등기에는 등기원인과 그 연월일을 기록하지 아니한다.
㉢ 특별자치도지사, 시장, 군수 또는 구청장의 확인에 의하여 미등기토지의 소유자임을 증명하는 자는 소유권보존등기를 신청할 수 없고, 미등기건물의 소유권보존등기를 신청할 수 있다. **정답 ③**

	소유권보존등기신청			
접수	년 월 일	처리인	등기관 확인	각종 통지
	제 호			

부동산의 표시
경기도 김포시 운양동 123 벽돌조 시멘트기와 지붕 단층주택 280m²

등기의 목적	소유권보존
신청근거규정	「부동산등기법」 제65조 제1호(항)

구분	성명 (상호·명칭)	주민등록번호 (등기용 등록번호)	주소(소재지)	지분 (개인별)
신청인	박건축	760402-*******	서울 강남구 역삼동 100-1	

* 위 견본은 실제 양식과 차이가 있을 수 있으며, 학습목적으로 가공된 것으로서 모두 실제 내용이 아닙니다.

시가표준액 및 국민주택채권매입금액		
부동산의 표시	부동산별 시가표준액	부동산별 국민주택채권매입금액
1.	금 원	금 원
2.	금 원	금 원
3.	금 원	금 원
국민주택채권매입총액		금 원
국민주택채권발행번호		

취득세(등록면허세) 금 원	지방교육세 금 원
	농어촌특별세 금 원

세액 합계	금 원
등기신청 수수료	금 15,000 원
	납부번호:

첨부 서면

1. 취득세(등록면허세)영수필확인서   통
1. 토지·임야·건축물대장등본   통
1. 주민등록표등(초)본   통
1. ~~위임장~~   ~~통~~

1. 등기신청수수료영수필확인서   통
〈기 타〉

2018년 5월 26일

위 신청인   박건축   (전화: 031-000-0000)

(또는)위 대리인   (전화:)

지방법원   등기소 귀중

― 신청서 작성요령 ―

* 1. 부동산표시란에 2개 이상의 부동산을 기재하는 경우에는 그 부동산의 일련번호를 기재하여야 합니다.
  2. 신청인란 등 해당란에 기재할 여백이 없을 경우에는 별지를 이용합니다.

* 위 견본은 실제 양식과 차이가 있을 수 있으며, 학습목적으로 가공된 것으로서 모두 실제 내용이 아닙니다.

[건물] 경기도 김포시 운양동 123　　　　　　　　　　　고유번호 0000-0000-000000

[표제부]			(건물의 표시)	
표시번호	접수	소재지번 및 건물번호	건물내역	등기원인 및 기타사항
1	2018년 5월 26일	경기도 김포시 운양동 123	벽돌조 시멘트기와 지붕 단층주택 280m^2	

[갑구]			(소유권에 관한 사항)	
순위번호	등기목적	접수	등기원인	권리자 및 기타사항
1	소유권보존	2018년 5월 26일 제3541호		소유자　박건축 　　　　760402-******* 　　　　서울 강남구 역삼동 100-1

* 위 견본은 실제 양식과 차이가 있을 수 있으며, 학습목적으로 가공된 것으로서 모두 실제 내용이 아닙니다.

♣ 직권에 의한 소유권보존등기 예시

[건물] 경기도 김포시 북변동 250　　　　　　　　　　　고유번호 0000-0000-000000

[표제부]			(건물의 표시)	
표시번호	접수	소재지번 및 건물번호	건물내역	등기원인 및 기타사항
1	2011년 3월 5일	경기도 김포시 북변동 250	시멘트 블록조 기와지붕 주택 1층 200m^2	
2				「건축법」상 사용승인받지 않은 건물임

[갑구]			(소유권에 관한 사항)	
순위번호	등기목적	접수	등기원인	권리자 및 기타사항
1	소유권보존			소유자　성건축 ******-******* 　　　　경기도 김포시 풍무동 100 가처분등기의 촉탁으로 인하여 2011년 3월 5일 등기
2	가처분	2011년 3월 5일 제3005호	2011년 3월 2일 서울중앙지방법원의 가처분결정 (2011카합202)	피보전권리　소유권이전등기청구권 채권자　　　이순진 ******-******* 　　　　　　경기도 안양시 *** 금지사항 양도, 담보권설정 기타 일체의 처분행위 금지

* 위 견본은 실제 양식과 차이가 있을 수 있으며, 학습목적으로 가공된 것으로서 모두 실제 내용이 아닙니다.

메타인지 학습체크 제1절 소유권보존등기

01 법원이 미등기부동산에 대한 소유권의 처분제한등기를 촉탁한 경우, [① 법원은 동시에 촉탁 / ② 등기관은 직권]으로 소유권보존등기를 하여야 한다.

02 미등기토지에 가처분등기를 하기 위하여 등기관이 직권으로 소유권보존등기를 한 경우, 법원의 가처분등기말소촉탁이 있으면 [① 직권으로 소유권보존등기를 말소한다. / ② 소유권보존등기는 말소하지 아니한다.]

03 2인 공유인 미등기토지에 대하여 공유자 중 1인은 공유자 전원을 위하여 토지 전부에 대하여 소유권보존등기를 신청할 수 [① 있다. / ② 없다.]

04 토지대장상 최초의 소유자인 甲의 미등기토지가 상속된 경우, [① 甲명의로 보존등기를 한 후 상속인명의로 소유권이전등기 / ② 상속인명의로 소유권보존등기]를 한다.

05 미등기토지의 지적공부상 국가로부터 소유권이전등록을 받은 소유명의인은 [① 국가명의의 보존등기 후 소유권이전등기를 하여야 한다. / ② 직접 자기명의로 소유권보존등기를 할 수 있다.]

06 건물에 대하여 국가를 상대로 한 소유권 확인판결에 의해서 자기의 소유권을 증명하는 자는 소유권보존등기를 신청할 수 [① 있다. / ② 없다.]

07 확정판결에 의하여 자기의 소유권을 증명하여 소유권보존등기를 신청할 경우, 소유권을 증명하는 판결은 소유권 확인판결에 [① 한한다. / ② 한하지 않는다.]

08 자치구 구청장의 확인에 의하여 자기의 [① 건물 / ② 토지]소유권을 증명하는 자는 소유권보존등기를 신청할 수 있다.

09 등기관이 소유권보존등기를 할 때에는 등기부에 등기원인과 그 연월일을 기록[① 하여야 한다. / ② 하지 않는다.]

정답
01 ② 02 ② 03 ① 04 ② 05 ② 06 ② 07 ② 08 ① 09 ②

제2절 | 소유권이전등기 등

제30회, 제31회

🎯 알아두기

1. **소유권이전등기**: 계약이나 상속 등의 여러 가지 원인에 의하여 소유권이전등기가 실행될 수 있다. 특히 매매계약을 원인으로 하는 소유권이전등기의 경우는 실거래가액을 등기하여야 하며, 피상속인의 유언이 있는 경우는 유증에 의한 소유권이전등기가 실행되어야 한다.
2. **토지수용, 진정명의회복, 환매특약, 신탁**: 여러 가지 원인에 의한 소유권이전등기가 존재한다. 보상금을 지급한 사업시행자가 수용을 원인으로 한 소유권이전등기를 단독신청하거나, 말소등기를 할 원소유자가 현재 소유권등기명의인을 상대로 소유권이전등기를 신청하는 진정명의회복, 매도 당시 환매할 권리를 미리 등기해 두는 환매특약등기, 위탁자가 수탁자에게 그 소유권 등 권리를 이전하나 신탁재산임을 명시하는 신탁등기 등이 있다.

♣ 수용을 원인으로 한 소유권이전등기, 환매특약등기, 신탁등기, 공동소유

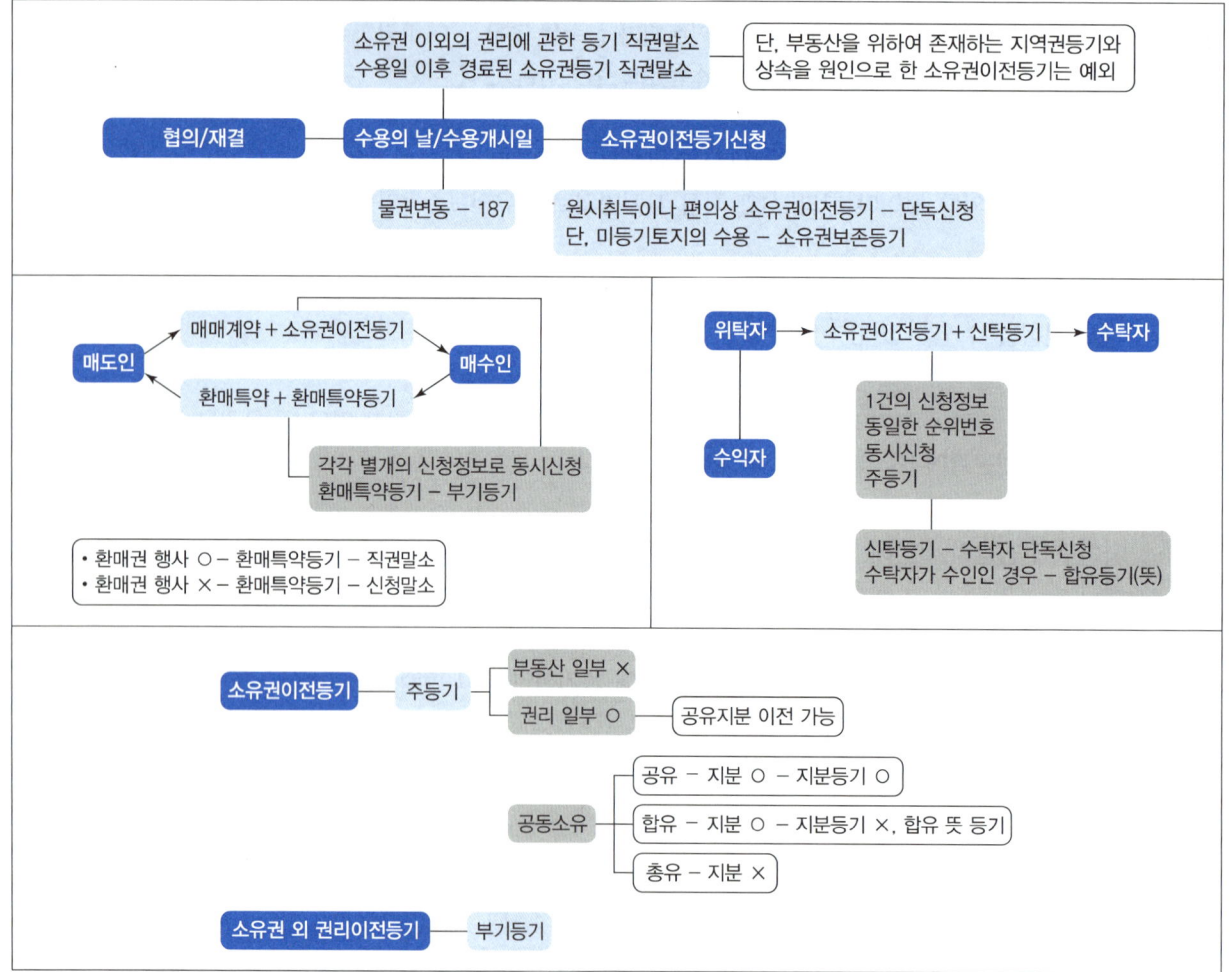

❶ 소유권이전등기

(1) 의의

소유권이전등기는 법률행위 또는 법률의 규정에 의하여 소유권이 이전하는 것을 공시하는 등기를 말한다. 소유권이전등기는 항상 주등기로 실행하고 종전의 소유자를 말소표시하지 않는다. 반면 소유권 이외의 권리의 이전등기는 모두 부기등기로 실행하고 종전의 권리자를 말소표시한다.

(2) 소유권의 일부이전등기

① 소유권의 일부이전이란 단독소유를 공유로 하거나 이미 성립하고 있는 공유물의 지분 전부 또는 일부를 이전하는 것을 말한다. 이 경우 이전되는 지분을 신청정보의 내용으로 등기소에 제공하는 방법으로 신청할 수 있다.

> **법 제67조【소유권의 일부이전】** ① 등기관이 소유권의 일부에 관한 이전등기를 할 때에는 이전되는 지분을 기록하여야 한다. 이 경우 등기원인에 「민법」 제268조 제1항 단서의 약정(공유물불분할의 약정)이 있을 때에는 그 약정에 관한 사항도 기록하여야 한다.
> ② 제1항 후단의 약정의 변경등기는 공유자 전원이 공동으로 신청하여야 한다.

② 부동산의 특정 일부에 대한 소유권이전등기는 분할을 선행하기 전에는 할 수 없다.

③ 공유물분할금지약정이 등기된 부동산의 경우에 그 약정상 금지기간 동안에도 그 부동산의 소유권 일부에 관한 이전등기를 할 수 있다.

④ 공유물분할금지 약정이 등기된 경우 그 약정의 변경등기는 공유자 전원이 공동으로 신청하여야 한다.

⑤ 공유자가 그 지분을 포기하거나 상속인 없이 사망한 때에는 그 지분은 다른 공유자에게 각 지분의 비율로 귀속한다(「민법」 제267조).

⑥ 공유자 중 1인의 지분포기로 인한 등기는 포기한 자를 등기의무자로 다른 공유자를 등기권리자로 하여 공동신청에 의한 공유지분이전등기로 실행한다.

기출 등기관이 소유권일부이전등기를 할 경우 이전되는 지분을 기록하여야 한다.

기출 등기관이 소유권의 일부에 관한 이전등기를 할 때에는 이전되는 지분을 기록하여야 하고, 그 등기원인에 분할금지약정이 있을 때에는 그 약정에 관한 사항도 기록하여야 한다. 제31회

Tip "공유물분할금지약정이 등기된 경우, 그 약정의 변경등기는 공유자 중 1인이 단독으로 신청할 수 있다."라고 하면 틀린 지문이 된다. 즉, 공유자 전원이 공동으로 신청하여야 한다.

기출 부동산 공유자의 공유지분 포기에 따른 등기는 해당 지분에 관하여 다른 공유자 앞으로 소유권이전등기를 하는 형태가 되어야 한다. 제34회

> **참고** 공동소유에 관한 등기

1. 공유에 관한 등기
   ① 공유자는 각자 그 지분을 처분할 수 있으며 저당권설정등기의 목적으로 할 수도 있다. 그러나 공유지분을 목적으로 하는 지상권·전세권·임차권 등 용익물권의 등기는 할 수 없다.
   ② 등기의 목적의 기재방법(예규 제1313호)
      ㉠ 공유자인 甲의 지분을 전부 이전하는 경우: 등기의 목적은 '甲지분 전부이전'으로 기재한다.
      ㉡ 공유자인 甲의 지분을 일부 이전하는 경우: 등기의 목적은 '甲지분 ○분의 ○ 중 일부(○분의 ○)이전'으로 기재하되, 이전하는 지분은 부동산 전체에 대한 지분을 명시하여 괄호 안에 기재하여야 한다.

   〈예시〉
   甲지분 2분의 1 중 2분의 1을 乙이 이전받는 경우 ⇨ '甲지분 2분의 1 중 일부(4분의 1)이전'

2. 합유에 관한 등기
   ① 「민법」상 합유물에 대하여는 합유자의 지분은 있지만 합유등기에 있어서는 등기부상 각 합유자의 **지분을 표시하지 아니한다**(예규 제911호). 그러므로 합유등기가 경료된 부동산에 대하여 합유자 중 1인의 지분에 대한 가압류등기촉탁은 할 수 없다. 같은 이유로 부동산에 합유등기가 경료된 경우에 각 합유자의 지분에 대한 소유권이전청구권가등기는 신청할 수 없다(등기선례 제6-436호).
   ② 「부동산등기법」상 등기할 권리가 **합유**(合有)인 때에는 등기기록에 그 뜻을 기록하여야 한다.
   ③ 합유자 중 일부가 교체되는 경우: 합유자 중 일부가 나머지 합유자들 전원의 동의를 얻어 그의 합유지분을 타에 매도, 기타 처분하여 종전의 합유자 중 일부가 교체되는 경우에는 합유지분을 처분한 합유자와 합유지분을 취득한 합유자 및 잔존 합유자의 공동신청으로 '○년 ○월 ○일 합유자 변경'을 원인으로 한 잔존 합유자 및 합유지분을 취득한 합유자의 합유로 하는 합유명의인 **변경**등기신청을 하여야 하고, 이 경우 합유지분을 처분한 합유자의 인감증명을 첨부하여야 한다(예규 제911호).

3. 합유를 공유로 변경하기 위한 등기절차
   수인의 합유자 명의로 등기되어 있는 부동산은 합유자 전원의 합의에 의하여 수인의 공유지분의 소유형태로의 소유권**변경**등기를 할 수 있다(등기선례 제3-562호).

기출 등기부 갑구(甲區)의 등기사항 중 권리자가 2인 이상인 경우에는 권리자별 지분을 기록하여야 하고, 등기할 권리가 합유인 경우에는 그 뜻을 기록하여야 한다. 제31회

기출
1. 합유자 중 1인이 다른 합유자 전원의 동의를 얻어 합유지분을 처분하는 경우, 지분이전등기를 신청할 수 없다. 제30회
2. 수탁자가 2인 이상이면 그 공동수탁자가 합유관계라는 표시를 신청서에 기재하여야 한다. 제30회

기출 공유자 전원이 그 소유관계를 합유로 변경하는 경우, 변경계약을 등기원인으로 변경등기를 신청하여야 한다. 제30회

> **예제**
>
> 합유등기에 관한 설명으로 틀린 것은? 　　　　　　　　　　제30회
>
> ① 「민법」상 조합의 소유인 부동산을 등기할 경우 조합원 전원의 명의로 합유등기를 한다.
> ② 합유등기를 하는 경우 합유자의 이름과 각자의 지분비율이 기록되어야 한다.
> ③ 2인의 합유자 중 1인이 사망한 경우 잔존 합유자는 그의 단독소유로 합유명의인 변경등기신청을 할 수 있다.
> ④ 합유자 중 1인이 다른 합유자 전원의 동의를 얻어 합유지분을 처분하는 경우 지분이전등기를 신청할 수 없다.
> ⑤ 공유자 전원이 그 소유관계를 합유로 변경하는 경우 변경계약을 등기원인으로 변경등기를 신청해야 한다.
>
> **해설** ② 「민법」상 합유물에 대하여는 합유자의 지분은 있지만, 합유등기에 있어서는 등기부상 각 합유자의 지분을 표시하지 아니한다(예규 제911호). 　　　　**정답** ②

지분이전등기

[갑구]		(소유권에 관한 사항)		
순위번호	등기목적	접수	등기원인	권리자 및 기타사항
1	소유권보존	2015년 7월 8일 제4321호		소유자 송은준 760402-******* 경기도 김포시 김포대로 21
2	소유권일부이전	2016년 7월 9일 제5263호	2016년 7월 2일 매매	공유자 지분의 5분의 2 송다인 730809-###### 경기도 고양시 장항로 87
3	2번 송다인의 지분 5분의 2 중 일부 (5분의 1)이전	2017년 8월 9일 제6543호	2017년 8월 1일 매매	공유자 지분 5분의 1 오분만 820304-$$$$$$$ 서울특별시 관악구 봉천대로 15

* 위 견본은 실제 양식과 차이가 있을 수 있으며, 학습목적으로 가공된 것으로서 모두 실제 내용이 아닙니다.

심화 실거래가액 등기 제32회, 제33회

1. 등기관이 「부동산 거래신고 등에 관한 법률」 제3조 제1항에서 정하는 계약을 등기원인으로 한 소유권이전등기를 하는 경우에는 대법원규칙으로 정하는 바에 따라 거래가액을 기록한다. 이를 위하여 당사자는 신청정보에 신고필증에 기재된 거래가액을 적고, 신고필증을 신청정보에 첨부하여 제공하여야 한다.

2. 거래가액 등기 여부
   ① 원칙: 거래가액은 2006.1.1. 이후 작성된 **매매계약서를 등기원인증서로 하여 소유권이전등기를 신청하는 경우**에 등기한다. 그러므로 아래의 경우에는 거래가액을 등기하지 않는다.
      ㉠ 2006.1.1. 이전에 작성된 매매계약서에 의한 등기신청을 하는 때
      ㉡ 등기원인이 매매라 하더라도 등기원인증서가 판결, 조정조서 등 매매계약서가 아닌 때
      ㉢ 매매계약서를 등기원인증서로 제출하면서 소유권이전등기가 아닌 소유권이전청구권가등기를 신청하는 때
   ② 소유권이전청구권가등기에 의한 본등기를 신청하는 경우: 매매예약을 원인으로 한 소유권이전청구권가등기에 의한 본등기를 신청하는 때에는, 매매계약서를 등기원인증서로 제출하지 않는다 하더라도 거래가액을 등기한다.

3. 매매목록의 제출 여부
   ① 매매목록의 제출이 필요한 경우: 아래의 어느 하나에 해당하는 경우에는 매매목록을 제출하여야 한다.
      ㉠ 1개의 신고필증에 **2개 이상의 부동산**이 기재되어 있는 경우(1개의 계약서에 의해 2개 이상의 부동산을 거래한 경우라 하더라도, 관할 관청이 달라 개개의 부동산에 관하여 각각 신고한 경우에는 매매목록을 작성할 필요가 없다)
      ㉡ 신고필증에 기재되어 있는 부동산이 1개라 하더라도 수인과 수인 사이의 매매인 경우
   ② 매매목록이 제출되지 아니한 경우에 등기관은 등기부 중 **갑구의 권리자 및 기타사항란**에 거래가액을 기록하나 매매목록이 제출된 경우에는 거래가액을 기록하지 아니하고 매매목록번호를 기록하고 매매목록에 거래가액, 부동산의 일련번호, 부동산의 표시, 순위번호 등을 전자적으로 기록한다.
   ③ 매매목록의 경정 또는 변경: 등기된 매매목록은 **당초의 신청에 착오가 있는 경우 또는 등기관의 과오로 잘못 기록된 경우 이외에는** 경정 또는 변경할 수 없다.

기출 2020년에 체결된 부동산매매계약서를 등기원인을 증명하는 정보로 하여 소유권이전등기를 신청하는 경우에는 거래가액을 신청정보의 내용으로 제공하여야 한다. 제32회

기출 거래가액을 신청정보의 내용으로 제공하는 경우, 1개의 부동산에 관한 여러 명의 매도인과 여러 명의 매수인 사이의 매매계약인 때에는 매매목록을 첨부정보로 제공하여야 한다. 제32회

> **예제**
>
> 2022년에 체결된 「부동산 거래신고 등에 관한 법률」 제3조 제1항 제1호의 부동산 매매계약의 계약서를 등기원인증서로 하는 소유권이전등기에 관한 설명으로 틀린 것은?
>
> 제33회
>
> ① 신청인은 위 법률에 따라 신고한 거래가액을 신청정보의 내용으로 등기소에 제공해야 한다.
> ② 신청인은 시장·군수 또는 구청장이 제공한 거래계약신고필증정보를 첨부정보로서 등기소에 제공해야 한다.
> ③ 신고 관할관청이 같은 거래부동산이 2개 이상인 경우, 신청인은 매매목록을 첨부정보로서 등기소에 제공해야 한다.
> ④ 거래부동산이 1개라 하더라도 여러 명의 매도인과 여러 명의 매수인 사이의 매매계약인 경우에는 매매목록을 첨부정보로서 등기소에 제공해야 한다.
> ⑤ 등기관은 거래가액을 등기기록 중 갑구의 등기원인란에 기록하는 방법으로 등기한다.
>
> **해설** ⑤ 등기관은 거래가액을 등기기록 중 갑구의 권리자 및 기타사항란에 기록하는 방법으로 등기한다.
>
> > 「부동산등기규칙」 제125조【거래가액의 등기방법】 등기관이 거래가액을 등기할 때에는 다음 각 호의 구분에 따른 방법으로 한다.
> > 1. 매매목록의 제공이 필요 없는 경우: 등기기록 중 갑구의 권리자 및 기타사항란에 거래가액을 기록하는 방법
> > 2. 매매목록이 제공된 경우: 거래가액과 부동산의 표시를 기록한 매매목록을 전자적으로 작성하여 번호를 부여하고 등기기록 중 갑구의 권리자 및 기타사항란에 그 매매목록의 번호를 기록하는 방법
>
> 정답 ⑤

❷ 수용에 의한 토지소유권이전등기

(1) 신청인

① 등기된 부동산에 대한 수용으로 인한 사업시행자의 소유권의 취득은 원시취득이지만, 그 등기의 형식은 소유권이전등기로 행해지고 등기권리자인 사업시행자가 단독으로 신청할 수 있다(법 제99조 제1항).

② 국가 또는 지방자치단체가 등기권리자인 경우에 국가 또는 지방자치단체는 지체 없이 수용으로 인한 소유권이전등기를 등기소에 촉탁하여야 한다(법 제99조 제3항).

기출
1. 수용으로 인한 소유권이전등기는 토지수용위원회의 재결서를 등기원인증서로 첨부하여 사업시행자가 단독으로 신청할 수 있다. 제30회
2. 국가 및 지방자치단체에 해당하지 않는 등기권리자는 재결수용으로 인한 소유권이전등기를 단독으로 신청할 수 있다. 제31회

(2) 신청정보 및 첨부정보

① 등기원인은 '토지수용'으로, 원인일자는 '수용의 개시일'을 각각 기재한다. 토지수용위원회의 재결에 의하여 존속이 인정된 권리가 있는 때에는 소유권이전등기신청서에 이를 기재하여야 한다(예규 제1388호).

② 대위등기신청: 수용을 원인으로 하는 소유권이전등기를 신청함에 있어 필요한 때에는 사업시행자는 등기명의인 또는 상속인을 갈음하여 토지의 표시 또는 등기명의인의 표시변경이나 경정, 상속으로 인한 소유권이전등기를 대위신청할 수 있다(예규 제1388호).

(3) 토지수용으로 인한 말소등기 등

토지수용으로 인한 소유권이전등기를 하는 경우에는 다음의 등기는 등기관이 이를 직권으로 말소하여야 한다(예규 제1388호).

① 수용의 개시일 이후에 경료된 소유권이전등기. 다만, 수용의 개시일 이전의 상속을 원인으로 한 소유권이전등기는 그러하지 아니하다.

② 소유권 이외의 권리, 즉 지상권, 지역권, 전세권, 저당권, 권리질권 및 임차권에 관한 등기. 다만, 그 부동산을 위하여 존재하는 지역권의 등기와 토지수용위원회의 재결에 의하여 인정된 권리는 그러하지 아니하다.

③ 가등기, 가압류, 가처분, 압류 및 예고등기

(4) 재결의 실효를 원인으로 한 소유권이전등기의 말소신청 등

토지수용의 재결의 실효를 원인으로 하는 토지수용으로 인한 소유권이전등기의 말소신청은 등기의무자와 등기권리자가 공동으로 신청하여야 하며, 이에 의하여 토지수용으로 인한 소유권이전등기를 말소한 때에는 등기관은 토지수용으로 말소한 등기를 직권으로 회복하여야 한다(예규 제1388호).

기출
1. 수용으로 인한 소유권이전등기를 하는 경우, 특별한 사정이 없는 한 그 부동산의 등기기록 중 근저당권등기는 직권으로 말소하여야 한다. 제34회
2. 수용에 의한 소유권이전등기를 할 때 수용개시일 이전의 상속을 원인으로 한 수용개시일 이후에 마쳐진 소유권이전등기는 등기관이 직권으로 말소할 등기가 아니다.
3. 등기권리자의 단독신청에 따라 수용으로 인한 소유권이전등기를 하는 경우 등기관은 그 부동산을 위해 존재하는 지역권의 등기를 직권으로 말소해서는 안 된다. 제30회

기출 수용에 의한 소유권이전등기 완료 후 수용재결의 실효로 그 말소등기를 신청하는 경우 피수용자 단독으로 기업자명의의 소유권이전등기 말소등기를 신청할 수 없다.

수용으로 인한 등기에 관한 설명으로 옳은 것을 모두 고른 것은? 제30회

㉠ 수용으로 인한 소유권이전등기는 토지수용위원회의 재결서를 등기원인증서로 첨부하여 사업시행자가 단독으로 신청할 수 있다.
㉡ 수용으로 인한 소유권이전등기신청서에 등기원인은 토지수용으로, 그 연월일은 수용의 재결일로 기재해야 한다.
㉢ 수용으로 인한 등기신청시 농지취득자격증명을 첨부해야 한다.
㉣ 등기권리자의 단독신청에 따라 수용으로 인한 소유권이전등기를 하는 경우 등기관은 그 부동산을 위해 존재하는 지역권의 등기를 직권으로 말소해서는 안 된다.
㉤ 수용으로 인한 소유권이전등기가 된 후 토지수용위원회의 재결이 실효된 경우 그 소유권이전등기의 말소등기는 원칙으로 공동신청에 의한다.

① ㉠, ㉡, ㉢
② ㉠, ㉢, ㉣
③ ㉠, ㉣, ㉤
④ ㉡, ㉢, ㉤
⑤ ㉡, ㉣, ㉤

해설 ㉡ 수용으로 인한 소유권이전등기신청서에 등기원인은 토지수용으로, 그 연월일은 수용의 개시일로 기재하여야 한다.
㉢ 수용으로 인한 소유권이전등기신청의 경우 농지취득자격증명은 첨부할 필요가 없다.

정답 ③

❸ 진정명의회복을 원인으로 하는 소유권이전등기 제35회

(1) 의의

① 진정명의회복을 원인으로 하는 소유권이전등기라 함은 등기원인의 무효 등으로 인하여 등기명의인이 무권리자인 경우에, 진정한 소유자가 무권리자의 명의의 등기를 말소하지 아니하고 진정명의회복을 원인으로 직접 소유권이전등기를 하는 것을 말한다.

② 필요성: 甲소유 토지에 대해 甲과 乙의 가장매매에 의해 乙 앞으로 소유권이전등기가 된 후에 선의의 丙 앞으로 저당권설정등기가 설정된 경우, 甲은 선의의 丙에게 대항하지 못하므로 그 승낙을 받지 못하게 되어 乙명의의 소유권이전등기를 말소청구할 수 없게 된다. 이 경우 甲과 乙은 공동으로 진정명의회복을 위한 이전등기를 신청할 수 있으므로 甲의 소유권을 회복시킬 수 있다는 점에서 의미가 있다.

기출
1. 진정명의회복을 원인으로 하는 소유권이전등기를 신청하는 경우, 그 신청정보에 등기원인일자는 기재하지 않는다. 제35회
2. 토지거래허가의 대상이 되는 토지에 관하여 진정명의회복을 원인으로 하는 소유권이전등기를 신청하는 경우에는 토지거래허가증을 첨부해야 한다. (×) 제35회
3. 진정명의회복을 위한 소유권이전등기청구소송에서 승소확정판결을 받은 자는 그 판결을 등기원인으로 하여 현재 등기명의인의 소유권이전등기에 대하여 말소등기를 신청할 수는 없다. 제35회

기출 특정유증을 받은 자로서 아직 소유권등기를 이전받지 않은 자는 직접 진정명의회복을 원인으로 한 소유권이전등기를 청구할 수 없다. 제34회

기출 진정명의회복을 원인으로 하는 소유권이전등기에는 등기원인일자를 기록하지 않는다.

(2) 신청인

① 공동신청: 이미 자기 앞으로 소유권을 표상하는 등기가 되어 있던 자(과거의 등기부상 소유자)와 현재의 등기명의인이 공동으로 신청할 수 있다. 또한 지적공부상 소유자로 등록되어 있던 자로서 소유권보존등기를 신청할 수 있었던 자도 현재의 등기명의인과 공동으로 신청할 수 있다.

② 단독신청: 현재의 등기명의인이 이에 협력하지 않으면 현재의 등기명의인을 상대로 '진정명의회복'을 등기원인으로 한 소유권이전등기절차의 이행을 명하는 판결을 받아 단독으로 신청할 수 있다.

③ 등기권리자의 상속인이나 그 밖의 포괄승계인은 「부동산등기법」 제27조의 규정에 의하여 진정명의회복을 원인으로 한 소유권이전등기를 신청할 수 있다.

(3) 신청정보 및 첨부정보

① 진정명의회복등기를 신청하는 경우 신청정보에 등기의 목적은 '소유권이전'으로, 등기원인은 '진정명의회복'으로 기록하지만, 등기원인일자는 기록하지 않는다.

② 공동신청에 의할 경우에는 등기원인을 증명하는 정보가 존재하지 않지만, 판결에 의하여 신청하는 경우에는 판결서정본이 등기원인을 증명하는 정보가 된다.

③ 토지거래허가서, 농지취득자격증명정보를 제공할 필요는 없다. 또한 이 등기는 계약을 원인으로 한 것이 아니므로 판결서정본에 검인을 받을 필요도 없다.

♟ 진정명의회복을 원인으로 하는 소유권이전등기

[갑구]	(소유권에 관한 사항)			
순위번호	등기목적	접수	등기원인	권리자 및 기타사항
3	소유권이전	2007년 4월 9일 제2312호	진정명의회복	소유자 박복길 431203-******* 서울특별시 강동구 천호동 34

* 위 견본은 실제 양식과 차이가 있을 수 있으며, 학습목적으로 가공된 것으로서 모두 실제 내용이 아닙니다.

예제

1. 진정명의회복을 위한 소유권이전등기에 관한 설명으로 옳은 것을 모두 고른 것은?
   제35회

   > ㉠ 진정명의회복을 원인으로 하는 소유권이전등기를 신청하는 경우, 그 신청정보에 등기원인일자는 기재하지 않는다.
   > ㉡ 토지거래허가의 대상이 되는 토지에 관하여 진정명의회복을 원인으로 하는 소유권이전등기를 신청하는 경우에는 토지거래허가증을 첨부해야 한다.
   > ㉢ 진정명의회복을 위한 소유권이전등기청구소송에서 승소확정판결을 받은 자는 그 판결을 등기원인으로 하여 현재 등기명의인의 소유권이전등기에 대하여 말소등기를 신청할 수는 없다.

   ① ㉠   ② ㉡   ③ ㉠, ㉢
   ④ ㉡, ㉢   ⑤ ㉠, ㉡, ㉢

   해설 ㉡ 진정명의회복을 원인으로 소유권이전등기를 신청하는 경우에는 토지거래허가증을 요하지 아니한다.
   ㉢ 등기선례를 바탕으로 출제되었다.
   甲·乙 간의 진정명의회복을 위한 소유권이전등기청구소송에서 승소확정판결을 받은 甲은 위 확정판결에 의하여 현재의 등기명의인인 乙의 소유권이전등기에 대하여 말소등기신청은 할 수 없다[진정명의회복을 위한 소유권이전등기의 확정판결에 의하여 소유권말소등기가 가능한지 여부(소극) 제정 2001.12.26.; 등기선례 제7-226호, 시행].

   정답 ③

2. 소유권이전등기에 관한 설명으로 옳은 것을 모두 고른 것은? (다툼이 있으면 판례에 따름)
   제29회

   > ㉠ 甲이 그 명의로 등기된 부동산을 乙에게 매도한 뒤 단독상속인 丙을 두고 사망한 경우, 丙은 자신을 등기의무자로 하여 甲에서 직접 乙로의 이전등기를 신청할 수는 없다.
   > ㉡ 甲소유 토지에 대해 사업시행자 乙이 수용보상금을 지급한 뒤 乙명의로 재결수용에 기한 소유권이전등기를 하는 경우, 수용개시일 후 甲이 丙에게 매매를 원인으로 경료한 소유권이전등기는 직권말소된다.
   > ㉢ 공동상속인이 법정상속분과 다른 비율의 지분이전등기를 상속을 원인으로 신청하는 경우, 그 지분이 신청인이 주장하는 지분으로 변동된 사실을 증명하는 서면을 신청서에 첨부하여 제출하지 않으면 등기관은 그 신청을 각하한다.
   > ㉣ 甲소유 토지에 대해 甲과 乙의 가장매매에 의해 乙 앞으로 소유권이전등기가 된 후에 선의의 丙 앞으로 저당권설정등기가 설정된 경우, 甲과 乙은 공동으로 진정명의회복을 위한 이전등기를 신청할 수 없다.

   ① ㉠, ㉡   ② ㉠, ㉣   ③ ㉡, ㉢
   ④ ㉢, ㉣   ⑤ ㉡, ㉢, ㉣

> **해설** ⓒ 공동상속을 원인으로 한 상속등기신청에 있어서 신청인이 법정상속분과 다른 비율의 지분이전등기를 신청하는 경우에는 호적등본이나 제적등본 등의 상속을 증명하는 서면 이외에 법정상속분에 따른 지분이 신청인 주장의 지분으로 변동된 사실을 증명하는 서면도 제출할 필요가 있는 것이며 이와 같은 서면을 신청서에 첨부하여 제출하지 않은 경우 이 흠결은 「부동산등기법」 제55조 제8호(현행 제29조 제9호 – 등기에 필요한 첨부정보를 제공하지 아니한 경우에 해당)의 경우에 해당하는 것이어서 위 신청은 각하를 면할 수 없다(대결 90마772).
> ㉠㉢ 이전등기를 신청할 수 있다. **정답 ③**

④ 기타의 소유권이전등기 제31회, 제32회, 제33회, 제35회, 제36회

(1) 환매특약등기

① 의의 및 성질: 환매특약에 의하여 매매의 목적물을 다시 살 수 있는 권리를 환매권이라 한다. 환매권은 채권이므로 등기를 하여야 제3자에 대하여 대항력을 갖는다.

② 환매특약등기의 특칙
  ㉠ 환매특약등기는 매매로 인한 소유권이전등기와 **동시에 신청**하여야 (동일한 접수번호 부여) 하지만, 신청정보는 소유권이전등기신청정보와 **별개로** 독립하여 제공하여야 한다.
  ㉡ 매매로 인한 소유권이전등기와 별도로 환매특약등기를 신청하는 경우에는 사건이 등기할 것이 아닌 경우에 해당되어 각하된다.

③ 신청인: 매도인이 등기권리자가 되고, 매수인이 등기의무자가 되어 공동신청하므로 매매로 인한 소유권이전등기의 당사자와 반대가 된다.

④ 신청정보
  ㉠ 필요적 사항: 매수인이 지급한 **매매대금**과 **매매비용**을 적어야 한다.
  ㉡ 임의적 사항: 등기원인에 환매기간이 정해져 있는 경우에는 이를 적어야 한다.

⑤ 등기의 실행
  ㉠ 등기사항: 등기관이 환매특약의 등기를 할 때에는 다음의 사항을 기록하여야 한다(법 제53조).
    ⓐ 매수인이 지급한 대금
    ⓑ 매매비용
    ⓒ 환매기간(등기원인에 그 사항이 정하여져 있는 경우에만 기록)
  ㉡ 등기의 형식: 환매특약등기는 소유권이전등기에 **반드시 부기등기**로 실행한다.

기출 부동산환매특약은 등기능력이 인정된다. 제31회

기출 환매등기의 경우 환매권리자는 매도인에 국한되는 것이므로 제3자를 환매권리자로 하는 환매등기는 이를 할 수 없다. 제35회

기출 환매특약등기를 실행할 때 매매비용과 매수인이 지급한 대금을 기록하여야 한다. 제32회, 제33회

ⓒ 환매권의 이전등기: 환매권자를 등기의무자, 환매권을 매수한 자를 등기권리자로 하여 공동신청하며 부기등기의 형식으로 실행한다.

환매권등기(전산등기부)

[갑구]		(소유권에 관한 사항)			
순위번호	등기목적	접수	등기원인	권리자 및 기타사항	
1	소유권보존	2010년 6월 5일 제5789호		소유자	박찬욱 700616-******* 서울 마포구 염리동 81-49
2	소유권이전	2012년 12월 10일 제37890호	2012년 11월 8일 환매특약부 매매	소유자	봉준호 760402-******* 서울 서초구 서초동 26
2-1	환매특약	2012년 12월 10일 제37890호	2012년 11월 8일 특약	환매대금 계약비용 환매기간 환매권자	금 20,000,000원 금 30,000원 2017년 12월 10일까지 박찬욱 700616-******* 서울 마포구 염리동 81-49

* 위 견본은 실제 양식과 차이가 있을 수 있으며, 학습목적으로 가공된 것으로서 모두 실제 내용이 아닙니다.

⑥ 환매권의 말소등기
　㉠ 직권에 의한 말소: **환매권의 행사**로 부동산소유권이 환매권자에게 복귀하는 경우에는 환매를 등기원인으로 하는 소유권이전등기를 공동신청으로 실행하게 되며 이때 등기관은 환매특약의 등기를 직권으로 말소한다.

　㉡ 공동신청에 의한 말소: 존속기간의 경과나 당사자 사이의 합의, 혼동 등의 이유로 **환매권의 행사 없이** 환매권이 소멸하는 경우에는 등기관이 환매특약등기를 직권으로 말소할 수 없으므로 당사자의 신청으로 말소하여야 한다.

> **기출** 환매에 따른 권리취득의 등기를 한 경우, 등기관은 특별한 사정이 없는 한 환매특약의 등기를 직권으로 말소해야 한다. 제33회

(2) 신탁등기

① 의의: 「신탁법」상 신탁이란 위탁자와 수탁자 간의 특별한 신탁관계에 기하여 위탁자가 특정의 재산권을 수탁자에게 이전하거나 기타 처분을 하고 수탁자로 하여금 수익자를 위하여 또는 특정의 목적을 위하여 그 재산권을 관리·처분하게 하는 법률관계를 말한다. 신탁계약에 의하여 재산권이전을 하여도 신탁등기를 하지 않으면 제3자에게 대항하지 못한다.

> **기출** 신탁재산의 처분으로 수탁자가 얻은 부동산이 신탁재산에 속하게 된 경우 수탁자가 단독으로 신탁등기를 신청할 수 있다.

기출
1. 수탁자의 신탁등기신청은 해당 부동산에 관한 권리의 설정등기, 보존등기, 이전등기 또는 변경등기의 신청과 동시에 해야 한다.
2. 신탁등기의 신청은 해당 신탁으로 인한 권리의 이전 또는 보존이나 설정등기의 신청과 함께 1건의 신청정보로 일괄하여 하여야 한다.

기출 하나의 부동산에 대해 수탁자가 여러 명인 경우, 등기관은 그 신탁부동산이 합유인 뜻을 기록하여야 한다. 제31회

기출 등기관이 신탁등기를 할 때에는 신탁원부를 작성하여야 하는데, 이때의 신탁원부는 등기기록의 일부로 본다.

기출
1. 신탁의 일부가 종료되어 권리이전등기와 함께 신탁의 변경등기를 할 때에는 하나의 순위번호를 사용한다.
2. 신탁재산이 수탁자의 고유재산이 되었을 때에는 그 뜻의 등기를 주등기로 하여야 한다. 제32회

② 신청방식: 신탁등기의 신청은 해당 부동산에 관한 권리의 설정등기, 보존등기, 이전등기 또는 변경등기의 신청과 동시에 하여야 한다(법 제82조 제1항). 등기원인이 신탁임에도 신탁등기만 신청하거나 소유권이전등기만을 신청하는 경우에는 법 제29조 제5호에 의하여 신청을 각하하여야 한다.

③ 신청절차
　㉠ 신탁재산에 속하는 부동산의 신탁등기는 수탁자(受託者)가 단독으로 신청한다(법 제23조 제7항).
　㉡ 수익자 또는 위탁자는 신탁등기의 경우에 수탁자를 대위하여 신탁의 등기를 할 수 있다.
　㉢ 신탁등기의 신청은 해당 신탁으로 인한 권리의 이전 또는 보존이나 설정등기의 신청과 함께 1건의 신청정보로 일괄하여 하여야 한다. 다만, 수익자나 위탁자가 수탁자를 대위하여 신탁등기를 신청하는 경우에는 그러하지 아니하다.
　㉣ 수탁자가 여러 명인 경우에는 그 공동수탁자가 합유관계라는 뜻을 신청정보의 내용으로 제공하여야 한다.

④ 신탁원부: 등기관이 신탁등기를 할 때에는 일정한 사항을 기록한 신탁원부를 작성하고 등기기록에는 그 신탁원부의 번호를 기록하여야 한다. 이러한 신탁원부는 등기기록의 일부로 본다.
　㉠ 신탁등기를 신청하는 경우에는 일정한 사항을 신탁원부 작성을 위한 정보로서 제공하여야 한다.
　㉡ 여러 개의 부동산에 관하여 1건의 신청정보로 일괄하여 신탁등기를 신청하는 경우에는 각 부동산별로 신탁원부 작성을 위한 정보를 제공하여야 한다.

⑤ 신탁등기의 실행
　㉠ 등기관이 권리의 이전 또는 보존이나 설정등기와 함께 신탁등기를 할 때에는 하나의 순위번호를 사용하여야 한다.
　㉡ 신탁재산이 수탁자의 고유재산이 되었을 때에는 그 뜻의 등기를 주등기로 하여야 한다.

ⓒ 등기관이 신탁등기를 할 때에는 일정한 사항을 기록한 신탁원부(信託原簿)를 작성하고, 등기기록에는 일반적으로 갑구나 을구에 기록하는 사항 외에 그 신탁원부의 번호 및 신탁재산에 속하는 부동산의 거래에 관한 **주의사항**을 기록하여야 한다.

> **심화** 신탁원부의 변경등기
>
> 1. 법원이 수탁자 해임의 재판, 신탁변경의 재판, 신탁관리인의 선임 또는 해임의 재판을 한 경우 지체 없이 신탁원부 기록의 변경등기를 등기소에 촉탁하여야 한다.
> 2. 등기관이 신탁재산에 속하는 부동산에 관한 권리에 대하여 수탁자의 변경으로 인한 이전등기, 여러 명의 수탁자 중 1인의 임무 종료로 인한 변경등기, 수탁자의 등기명의인의 성명 및 주소에 관한 변경등기 또는 경정등기를 할 경우 직권으로 그 부동산에 관한 신탁원부 기록의 변경등기를 하여야 한다.

기출
1. 여러 명의 수탁자 중 1인의 임무 종료로 인한 합유명의인변경등기를 한 경우에는 등기관은 직권으로 신탁원부 기록을 변경해야 한다. 제33회
2. 등기관이 신탁재산에 속하는 부동산에 관한 권리에 대하여 수탁자의 변경으로 인한 이전등기를 할 경우에는 직권으로 그 부동산에 관한 신탁원부 기록의 변경등기를 하여야 한다. 제32회

수탁자가 2인 이상인 경우 신탁등기

[갑구]		(소유권에 관한 사항)		
순위번호	등기목적	접수	등기원인	권리자 및 기타사항
2	소유권이전	2019년1월9일 제670호	2019년1월8일 매매	소유자 김흥부 600104-******* 서울특별시 서초구 반포대로 60 (반포동) 거래가액 금 200,000,000원
3	소유권이전	2019년5월31일 제3005호	2019년5월30일 신탁	수탁자(합유) 서제비 700204-####### 서울특별시 서초구 반포대로 60 (반포동) 박보은 720305-####### 서울특별시 서초구 반포대로 62 (반포동)
	신탁			신탁원부 제2019-25호
3-1	3번 주의사항			이 부동산에 관하여 매매·임대차 등의 법률행위를 하는 경우에는 신탁원부를 통하여 신탁의 목적, 수익자, 신탁재산의 관리·처분 등에 관한 신탁조항을 확인할 필요가 있음 2024년 5월 1일 부기

* 위 견본은 실제 양식과 차이가 있을 수 있으며, 학습목적으로 가공된 것으로서 모두 실제 내용이 아닙니다.

> **참고** 2025년 '부동산공시법' 개정사항
>
> 1. 신탁재산이 소유권인 경우 등기관은 신탁재산에 속하는 부동산의 거래에 관한 주의사항을 신탁등기에 부기등기로 기록하여야 한다.
> 2. 이 부기등기에는 "이 부동산에 관하여 임대차 등의 법률행위를 하는 경우에는 등기사항증명서뿐만 아니라 등기기록의 일부인 신탁원부를 통하여 신탁의 목적, 수익자, 신탁재산의 관리 및 처분에 관한 신탁 조항 등을 확인할 필요가 있음"이라고 기록하여야 한다.
> 3. 등기관이 신탁등기의 말소등기를 할 때에는 신탁재산에 속하는 부동산거래에 관한 주의사항을 기록한 부기등기를 직권으로 말소하고, 신탁등기를 말소함으로 인하여 말소한다는 뜻을 기록하여야 한다.

예제

1. 환매특약의 등기에 관한 설명으로 틀린 것은? 제33회

① 매매비용을 기록해야 한다.
② 매수인이 지급한 대금을 기록해야 한다.
③ 환매특약등기는 매매로 인한 소유권이전등기가 마쳐진 후에 신청해야 한다.
④ 환매기간은 등기원인에 그 사항이 정하여져 있는 경우에만 기록한다.
⑤ 환매에 따른 권리취득의 등기를 한 경우, 등기관은 특별한 사정이 없는 한 환매특약의 등기를 직권으로 말소해야 한다.

해설 ③ 환매특약등기와 소유권이전등기는 별개의 신청서로 신청하려면 동시에 신청하여야 한다. **정답** ③

2. 환매특약 등기에 관한 설명으로 틀린 것은? 제35회

① 매매로 인한 소유권이전등기의 신청과 환매특약등기의 신청은 동시에 하여야 한다.
② 환매등기의 경우 매도인이 아닌 제3자를 환매권리자로 하는 환매등기를 할 수 있다.
③ 환매특약등기에 처분금지적 효력은 인정되지 않는다.
④ 매매목적물의 소유권의 일부 지분에 대한 환매권을 보류하는 약정을 맺은 경우, 환매특약등기신청은 할 수 없다.
⑤ 환매기간은 등기원인에 그 사항이 정하여져 있는 경우에만 기록한다.

해설 ② 환매등기의 경우 매도인이 아닌 제3자를 환매권리자로 하는 환매등기를 할 수 없다. 다만, 환매특약등기를 실행한 후 그 환매권을 제3자에게 양도하는 이전등기를 할 수는 있다. **정답** ②

3. 「부동산등기법」상 신탁등기에 관한 설명으로 <u>틀린</u> 것은? 　제33회
　① 수익자는 수탁자를 대위하여 신탁등기를 신청할 수 있다.
　② 신탁등기의 말소등기는 수탁자가 단독으로 신청할 수 있다.
　③ 신탁가등기는 소유권이전청구권보전을 위한 가등기와 동일한 방식으로 신청하되, 신탁원부 작성을 위한 정보를 첨부정보로서 제공해야 한다.
　④ 여러 명의 수탁자 중 1인의 임무종료로 인한 합유명의인변경등기를 한 경우에는 등기관은 직권으로 신탁원부 기록을 변경해야 한다.
　⑤ 법원이 신탁관리인 선임의 재판을 한 경우, 그 신탁관리인은 지체 없이 신탁원부 기록의 변경등기를 신청해야 한다.

해설 ⑤ 법원이 신탁관리인 선임의 재판을 한 경우, 지체 없이 신탁원부 기록의 변경등기를 등기소에 촉탁해야 한다. **정답** ⑤

메타인지 학습체크 제2절 소유권이전등기 등

01 등기관이 소유권일부이전등기를 할 경우, 이전되는 지분을 기록[① 해야 한다. / ② 할 필요가 없다.]

02 갑구 순위번호 2번에 기록된 A의 공유지분 2분의 1 중 절반을 B에게 이전하는 경우, 등기목적란에 '2번 A지분 2분의 1 중 일부([① 2분의 1 / ② 4분의 1])이전'으로 기록한다.

03 합유등기에는 [① 합유지분을 표시한다. / ② 합유라는 뜻을 기록하고 지분은 기록하지 않는다.]

04 수탁자가 2인 이상이면 그 공동수탁자가 [① 합유관계 / ② 공유관계]라는 표시를 신청서에 기재하여야 한다.

05 수용에 의한 소유권이전등기를 할 때 수용개시일 이전의 상속을 원인으로 한 수용개시일 이후에 마쳐진 소유권이전등기는 등기관이 직권으로 말소[① 할 수 없다. / ② 하여야 한다.]

06 수용에 의한 소유권이전등기를 할 경우, 그 부동산의 처분제한등기는 직권으로 말소할 수 [① 있다. / ② 없다.]

07 수용으로 인한 소유권이전등기를 하는 경우, 그 목적물에 설정되어 있는 근저당권설정등기의 말소등기는 [① 등기권리자의 단독으로 신청 / ② 등기관이 직권으로 말소]하여야 한다.

08 진정명의회복을 원인으로 하는 소유권이전등기에는 [① 등기원인 / ② 등기원인일자]을(를) 기록하지 않는다.

09 甲소유 토지에 대해 甲과 乙의 가장매매에 의해 乙 앞으로 소유권이전등기가 된 후에 선의의 丙 앞으로 저당권설정등기가 설정된 경우, 甲과 乙은 공동으로 진정명의회복을 위한 이전등기를 신청할 수 [① 있다. / ② 없다.]

10 매매로 인한 소유권이전등기 이후에 환매특약등기를 신청한 경우 등기관은 이를 [① 실행 / ② 각하]하여야 한다.

정답
01 ① 02 ② 03 ② 04 ① 05 ① 06 ① 07 ② 08 ② 09 ① 10 ②

11 환매특약의 등기는 환매에 의한 권리취득의 등기를 한 경우 [① 등기관이 직권 / ② 당사자의 신청]으로 말소한다.

12 신탁재산의 처분으로 수탁자가 얻은 부동산이 신탁재산에 속하게 된 경우, [① 수탁자 / ② 위탁자]가 단독으로 신탁등기를 신청할 수 있다.

13 수탁자가 여러 명인 경우 등기관은 신탁재산이 [① 공유 / ② 합유]인 뜻을 등기부에 기록하여야 한다.

14 신탁으로 인한 권리의 이전등기와 신탁등기는 별개의 등기이므로 [① 그 순위번호를 달리한다. / ② 동일한 순위번호로 등기한다.]

15 신탁재산이 수탁자의 고유재산이 되었을 때에는 그 뜻의 등기를 [① 주등기 / ② 부기등기]로 하여야 한다.

16 부동산 매매계약의 계약서를 등기원인증서로 하는 소유권이전등기를 실행하는 경우 등기관은 거래가액을 등기기록 중 [① 갑구의 등기원인란 / ② 권리자 및 기타사항란]에 기록하는 방법으로 등기한다.

정답

11 ① **12** ① **13** ② **14** ② **15** ① **16** ②

제3절 | 소유권 이외 권리

🎯 알아두기

1. **용익물권의 등기**: 지상권·지역권설정등기시에는 그 권리의 목적과 범위를 반드시 등기하여야 하며, 전세권설정등기시에는 전세금과 범위를 꼭 등기하여야 한다. 이때 각 권리의 특성을 알아야 한다.
2. **저당권의 등기**: 저당권은 담보물권으로서 채권과 분리하여 처분할 수 없는 특성이 있다. 또한 저당권이 설정된 부동산을 타인에게 소유권이전하거나 그 저당권 자체를 이전하는 등기가 이루어진 경우 그 저당권을 말소하기 위한 절차와 그 당사자에 대하여 꼭 알아두어야 한다.

📌 각종 권리의 등기

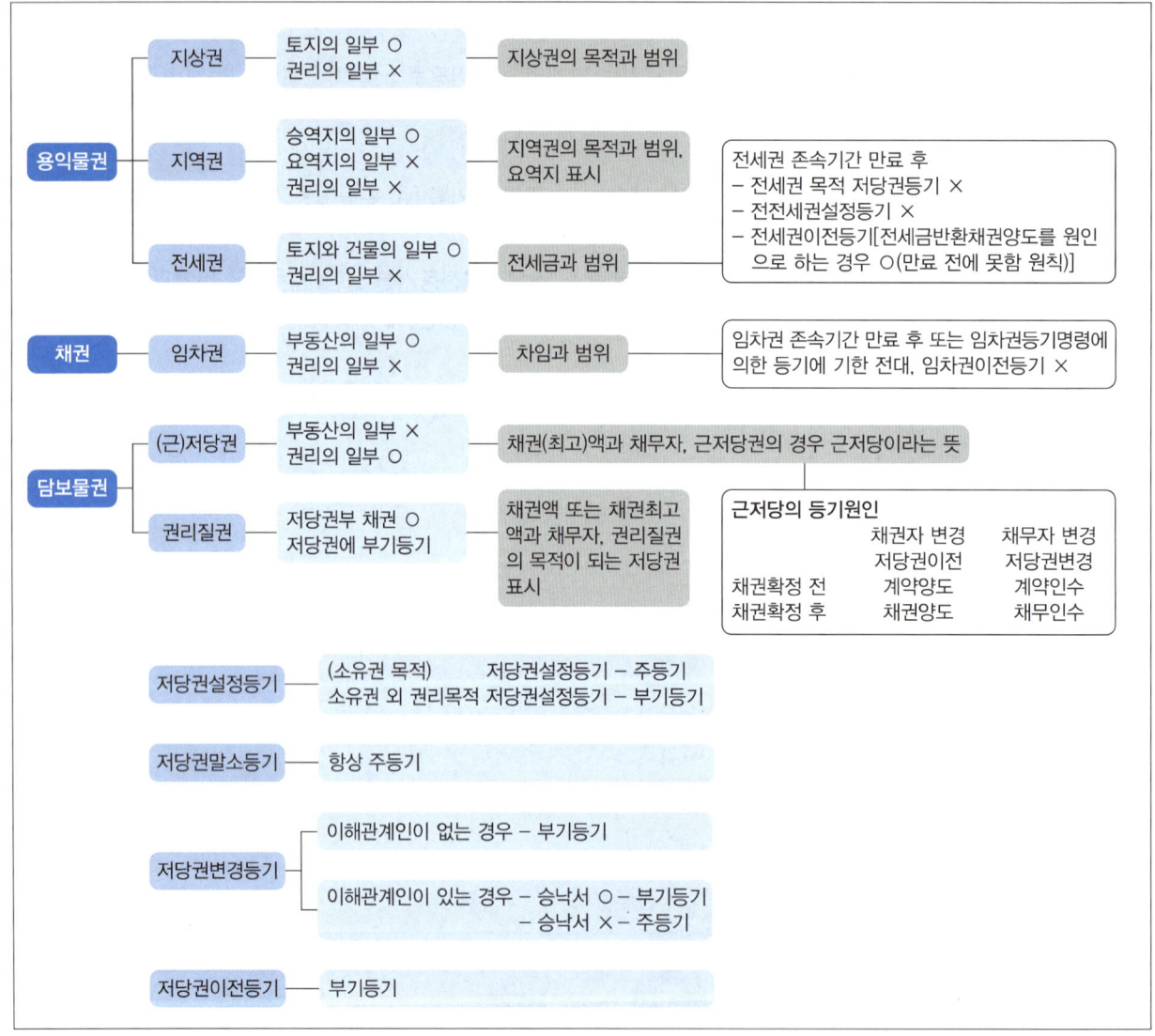

❶ 지상권에 관한 등기 제34회

(1) 지상권의 의의
① 지상권은 타인의 토지에 건물이나 기타 공작물·수목을 소유하기 위하여 그 토지를 사용할 수 있는 물권이다(「민법」 제279조).
② 지상권은 배타적인 권리이므로 지상권이 설정된 토지에 이중으로 설정하지 못한다. 지상권은 토지의 일부에 범위를 정하여 설정할 수 있지만, 공유지분에는 설정하지 못한다.

기출 토지공유자 중 1인을 등기의무자로 하여 그의 지분만을 목적으로 하는 구분지상권을 설정할 수 없다.

(2) 지상권설정등기 신청정보
① 필요적 내용
  ㉠ 지상권설정의 목적: 건물 소유목적, 공작물 소유목적 또는 수목 소유목적 등
  ㉡ 지상권설정의 범위: 1필 토지의 전부 또는 일부의 범위를 적어야 한다. 범위가 토지의 일부인 경우에는 그 부분을 표시한 지적도를 첨부정보로 제공하여야 한다.
② 임의적 내용
  ㉠ 지상권의 존속기간: 지상권의 존속기간은 불확정기간으로도 정할 수 있으므로 "철탑 존속기간으로 한다."와 같은 존속기간도 가능하다.
  ㉡ 지료, 지료의 지급시기 등의 약정이 설정계약에 있었으면 신청정보의 내용으로 제공한다.

기출 지상권설정의 목적과 범위는 지상권설정등기신청서의 필요적 기록사항이다.

Tip 1필 토지 전부에 지상권설정등기를 하는 경우에도 지상권설정의 범위를 '전부'라고 기록한다.

(3) 지상권의 등기사항
등기관이 지상권설정의 등기를 할 때에는 일반적인 등기사항 외에 다음의 사항을 기록하여야 한다(법 제69조).
① 지상권설정의 목적
② 범위
③ 존속기간(등기원인에 그 약정이 있는 경우만 기록한다)
④ 지료와 지급시기(등기원인에 그 약정이 있는 경우만 기록한다)
⑤ 구분지상권설정등기를 하는 경우 지상권의 행사를 위하여 토지의 사용을 제한할 수 있다는 약정(등기원인에 그 약정이 있는 경우만 기록한다)
⑥ 지상권설정의 범위가 토지의 일부인 경우에는 그 부분을 표시한 도면의 번호

📌 **토지의 일부에 설정된 지상권**

[을구]				(소유권 외의 권리에 관한 사항)
순위번호	등기목적	접수	등기원인	권리자 및 기타사항
1	지상권설정	2012년 9월 9일 제6789호	2012년 9월 7일 설정계약	목적 철근콘크리트 건물의 소유 범위 동남쪽 300m² 존속기간 2012년 9월 9일부터 30년 지료 월 금 500,000원 지급시기 매월 말일 지상권자 이건주 770707-******* 서울특별시 강동구 강동로 37 도면의 번호 제2012-201호

* 위 견본은 실제 양식과 차이가 있을 수 있으며, 학습목적으로 가공된 것으로서 모두 실제 내용이 아닙니다.

기출 동일 토지에 관하여 지상권이 미치는 범위가 각각 다른 2개 이상의 구분지상권은 그 토지의 등기기록에 각기 따로 등기할 수 있다.

(4) 구분지상권설정등기(예규 제1040호)

① 구분지상권의 의의: 건물 또는 공작물 등을 소유하기 위하여 타인 소유 토지의 일정 범위의 지하 또는 공간을 사용하는 권리로서의 지상권, 이른바 구분지상권은 그 권리가 미치는 지하 또는 공간의 상하의 범위를 정하여 등기할 수 있다(수목은 포함 안 됨).

② 구분지상권설정등기의 특징

㉠ 지상권은 배타적인 권리이므로 지상권이 설정된 토지에 이중의 지상권을 설정할 수 없지만, 구분지상권은 동일 토지에 관하여 지상권이 미치는 범위가 각각 다른 2개 이상의 구분지상권은 그 토지의 등기기록에 각기 따로 등기할 수 있다.

㉡ 계층적 구분건물의 특정 계층의 구분소유를 목적으로 하는 구분지상권의 설정등기는 할 수 없다.

㉢ 일반지상권과 구분지상권을 서로 변경등기하는 것은 가능하다. 즉, 통상의 지상권등기를 구분지상권등기로 변경하거나, 구분지상권등기를 통상의 지상권등기로 변경하는 등기신청이 있는 경우에는 등기상의 이해관계인이 없거나, 이해관계인이 있더라도 그의 승낙서 또는 이에 대항할 수 있는 재판의 등본을 제출한 때에 한하여 부기등기에 의하여 그 변경등기를 할 수 있다.

구분지상권 등기

[을구]		(소유권 외의 권리에 관한 사항)		
순위번호	등기목적	접수	등기원인	권리자 및 기타사항
1	지상권설정	2012년 9월 9일 제6789호	2012년 9월 7일 설정계약	목적 지하철도 소유 존속기간 50년 범위 토지의 남쪽 끝지점을 포함한 수평면을 기준으로 하여 지하 15m로부터 35m 사이 지상권자 서울특별시 411

* 위 견본은 실제 양식과 차이가 있을 수 있으며, 학습목적으로 가공된 것으로서 모두 실제 내용이 아닙니다.

❷ 지역권에 관한 등기 제31회, 제34회, 제35회, 제36회

(1) 지역권의 의의

① 지역권은 설정행위에서 정한 일정한 목적(통행·인수·관망 등)을 위하여 타인의 토지를 자기 토지의 편익에 이용하는 물권이다(「민법」 제291조). 편익을 받는 토지를 <u>요역지</u>, 편익을 제공하는 토지를 <u>승역지</u>라 한다.

② 등기당사자: 요역지소유자가 지역권자로서 등기권리자가 되고, 승역지소유자가 등기의무자가 되어 공동신청함이 원칙이나, 소유권 이외의 권리자인 지상권자나 전세권자도 각각의 권한 내에서 지역권설정의 당사자가 될 수 있다. 소유권 이외의 권리자가 지역권을 설정하여 주는 경우에는 해당 등기에 부기등기로 실행한다.

> **참고**   지역권의 당사자가 될 수 있는 지상권자
>
> 지상권자는 그 권리의 범위 내에서 그 목적인 토지를 위하여 또는 그 토지 위에 지역권설정을 할 수 있는 것이다(예규 제205호).

기출 승역지의 전세권자가 지역권을 설정해주는 경우 그 지역권설정등기는 전세권등기에 부기등기로 한다.

③ 지역권은 요역지로부터 이를 분리하여 양도하거나 다른 권리의 목적으로 하지 못하므로(「민법」 제292조 제2항 – 지역권의 부종성) 요역지의 소유권이 이전되는 경우 별도의 지역권이전등기를 하지 않더라도 지역권이전의 효력은 발생한다.

> **참고**
>
> **부종성(「민법」 제292조)**
> 1. 지역권은 요역지소유권에 부종하여 이전하며 또는 요역지에 대한 소유권 이외의 권리의 목적이 된다. 그러나 다른 약정이 있는 때에는 그 약정에 의한다.
> 2. 지역권은 요역지와 분리하여 양도하거나 다른 권리의 목적으로 하지 못한다.
>
> **용수지역권(「민법」 제297조)**
> 1. 용수승역지의 수량이 요역지 및 승역지의 수요에 부족한 때에는 그 수요정도에 의하여 먼저 가용에 공급하고 다른 용도에 공급하여야 한다. 그러나 설정행위에 다른 약정이 있는 때에는 그 약정에 의한다.
> 2. 승역지에 수개의 용수지역권이 설정된 때에는 후순위의 지역권자는 선순위의 지역권자의 용수를 방해하지 못한다.
>
> **승역지소유자의 의무와 승계(「민법」 제298조)**
> 계약에 의하여 승역지소유자가 자기의 비용으로 지역권의 행사를 위하여 공작물의 설치 또는 수선의 의무를 부담한 때에는 승역지소유자의 특별승계인도 그 의무를 부담한다.
>
> **기출** 지역권의 지료는 등기원인에 약정이 있으면 등기기록에 기록할 수 있다. (X) 제35회
>
> **Tip** 지역권등기는 승역지에 신청하고, 이 신청을 받은 등기관은 승역지에 등기를 실행하였을 때 직권으로 요역지에 등기사항을 기록한다(승역지 – 신청, 요역지 – 직권).
>
> **기출** 승역지에 지역권설정등기를 한 경우, 요역지의 등기기록에는 그 승역지를 기록하여야 한다. 제31회

(2) 신청정보

① 필요적 내용

㉠ 지역권설정의 목적: 승역지가 요역지에 제공하는 편익(통행, 인수, 조망 등)

㉡ 범위: 요역지는 1필지의 토지 전부이어야 하나 승역지는 1필지 일부에도 설정될 수 있으므로, 이 경우 그 범위를 적고 이를 표시한 지적도면을 첨부정보로 제공하여야 한다.

㉢ 요역지

② 임의적 내용: 지역권은 요역지소유권에 부종하여 이전하는 것이 원칙이지만, 다른 약정이 있는 때에는 그 약정에 의한다(「민법」 제292조 제1항). 즉, 요역지의 소유권이 이전되는 경우 지역권은 그에 따라 이전하지 않고 소멸하는 약정도 가능하다.

(3) 지역권의 등기사항

① 승역지의 지역권등기(법 제70조): 등기관이 승역지의 등기기록에 지역권설정의 등기를 할 때에는 일반적 등기사항 외에 다음의 사항을 기록하여야 한다.

㉠ 지역권설정의 목적

㉡ 범위

㉢ 요역지

㉣ 「민법」 제292조 제1항 단서, 제297조 제1항 단서 또는 제298조의 약정(등기원인에 그 약정이 있는 경우에만 기록한다)

㉤ 승역지의 일부에 지역권설정의 등기를 할 때에는 그 부분을 표시한 도면의 번호

② 요역지의 지역권등기(법 제71조): 등기관이 승역지에 지역권설정의 등기를 하였을 때에는 직권으로 요역지의 등기기록에 순위번호, 등기의 목적, 승역지, 지역권의 설정목적, 범위, 등기연월일을 기록하여야 한다.

③ 등기관이 승역지에 지역권변경 또는 말소의 등기를 하였을 때에는 직권으로 요역지의 등기기록에 변경 또는 말소의 등기를 하여야 한다.

📌 **승역지지역권(신청)**

[을구]		(소유권 외의 권리에 관한 사항)		
순위번호	등기목적	접수	등기원인	권리자 및 기타사항
1	지역권설정	2003년 3월 5일 제3005호	2003년 3월 4일 설정계약	목적 통행 범위 동측 50m 요역지 경기도 고양시 원당면 신원리 5

* 위 견본은 실제 양식과 차이가 있을 수 있으며, 학습목적으로 가공된 것으로서 모두 실제 내용이 아닙니다.

📌 **요역지지역권(직권)**

[을구]		(소유권 외의 권리에 관한 사항)		
순위번호	등기목적	접수	등기원인	권리자 및 기타사항
1	요역지지역권			승역지 경기도 고양시 원당면 신원리 6 목적 통행 범위 동측 50m 2003년 3월 5일 등기

* 위 견본은 실제 양식과 차이가 있을 수 있으며, 학습목적으로 가공된 것으로서 모두 실제 내용이 아닙니다.

예제

1. 다음 중 등기원인에 약정이 있더라도 등기기록에 기록할 수 없는 사항은?

제35회

① 지상권의 존속기간 ② 지역권의 지료
③ 전세권의 위약금   ④ 임차권의 차임지급시기
⑤ 저당권부 채권의 이자지급장소

해설 ② 지역권의 등기사항 중 지료는 존재하지 않는다. **정답** ②

2. 등기관이 승역지의 등기기록에 지역권설정의 등기를 할 때 기록하여야 할 사항이 아닌 것은?

제36회

① 범위   ② 요역지
③ 지역권자   ④ 지역권설정의 목적
⑤ 등기원인 및 그 연월일

해설 ③ 지역권설정등기시 지역권자는 등기사항이 아니다. **정답** ③

③ 전세권에 관한 등기 제31회, 제32회, 제33회, 제34회

(1) 의의 및 성질

① 전세권이란 전세금을 지급하고 타인의 부동산을 점유하여 그 부동산의 용도에 좇아 사용·수익하며, 그 부동산 전부에 대하여 후순위권리자 기타 채권자보다 전세금의 우선변제를 받을 권리를 말한다(「민법」제303조). 즉, 전세권은 용익물권이지만 경매신청권과 우선변제권이 인정되는 담보물권으로서의 성질도 갖는다.

② 전세권은 부동산 일부에 설정은 가능하지만 공유지분에는 설정할 수 없다. 한편, 농지에는 전세권을 설정할 수 없다(「민법」제303조 제2항).

(2) 신청정보

① 필요적 내용
  ㉠ 전세금 또는 전전세금
  ㉡ 범위: 부동산의 일부를 전세권의 목적으로 하는 경우에는 그 범위를 신청정보에 기록하고 지적도면 또는 건물의 도면을 첨부정보로서 제공하여야 한다.

② 임의적 내용: 등기원인에 존속기간, 위약금이나 배상금, 전세권의 양도금지특약, 담보제공금지, 임대차금지 등의 특약이 있을 경우 이를 기록하여야 한다.

(3) 전세권의 등기사항

① 등기관이 전세권설정이나 전전세(轉傳貰)의 등기를 할 때에는 일반적인 등기사항 외에 다음의 사항을 기록하여야 한다.
  ㉠ 전세금 또는 전전세금
  ㉡ 범위
  ㉢ 존속기간(등기원인에 그 약정이 있는 경우에만 기록한다)
  ㉣ 위약금 또는 배상금(등기원인에 그 약정이 있는 경우에만 기록한다)
  ㉤ 「민법」제306조 단서의 약정(등기원인에 그 약정이 있는 경우에만 기록한다)
  ㉥ 전세권설정이나 전전세의 범위가 부동산의 일부인 경우에는 그 부분을 표시한 도면의 번호

기출

1. 공유부동산에 전세권을 설정할 경우 그 등기기록에 기록된 공유자 전원이 등기의무자이다.
2. 등기관이 전세권설정등기를 할 때에는 전세금을 기록하여야 한다.
3. 건물소유권의 공유지분 일부에 대하여는 전세권설정등기를 할 수 없다. 제32회
4. 집합건물에 있어서 특정 전유부분의 대지권에 대하여는 전세권설정등기를 할 수가 없다. 제33회

Tip 전세권의 목적인 범위가 건물의 일부로서 특정 층 전부인 경우에는 전세권설정등기신청서에 그 층의 도면을 첨부할 필요가 없다.

② 여러 개의 부동산에 관한 권리를 목적으로 하는 전세권설정의 등기를 하는 경우에는 부동산에 관한 권리가 다른 부동산에 관한 권리와 함께 전세권의 목적으로 제공된 뜻을 기록하여야 한다. 전세권의 목적이 되는 부동산이 5개 이상인 경우에는 공동전세목록을 작성하여야 한다.

기출 2개의 목적물에 하나의 전세권설정계약으로 등기를 하는 경우, 공동전세목록을 작성하지 않는다. 제34회

> **심화**
>
> 1. 건물전세권은 존속기간이 만료되더라도 법정갱신으로 등기하지 않아도 전세권자는 전세권설정자 및 제3자에게 그 권리를 주장할 수 있지만, 위 등기의 처분 또는 내용을 변경하는 등기를 신청하기 위해서는 존속기간의 변경등기의 신청을 선행 또는 동시에 하여야 한다(등기선례 제9-293호).
> 2. 전세권이 존속기간의 만료로 종료된 경우 전세권은 전세권설정등기의 말소등기 없이도 당연히 소멸하므로, 그 전세권을 목적으로 하는 근저당권은 설정할 수 없을 것이다(등기선례 제6-322호).
> 3. 전전세는 전세권의 존속기간 내에서만 타인에게 할 수 있으며, 전세권의 존속기간이 만료된 건물전세권에 대한 전전세등기는 이를 할 수 없다(등기선례 제5-415호).

(4) 전세금반환채권의 일부양도에 따른 전세권 일부이전등기

① 전세권의 존속기간이 만료된 경우 전세권자는 전세금반환채권의 일부를 양도할 수 있는데, 이를 원인으로 한 전세권의 일부이전등기를 신청하는 경우에는 양도액을 신청정보의 내용으로 등기소에 제공하여야 한다(규칙 제129조 제1항).

② 위 ①의 전세금반환채권의 일부양도를 원인으로 하는 전세권일부이전등기의 신청은 선세권의 존속기간의 만료 전에는 할 수 없는 것이 원칙이지만, 존속기간 만료 전이라도 해당 전세권이 소멸하였음을 증명하여 신청하는 경우에는 그러하지 아니하다(법 제73조 제2항).

③ 등기관이 전세금반환채권의 일부양도를 원인으로 한 전세권일부이전등기를 할 때에는 양도액을 기록한다(법 제73조 제1항).

기출 전세금반환채권의 일부양도를 원인으로 하는 전세권일부이전등기의 신청은 전세권 소멸의 증명이 없는 한, 전세권 존속기간 만료 전에는 할 수 없다. 제31회

🖈 전세권의 처분제한에 관한 특약이 있는 경우

[을구]			(소유권 외의 권리에 관한 사항)	
순위번호	등기목적	접수	등기원인	권리자 및 기타사항

1	전세권설정	2003년 3월 5일
		제3005호
			2003년 3월 4일
			설정계약
				전세금 금 10,000,000원
				범위 건물 전부
				존속기간 2003년 3월 5일부터
				       2004년 3월 4일까지
				특약 전세권자는 전세권설정자의 승낙
				       없이 전세권을 타인에게 양도, 담
				       보제공, 전전세 또는 임대하지 못
				       한다.
				전세권자 김정희 801024-#######
				       서울특별시 용산구 효자로 24

* 위 견본은 실제 양식과 차이가 있을 수 있으며, 학습목적으로 가공된 것으로서 모두 실제 내용이 아닙니다.

> **예제**
>
> 甲은 乙과 乙소유 A건물 전부에 대해 전세금 5억원, 기간 2년으로 하는 전세권설정계약을 체결하고 공동으로 전세권설정등기를 신청하였다. 이에 관한 설명으로 **틀린** 것은? 제32회
>
> ① 등기관은 전세금을 기록하여야 한다.
> ② 등기관은 존속기간을 기록하여야 한다.
> ③ 전세권설정등기가 된 후, 전세금반환채권의 일부양도를 원인으로 한 전세권일부이전등기를 할 때에 등기관은 양도액을 기록한다.
> ④ 전세권설정등기가 된 후에 건물전세권의 존속기간이 만료되어 법정갱신이 된 경우, 甲은 존속기간 연장을 위한 변경등기를 하지 않아도 그 전세권에 대한 저당권설정등기를 할 수 있다.
> ⑤ 전세권설정등기가 된 후에 甲과 丙이 A건물의 일부에 대한 전전세계약에 따라 전전세등기를 신청하는 경우, 그 부분을 표시한 건물도면을 첨부정보로 등기소에 제공하여야 한다.
>
> **해설** ④ 전세권설정등기가 된 후 건물전세권의 존속기간이 만료되어 법정갱신이 된 경우는 「민법」 제187조의 법률규정에 의한 물권변동에 해당하므로 등기 없이도 물권변동의 효력이 발생하게 된다. 즉, 변경등기를 하지 않아도 전세권을 유효하게 연장하는 법적 효력을 갖는다. 그러나 「민법」 제187조의 단서는 이를 등기하지 아니하면 처분하지 못하도록 규정하고 있으므로 변경등기를 하여야 그 전세권을 저당권설정등기의 목적으로 할 수 있게 된다.
> ② 전세권설정등기에서 존속기간은 임의적 기록사항으로 등기원인에 있으면 기록하여야 한다. 문제에서 전세권설정계약에서 기간 2년으로 하는 약정이 있는 경우이므로 등기관은 존속기간을 기록하여야 한다.
>
> **정답** ④

④ 저당권에 관한 등기 제30회, 제31회, 제32회, 제33회, 제34회, 제35회

1. 서설

(1) 저당권의 의의

저당권이란 채무자 또는 제3자가 담보로 제공한 부동산, 기타 목적물을 점유의 이전 없이 제공자의 사용에 맡겨두면서 채무의 변제가 없는 때에는 그 목적물을 경매하여 매각대금으로부터 다른 채권자보다 우선변제를 받는 약정담보물권을 말한다(「민법」 제356조).

(2) 저당권의 객체(목적)

① 「부동산등기법」상 저당권의 목적이 될 수 있는 권리는 소유권, 지상권, 전세권에 한한다. 농지의 소유권도 저당권의 객체가 될 수 있다.

② 저당권은 부동산의 일부에는 설정할 수 없으며, 권리의 일부(지분)에는 설정할 수 있다.

③ 증축건물 또는 부속건물이 기존건물과 동일성·일체성이 인정되어 기존건물에 건물표시변경등기의 형식으로 증축등기 또는 부속건물등기를 하였다면 기존건물에 대한 저당권의 효력은 증축된 건물 또는 부속건물에도 당연히 미치므로 증축된 건물 또는 부속건물에 저당권의 효력을 미치게 하는 취지의 변경등기는 이를 할 필요가 없다.

> **기출** 토지소유권의 공유지분에 대하여 저당권을 설정할 수 있다.

2. 저당권설정등기

(1) 신청인

저당권설정등기는 저당권자가 등기권리자가 되고, 저당권설정자(소유권자 또는 지상권자나 전세권자)가 등기의무자가 되어 공동으로 신청한다.

(2) 신청정보의 내용과 등기의 실행

① 필요적 내용

㉠ 채권액 또는 채권의 가액: 일정한 금액을 목적으로 하지 않는 채권을 담보하기 위한 저당권설정등기를 신청하는 경우에는 그 채권의 평가액을 신청정보의 내용으로 등기소에 제공하여야 한다. 근저당권설정등기의 경우에는 '채권의 최고액'을 제공한다. 이 경우 채권최고액은 채권자·채무자가 수인인 경우에도 반드시 단일하게 기록하여야 하고, 이를 구분하여 기록하지 못한다.

> **기출** 신청정보의 채권최고액이 외국통화로 표시된 경우, 외화표시금액을 채권최고액(예 미화 금 ○○달러)으로 기록한다. 제34회
>
> **기출** 1번 근저당권의 채권자가 여러 명인 경우, 그 근저당권설정등기의 채권최고액은 각 채권자별로 구분하여 기록하지 아니한다. 제31회
>
> **기출** 채무자가 수인인 경우라도 채무자별로 채권최고액을 구분하여 기록할 수 없다. 제34회

기출
1. 채무자와 저당권설정자가 동일한 경우에도 등기기록에 채무자를 표시하여야 한다.
2. 근저당권설정등기를 함에 있어서 채무자가 수인인 경우 그 수인의 채무자가 연대채무자라 하더라도 등기기록에는 단순히 '채무자'로 기록한다.

Tip 근저당권설정등기신청서에는 변제기 및 이자는 기재하지 않지만 존속기간은 기재하여 등기할 수 있는 사항이다. 즉, 변제기와 이자 등은 저당권설정등기신청서에 기재할 수 있는 내용이다.

참고 피담보채권이 금액을 목적으로 하지 아니하는 경우 (법 제77조)
등기관이 일정한 금액을 목적으로 하지 아니하는 채권을 담보하기 위한 저당권설정의 등기를 할 때에는 그 채권의 평가액을 기록하여야 한다.

저당권의 효력의 범위(「민법」 제358조)
저당권의 효력은 저당부동산에 부합된 물건과 종물에 미친다. 그러나 법률에 특별한 규정 또는 설정행위에 다른 약정이 있으면 그러하지 아니하다.

ⓛ 채무자의 성명 또는 명칭과 주소 또는 사무소 소재지: 채무자와 저당권설정자가 동일한 경우에도 생략할 수 없다. 채무자가 수인인 경우 그 수인의 채무자가 연대채무자라 하더라도 등기기록에는 단순히 채무자로 적는다.
ⓒ 저당권설정의 등기를 신청하는 경우에 그 권리의 목적이 소유권 외의 권리일 때에는 그 권리의 표시에 관한 사항을 신청정보의 내용으로 등기소에 제공하여야 한다.

② 임의적 내용
㉠ 저당권설정등기 신청정보의 임의적 내용: 변제기, 이자와 그 발생기 또는 지급시기, 원본 또는 이자의 지급장소, 채무불이행으로 인한 손해배상에 관한 약정, 저당부동산에 부합된 물건이나 종물에 대하여 저당권의 효력이 미치지 않는다는 특약이 있을 때 그 특약, 채권의 조건
㉡ 근저당권설정등기 신청정보의 임의적 내용: 저당부동산에 부합된 물건이나 종물에 대하여 저당권의 효력이 미치지 않는다는 특약이 있을 때 그 특약, 존속기간

③ 등기의 실행
㉠ 저당권설정등기의 형식: 소유권을 목적으로 하는 저당권설정등기는 을구에 주등기로 실행하고, 지상권 또는 전세권을 목적으로 하는 저당권의 설정등기는 그 권리에 대한 부기등기 형식으로 실행한다.
㉡ 저당권설정등기의 등기사항: 일반적 기록사항 이외에 다음의 사항을 기록한다.

ⓐ 채권액
ⓑ 채무자의 성명 또는 명칭과 주소 또는 사무소 소재지
ⓒ 변제기(辨濟期)(등기원인에 그 약정이 있는 경우에만 기록한다)
ⓓ 이자 및 그 발생기·지급시기(등기원인에 그 약정이 있는 경우에만 기록한다)
ⓔ 원본(元本) 또는 이자의 지급장소(등기원인에 그 약정이 있는 경우에만 기록한다)
ⓕ 채무불이행(債務不履行)으로 인한 손해배상에 관한 약정(등기원인에 그 약정이 있는 경우에만 기록한다)
ⓖ 「민법」 제358조 단서의 약정(등기원인에 그 약정이 있는 경우에만 기록한다)
ⓗ 채권의 조건(등기원인에 그 약정이 있는 경우에만 기록한다)

ⓒ 근저당권설정등기의 등기사항: 일반적 기록사항 이외에 다음의 사항을 기록한다. 즉, 저당권설정등기에 등기하는 변제기, 이자 등은 근저당권설정등기에서는 등기사항이 아니다.

ⓐ 채권의 최고액
ⓑ 채무자의 성명 또는 명칭과 주소 또는 사무소 소재지
ⓒ 「민법」 제358조 단서의 약정(등기원인에 그 약정이 있는 경우에만 기록한다)
ⓓ 존속기간(등기원인에 그 약정이 있는 경우에만 기록한다)

ⓔ 5개 이상의 부동산이 공동담보의 목적물로 제공되는 경우, 등기관은 공동담보목록을 작성하여야 한다.

기출 피담보채권의 변제기는 근저당권설정등기의 등기사항이 아니다. 제31회

기출 등기관은 부동산이 5개 이상일 때에는 공동담보목록을 작성하여야 하고 공동담보목록은 등기기록의 일부로 본다.

3. 저당권이전등기

(1) 의의

채권양도 등을 이유로 채권이 양도되면 특별한 약정이 없는 한 이를 담보하기 위한 저당권도 이전된다. 저당권을 피담보채권과 분리하여 타인에게 양도되거나 다른 채권의 담보로 하지 못한다. 저당권의 이전등기를 신청하는 경우에는 저당권이 채권과 같이 이전한다는 뜻을 신청정보의 내용으로 등기소에 제공하여야 한다(규칙 제137조 제1항).

(2) 등기의 실행

① 저당권의 이전등기는 항상 부기등기에 의한다. 저당권이전등기 후 종전 저당권자의 표시에 관한 사항을 말소하는 표시를 하여야 한다(규칙 제112조 제3항).

② 등기관이 채권의 일부에 대한 양도 또는 대위변제로 인한 저당권일부이전등기를 할 때에는 일반적 등기사항 외에 양도액 또는 변제액을 기록하여야 한다(법 제79조).

4. 저당권말소등기

(1) 신청인

① 원칙: 저당권말소등기는 저당권설정자(부동산소유자 또는 지상권자·전세권자)가 등기권리자가 되고, 저당권자가 등기의무자가 되어 공동으로 신청한다.

참고 공동저당의 등기(법 제78조)

1. 등기관이 동일한 채권에 관하여 여러 개의 부동산에 관한 권리를 목적으로 하는 저당권설정의 등기를 할 때에는 각 부동산의 등기기록에 그 부동산에 관한 권리가 다른 부동산에 관한 권리와 함께 저당권의 목적으로 제공된 뜻을 기록하여야 한다.
2. 위 1.의 경우에 등기관은 부동산이 5개 이상일 때에는 공동담보목록을 작성하여야 한다.
3. 위 2.의 공동담보목록은 등기기록의 일부로 본다.

참고

1. 저당권이전등기신청의 경우 신청서에 저당권이 채권과 같이 이전한다는 뜻을 적어야 한다.
2. 채권의 일부에 대하여 양도로 인한 저당권일부이전등기를 할 때 양도액을 기록해야 한다. 제30회

기출 공동저당의 설정등기를 신청하는 경우, 각 부동산에 관한 권리의 표시를 신청정보의 내용으로 등기소에 제공해야 한다. 제35회

기출 근저당권이 이전된 후 근저당권의 양수인은 소유자인 근저당권설정자와 공동으로 그 근저당권말소등기를 신청할 수 있다.

Tip 저당권설정등기 후 소유권이 제3자에게 이전된 경우 그 제3자와 저당권설정자가 공동으로 저당권을 말소할 수는 없고 제3자 또는 저당권설정자는 저당권자와 공동으로 저당권말소를 신청할 수 있다.

Tip
1. (근)저당권이 이전된 후 (근)저당권의 말소등기를 신청하는 경우에는 (근)저당권 양수인의 등기필정보를 제공하여야 한다.
2. 채무자변경을 원인으로 하는 (근)저당권변경등기를 신청하는 경우에는 등기의무자인 (근)저당권설정자의 등기필정보를 제공하여야 한다.
(예규 제1647호, 2018. 5.1. 시행)

② 저당권이 이전된 경우의 말소등기: 저당권이 이전된 후 근저당권설정등기의 말소등기를 신청하는 경우에는 근저당권의 **양수인**이 근저당권설정자(소유권이 제3자에게 이전된 경우에는 제3취득자)와 공동으로 그 말소등기를 신청할 수 있다(예규 제1656호).

③ 저당권설정등기 후 소유권이 제3자에게 이전된 경우의 말소등기: 근저당권설정등기의 말소등기를 함에 있어 근저당권설정 후 소유권이 제3자에게 이전된 경우에는 근저당권설정자 또는 제3취득자가 근저당권자와 공동으로 그 말소등기를 신청할 수 있다(예규 제1656호).

> **참고** 저당권이 원인무효인 경우의 저당권말소등기의 등기권리자
>
> 저당권설정등기가 경료되고 제3자에게 소유권이전등기가 된 후에 원인무효로 인한 저당권의 말소는 물권적 청구권의 행사에 해당하고, 물권적 청구권은 종전소유자가 행사할 수는 없는 것이므로 현재 소유자인 제3취득자만이 말소등기권리자가 되고, 종전소유자인 저당권설정자는 저당권말소등기의 등기권리자가 될 수 없다(대판 68다725 참조).

(2) 신청정보와 등기의 실행

① 신청정보의 내용: 저당권이 이전된 후에 저당권말소등기의 경우 등기신청정보에는 말소할 등기로서 주등기인 저당권설정등기를 기록하고 부기등기인 저당권이전등기는 기록하지 않는다. 저당권이전의 부기등기는 주등기인 저당권설정등기의 말소에 따라 직권으로 말소된다.

② 저당권이 이전된 경우에는 주등기인 저당권설정등기에 대한 말소등기가 경료되면 저당권이전의 부기등기는 등기관이 직권으로 말소한다.

> **심화** 근저당권의 이전등기와 변경등기
>
> 1. 근저당권의 이전등기
>   ① 피담보채권이 **확정되기 전**의 근저당권이전등기: 근저당권의 피담보채권이 확정되기 전에 근저당권의 기초가 되는 기본계약상의 채권자의 지위가 제3자에게 전부 또는 일부양도된 경우에 그 양도인과 양수인은 '**계약양도**', '계약의 일부양도'를 등기원인으로 하여 근저당권이전등기를 신청할 수 있다.
>   ② 피담보채권이 **확정된 후**의 근저당권이전등기: 피담보채권이 확정된 후에 그 피담보채권이 양도 또는 대위변제된 경우에는 근저당권자 및 채권양수인 또는 대위변제자는 '**확정채권양도**' 또는 '**확정채권 대위변제**'를 등기원인으로 하여 근저당권이전등기를 신청할 수 있다.

③ 근저당권의 피담보채권이 확정되기 전에 그 피담보채권이 양도 또는 대위변제된 경우에는 이를 원인으로 하여 근저당권이전등기를 신청할 수는 없다.

2. 근저당권의 변경등기
   ① 피담보채권이 **확정되기 전** 채무자변경: 근저당권의 피담보채권이 확정되기 전에 근저당권의 기초가 되는 기본계약상의 채무자 지위의 전부 또는 일부를 제3자가 인수한 경우에 근저당권설정자(등기의무자)와 근저당권자(등기권리자)는 '**계약인수**', '계약의 일부인수' 또는 '중첩적 계약인수'를 등기원인으로 하여 채무자변경을 내용으로 하는 근저당권변경등기를 신청할 수 있다.
   ② 피담보채권이 **확정된 후** 채무자변경: 근저당권의 피담보채권이 확정된 후에 제3자가 그 피담보채무를 인수한 경우에는 '**확정채무의 면책적 인수**' 또는 '확정채무의 중첩적 인수'를 등기원인으로 하여 근저당권변경등기를 신청할 수 있다.

기출 근저당권의 피담보채권이 확정되기 전에 그 피담보채권이 양도된 경우 이를 원인으로 하여 근저당권이전등기를 신청할 수 없다.

> **예제**
>
> 1. 저당권등기에 관한 설명으로 옳은 것은? 제30회
>   ① 변제기는 저당권설정등기의 필요적 기록사항이다.
>   ② 동일한 채권에 관해 2개 부동산에 저당권설정등기를 할 때는 공동담보목록을 작성해야 한다.
>   ③ 채권의 일부에 대하여 양도로 인한 저당권일부이전등기를 할 때 양도액을 기록해야 한다.
>   ④ 일정한 금액을 목적으로 하지 않는 채권을 담보하는 저당권설정의 등기는 채권평가액을 기록할 필요가 없다.
>   ⑤ 공동저당 부동산 중 일부의 매각대금을 먼저 배당하여 경매부동산의 후순위저당권자가 대위등기를 할 때 매각대금을 기록하는 것이 아니라 선순위저당권자가 변제받은 금액을 기록해야 한다.
>
>   **해설** ① 변제기는 저당권설정등기의 임의적 기록사항이다.
>   ② 5개 이상의 부동산에 저당권설정등기를 할 때 공동담보목록을 작성한다.
>   ④ 일정한 금액을 목적으로 하지 않는 채권을 담보하는 저당권설정의 등기는 그 평가액을 기록하여야 한다.
>   ⑤ 공동저당 부동산 중 일부의 매각대금을 먼저 배당하여 경매부동산의 후순위저당권자가 대위등기를 할 때, 매각대금, 선순위저당권자가 변제받은 금액을 모두 기록해야 한다.
>   **정답** ③

2. 부동산 공동저당의 등기에 관한 설명으로 옳은 것을 모두 고른 것은? 제35회

> ㉠ 공동저당의 설정등기를 신청하는 경우, 각 부동산에 관한 권리의 표시를 신청정보의 내용으로 등기소에 제공해야 한다.
> ㉡ 등기관이 공동저당의 설정등기를 하는 경우, 각 부동산의 등기기록 중 해당 등기의 끝부분에 공동담보라는 뜻의 기록을 해야 한다.
> ㉢ 등기관이 공동저당의 설정등기를 하는 경우, 공동저당의 목적이 된 부동산이 3개일 때에는 등기관은 공동담보목록을 전자적으로 작성해야 한다.

① ㉠ ② ㉢
③ ㉠, ㉡ ④ ㉡, ㉢
⑤ ㉠, ㉡, ㉢

해설 ㉢ 등기관은 공동저당의 목적이 된 부동산이 5개 이상일 때에 등기관은 공동담보목록을 작성한다.

> 등기관이 동일한 채권에 관하여 여러 개의 부동산에 관한 권리를 목적으로 하는 저당권설정의 등기를 할 때에는 각 부동산의 등기기록에 그 부동산에 관한 권리가 다른 부동산에 관한 권리와 함께 저당권의 목적으로 제공된 뜻을 기록하여야 한다.

정답 ③

심화 공동저당의 대위등기

1. 의의
동일한 채권의 담보로 수개의 부동산에 저당권을 설정한 경우에 저당부동산 중 일부의 경매대가를 먼저 배당하는 경우에는 그 대가에서 그 채권 전부의 변제를 받을 수 있다. 이 경우에 그 경매한 부동산의 차순위저당권자는 선순위저당권자가 전 항의 규정에 의하여 다른 부동산의 경매대가에서 변제를 받을 수 있는 금액의 한도에서 선순위자를 대위하여 저당권을 행사할 수 있다(「민법」 제368조).

2. 등기절차
① 선순위저당권자가 등기의무자, 대위자(차순위저당권자)가 등기권리자가 되어 공동으로 신청하여야 한다.
② 공동저당 대위등기를 신청하는 경우에는 법 제80조의 등기사항을 신청정보의 내용으로 등기소에 제공하고, 배당표 정보를 첨부정보로서 등기소에 제공하여야 한다(규칙 제138조).
③ 공동저당의 대위등기는 대위등기의 목적이 된 저당권등기에 부기등기로 한다. 등기관이 「민법」 제368조 제2항 후단의 대위등기를 할 때에는 제48조에서 규정한 사항 외에 매각부동산(소유권 외의 권리가 저당권의 목적일 때에는 그 권리를 말한다), 매각대금, 선순위저당권자가 변제받은 금액(법 제80조 제1항) 외에 매각부동산 위에 존재하는 차순위저당권자의 피담보채권에 관한 내용을 기록하여야 한다.

Tip
1. 동일 채권에 관하여 여러 개의 부동산에 관한 권리를 목적으로 하는 저당권설정의 등기를 할 때에는 각 부동산의 등기기록에 그 부동산에 관한 권리가 다른 부동산에 관한 권리와 함께 저당권의 목적으로 제공된 뜻을 각 부동산 등기기록 중 해당 등기의 끝부분에 기록하여야 한다(규칙 제135조 제1항 참조).
2. 추가저당권설정등기를 하는 경우 새로 추가되는 부동산의 등기기록에는 그 등기의 끝부분에 공동담보라는 뜻을 기록하고, 종전에 등기한 부동산의 등기기록에는 해당 등기에 부기등기로 그 뜻을 기록하여야 한다(규칙 제135조 제3항 참조).

⑤ 기타의 권리에 관한 등기 제31회

1. 임차권에 관한 등기 제35회, 제36회

(1) 의의

'임대차계약'이란 당사자 일방이 상대방에게 목적물을 사용·수익하게 할 것을 약정하고 상대방은 이에 대한 대가로서 차임을 지급할 것을 약정함으로써 성립하는 채권계약으로서, 이로 인해 발생한 권리를 '임차권'이라 한다. 임차권은 채권이므로 등기를 하지 않더라도 권리가 발생하지만, 이를 등기하면 제3자에 대하여 대항력이 생긴다.

(2) 신청정보 및 등기사항

① 임차권설정 또는 임차물전대의 등기를 신청하는 경우에는 반드시 '차임'과 '범위'를 신청정보의 내용으로 등기소에 제공하여 등기하여야 한다.

② 등기원인에 그 사항이 있는 경우에만 신청정보의 내용으로 제공하여 등기하는 사항
  ㉠ 차임 지급시기
  ㉡ 존속기간(불확정기간을 존속기간으로 하는 임대차설정등기도 가능). 다만, 처분능력 또는 처분권한 없는 임대인에 의한 「민법」 제619조의 단기임대차인 경우에는 그 뜻
  ㉢ 임차보증금
  ㉣ 임차권의 양도 또는 임차물의 전대에 대한 임대인의 동의

③ 임차권설정 또는 임차물전대의 범위가 부동산의 일부인 때에는 그 부분을 표시한 도면의 번호를 등기기록에 기록한다.

> **Tip** 차임을 정하지 아니하고 보증금의 지급만을 내용으로 하는 임대차(소위 채권적 전세)계약을 체결한 경우에도 그 임차권설정등기를 신청할 수 있을 것이나, 다만 그 등기신청서에는 차임을 기재하는 대신 임차보증금을 기재하여야 할 것이다.

> **기출** 지하공간에 상하의 범위를 정하여 하는 구분임차권등기는 허용되지 않는다.

> **기출** 임차권설정등기를 할 때에 등기원인에 임차보증금이 있는 경우 그 임차보증금은 등기사항이다.

📌 임차권설정등기

[을구]			(소유권 외의 권리에 관한 사항)	
순위번호	등기목적	접수	등기원인	권리자 및 기타사항
2	임차권설정	2003년 3월 5일 제3005호	2003년 3월 4일 설정계약	임차보증금 금 200,000,000원 차임 월 금 1,000,000원 범위 건물 전부 차임지급시기 매월 말일 존속기간 2003년 3월 5일부터 2004년 3월 3일까지 임차권자 박동훈 750304-###### 전라남도 광주시 광주대로123

* 위 견본은 실제 양식과 차이가 있을 수 있으며, 학습목적으로 가공된 것으로서 모두 실제 내용이 아닙니다.

(3) 임차권등기명령에 의한 임차권등기

① 주택·상가건물임대차 **종료 후** 보증금을 반환받지 못한 임차인은 일정한 요건을 갖추어 임차주택·건물의 소재지를 관할하는 법원에 임차권등기명령을 신청할 수 있다(「주택임대차보호법」 제3조의3 제1항, 「상가건물 임대차보호법」 제6조 제1항).

② 법원사무관은 임차권등기명령의 결정이 임대인에게 송달된 때에는 지체 없이 촉탁서에 결정등본을 첨부하여 등기관에게 임차권등기의 기입을 촉탁하여야 한다. 다만, 주택임차권등기명령의 경우 임대인에게 임차권등기명령의 결정을 송달하기 전에도 임차권등기의 기입을 촉탁할 수 있다. 이 경우 임차권등기명령의 효력은 그 등기가 된 때에 생긴다. 이에 따라 임차권등기명령은 임대인에게 그 결정이 송달된 때 또는 등기가 된 때에 효력이 생긴다.

③ 임차권등기명령에 따른 임차권등기가 경료되면 임차인은 대항력 및 우선변제권을 취득한다. 다만, 임차권등기 이전에 이미 대항력 또는 우선변제권을 취득한 경우에는 그 대항력 또는 우선변제권은 그대로 유지되며, 이후 대항요건을 상실하더라도 이미 취득한 대항력 또는 우선변제권을 상실하지 아니한다.

④ 주택·상가건물 임대차보호법상 등기명령에 의한 임차권등기에 기초하여 임차권이전등기를 할 수는 **없다**.

⑤ 임차권등기명령에 의한 주택임차권등기(이하 '주택임차권등기'라 한다)를 하는 경우에는 임대차계약을 체결한 날 및 임차보증금액, 임대차의 목적인 주택의 범위(임대차의 목적이 주택의 일부인 경우에는 그 목적인 부분을 표시한 도면의 번호를 함께 기록한다), 임차주택을 점유하기 시작한 날, 주민등록을 마친 날, 임대차계약증서상의 확정일자를 받은 날을 등기기록에 기록하고, 등기의 목적을 '주택임차권'이라고 하여야 한다. 이 경우 **차임의 약정이 있는 때에는 이를 기록한다**.

참고 이미 전세권설정등기가 경료된 주택에 대하여 동일인을 권리자로 하는 법원의 주택임차권등기명령에 따른 촉탁등기는 이를 수리할 수 있다. 단, 동일인이 아닌 경우에도 임차인의 권익보호에 충실을 기하기 위하여 도입된 임차권등기명령제도의 취지 등을 볼 때, 주택임차인이 대항력을 취득한 날이 전세권설정등기의 접수일자보다 빠르면, 기존 전세권의 등기명의인과 임차권의 등기명의인으로 되려는 자가 동일한지 여부와는 상관없이 주택임차권등기명령에 따른 등기의 촉탁이 있는 경우 등기관은 그 촉탁에 따른 등기를 수리할 수 있을 것이다.

심화 임대차의 존속기간이 만료된 경우와 주택임차권등기 및 상가건물임차권등기가 경료된 경우에는 그 등기에 기초한 임차권이전등기나 임차물전대등기를 할 수 없다(예규 제1382호 참조).

📌 임차권등기명령의 기재례(전산등기부)

[을구]			(소유권 외의 권리에 관한 사항)		
순위번호	등기목적	접수	등기원인	권리자 및 기타사항	
1	주택임차권	2004년 1월 3일 제2346호	2004년 1월 2일 서울지방법원의 임차권등기명령 (99가나123)	임차보증금 차임 범위 임대차계약일자 주민등록일자 점유개시일자 확정일자 임차권자	금 50,000,000원 월 200,000원 주택 전부 2003년 10월 10일 2003년 10월 10일 2003년 10월 12일 2003년 10월 11일 이지안 550610-1238595 서울 중구 만리동 100

* 위 견본은 실제 양식과 차이가 있을 수 있으며, 학습목적으로 가공된 것으로서 모두 실제 내용이 아닙니다.

예제

임차권등기에 관한 설명으로 옳은 것을 모두 고른 것은?　　　　　제35회

㉠ 임차권설정등기가 마쳐진 후 임대차기간 중 임대인의 동의를 얻어 임차물을 전대하는 경우, 그 전대등기는 부기등기의 방법으로 한다.
㉡ 임차권등기명령에 의한 주택임차권등기가 마쳐진 경우, 그 등기에 기초한 임차권이전등기를 할 수 있다.
㉢ 미등기 주택에 대하여 임차권등기명령에 의한 등기촉탁이 있는 경우, 등기관은 직권으로 소유권보존등기를 한 후 주택임차권등기를 해야 한다.

① ㉠　　　　　　　　　　　　② ㉡
③ ㉠, ㉢　　　　　　　　　　④ ㉡, ㉢
⑤ ㉠, ㉡, ㉢

해설 ㉡ 임차권등기명령에 의한 주택임차권등기가 마쳐진 경우, 그 등기에 기초한 임차권이전등기나 전대차등기를 할 수 없다.　　　　　　　　　　　　　　　　　　　　　**정답 ③**

2. 권리질권에 관한 등기

(1) 의의

저당권부채권을 질권의 목적으로 하는 경우에 그 질권은 등기할 수 있으며 그 저당권등기에 질권설정의 부기등기를 하면 질권의 효력이 저당권에도 미치게 된다(「민법」 제348조 참조). 현행 「부동산등기법」상 권리질권은 반드시 저당권에 부기등기로만 할 수 있다.

(2) 신청인

저당권자가 등기의무자가 되고 권리질권자가 등기권리자가 되어 공동으로 신청한다.

(3) 신청정보 및 등기기록

등기관이 「민법」 제348조에 따라 저당권부채권(抵當權附債權)에 대한 질권의 등기를 할 때에는 일반적 기록사항 외에 다음의 사항을 기록하여야 한다.

① 채권액 또는 채권최고액
② 채무자의 성명 또는 명칭과 주소 또는 사무소 소재지
③ 변제기와 이자의 약정이 있는 경우에는 그 내용

> **심화** 채권담보권의 등기
>
> **법 제76조【저당권부채권에 대한 질권 등의 등기사항】** ② 등기관이 「동산·채권 등의 담보에 관한 법률」 제37조에서 준용하는 「민법」 제348조에 따른 채권담보권의 등기를 할 때에는 제48조에서 정한 사항 외에 다음의 사항을 기록하여야 한다.
> 1. 채권액 또는 채권최고액
> 2. 채무자의 성명 또는 명칭과 주소 또는 사무소 소재지
> 3. 변제기와 이자의 약정이 있는 경우에는 그 내용

> **예제**
>
> 1. 등기관이 용익권의 등기를 하는 경우에 관한 설명으로 옳은 것은? 제34회
>   ① 1필 토지 전부에 지상권설정등기를 하는 경우, 지상권설정의 범위를 기록하지 않는다.
>   ② 지역권의 경우, 승역지의 등기기록에 설정의 목적, 범위 등을 기록할 뿐, 요역지의 등기기록에는 지역권에 관한 등기사항을 기록하지 않는다.
>   ③ 전세권의 존속기간이 만료된 경우, 그 전세권설정등기를 말소하지 않고 동일한 범위를 대상으로 하는 다른 전세권설정등기를 할 수 있다.
>   ④ 2개의 목적물에 하나의 전세권설정계약으로 등기를 하는 경우, 공동전세목록을 작성하지 않는다.
>   ⑤ 차임이 없이 보증금의 지급만을 내용으로 하는 채권적 전세의 경우, 임차권설정등기기록에 차임 및 임차보증금을 기록하지 않는다.

> **해설** ④ 5개 이상의 목적물을 전세권설정등기의 목적으로 하거나 저당권설정등기의 목적으로 하는 경우에 공동전세목록이나 공동저당목록을 작성한다.
> ① 지상권설정등기에서 목적과 범위는 반드시 기록한다.
> ② 요역지 등기기록에도 목적과 범위, 승역지를 기록한다.
> ③ 전세권이 적법하게 말소되지 않은 경우에 동일범위를 대상으로 하는 다른 전세권설정등기는 할 수 없다.
> ⑤ 차임이 없이 보증금의 지급만을 내용으로 하는 채권적 전세의 경우, 임차권설정등기기록에 차임 대신 임차보증금을 기록한다.   **정답 ④**

2. 등기관이 근저당권등기를 하는 경우에 관한 설명으로 <u>틀린</u> 것은? 제34회
   ① 채무자의 성명, 주소 및 주민등록번호를 등기기록에 기록하여야 한다.
   ② 채무자가 수인인 경우라도 채무자별로 채권최고액을 구분하여 기록할 수 없다.
   ③ 신청정보의 채권최고액이 외국통화로 표시된 경우, 외화표시금액을 채권최고액으로 기록한다.
   ④ 선순위근저당권의 채권최고액을 감액하는 변경등기는 그 저당목적물에 관한 후순위권리자의 승낙서가 첨부되지 않더라도 할 수 있다.
   ⑤ 수용으로 인한 소유권이전등기를 하는 경우, 특별한 사정이 없는 한 그 부동산의 등기기록 중 근저당권등기는 직권으로 말소하여야 한다.

   > **해설** ① 저당권자의 성명, 주소 및 주민등록번호를 기록하여야 하나 채무자는 그 성명과 주소를 기록하면 충분하다.   **정답 ①**

제4장 메타인지 학습체크 제3절 소유권 이외 권리

01 지상권설정의 [① 목적과 범위 / ② 지료와 존속기간]은(는) 지상권설정등기신청서의 필요적 기재사항이다.

02 분필등기를 거치지 않은 1필의 토지 일부에 관한 지상권설정등기는 할 수 [① 있다. / ② 없다.]

03 토지의 공유자 중 1인을 등기의무자로 하여 그의 지분만을 목적으로 하는 구분지상권을 설정할 수 [① 있다. / ② 없다.]

04 동일 토지에 관하여 지상권이 미치는 범위가 각각 다른 2개 이상의 구분지상권은 그 토지의 등기기록에 각기 따로 등기할 수 [① 있다. / ② 없다.]

05 요역지의 소유권이 이전되더라도 지역권의 이전에는 별도의 이전등기를 [① 필요로 한다. / ② 요하지 아니한다.]

06 승역지의 지상권자는 그 토지 위에 지역권을 설정할 수 있는 등기의무자가 될 수 [① 있다. / ② 없다.]

07 승역지의 전세권자가 지역권을 설정해 주는 경우, 그 지역권설정등기는 [① 전세권등기에 부기등기 / ② 전세권등기의 후순위인 주등기]로 한다.

08 승역지에 지역권설정등기를 하였을 경우, 요역지 지역권등기는 [① 단독신청으로 할 수 있다. / ② 등기관이 직권으로 실행한다.]

09 등기관이 전세권설정등기를 할 때에는 전세금은 [① 반드시 기록하여야 한다. / ② 등기원인에 있으면 기록한다.]

10 건물의 특정 부분이 아닌 공유지분에 대한 전세권설정등기는 할 수 [① 있다. / ② 없다.]

정답

01 ①   02 ②   03 ②   04 ①   05 ②   06 ①   07 ①   08 ②   09 ①   10 ②

11 공유부동산에 전세권을 설정할 경우, 그 등기기록에 기록된 공유자 [① 전원 / ② 중 1인]이 등기의무자이다.

12 전세권이 소멸하기 전에 전세금반환채권의 일부양도에 따른 전세권일부이전등기를 신청할 수 [① 있다. / ② 없다.]

13 등기관은 부동산이 [① 3개 / ② 5개] 이상일 때에는 공동담보목록을 작성하여야 하고, 공동담보목록은 등기기록의 일부로 본다.

14 채무자와 저당권설정자가 동일한 경우, 등기기록에 채무자를 [① 표시하여야 한다. / ② 생략할 수 있다.]

15 토지소유권의 공유지분에 대하여 저당권을 설정할 수 [① 있다. / ② 없다.]

16 근저당권설정등기의 경우 그 저당권의 채권자 또는 채무자가 수인이면 [① 각 채권자 또는 채무자별로 채권최고액을 구분하여 기록하여야 한다. / ② 단일하게 기록하여야 하고 구분하여 기록하지 못한다.]

17 근저당권설정등기를 함에 있어서 채무자가 수인인 경우 그 수인의 채무자가 연대채무자인 경우 등기기록에는 [① '연대채무자' / ② 단순히 '채무자']로 기록한다.

18 저당권이전등기신청의 경우에는 신청서에 저당권이 채권과 같이 이전한다는 뜻을 [① 적어야 한다. / ② 적을 필요가 없다.]

19 일정한 금액을 목적으로 하지 않는 채권을 담보하기 위한 저당권설정등기를 신청하는 경우에는 그 채권의 평가액을 신청정보의 내용으로 등기소에 제공[① 하여야 한다. / ② 할 필요가 없다.]

20 근저당권이 이전된 후 근저당권의 [① 양도인 / ② 양수인]은 소유자인 근저당권설정자와 공동으로 그 근저당권말소등기를 신청할 수 있다.

정답

11 ① 12 ② 13 ② 14 ① 15 ① 16 ② 17 ② 18 ① 19 ① 20 ②

제4장 메타인지 학습체크 제3절 소유권 이외 권리

21 근저당권설정등기 후 소유권이 제3자에 이전된 경우, 제3취득자가 [① 근저당권자 / ② 근저당권설정자]와 공동으로 그 근저당권말소등기를 신청할 수 있다.

22 채권 일부의 양도나 대위변제로 인한 저당권의 이전등기를 신청하는 경우에는 양도나 대위변제의 목적인 채권액을 신청정보의 내용으로 등기소에 제공[① 하여야 한다. / ② 할 필요가 없다.]

23 임차권설정등기를 할 때 등기원인에 임차보증금이 [① 있는 경우에 / ② 없는 경우에도] 그 임차보증금은 등기사항이다.

24 주택임차권등기명령에 따라 임차권등기가 된 경우, 그 등기에 기초한 임차권이전등기를 할 수 [① 있다. / ② 없다.]

25 저당권부채권을 질권의 목적으로 하는 경우에 그 질권은 등기할 수 있으며 그 저당권등기에 질권설정의 등기를 [① 주등기 / ② 부기등기]로 하면 질권의 효력이 저당권에도 미치게 된다.

26 전세권의 목적인 범위가 건물의 일부로서 특정 층 전부인 경우에는 전세권설정등기신청서에 그 층의 도면을 첨부[① 해야 한다. / ② 할 필요가 없다.]

정답

21 ① 22 ① 23 ① 24 ② 25 ② 26 ②

제5장 여러 가지 등기

회독 Check 1회 2회 3회

- 변경등기의 종류를 파악하고 특히 권리변경등기의 형태(주등기, 부기등기)를 숙지하여야 한다. 말소등기는 매번 출제되는 내용이며 특히 직권말소의 유형을 철저히 파악한다. 등기상 이해관계인의 개념과 그 승낙서를 첨부하지 못했을 때의 효과를 잘 구별하여 공부한다.
- 부기등기와 가등기는 무조건 출제된다고 생각하고 철저히 반복학습한다.

제1절 | 변경등기와 경정등기

알아두기

1. **변경등기**: 이미 등기된 내용과 다른 실체관계의 변경이 생겼을 때 등기된 내용을 고쳐나가는 등기를 변경등기라 한다. 표제부의 내용을 변경하는 등기, 갑구와 을구의 등기내용을 변경하는 등기 등이 있다. 표제부의 내용은 주로 소유권의 등기명의인이 1개월 이내에 단독으로 신청하여야 하나, 갑구와 을구의 등기들은 각 당사자가 임의로 신청함이 원칙이다.

2. **경정등기**: 당초에 착오나 유루가 있어 원시적으로 실체관계와 등기에 불일치가 생긴 경우 그 등기 완료 후 이를 바로잡는 등기를 말한다. 변경등기와 거의 흡사한 절차를 가지고 있으나 그 불일치 원인이 등기관의 과오인 경우에는 등기관이 직권으로 경정한다.

변경등기와 경정등기

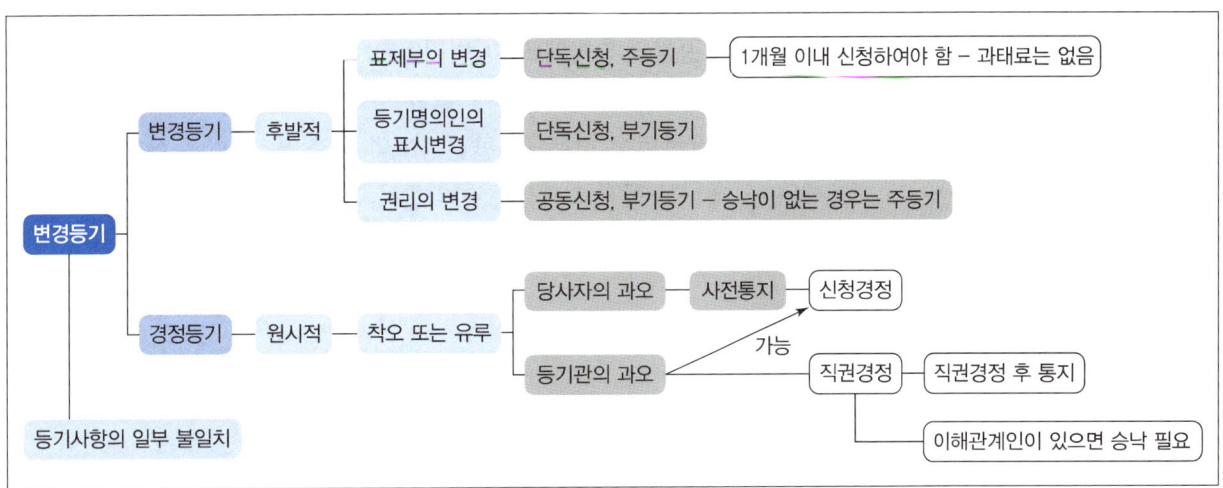

1 변경등기 제31회, 제34회, 제36회

1. 변경등기와 경정등기의 의의

등기사항의 일부가 실체관계와 부합하지 않은 경우에 이를 일치시키기 위한 등기를 넓은 의미의 변경등기라 한다. 변경등기에는 다시 후발적 불일치를 시정하기 위한 협의의 변경등기와 원시적 불일치를 시정하기 위한 경정등기가 있다. 일반적으로 변경등기라 함은 협의의 변경등기를 가리킨다.

2. 부동산표시에 관한 변경등기

토지나 건물의 분할, 합병 등 부동산표시에 관한 사항(소재·지번·지목·면적, 건물의 종류나 구조 등)에 변경이 있는 경우에 하게 되는 변경등기이다.

(1) 신청에 의한 변경

① 대장등록의 선행: 부동산표시에 관한 변경사실이 있으면 먼저 대장상의 등록을 변경하고, 이를 첨부하여 변경등기를 신청하여야 한다.

② 단독신청과 신청의무: 부동산의 표시변경이 있는 때에는 그 소유권의 등기명의인은 그 사실이 있는 때부터 1개월 이내에 그 등기를 신청하여야 한다. 다만, 위반시 과태료는 부과하지 아니한다.

③ 신청정보와 첨부정보: 그 부동산의 변경 전과 변경 후의 표시에 관한 정보를 신청정보의 내용으로 하여 등기소에 제공하고 부동산표시의 변경을 증명하는 토지·임야대장 정보나 건축물대장 정보를 첨부정보로 등기소에 제공하여야 한다.

④ 지적공부소관청의 촉탁에 의한 변경등기: 지적소관청은 지번변경 등 토지의 표시변경(토지의 이동)에 관한 등기를 할 필요가 있는 경우에는 등기를 촉탁하여야 하는데(「공간정보의 구축 및 관리 등에 관한 법률」 제89조 제1항) 등기소에서는 이러한 등기촉탁이 있는 경우 그에 따라 변경등기를 하여야 한다.

기출

1. 건물의 구조가 변경된 경우에는 변경등기를 신청하기 전에 먼저 건축물대장의 기재사항을 변경하여야 한다.
2. 건물합병등기를 신청할 의무 있는 자가 그 등기신청을 게을리하였더라도 「부동산등기법」상 과태료를 부과받지 아니한다.

(2) 직권에 의한 변경

① 행정구역 또는 그 명칭이 변경되었을 때에는 등기기록에 기록된 행정구역 또는 그 명칭에 대하여 변경등기가 있는 것으로 본다(법 제31조). 이 경우에 공시를 명확하게 하기 위하여 등기관은 직권으로 부동산의 표시변경등기를 할 수 있다(규칙 제54조).

② 지적공부소관청의 불부합통지에 의한 직권등기
  ㉠ 지적공부에 등록된 토지소유자의 변경사항을 정리하려는 경우에 있어 등기기록에 기록된 토지의 표시가 지적공부와 일치하지 아니한 때에는 이를 정리할 수 없고, 그 뜻을 관할 등기관서에 통지하여야 한다(「공간정보의 구축 및 관리 등에 관한 법률」 제88조 제3항).
  ㉡ 등기관은 불부합통지를 받은 경우에 1개월 내에 토지소유자의 등기신청이 없는 때에는 직권으로 통지서의 기재내용에 따른 변경등기를 하고 그 사실을 지적소관청과 소유권의 등기명의인에게 알려야 한다(법 제36조).

③ 등기의 실행: 표제부에 부동산표시에 관한 변경등기를 할 때에는 항상 주등기로 실행하며, 종전의 표시에 관한 등기를 말소하는 표시를 하여야 한다.

(3) 토지의 분할·합병등기

① 의의: 토지의 분합등기란 「공간정보의 구축 및 관리 등에 관한 법률」에 따른 토지의 분할, 합병이 있는 경우 그에 따라 등기기록을 정리하는 등기로서 1필지를 2필지 이상으로 나누거나(분필등기), 2필지 이상의 토지를 1필지로 합치는(합필등기) 경우를 말한다.

② 합필등기의 제한
  ㉠ 합필(合筆)하려는 '토지'에 다음의 등기 외의 권리에 관한 등기가 있는 경우에는 합필의 등기를 할 수 없다.
    ⓐ 소유권·지상권·전세권·임차권 및 승역지(承役地: 편익제공지)에 하는 지역권의 등기
    ⓑ 합필하려는 모든 토지에 있는 등기원인 및 그 연월일과 접수번호가 동일한 저당권에 관한 등기
    ⓒ 합필하려는 모든 토지에 있는 제81조 제1항 각 호의 등기사항이 동일한 신탁등기
  ㉡ 등기관이 위 ㉠을 위반한 등기의 신청을 각하하면 지체 없이 그 사유를 지적소관청에 알려야 한다.

> 예제

1. 건축물대장에 甲건물을 乙건물에 합병하는 등록을 2018년 8월 1일에 한 후, 건물의 합병등기를 하고자 하는 경우에 관한 설명으로 틀린 것은? 제29회
   ① 乙건물의 소유권의 등기명의인은 건축물대장상 건물의 합병등록이 있은 날로부터 1개월 이내에 건물합병등기를 신청하여야 한다.
   ② 건물합병등기를 신청할 의무 있는 자가 그 등기신청을 게을리하였더라도, 「부동산등기법」상 과태료를 부과받지 아니한다.
   ③ 합병등기를 신청하는 경우, 乙건물의 변경 전과 변경 후의 표시에 관한 정보를 신청정보의 내용으로 등기소에 제공하여야 한다.
   ④ 甲건물에만 저당권등기가 존재하는 경우에 건물합병등기가 허용된다.
   ⑤ 등기관이 합병제한 사유가 있음을 이유로 신청을 각하한 경우 지체 없이 그 사유를 건축물대장 소관청에 알려야 한다.

   > 해설 ④ 소유권·지상권·전세권·임차권·승역지 지역권 등기 외 권리의 등기가 있는 경우에는 합병, 합필이 허용되지 아니한다. **정답 ④**

2. 합필의 등기를 할 수 있는 경우를 모두 고른 것은? (단, 토지소유자가 지적소관청에 토지합병을 신청할 당시부터 아래의 등기가 존재함) 제36회

   ㉠ 합필하려는 토지에 지상권의 등기가 있는 경우
   ㉡ 합필하려는 토지의 소유자별 공유지분이 다른 경우
   ㉢ 합필하려는 토지에 가등기담보권의 등기가 있는 경우
   ㉣ 합필하려는 토지에 승역지에 하는 지역권의 등기가 있는 경우
   ㉤ 합필하려는 모든 토지에 등기원인 및 그 연월일과 접수번호가 동일한 저당권의 등기가 있는 경우

   ① ㉠, ㉡
   ② ㉢, ㉤
   ③ ㉠, ㉡, ㉢
   ④ ㉠, ㉣, ㉤
   ⑤ ㉡, ㉢, ㉣, ㉤

   > 해설 합필하려는 토지에 소유권, 지상권, 전세권, 임차권, 승역지 지역권, 모든 토지에 등기원인 그 연월일과 접수번호가 동일한 저당권이나 모든 토지에 등기사항이 동일한 신탁등기 외의 등기가 있는 경우 합필이 제한된다.
   > ㉡ 합필하려는 토지의 소유자별 공유지분이 다른 경우 소유자가 다르므로 합필이 제한된다.
   > ㉢ 합필하려는 토지에 가등기담보권의 등기가 있는 경우 합필이 제한된다. **정답 ④**

3. 등기명의인의 표시변경등기

(1) 의의

등기명의인의 표시인 성명(명칭), 주소(사무소 소재지), 주민등록번호 등이 등기 후에 변경됨으로써 이를 실체관계와 부합하도록 바로잡는 등기를 말한다. 등기명의인의 표시변경등기를 신청할 의무가 있는 것은 아니다. 그러나 다른 등기신청을 하기 위해서는 먼저 등기명의인의 표시변경등기를 하여야 한다. 만약 등기명의인의 표시변경등기를 하지 아니하고 다른 등기신청을 하게 되면 각하될 수 있다.

(2) 신청에 의한 변경

등기명의인 표시의 변경등기는 해당 권리의 등기명의인이 단독으로 신청한다(법 제23조 제6항).

신청에 의한 등기명의인 표시(주소)변경등기

[갑구]		(소유권에 관한 사항)			
순위번호	등기목적	접수	등기원인	권리자 및 기타사항	
1	소유권보존	2015년 7월 8일 제4321호		소유자	채희대 ******-******* 경기도 김포시 김포대로 21
1-1	1번 등기명의인 표시변경	2017년 10월 5일 제5263호	2017년 10월 3일 전거	채희대의 주소 서울특별시 강서구 가양대로 234	

* 위 견본은 실제 양식과 차이가 있을 수 있으며, 학습목적으로 가공된 것으로서 모두 실제 내용이 아닙니다.

(3) 직권에 의한 변경

① 행정구역 또는 그 명칭이 변경되있을 때에는 등기기록에 기록된 행정구역 또는 그 명칭에 대해 변경등기가 있는 것으로 본다(법 제31조). 이 경우 등기관은 직권으로 등기명의인의 주소변경등기를 할 수 있다(규칙 제54조).

② 등기관이 소유권이전등기를 할 때에 등기명의인의 주소변경으로 신청정보상의 등기의무자의 표시가 등기기록과 일치하지 아니하는 경우라도, 첨부정보로서 제공된 주소를 증명하는 정보에 등기의무자의 등기기록상의 주소가 신청정보상의 주소로 변경된 사실이 명백히 나타나면 직권으로 등기명의인표시의 변경등기를 하여야 한다(규칙 제122조).

♣ 직권에 의한 등기명의인 표시(주소)변경등기

[갑구]			(소유권에 관한 사항)		
순위번호	등기목적	접수	등기원인	권리자 및 기타사항	
2	소유권이전	1993년 7월 8일 제4321호	1993년 7월 1일 매매	소유자	박찬호 ******-******* 충청남도 공주시 월송동 123
2-1	2번 등기명의인 표시변경		2017년 10월 3일 전거	박찬호의 주소 서울특별시 강남구 강남대로 234 2017년 10월 5일 부기	
3	소유권이전	2017년 10월 5일 제5432호	2017년 10월 3일 매매	소유자 거래가액	김병렬 ******-******* 경기도 김포시 김포대로 926번길 46 701동 801호 금 500,000,000원

* 위 견본은 실제 양식과 차이가 있을 수 있으며, 학습목적으로 가공된 것으로서 모두 실제 내용이 아닙니다.

(4) 등기의 실행

등기명의인표시의 변경등기는 **항상 부기등기**로 하며, 등기관이 등기명의인표시의 변경등기를 할 때에는 변경 전의 등기사항을 말소하는 표시를 하여야 한다(규칙 제112조 제2항).

4. 권리변경등기

(1) 의의

권리의 변경등기란 이미 등기된 권리의 내용 중 일부가 후발적으로 변경된 경우 변경된 실체관계와 등기기록을 일치시키기 위한 등기이다. 이는 권리의 내용에 대한 변경이므로 권리주체가 변경되는 권리이전등기나 등기명의인 표시변경등기, 권리객체가 변경되는 부동산변경등기와는 구별하여야 한다.

(2) 변경등기의 예

지상권의 존속기간이 연장되거나 단축되는 지상권변경등기, 전세권의 전세금이 증액되거나 감액되는 전세권변경등기, 저당권의 피담보채권액이 변경되거나 이자율 변경, 채무자가 변경되는 경우의 저당권변경등기 등이 권리의 내용이 변경되는 경우로서 권리변경등기에 해당한다.

(3) 신청인

권리변경등기는 원칙적으로 **공동신청**에 의한다. 등기권리자와 등기의무자는 변경내용에 따라 달라질 수 있다. 예를 들어 전세금을 증액하는 전세권변경등기에서 전세권설정자는 등기의무자가 되지만 전세금을 감액하는 전세권변경등기에서 전세권설정자는 등기권리자가 된다.

(4) 등기의 실행

① 등기상 이해관계인이 없는 경우: 등기상 이해관계인이 없는 경우는 **부기등기**로 하여야 한다. 등기관이 권리의 변경등기를 할 때에는 변경 전의 등기사항을 말소하는 표시를 하여야 한다.

② 등기상 이해관계인이 있는 경우
  ㉠ 이해관계인의 승낙(또는 대항할 수 있는 재판 등본)을 받은 경우: **부기등기**로 하여야 한다. 등기관이 권리의 변경등기를 할 때에는 변경 전의 등기사항을 말소하는 표시를 하여야 한다.
  ㉡ 이해관계인의 승낙(또는 대항할 수 있는 재판 등본)을 받지 못한 경우: 그 이해관계인의 등기보다 후순위가 되는 **주등기(독립등기)**로 하여야 한다. 이 경우 변경 전의 등기사항은 종전의 순위로 제3자에게 대항할 수 있어야 하므로 변경 전의 등기사항을 말소하는 표시를 하지 않는다.

> **참고** 등기상 이해관계 있는 제3자
>
> 1. 의의
>   등기상 이해관계 있는 제3자란 어떤 등기의 기재형식상 불이익을 받게 될 위치에 있는 자를 말하는데, 실제로 불이익이 발생하였느냐의 여부는 묻지 않는다. 이때 유리하게 되는 자는 이해관계인에 해당하지 않는다.
> 2. 권리변경등기의 이해관계인
>   ① 선순위권리의 증액이나 연장의 변경등기를 하는 경우 후순위권리자는 이해관계인에 해당한다.
>   ② 선순위권리의 감액이나 단축의 변경등기를 하는 경우 후순위권리자는 이해관계인에 해당하지 아니한다.

기출 전세금을 증액하는 전세권변경등기는 등기상 이해관계 있는 제3자의 승낙 또는 이에 대항할 수 있는 재판의 등본이 없으면 부기등기가 아닌 주등기로 해야 한다. 제32회

기출 선순위근저당권의 채권최고액을 감액하는 변경등기는 그 저당목적물에 관한 후순위권리자의 승낙서가 첨부되지 않더라도 할 수 있다. 제34회

🔖 이해관계인이 없는 경우

[을구]			(소유권 외의 권리에 관한 사항)	
순위번호	등기목적	접수	등기원인	권리자 및 기타사항
1	전세권설정	2011년 9월 10일 제9876호	2011년 9월 7일 설정계약	전세금 금 200,000,000원 범위 건물의 전부 전세권자 조세호 710707-******* 서울특별시 강서구 강서로 38
1-1	1번 전세권변경	2013년 9월 10일 제9888호	2013년 9월 9일 변경계약	전세금 금 300,000,000원

* 위 견본은 실제 양식과 차이가 있을 수 있으며, 학습목적으로 가공된 것으로서 모두 실제 내용이 아닙니다.

🔖 이해관계인의 승낙을 받은 경우

[을구]			(소유권 외의 권리에 관한 사항)	
순위번호	등기목적	접수	등기원인	권리자 및 기타사항
1	전세권설정	2011년 9월 10일 제9876호	2011년 9월 7일 설정계약	전세금 금 200,000,000원 범위 건물의 전부 전세권자 조세호 710707-******* 서울특별시 강서구 강서로 38
1-1	1번 전세권변경	2013년 9월 10일 제9888호	2013년 9월 9일 변경계약	전세금 금 300,000,000원
2	저당권설정	(생략)	(생략)	저당권자 고상철

* 위 견본은 실제 양식과 차이가 있을 수 있으며, 학습목적으로 가공된 것으로서 모두 실제 내용이 아닙니다.

🔖 이해관계인의 승낙을 받지 못한 경우

[을구]			(소유권 외의 권리에 관한 사항)	
순위번호	등기목적	접수	등기원인	권리자 및 기타사항
1	전세권설정	2011년 9월 10일 제9876호	2011년 9월 7일 설정계약	전세금 금 200,000,000원 범위 건물의 전부 전세권자 조세호 710707-******* 서울특별시 강서구 강서로 38
2	저당권설정	(생략)	(생략)	저당권자 이상곤
3	1번 전세권변경	2013년 9월 10일 제9888호	2013년 9월 9일 변경계약	전세금 금 300,000,000원

* 위 견본은 실제 양식과 차이가 있을 수 있으며, 학습목적으로 가공된 것으로서 모두 실제 내용이 아닙니다.

2 경정등기 제31회

(1) 의의

경정등기란 원시적인 사유로 인하여 등기에 착오 또는 유루(빠트림)가 발생함으로써 그 등기의 일부가 실체관계와 불일치한 경우 이를 고쳐서 바로잡는 등기를 말한다. 불일치 원인이 원시적이라는 점에서 후발적 불일치를 고쳐 바로잡는 변경등기와 다르다.

(2) 착오 또는 유루의 통지

등기관이 등기를 마친 후 그 등기에 착오나 빠진 부분이 있음을 발견하였을 때에는 지체 없이 그 사실을 등기권리자와 등기의무자에게 알려야 한다. 등기권리자와 등기의무자가 없는 경우에는 등기명의인에게 알려야 하고, 등기권리자·의무자 또는 등기명의인이 각 2인 이상인 경우에는 그중 1인에게 통지하면 된다(법 제32조 제1항).

(3) 경정등기의 요건

① '등기'에 관한 착오나 빠트린 것이 있어야 한다.
② 등기사항의 '일부'에 대한 불일치가 있어야 한다.
③ 등기와 실체관계의 불일치는 당초의 등기절차에서 생긴 것이어야 한다.
④ 경정 전후에 '동일성 또는 유사성'이 있어야 한다.

(4) 등기의 실행

경정등기는 변경등기와 같은 방식으로 실행된다. 즉, 표제부의 경정등기는 주등기로, 등기명의인 표시경정은 부기등기로, 권리경정은 이해관계인이 없거나 이해관계인이 있으나 그 승낙을 받은 경우에는 부기등기로, 이해관계인이 있으나 그 승낙을 받지 못한 경우에는 주등기로 실행한다.

(5) 직권경정등기

① 등기관이 등기의 착오나 빠진 부분이 등기관의 잘못으로 인한 것임을 발견한 경우에는 지체 없이 그 등기를 직권으로 경정하여야 한다. 다만, 등기상 이해관계 있는 제3자가 있는 경우에는 제3자의 승낙이 있어야 한다(법 제32조 제2항).
② 등기관이 직권경정등기를 하였을 때에는 그 사실을 등기권리자, 등기의무자 또는 등기명의인에게 알려야 한다. 또한 직권경정등기를 한 취지를 지방법원장에 보고하여야 한다.

기출 권리자는 甲임에도 불구하고 당사자신청의 착오로 乙명의로 등기된 경우 그 불일치는 경정등기로 시정할 수 없다.

심화 경정 전후의 동일성이 인정될 수 없도록 권리 자체를 경정하여 소유권이전등기를 저당권설정등기로 경정하거나 권리자를 甲에서 乙로 경정 또는 甲과 乙의 공동소유를 丙과 丁의 공동소유로 경정하는 것은 허용되지 아니한다. 또한 법인 아닌 사단을 법인으로 경정하는 등기명의인표시경정등기 신청은 수리될 수 없다. 경정 전후 등기의 등기명의인이 인격의 동일성을 유지하는 경우에만 신청할 수 있기 때문이다.

심화
1. 등기관의 과오로 인해 등기의 착오가 발생한 경우에는 경정 전후의 등기의 동일성 여부를 별도로 심사하지 않고 일정한 절차에 의하여 처리한다(예규 제1564호).
2. 등기 완료 후 '등기관의 과오'로 인한 등기의 착오(신청과 다른 내용으로 등기된 경우를 말함)를 발견한 경우, 등기권리자 또는 등기의무자는 등기필증 등 그 사실을 증명하는 서면을 첨부하여 착오발견으로 인한 경정등기를 신청할 수 있으며, 이 경우 등기관이 경정등기를 한 취지를 지방법원장에게 보고할 필요는 없다(예규 제1564호).

제5장 메타인지 학습체크 제1절 변경등기와 경정등기

01 저당권의 피담보채권액을 증액하는 것과 같은 권리변경등기는 당사자 공동신청에 의하며 이해관계인이 없는 경우 [① 주등기 / ② 부기등기]로 실행한다.

02 토지의 지목이 변경된 경우 그 토지소유권의 등기명의인은 그 변경등기를 [① 지체 없이 / ② 1개월 이내에] 신청하여야 한다.

03 합필등기를 신청하려는 토지 중 한 필지에 [① 지상권 / ② 저당권]등기가 되어 실행되어 있는 경우에는 다른 제한이 없는 한 합필등기를 할 수 있다.

04 합필등기를 신청하려는 모든 토지에 법 제81조 제1항 각호의 등기사항이 동일한 신탁등기가 실행되어 있는 경우에는 합필등기를 할 수 [① 있다. / ② 없다.]

05 합필등기를 신청하려는 모든 토지에 대하여 등기원인 및 그 연월일과 접수번호가 동일한 저당권에 관한 등기가 있는 경우에는 합필등기를 할 수 [① 있다. / ② 없다.]

06 소유권이전등기 신청시 등기의무자의 주소증명정보에 의하여 주소 변경사실이 명백한 경우 등기관은 [① 이 등기를 각하 / ② 소유권이전등기를 수리하고 직권으로 등기명의인표시변경등기를 실행]하여야 한다.

07 마쳐진 등기에 착오나 빠진 부분을 발견한 등기관은 지체 없이 등기권리자와 등기의무자에게 알려야 한다. 이 경우 등기권리자나 등기의무자가 각 2인 이상인 경우에는 [① 그중 1인 / ② 전원]에게 통지하면 된다.

08 권리자는 甲임에도 불구하고 당사자신청의 착오로 乙명의로 등기된 경우, 그 불일치는 경정등기로 시정할 수 [① 있다. / ② 없다.]

09 전세권설정등기를 하기로 합의하였으나 당사자신청의 착오로 임차권으로 등기된 경우, 그 불일치는 경정등기로 시정할 수 [① 있다. / ② 없다.]

10 법인 아닌 사단을 법인으로 경정하는 등기를 신청하는 등 동일성을 해하는 등기명의인표시경정등기 신청은 수리할 수 [① 있다. / ② 없다.]

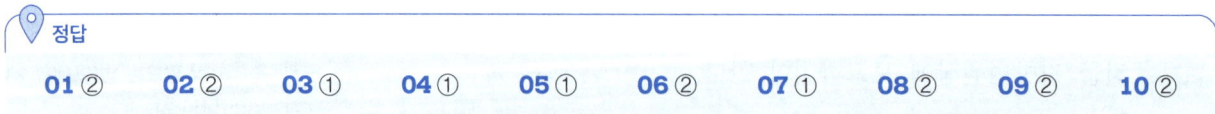

정답

01 ② 　 02 ② 　 03 ① 　 04 ① 　 05 ① 　 06 ② 　 07 ① 　 08 ② 　 09 ② 　 10 ②

제2절 | 말소등기와 말소회복등기

알아두기

1. 말소등기와 회복등기: 등기사항이 전부 부적법한 경우라면 그 등기 전부를 소멸시키는 등기가 필요하다. 그러나 이러한 말소등기가 부적법한 경우에는 종전 순위를 회복시키는 회복등기를 실행하게 된다.
2. 등기상 이해관계인: 말소등기나 회복등기를 실행하게 되면 등기기재 형식상 손해를 볼 우려가 있는 제3자가 발생할 수 있으므로 우리 「부동산등기법」은 이러한 제3자를 보호하기 위하여 그 제3자의 승낙이 없으면 해당 말소등기나 말소회복등기를 각하하도록 하고 있다.

말소등기와 말소회복등기, 기타 등기

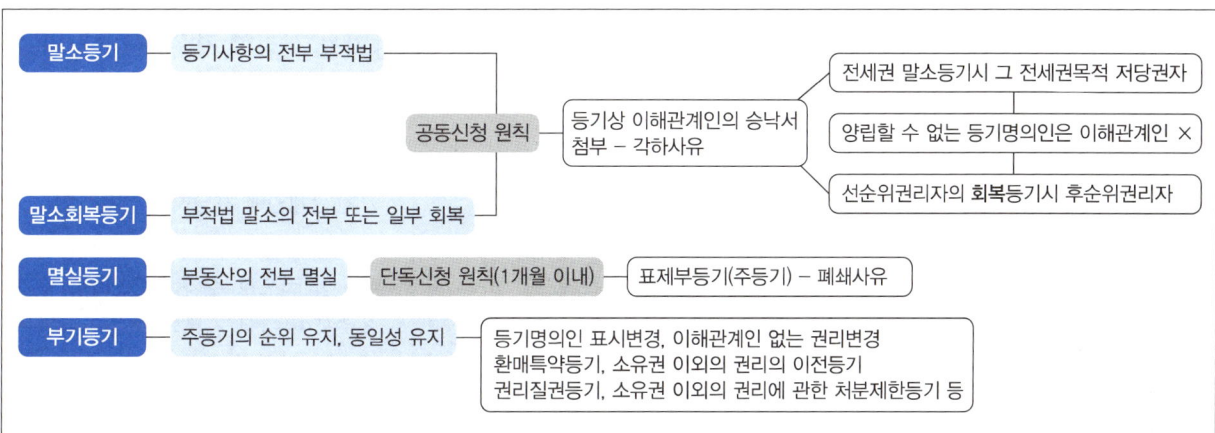

❶ 말소등기

1. 의의

(1) '말소등기'란 기존의 등기가 원시적 또는 후발적 사유로 부적법하게 되어 등기사항의 전부가 실체관계와 부합하지 아니하여 기존등기의 전부를 소멸시킬 목적으로 행하여지는 등기를 말한다.

(2) 말소되는 등기의 종류에는 제한이 없으나 말소등기를 다시 말소하는 등기는 할 수 없고 이러한 경우 말소회복등기를 하여야 한다.

2. 요건

(1) 등기사항 전부가 부적법할 것

① 말소등기의 대상이 되는 것은 등기사항의 전부가 부적법한 경우에 한한다. 등기사항의 일부만이 부적법한 때에는 변경등기나 경정등기의 대상이다.

② 부적법의 사유는 묻지 않으므로 원시적·후발적·실체적·절차적으로 부적법한 경우 모두 말소등기대상이 된다.

(2) 이해관계 있는 제3자가 있는 경우 제3자의 승낙이 있을 것

① 등기의 말소를 신청하는 경우에 그 말소에 대하여 등기상 이해관계 있는 제3자가 있을 때에는 제3자의 승낙이 있어야 한다(법 제57조 제1항). 승낙서 등을 첨부하지 아니하고 말소등기를 신청한 경우는 각하사유에 해당한다.

② 말소등기시 이해관계인

이해관계인에 해당하는 경우	이해관계인에 해당하지 않는 경우
• 지상권(또는 전세권)의 말소시 지상권(또는 전세권)을 목적으로 하는 저당권자 • 소유권이전등기의 말소시 매수인으로부터 권리를 설정받은 저당권자, 지상권자 등 • 소유권보존등기의 말소시 그 보존등기에 터잡은 저당권자, 지상권자 등	• 저당권의 말소시 그 선·후 저당권자 • 甲, 乙, 丙으로 순차 소유권이전등기 경료시 甲에서 乙로의 소유권이전등기 말소신청시 丙

기출 말소등기신청의 경우에 '등기상 이해관계 있는 제3자'란 등기의 말소로 인하여 손해를 입을 우려가 있다는 것이 등기기록에 의하여 형식적으로 인정되는 자를 말한다.

기출 乙명의의 전세권등기와 그 전세권에 대한 丙명의의 가압류가 순차로 마쳐진 甲소유 부동산에 대하여 乙명의의 전세권등기를 말소하라는 판결을 받았다고 하더라도 그 판결에 의하여 전세권말소등기를 신청할 때에는 丙의 승낙서 또는 丙에게 대항할 수 있는 재판의 등본을 첨부해야 한다. 제33회

> **예제**
>
> 말소등기를 신청하는 경우 그 말소에 관하여 승낙서를 첨부하여야 하는 등기상 이해관계 있는 제3자에 해당하는 것을 모두 고른 것은? 제29회
>
> ㉠ 지상권등기를 말소하는 경우 그 지상권을 목적으로 하는 저당권자
> ㉡ 순위 2번 저당권등기를 말소하는 경우 순위 1번 저당권자
> ㉢ 순위 1번 저당권등기를 말소하는 경우 순위 2번 저당권자
> ㉣ 토지에 대한 저당권등기를 말소하는 경우 그 토지에 대한 지상권자
> ㉤ 소유권보존등기를 말소하는 경우 가압류권자
>
> ① ㉠, ㉣   ② ㉠, ㉤   ③ ㉡, ㉢
> ④ ㉡, ㉤   ⑤ ㉢, ㉣

해설 ㉠ 주종관계에 해당하므로 주된 권리인 지상권이 말소되는 경우 등기 기재 형식상 불이익을 보게 되는 저당권자는 이해관계인에 해당한다.
㉤ 주종관계에 해당하므로 소유권보존등기가 말소되는 경우 그 소유권을 목적으로 하는 가압류권자의 권리등기도 말소되게 되므로 형식적으로 불이익을 보는 자에 해당한다.
㉡ 2번 저당권의 말소시 1번 저당권자는 손해를 보지 않으므로 이해관계인이 아니다.
㉢ 1번 저당권의 말소시 2번 저당권자는 순위가 승진하므로 이해관계인이 아니다.
㉣ 저당권이 말소되는 경우 지상권자 입장에서는 손해를 볼 입장이 아니므로 이해관계인이 아니다.

정답 ②

3. 말소등기의 유형

말소등기도 등기신청의 일반원칙에 따라 등기권리자와 등기의무자의 공동신청에 의하는 것이 원칙이다. 예외적으로 단독신청에 의한 말소나 직권말소, 촉탁에 의한 말소등기도 가능하다.

4. 말소등기의 실행

등기를 말소할 때에는 말소의 등기를 한 후 해당 등기를 말소하는 표시를 하여야 한다(규칙 제116조 제1항). 말소등기의 방식은 항상 주등기로 한다.

⚑ 말소등기에 관한 기재례

[갑구]			(소유권에 관한 사항)	
순위번호	등기목적	접수	등기원인	권리자 및 기타사항
2	소유권이전	2019년 4월 6일	2019년 3월 1일 매매	소유자 김재동 740114-1056429 서울 종로구 원서동 2
3	2번 소유권 이전등기말소	2009년 6월 5일 제48278호	2009년 6월 4일 합의해제	

* 위 견본은 실제 양식과 차이가 있을 수 있으며, 학습목적으로 가공된 것으로서 모두 실제 내용이 아닙니다.

> **예제**
>
> 말소등기에 관한 설명으로 **틀린** 것은? (다툼이 있으면 판례에 따름)   제28회
>
> ① 말소되는 등기의 종류에는 제한이 없으며, 말소등기의 말소등기도 허용된다.
> ② 말소등기는 기존의 등기가 원시적 또는 후발적인 원인에 의하여 등기사항 전부가 부적법할 것을 요건으로 한다.
> ③ 농지를 목적으로 하는 전세권설정등기가 실행된 경우, 등기관은 이를 직권으로 말소할 수 있다.
> ④ 피담보채무의 소멸을 이유로 근저당권설정등기가 말소되는 경우, 채무자를 추가한 근저당권변경의 부기등기는 직권으로 말소된다.
> ⑤ 말소등기신청의 경우에 '등기상 이해관계 있는 제3자'란 등기의 말소로 인하여 손해를 입을 우려가 있다는 것이 등기기록에 의하여 형식적으로 인정되는 자를 말한다.
>
> **해설** ① 말소등기의 말소등기는 허용되지 아니한다.   **정답** ①

2 말소회복등기

1. 의의

'말소회복등기'라 함은 기존의 등기가 부당하게 소멸된 경우에 이를 회복하여 그 등기의 효력을 유지시킬 것을 목적으로 하는 등기이다. 말소된 등기의 회복(回復)을 신청하는 경우에 등기상 이해관계 있는 제3자가 있을 때에는 그 제3자의 승낙이 있어야 한다(법 제59조).

2. 요건

(1) 등기사항의 부적법 말소

부적법의 원인은 실체적이든 절차적이든 묻지 않는다. 다만, 어떤 이유이건 당사자가 **자발적으로** 말소등기를 한 경우에는 적법한 말소가 이루어진 경우이므로 말소회복등기를 할 수 **없다**(대판 89다카5673 참조).

> **판례** 실체관계에 부합하는 말소등기 회복 불가
>
> 말소등기가 부적법하게 행해진 경우라도 그것이 실체관계에 부합하는 때에는 말소회복등기를 청구할 수 없다(대판 85다카2203).

(2) 말소된 등기 회복

말소된 등기 자체를 회복하는 것이므로 말소등기를 말소하는 방법으로 회복할 수는 없다.

(3) 이해관계 있는 제3자에게 불측의 손해

① 말소된 등기의 회복을 신청하는 경우에 등기상 이해관계 있는 제3자가 있을 때에는 그 제3자의 승낙이 있어야 한다(법 제59조).

② 등기상 이해관계 있는 제3자란 등기부 기재 형식상 말소회복등기로 인하여 손해를 입을 우려가 있다고 인정되는 자를 말한다. '손해를 입을 우려'가 있는지의 여부는 제3자의 권리취득등기시(말소등기시)를 기준으로 할 것이 아니라 회복등기시를 기준으로 판별하여야 한다(대판 89다카5673).

③ 회복될 등기와 등기기록상 양립할 수 없는 등기는 이를 먼저 말소하지 않는 한 회복등기를 할 수 없으므로 이러한 등기는 회복등기에 앞서 말소의 대상(전제)이 될 뿐이므로 그 등기명의인은 승낙을 받아야 할 이해관계 있는 제3자가 아니다(판례).

④ 말소회복등기시 이해관계인

이해관계인에 해당하는 경우	이해관계인에 해당하지 않는 경우
• 선순위저당권등기의 회복시 선순위저당권말소 후에 등기한 후순위저당권자 • 선순위저당권등기의 회복시 선순위저당권말소 전에 등기한 후순위저당권자 • 선순위지상권등기회복에 있어 후순위저당권자 • 선순위저당권등기회복에 있어 후순위지상권자	• 2순위(후순위) 지상권등기를 회복함에 있어 1순위(선순위) 저당권자 • 2번 소유권이전등기의 회복시 3번 소유권이전등기의 명의인 • 지상권(또는 전세권)등기를 회복함에 있어서 그를 목적으로 하였던 저당권자

> **참고** 승낙서를 첨부하지 않은 말소회복등기의 효력
>
> 1. 제3자의 승낙서나 그에 대항할 수 있는 재판의 등본을 첨부하지 않은 등기신청은 각하하여야 한다.
> 2. 판례는 이해관계 있는 제3자의 승낙서가 첨부되지 않았음에도 이를 간과하고 회복등기가 있어도 그것은 절대무효의 등기가 아니라 이해관계 있는 제3자에 대한 관계에서 무효의 등기일 뿐이라고 한다.
> 3. 그러나 제3자가 승낙을 하여야 할 실체법상의 의무를 지고 있는 경우에는 승낙절차를 거치지 아니하고 회복등기가 경료되었다 하더라도 그 회복등기는 실체관계에 부합하므로 제3자에 대한 관계에 있어서도 유효하다는 것이 판례의 입장이다.

> **심화** 회복등기 절차
>
> 1. 불법하게 말소된 것을 이유로 한 근저당권설정등기 회복등기청구는 (그 저당권설정등기가 말소된 후 새로운 소유권이전등기가 있는 경우에도) 그 등기말소 당시의 소유자를 상대로 하여야 한다.
> 2. 가등기에 기한 소유권이전의 본등기시에 등기관이 직권말소한 가등기 이후의 제3자의 권리에 관한 등기는 가등기에 기한 본등기를 말소하는 경우에 있어서는 등기관이 이를 직권으로 회복하도록 하여야 한다
> 3. 말소등기의 회복에 있어서 말소된 종전의 등기가 공동신청으로 된 것인 때에는 그 회복등기도 공동신청에 의함이 원칙이나, 그 등기가 등기공무원의 직권 또는 법원의 촉탁에 의하여 말소된 경우에는 그 회복등기도 등기공무원의 직권 또는 법원의 촉탁에 의하여 행하여져야 하므로 그 회복등기를 소구할 이익이 없고, 그와 같은 법리는 등기공무원이 착오로 인하여 말소할 수 없는 등기를 잘못 말소한 경우에도 동일하게 적용된다(대판 94다27205).

3. 등기의 실행과 효력

(1) 등기사항의 전부에 대한 말소회복(주등기)

주등기로 회복등기를 한 후 말소된 등기와 같은 등기를 하여야 한다.

(2) 등기사항의 일부에 대한 말소회복(부기등기)

부기에 의하여 말소된 등기사항만 다시 등기한다.

> **규칙 제118조【말소회복등기】** 법 제59조의 말소된 등기에 대한 회복 신청을 받아 등기관이 등기를 회복할 때에는 회복의 등기를 한 후 다시 말소된 등기와 같은 등기를 하여야 한다. 다만, 등기 전체가 아닌 일부 등기사항만 말소된 것일 때에는 부기에 의하여 말소된 등기사항만 다시 등기한다.

(3) 말소회복등기의 효력

말소회복된 등기는 말소되기 전과 동일한 순위와 효력을 회복한다.

♧ 말소회복등기의 기재례(전산등기부)

등기사항 전부의 말소회복등기

[갑구]			(소유권에 관한 사항)	
순위번호	등기목적	접수	등기원인	권리자 및 기타사항
1	소유권보존	(생략)	(생략)	소유자 서석진
2	~~소유권이전~~	~~2003년 5월 10일 제23456호~~	~~2003년 5월 7일 매매~~	~~소유자 정동섭 610702-1273645 서울 마포구 공덕동 30~~
3	2번 소유권 말소	2003년 6월 10일 제34567호	매매계약 해제	
4	2번 소유권 회복	2003년 10월 10일 제45675호	2003년 10월 2일 서울민사지방법원의 확정판결	
2	소유권이전	2003년 5월 10일 제23456호	2003년 5월 7일 매매	소유자 정동섭 610702-1273645 서울 마포구 공덕동 30 2003년 10월 10일 등기

* 위 견본은 실제 양식과 차이가 있을 수 있으며, 학습목적으로 가공된 것으로서 모두 실제 내용이 아닙니다.

3 멸실등기 제33회

1. 의의

토지의 함몰·포락 또는 건물의 소실·붕괴 등으로 인하여 1개의 부동산 전부가 물리적으로 소멸하는 경우에 이를 공시하는 등기를 말한다. 이러한 부동산의 멸실등기는 부동산의 일부가 멸실된 경우에 실행하는 변경등기와 다르다. 존재하지 아니하는 건물에 대한 등기가 있는 경우도 멸실등기 대상이 된다.

2. 신청인

(1) 단독신청

부동산이 멸실한 경우 그 소유권의 등기명의인은 그 사실이 있는 때부터 1개월 이내에 멸실등기를 신청하여야 한다(법 제39조, 제43조 제1항). 다만, 존재하지 아니하는 건물에 대한 등기가 있는 때에는 지체 없이 멸실등기를 신청하여야 한다(법 제44조 제1항). 이러한 신청을 하지 아니한 경우에도 과태료는 부과하지 아니한다.

> **기출** 존재하지 아니하는 건물에 대한 등기가 있을 때 그 소유권의 등기명의인은 지체 없이 그 건물의 멸실등기를 신청하여야 한다. 제31회

(2) 대위신청

건물의 멸실 또는 부존재의 경우에 그 신청의무기간 내 그 소유권의 등기명의인이 멸실등기를 신청하지 아니하는 경우에는 그 건물대지의 소유자가 건물소유권의 등기명의인을 대위하여 그 등기를 신청할 수 있다(법 제43조 제2항, 제44조 제2항).

> **기출** 등기된 건물이 멸실된 경우에는 건물소유권의 등기명의인만이 멸실등기를 신청할 수 있는 것은 아니다.

3. 첨부정보

토지멸실등기를 신청하는 경우에는 그 멸실을 증명하는 토지대장 정보나 임야대장 정보를 첨부정보로서 등기소에 제공하여야 하고(규칙 제83조), 건물멸실등기를 신청하는 경우에는 그 멸실이나 부존재를 증명하는 건축물대장 정보나 그 밖의 정보를 첨부정보로서 등기소에 제공하여야 한다(규칙 제102조).

4. 멸실등기의 실행

멸실등기를 하는 때에는 등기기록 중 표제부에 멸실의 뜻과 그 원인 또는 부존재의 뜻을 기록하고, 표제부의 등기를 말소하는 표시를 한 후 그 등기기록을 폐쇄하여야 한다.

제5장 메타인지 학습체크 제2절 말소등기와 말소회복등기

01 등기된 부동산이 화재로 전부 없어진 경우, [① 말소등기 / ② 멸실등기]를 한다.

02 말소되는 등기의 종류에는 제한이 없으며, 말소등기의 말소등기는 허용[① 된다. / ② 되지 않는다.]

03 말소등기 신청의 경우에 '등기상 이해관계 있는 제3자'란 등기의 말소로 인하여 [① 손해를 입을 우려가 있다는 것이 등기기록에 의하여 형식적으로 / ② 실질적으로 손해를 본 것으로] 인정되는 자를 말한다.

04 말소등기 신청시 등기의 말소에 대하여 등기상 이해관계 있는 제3자의 승낙이 [① 있는 / ② 없는] 경우, 그 제3자 명의의 등기는 등기관이 직권으로 말소한다.

05 말소회복등기와 양립할 수 없는 등기의 등기명의인은 「부동산등기법」상에서의 등기상 이해관계 있는 제3자라고 볼 수 [① 있다. / ② 없다.]

06 소유권보존등기를 말소하는 경우 가압류권자는 등기상 이해관계 있는 제3자라 할 수 [① 있다. / ② 없다.]

07 순위 1번 저당권등기를 말소하는 경우 순위 2번 저당권자는 등기상 이해관계 있는 제3자라 할 수 [① 있다. / ② 없다.]

08 순위 1번 저당권등기가 말소회복되는 경우, 순위 2번 저당권자는 등기상 이해관계 있는 제3자라 할 수 [① 있다. / ② 없다.]

09 존재하는 건물이 전부 멸실된 경우 소유권의 등기명의인은 [① 지체 없이 / ② 1개월 이내에] 멸실등기를 신청하여야 하나 위반시 과태료는 없다.

10 등기된 건물이 멸실된 경우에는 [① 건물소유권의 등기명의인만이 멸실등기를 / ② 대지소유자가 대위] 신청할 수 있다.

정답

01 ② **02** ② **03** ① **04** ① **05** ② **06** ① **07** ② **08** ① **09** ② **10** ②

제3절 | 부기등기와 가등기

🎯 알아두기

1. **부기등기**: 주등기에 부수되는 내용을 적기 위하여 만들어진 형태의 등기이며, 주등기 내용을 연장하거나 순위를 유지하면서 내용을 변경하기 위한 목적으로 사용하게 된다. 주등기가 말소되게 되면 부기등기된 사항들은 직권으로 말소되게 된다는 특징이 있다.

2. **가등기**: 순위를 먼저 확보하고 나중에 본등기를 실행하기 위하여 미리 실행하는 임시등기로서, 본등기의 순위를 미리 확보하는 역할을 하게 된다. 이러한 가등기 후 실행된 등기로서 본등기되는 권리를 침해하는 중간처분등기는 등기관이 직권으로 말소하게 된다.

가등기

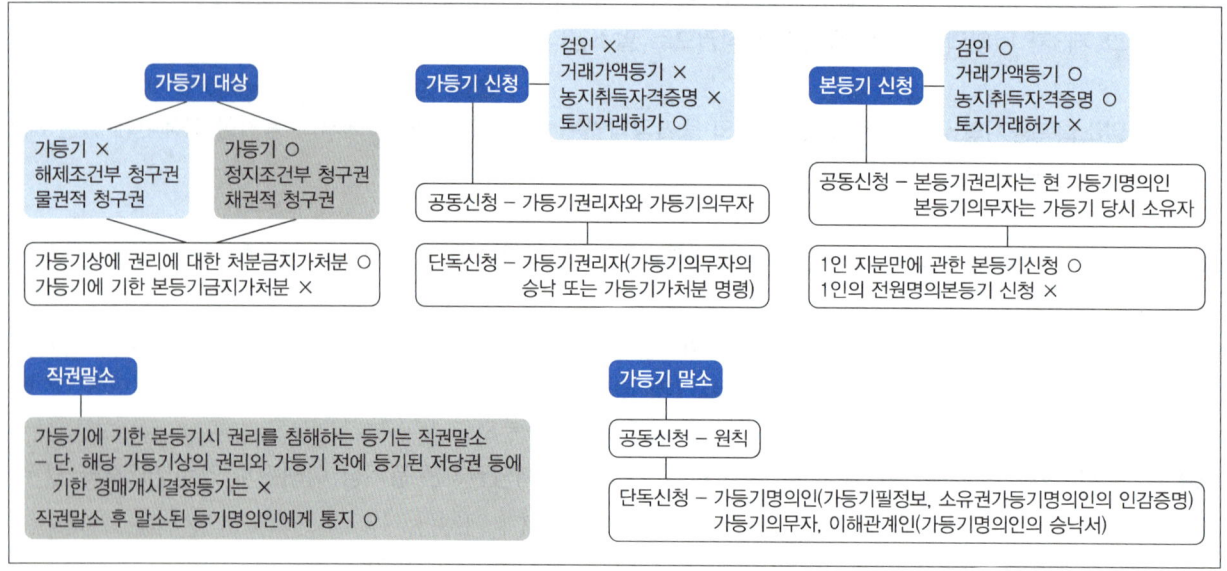

1 부기등기 제30회, 제33회, 제35회, 제36회

(1) 의의

'부기등기'란 그 자체로서는 독립한 순위번호를 가지지 않고 주등기 또는 부기등기의 순위번호에 가지번호를 붙여서 하는 등기를 말한다.

(2) 부기등기로 하는 경우

① 등기명의인표시의 변경(경정)등기: 부기등기

② 권리변경(경정)등기
  - 이해관계인이 없는 경우: 부기등기
  - 이해관계인이 있는 경우
    - 승낙받는 경우: 부기등기
    - 승낙 없는 경우: 주등기

③
  - 등기사항의 일부 말소회복등기: 부기등기
  - 등기사항의 전부 말소회복등기: 주등기

④
  - 소유권이전(처분제한)등기: 주등기
  - 소유권 이외의 권리이전(처분제한)등기: 부기등기

⑤
  - 소유권을 목적으로 한 저당권설정등기: 주등기
  - 지상권 또는 전세권을 목적으로 한 저당권설정등기: 부기등기

⑥ 소유권 이외의 권리를 목적으로 하는 등기
  - 예) 전전세권설정등기, 지상권이나 전세권자가 설정해 주는 지역권설정등기 등

⑦ 권리질권등기, 채권담보권등기(언제나 부기)

⑧ 환매특약등기(언제나 부기)

⑨ 환매권의 이전등기(부기등기의 부기등기), 가등기의 이전등기

⑩ 권리소멸약정등기, 공유물분할금지의 약정등기

✔ 표제부(부동산 표시)의 등기는 언제나 주등기로 실행한다.

참고 부기등기의 실행과 효력

1. 부기등기는 갑구나 을구에 실행하고, 표제부에는 할 수 없다.
2. 1개의 주등기에 여러 개의 부기등기를 할 수 있고 부기등기에 대한 부기등기도 가능하다.
3. 기존 주등기가 말소되면 그 등기에 부기된 부기등기는 등기관 직권으로 말소된다.

기출 등기관이 부기등기를 할 때에는 주등기 또는 부기등기의 순위번호에 가지번호를 붙여서 하여야 한다.
제32회

기출 임차권설정등기가 마쳐진 후 임대차기간 중 임대인의 동의를 얻어 임차물을 전대하는 경우, 그 전대등기는 부기등기의 방법으로 한다.
제35회

📌 근저당권의 소멸에 관한 약정이 있는 경우

[을구]			(소유권 외의 권리에 관한 사항)	
순위번호	등기목적	접수	등기원인	권리자 및 기타사항
1	근저당권설정	2003년 3월 5일 제3005호	2003년 3월 4일 설정계약	채권최고액 금 10,000,000원 채무자 오상진 　　　　서울시 종로구 원서동 8 근저당권자 전현무 690725-******* 　　　　서울시 종로구 원서동 9
1-1	1번 근저당권소멸약정			근저당권자가 사망할 때에는 근저당권은 소멸한다.

* 위 견본은 실제 양식과 차이가 있을 수 있으며, 학습목적으로 가공된 것으로서 모두 실제 내용이 아닙니다.

예제

1. 부기로 하는 등기로 옳은 것은? 　　　　제33회

① 부동산멸실등기
② 공유물분할금지의 약정등기
③ 소유권이전등기
④ 토지분필등기
⑤ 부동산의 표시변경등기 등 표제부의 등기

해설 ② 공유물분할금지의 약정은 부기등기로 실행한다. 부동산멸실등기나 토지의 분필등기와 같이 표제부에 기록하는 등기는 주등기로 실행한다. 소유권이전등기는 주등기로 실행한다. **정답 ②**

2. 주등기의 방식으로 하는 등기는? 　　　　제36회

① 환매특약의 등기
② 지상권의 이전등기
③ 공유물 분할금지의 약정등기
④ 전세권을 목적으로 하는 저당권의 이전등기
⑤ 등기의 전부가 말소된 경우 그 전부에 대한 회복등기

해설 ⑤ 전부회복은 주등기, 일부회복은 부기등기의 방식으로 한다. **정답 ⑤**

2 가등기 제30회, 제31회, 제32회, 제33회, 제34회, 제35회, 제36회

1. 의의 및 종류

(1) 의의

부동산 물권이나 임차권 등 등기할 수 있는 권리의 변동을 목적으로 하는 청구권의 순위를 미리 보전하기 위하여 실행하는 등기를 말한다. 일반적인 청구권의 순위를 보전하기 위한 가등기와 「가등기담보 등에 관한 법률」에 의하여 채권담보의 목적으로 하는 담보가등기로 나눌 수 있다.

기출 근저당권 채권최고액의 변경등기청구권을 보전하기 위해 가등기를 할 수 있다. 제32회

(2) 가등기할 수 있는 권리

본등기할 수 있는 권리(소유권, 지상권, 지역권, 전세권, 저당권, 권리질권, 채권담보권, 임차권)는 모두 가등기의 대상이 된다. 다만, 이러한 권리의 설정, 이전, 변경, 소멸의 청구권을 보전하려는 때에만 가등기가 가능하므로 보존이나 처분제한의 등기에 대하여는 할 수 없다.

기출
1. 소유권이전청구권이 장래에 확정될 것인 경우 가등기를 할 수 있다.
2. 소유권보존등기를 위한 가등기는 할 수 없다. 제30회

(3) 가등기로 보전하는 청구권

채권적 청구권은 가등기의 대상이 될 수 있으나, 물권적 청구권은 가등기로 보전할 필요가 없어 가등기의 대상이 되지 않는다. 그러므로 소유권이전등기말소청구권을 보전하기 위한 가등기를 신청한 경우 물권적 청구권에 해당하게 되어 가등기의 대상이 될 수 없다고 할 것이다. 또한, 가등기로 보전하려는 등기청구권이 해제조건부인 경우에는 가등기를 할 수 없고, 정지조건부인 청구권을 보전하기 위한 가등기는 할 수 있다.

참고 가등기의 대상(법 제88조)
가등기는 제3조 각 호의 어느 하나에 해당하는 권리의 설정, 이전, 변경 또는 소멸의 청구권(請求權)을 보전(保全)하려는 때에 한다. 그 청구권이 시기부(始期附) 또는 정지조건부(停止條件附)일 경우나 그 밖에 장래에 확정될 것인 경우에도 같다.

(4) 가등기 허용 여부

① 소유권보존등기의 가등기: 법 제88조는 설정, 이전, 변경, 소멸의 청구권을 가등기 대상으로 규정하고 있고 보존등기에 대하여는 규정하지 않는다. 소유권보존등기청구권이라는 것을 인정할 수 없으므로 가등기를 할 수 없다.

② 처분제한(가압류나 가처분 등)의 등기에 대한 가등기: 가압류나 가처분은 법원의 촉탁으로 실행되어야 하는 등기로서 사적 권리(물권, 임차권 등)에 대한 청구권을 대상으로 하는 가등기의 대상이 될 수 없다.

기출 부동산소유권이전의 청구권이 정지조건부인 경우에 그 청구권을 보전하기 위해 가등기를 할 수 있다. 제31회

기출 가등기로 보전하려는 등기청구권이 해제조건부인 경우에는 가등기를 할 수 없다. 제34회

③ 물권적 청구권(말소등기청구권)의 가등기: 물권적 청구권의 순위를 보전하기 위한 가등기는 할 수 없다. 법 제3조는 '소멸'의 청구권에 대한 가등기도 가능한 것으로 규정하고 있으나, 권리의 소멸을 구하는 말소등기청구권이라는 것은 대부분 물권적 청구권이므로 실제로는 가등기 대상이 되기 어렵다.

④ 이중 가등기: 가등기 자체에는 처분금지의 효력이 인정되지 않으므로 동일 부동산에 수개의 가등기가 허용된다.

⑤ 가등기의 이전등기: 순위 보전의 대상이 되는 물권변동의 청구권은 그 성질상 양도될 수 있는 재산권일 뿐만 아니라 가등기로 인하여 그 권리가 공시되어 결과적으로 공시방법까지 마련된 셈이므로, 이를 양도한 경우에는 양도인과 양수인의 공동신청으로 그 가등기상의 권리의 이전등기를 가등기에 대한 **부기등기**의 형식으로 경료할 수 있다(대판 전합 98다24105).

기출 가등기에 의하여 보전된 소유권이전청구권을 양도한 경우 그 청구권의 이전등기는 가등기에 대한 부기등기로 한다.

[갑구]		(소유권에 관한 사항)		
순위번호	등기목적	접수	등기원인	권리자 및 기타사항
1	소유권보존	2004년 5월 4일 제3541호		소유자　서장훈 ******-*******
2	소유권이전청구권 가등기	2009년 2월 23일 제1235호	2009년 2월 22일 매매예약	가등기권자 유재석 ******-******* 서울특별시 종로구 숭인동
2	소유권이전	2009년 4월 25일 제2345호	2009년 4월 24일 매매	소유자　김구라 ******-******* 서울특별시 강남구 ○○동 거래가액　금 300,000,000원
2-1	2번 소유권이전청구권 이전	2009년 3월 5일 제1345호	2009년 3월 4일 매매	가등기권자 김구라 ******-******* 서울특별시 강남구 ○○동

* 위 견본은 실제 양식과 차이가 있을 수 있으며, 학습목적으로 가공된 것으로서 모두 실제 내용이 아닙니다.

⑥ 가등기상의 권리에 대한 가압류나 처분금지가처분등기: 가등기상 권리도 재산적 가치가 있는 채권으로 양도할 수 있으므로 가등기상 권리에 관한 가압류나 가처분과 같은 처분제한도 가능하다. 따라서 소유권이전등기청구권에 대한 가압류는 허용되고 부기등기 방법으로 가압류등기를 한다. 또한 가등기상의 권리에 대한 처분금지가처분등기도 부기등기로 할 수 있다.

[갑구]			(소유권에 관한 사항)	
순위번호	등기목적	접수	등기원인	권리자 및 기타사항
1	소유권보존	2004년 5월 4일 제3541호		소유자 서장훈 ******-*******
2	소유권이전청구권 가등기	2009년 2월 23일 제1235호	2009년 2월 22일 매매예약	가등기권자 유재석 ******-******* 서울특별시 종로구 숭인동 ***
2-1	2번 가등기된 소유권이전청구권 가처분	2009년 3월 5일 제1345호	2009년 0월 0월 서울중앙지방법원의 가처분결정	피보전권리 가등기된 소유권이전청구권의 이전청구권 채권자 박명수 ******-******* 서울 강남구 ○○동 금지사항 양도, 담보권설정, 기타 일체의 처분행위의 금지

* 위 견본은 실제 양식과 차이가 있을 수 있으며, 학습목적으로 가공된 것으로서 모두 실제 내용이 아닙니다.

⑦ 가등기에 기한 본등기를 금지하는 가처분: 가등기에 기한 본등기금지가 처분등기의 촉탁이 있는 경우 등기관은 이를 각하(법 제29조 제2호)하여야 한다.

⑧ 유증을 원인으로 하는 소유권이전가등기: 유언자가 생존하는 동안에는 할 수 없으나 유언자가 사망한 후에는 가능하다. 다만, 사인증여를 원인으로 하는 소유권이전가등기는 당사자의 생존 중에도 가능하다.

2. 가등기절차

(1) 가등기의 신청

① 공동신청 원칙: 가등기권리자와 가등기의무자가 공동으로 신청함이 원칙이나, 상대방의 협조가 없는 경우 일방당사자가 승소판결을 얻어 단독으로 신청할 수 있다.

② 단독신청: 가등기권리자가 단독으로 가등기를 신청하는 경우에는 가등기의무자의 승낙이나 가처분명령이 있음을 증명하는 정보를 첨부정보로서 등기소에 제공하여야 한다. 가등기가처분에 관해서는 「민사집행법」의 가처분에 관한 규정은 준용되지 않는다. 따라서 가등기가처분명령을 등기원인으로 하여 법원이 가등기촉탁을 하는 때에는 이를 각하한다(예규 제1632호).

기출 가등기에 기한 본등기를 금지하는 취지의 가처분 등기의 촉탁이 있는 경우, 등기관은 이를 각하하여야 한다. 제34회

참고 가등기를 명하는 가처분명령은 부동산의 소재지를 관할하는 지방법원이 가등기권리자의 신청으로 가등기원인 사실의 소명이 있는 경우에 할 수 있다(법 제90조).

기출
1. 가등기권리자는 가등기를 명하는 법원의 가처분명령이 있는 경우에는 단독으로 가등기를 신청할 수 있다. 제32회
2. 가등기가처분명령에 의하여 이루어진 가등기의 말소는 통상의 가등기말소 절차에 따라야 하며 「민사집행법」에서 정한 가처분 이의의 방법으로 가등기의 말소를 구할 수 없다.

(2) 신청정보 및 첨부정보

① 가등기를 신청하는 경우에는 그 가등기로 보전하려고 하는 권리를 신청정보의 내용으로 등기소에 제공하여야 한다(규칙 제145조 제1항).

② 등기원인에 대한 제3자의 허가서 등은 원칙적으로 첨부할 필요가 없지만 토지거래허가지역에서는 가등기시에 토지거래허가증을 첨부정보로 제공하여야 한다.

(3) 가등기의 실행 및 효력

① 가등기의 실행: 소유권이전청구권을 보전하려는 가등기는 갑구에, 저당권설정청구권을 보전하려는 가등기는 을구에 기록한다. 또한 등기의 형식은 본등기의 형식에 따르므로 소유권이전등기가 본등기인 경우 그 청구권순위보전가등기는 주등기로 실행하고, 전세권이전등기가 본등기인 경우에는 그 청구권순위보전가등기는 부기등기로 실행한다.

② 가등기의 효력: 가등기만으로는 물권변동이나 대항력, 추정력 등 종국등기의 효력은 발생하지 아니한다. 즉, 소유권이전청구권보전가등기가 있다고 하여 반드시 소유권이전등기를 청구할 수 있는 어떠한 법률관계, 즉 금전채무에 관한 담보계약이나 대물변제의 예약이 있었던 것으로 단정할 수는 없다(대판 63다114).

3. 가등기에 기한 본등기

(1) 신청인(공동신청)

가등기에 기한 본등기는 공동신청이 원칙이나, 등기의무자의 협력이 없는 경우에는 의사진술을 명하는 판결을 받아 등기권리자가 단독으로 신청할 수 있다.

① 등기권리자

㉠ 본등기의 등기권리자는 가등기권리자이다. 그 가등기상의 권리가 이전되었다면 그 권리를 이전받은 자가 등기권리자가 된다.

㉡ 하나의 가등기에 관하여 여러 사람의 가등기권자가 있는 경우에, 가등기권자 모두가 공동의 이름으로 본등기를 신청하거나 그중 일부의 가등기권자가 자기의 가등기지분에 관하여 본등기를 신청할 수 있지만, 일부의 가등기권자가 공유물보존행위에 준하여 가등기 전부에 관한 본등기를 신청할 수는 없다(예규 제1632호).

심화 공동신청의 경우 가등기의무자의 권리에 관한 등기필정보를 제공하는 것이 원칙이나, 가등기가처분명령 정본을 첨부하여 단독으로 가등기를 신청하는 경우에는 제공할 필요가 없다(예규 제1632호).

기출 소유권이전청구권 가등기는 주등기의 방식으로 한다. 제34회

기출
1. 가등기된 권리의 이전등기가 제3자에게 마쳐진 경우 그 제3자가 본등기의 권리자가 된다. 제30회
2. 하나의 가등기에 관하여 여러 사람의 가등기권자가 있는 경우, 그중 일부의 가등기권자는 공유물보존행위에 준하여 가등기 전부에 관한 본등기를 신청할 수 없다. 제33회
3. 하나의 가등기에 관하여 여러 사람의 가등기권리자가 있는 경우에 그중 일부의 가등기권리자가 자기의 가등기지분에 관하여 본등기를 신청할 수 있다.

② 등기의무자: 가등기에 기한 본등기의 등기의무자는 가등기 후에 제3취득자가 있을지라도 그 제3취득자(현재 등기부상 소유자)가 아니고, 가등기의무자(가등기설정 당시의 소유자)가 본등기의 의무자가 되며 본등기를 함에 있어서 제3취득자의 승낙을 받을 필요는 없다.

기출 가등기 후 제3자에게 소유권이 이전된 경우 가등기에 의한 본등기신청의 등기의무자는 가등기를 할 때의 소유자이다.

> **참고** 본등기신청의 당사자가 사망한 경우(예규 제1632호)
>
> 1. 가등기권자가 사망한 경우
>   가등기를 마친 후에 가등기권자가 사망한 경우, 가등기권자의 상속인은 상속등기를 할 필요 없이 상속을 증명하는 서면을 첨부하여 가등기의무자와 공동으로 본등기를 신청할 수 있다.
>
> 2. 가등기의무자가 사망한 경우
>   가등기를 마친 후에 가등기의무자가 사망한 경우, 가등기의무자의 상속인은 상속등기를 할 필요 없이 상속을 증명하는 서면과 인감증명 등을 첨부하여 가등기권자와 공동으로 본등기를 신청할 수 있다.

> **심화**
>
> 판결의 주문에는 피고에게 소유권이전청구권보전의 가등기에 기한 본등기절차의 이행을 명하지 아니하고 매매로 인한 소유권이전등기절차의 이행을 명한 경우라도 그 판결의 이유에서 피고의 소유권이전등기절차의 이행이 가등기에 기한 본등기절차의 이행임이 명백한 경우에는 그 판결을 원인증서로 하여 가등기에 기한 본등기를 신청할 수 있을 것이나, 이와 달리 판결의 주문과 이유에 그러한 취지의 기재가 모두 누락된 경우에는 비록 그 원인일자가 동일한 소유권이전등기절차의 이행을 명하는 판결에 의하더라도 가등기에 기한 본등기를 신청할 수 없다(등기선례 제6-141호).

(2) 신청정보와 첨부정보

① 등기의무자의 권리에 관한 등기필정보로는 본등기의무자가 권리취득의 등기를 한 후 교부받았던 등기필정보를 제공하면 족하고, 가등기필정보는 제공할 필요가 없다.

② 등기원인에 대한 제3자의 허가서 등(농지취득자격증명 등)을 첨부정보로서 제공하여야 하지만, 토지거래허가증은 가등기시에 첨부하였으므로 본등기시에는 첨부정보로 제공할 필요는 없다.

(3) 본등기의 실행 및 효력

① 가등기를 한 후 본등기의 신청이 있을 때에는 가등기의 순위번호를 사용하여 본등기를 하여야 하므로(규칙 제146조) 본등기의 순위번호를 따로 기재할 필요는 없다. 한편 본등기의 실행 후에도 가등기를 말소하는 표시를 하지 않는다.
② 가등기에 의한 본등기를 한 경우 본등기의 순위는 가등기의 순위에 따른다(법 제91조). 그러나 물권변동의 효력은 가등기시로 소급하지 않고 본등기시에 발생한다.

> **예제**
>
> **가등기에 관한 설명으로 틀린 것은?** 제34회
> ① 가등기로 보전하려는 등기청구권이 해제조건부인 경우에는 가등기를 할 수 없다.
> ② 소유권이전청구권 가등기는 주등기의 방식으로 한다.
> ③ 가등기는 가등기권리자와 가등기의무자가 공동으로 신청할 수 있다.
> ④ 가등기에 기한 본등기를 금지하는 취지의 가처분등기의 촉탁이 있는 경우, 등기관은 이를 각하하여야 한다.
> ⑤ 소유권이전청구권 가등기에 기하여 본등기를 하는 경우, 등기관은 그 가등기를 말소하는 표시를 하여야 한다.
>
> **해설** ⑤ 가등기에 기한 본등기를 실행하면 그 본등기는 가등기의 순위에 따르므로 가등기를 말소하여서는 안 된다. **정답 ⑤**

기출

1. 가등기를 한 후 본등기의 신청이 있을 때에는 가등기의 순위번호를 사용하여 본등기를 하여야 한다. 제32회
2. 소유권이전등기청구권 보전을 위한 가등기권리자는 그 본등기를 명하는 판결이 확정된 경우라도 가등기에 기한 본등기를 마치기 전 가등기만으로는 가등기된 부동산에 경료된 무효인 중복소유권보존등기의 말소를 청구할 수 없다. 제32회
3. 소유권이전등기청구권 보전을 위한 가등기에 기한 본등기가 된 경우 소유권이전의 효력은 본등기시에 발생한다. 제32회

기출

1. 소유권이전등기청구권 보전을 위한 가등기에 기한 본등기가 경료된 경우, 본등기에 의한 물권변동의 효력은 가등기한 때로 소급하여 발생한다. (×) 제35회
2. 소유권이전등기청구권 보전을 위한 가등기가 있으면 소유권이전등기를 청구할 어떤 법률관계가 있다고 추정된다. (×) 제35회

🔖 가등기에 기한 본등기 예시

[갑구]				(소유권에 관한 사항)
순위번호	등기목적	접수	등기원인	권리자 및 기타사항
1	소유권보존	2004년 5월 4일 제3541호		소유자 이정재 ******-*******
2	소유권이전 청구권가등기	2009년 2월 23일 제1235호	2009년 2월 22일 매매예약	가등기권자 정우성 ******-******* 서울특별시 종로구 숭인동
2	소유권이전	2009년 4월 25일 제2345호	2009년 4월 24일 매매	소유자 정우성 ******-******* 서울특별시 종로구 숭인동 거래가액 금 300,000,000원
3	~~소유권이전~~	~~2009년 3월 5일 제1345호~~	~~2009년 3월 4일 매매~~	~~김태평~~
4	3번 소유권이전 말소			2번 가등기의 본등기로 인하여 2009년 4월 25일 등기

[을구]				(소유권 외의 권리에 관한 사항)
순위번호	등기목적	접수	등기원인	권리자 및 기타사항
1	~~근저당권설정~~	~~2009년 3월 5일 제1345호~~	~~2009년 3월 5일 설정계약~~	~~채권최고액 금 50,000,000원~~ ~~채무자 김태평~~ ~~근저당권자 주식회사 국민은행~~ ~~서울특별시 종로구 ***~~
2	1번 근저당권설정 등기 말소			갑구 2번 가등기의 본등기로 인하여 2009년 4월 25일 등기

* 위 견본은 실제 양식과 차이가 있을 수 있으며, 학습목적으로 가공된 것으로서 모두 실제 내용이 아닙니다.

(4) 본등기 후의 조치

① 등기관은 가등기에 의한 본등기를 하였을 때에는 가등기 이후에 된 등기로서 가등기에 의하여 보전되는 권리를 침해하는 등기를 직권으로 말소하여야 한다(법 제92조 제1항). 등기관이 가등기 이후의 등기를 말소하였을 때에는 지체 없이 그 사실을 말소된 권리의 등기명의인에게 통지하여야 한다(법 제92조 제2항).

② 소유권이전등기청구권보전 가등기에 기한 본등기시 직권말소대상
  ㉠ 등기관이 소유권이전등기청구권보전 가등기에 의하여 소유권이전의 본등기를 한 경우에는 가등기 후 본등기 전에 마쳐진 등기 중 다음의 등기를 제외하고는 모두 직권으로 말소한다.
    ⓐ 해당 가등기상 권리를 목적으로 하는 가압류등기나 가처분등기
    ⓑ 가등기 전에 마쳐진 가압류에 의한 강제경매개시결정등기
    ⓒ 가등기 전에 마쳐진 담보가등기, 전세권 및 저당권에 의한 임의경매개시결정등기
    ⓓ 가등기권자에게 대항할 수 있는 주택임차권등기, 주택임차권설정등기, 상가건물임차권등기, 상가건물임차권설정등기(이하 '주택임차권등기 등'이라 한다)
  ㉡ 등기관이 위 ㉠과 같은 본등기를 한 경우 그 가등기 후 본등기 전에 마쳐진 체납처분으로 인한 압류등기에 대하여는 직권말소대상 통지를 한 후 이의신청이 있으면 대법원예규로 정하는 바에 따라 직권말소 여부를 결정한다.

③ 지상권, 전세권 또는 임차권의 설정등기청구권보전 가등기에 기한 본등기시 직권말소대상: 등기관이 지상권, 전세권 또는 임차권의 설정등기청구권보전 가등기에 의하여 지상권, 전세권 또는 임차권의 설정의 본등기를 한 경우 가등기 후 본등기 전에 마쳐진 다음의 등기(동일한 부분에 마쳐진 등기로 한정한다)는 직권으로 말소한다.
  ㉠ 지상권설정등기
  ㉡ 지역권설정등기
  ㉢ 전세권설정등기
  ㉣ 임차권설정등기
  ㉤ 주택임차권등기 등. 다만, 가등기권자에게 대항할 수 있는 임차인 명의의 등기는 그러하지 아니하다. 이 경우 가등기에 의한 본등기의 신청을 하려면 먼저 대항력 있는 주택임차권등기 등을 말소하여야 한다.

기출
1. 임차권설정등기청구권보전 가등기에 의한 본등기를 마친 경우, 등기관은 가등기 후 본등기 전에 가등기와 동일한 부분에 마친 부동산용익권등기를 직권말소한다.
2. 임차권설정등기청구권보전 가등기에 의한 본등기를 한 경우, 가등기 후 본등기 전에 마쳐진 저당권설정등기는 직권말소의 대상이 아니다. 제32회

④ **저당권**설정등기청구권보전 가등기에 기한 본등기시 직권말소대상: 저당권설정등기청구권보전 가등기에 의하여 저당권설정의 본등기를 한 경우 가등기 후 본등기 전에 마쳐진 등기는 직권말소의 대상이 되지 아니한다.

> **참고** 가등기에 기한 본등기시 직권말소대상이 아닌 경우
>
> 1. 가등기에 기한 본등기를 하였으나 가등기 후에 마쳐진 소유권이전등기를 직권말소하지 아니한 상태에서 그 소유권이전등기를 기초로 하여 새로운 소유권이전등기 또는 제한물권설정등기나 임차권설정등기가 마쳐진 경우에는 위 등기는 모두 직권말소할 수 없다(예규 제1632호).
> 2. 지상권, 전세권 또는 임차권의 설정등기청구권보전 가등기에 의하여 지상권, 전세권 또는 임차권의 설정의 본등기를 한 경우 가등기 후 본등기 전에 마쳐진 다음의 등기는 직권말소의 대상이 되지 아니한다(규칙 제148조 제2항).
>   ① 소유권이전등기 및 소유권이전등기청구권보전 가등기
>   ② 가압류 및 가처분 등 처분제한의 등기
>   ③ 체납처분으로 인한 압류등기
>   ④ 저당권설정등기
>   ⑤ 가등기가 되어 있지 않은 부분에 대한 지상권, 지역권, 전세권 또는 임차권의 설정등기와 주택임차권등기 등

기출 저당권설정등기청구권보전 가등기에 의한 본등기를 한 경우, 등기관은 가등기 후 본등기 전에 마친 제3자 명의의 부동산용익권등기를 직권말소할 수 없다.

4. 가등기의 말소

(1) 신청인

① 공동신청의 원칙: 일반원칙에 따라 등기권리자와 등기의무자의 공동신청에 의하여 말소한다.
② 단독신청의 특칙
  ㉠ **가등기명의인**은 단독으로 가등기의 말소를 신청할 수 있다(법 제93조 제1항).
  ㉡ **가등기의무자** 또는 가등기에 관하여 등기상 **이해관계 있는 자**는 가등기명의인의 승낙을 받아 단독으로 가등기의 말소를 신청할 수 있다(법 제93조 제2항). 가등기 후 소유권을 취득한 제3취득자도 등기상 이해관계 있는 자로서 가등기의 말소를 신청할 수 있다(예규 제1632호).

기출
1. 가등기에 관하여 등기상 이해관계 있는 자가 가등기명의인의 승낙을 받은 경우 단독으로 가등기의 말소를 신청할 수 있다.
2. 가등기 후 소유권을 취득한 제3취득자는 가등기말소를 신청할 수 있다.

(2) 첨부정보

① 가등기의무자 또는 등기상 이해관계인이 단독으로 가등기의 말소등기를 신청하는 경우에는 가등기명의인의 승낙이나 이에 대항할 수 있는 재판이 있음을 증명하는 정보를 첨부정보로서 등기소에 제공하여야 한다(규칙 제150조).

② 가등기명의인이 가등기의 말소를 신청하는 경우에는 등기의무자가 가등기명의인이므로 가등기명의인의 권리에 관한 가등기필정보를 제공하여야 한다.

Tip 👉 소유권에 관한 가등기명의인이 가등기의 말소등기를 신청하는 경우 가등기명의인의 인감증명을 제출(방문신청의 경우)하여야 한다.

> **심화** 다른 원인으로 소유권이전등기를 한 경우
>
> 1. 다른 원인으로 소유권이전등기를 한 경우 본등기
>   소유권이전청구권가등기권자가 가등기에 의한 본등기를 하지 않고 다른 원인에 의한 소유권이전등기를 한 후에는 다시 그 가등기에 의한 본등기를 할 수 없다. 다만, 가등기 후 위 소유권이전등기 전에 제3자 앞으로 처분제한의 등기가 되어 있거나 중간처분의 등기가 된 경우에는 그러하지 아니하다(예규 제1632호).
>
> 2. 가등기권자가 다른 원인으로 소유권이전등기를 한 경우의 가등기 말소
>   가등기권자가 가등기에 의하지 않고 다른 원인으로 소유권이전등기를 하였을 경우 그 부동산의 소유권이 제3자에게 이전되기 전에는 가등기권자의 단독신청으로 혼동을 등기원인으로 하여 가등기를 말소할 수 있으나, 그 부동산의 소유권이 제3자에게 이전된 후에는 통상의 가등기 말소절차에 따라 가등기를 말소한다.

> **예제**
>
> 1. 가등기에 관한 설명으로 옳은 것은? 제33회
>   ① 가등기명의인은 그 가등기의 말소를 단독으로 신청할 수 없다.
>   ② 가등기의무자는 가등기명의인의 승낙을 받더라도 가등기의 말소를 단독으로 신청할 수 없다.
>   ③ 가등기권리자는 가등기를 명하는 법원의 가처분명령이 있더라도 단독으로 가등기를 신청할 수 없다.
>   ④ 하나의 가등기에 관하여 여러 사람의 가등기권자가 있는 경우, 그중 일부의 가등기권자는 공유물보존행위에 준하여 가등기 전부에 관한 본등기를 신청할 수 없다.
>   ⑤ 가등기 목적물의 소유권이 가등기 후에 제3자에게 이전된 경우, 가등기에 의한 본등기 신청의 등기의무자는 그 제3자이다.

해설 ① 가등기명의인은 그 가등기의 말소를 단독으로 신청할 수 있다.
② 가등기의무자는 가등기명의인의 승낙을 받으면 가등기의 말소를 단독으로 신청할 수 있다.
③ 가등기권리자는 가등기를 명하는 법원의 가처분명령이 있으면 단독으로 가등기를 신청할 수 있다.
⑤ 가등기 목적물의 소유권이 가등기 후에 제3자에게 이전된 경우, 가등기에 의한 본등기 신청의 등기의무자는 그 제3자가 아닌 가등기 당시의 소유자이다. **정답 ④**

2. 가등기에 관한 설명으로 틀린 것은? 제32회
   ① 가등기권리자는 가등기를 명하는 법원의 가처분명령이 있는 경우에는 단독으로 가등기를 신청할 수 있다.
   ② 근저당권 채권최고액의 변경등기청구권을 보전하기 위해 가등기를 할 수 있다.
   ③ 가등기를 한 후 본등기의 신청이 있을 때에는 가등기의 순위번호를 사용하여 본등기를 하여야 한다.
   ④ 임차권설정등기청구권보전 가등기에 의한 본등기를 한 경우, 가등기 후 본등기 전에 마쳐진 저당권설정등기는 직권말소의 대상이 아니다.
   ⑤ 등기관이 소유권이전등기청구권보전 가등기에 의한 본등기를 한 경우, 가등기 후 본등기 전에 마쳐진 해당 가등기상 권리를 목적으로 하는 가처분등기는 직권으로 말소한다.

   해설 ⑤ 등기관은 가등기에 의한 본등기를 하였을 때에는 대법원규칙으로 정하는 바에 따라 가등기 이후에 된 등기로서 가등기에 의하여 보전되는 권리를 침해하는 등기를 직권으로 말소하여야 한다. 그러나 해당 가등기상 권리를 목적으로 하는 가압류등기나 가처분등기는 본등기되는 권리를 침해하는 등기가 아니므로 직권말소 대상이 아니다. **정답 ⑤**

3. X토지에 관하여 A등기청구권보전을 위한 가등기 이후, B - C의 순서로 각 등기가 적법하게 마쳐졌다. B등기가 직권말소의 대상인 것은? (A, B, C등기는 X를 목적으로 함) 제35회

	A	B	C
①	전세권설정	가압류등기	전세권설정본등기
②	임차권설정	저당권설정등기	임차권설정본등기
③	저당권설정	소유권이전등기	저당권설정본등기
④	소유권이전	저당권설정등기	소유권이전본등기
⑤	지상권설정	가압류등기	지상권설정본등기

   해설 ④ 소유권이전등기청구권보전을 위한 가등기를 실행한 후 제3자의 저당권설정등기가 실행된 경우라면, 그 가등기에 기한 본등기를 실행하게 되면 제3자의 저당권설정등기는 소유권가등기에 기한 본등기를 침해하므로 직권말소대상이 된다. **정답 ④**

4. 1필의 토지 전부에 대한 지상권설정등기청구권보전 가등기에 의해 지상권설정의 본등기가 행해진 경우, 가등기 후 본등기 전에 마쳐진 등기로서 직권말소의 대상이 되는 것은? 제36회
   ① 저당권설정등기
   ② 토지임차권설정등기
   ③ 체납처분으로 인한 압류등기
   ④ 가압류 및 가처분 등 처분제한의 등기
   ⑤ 소유권이전등기 및 소유권이전등기청구권보전 가등기

   해설 ② 용익권인 지상권설정등기청구권보전을 위한 가등기와 그에 기한 본등기가 행하여진 경우라면 그 가등기 후 본등기 전에 마쳐진 동일범위의 용익권은 직권말소 대상이 된다. 그러므로 토지임차권설정등기도 직권말소 대상이다. **정답 ②**

5. 가등기에 관한 설명으로 옳은 것은? (다툼이 있으면 판례에 따름) 제35회
   ① 소유권이전등기청구권보전을 위한 가등기에 기한 본등기가 경료된 경우, 본등기에 의한 물권변동의 효력은 가등기한 때로 소급하여 발생한다.
   ② 소유권이전등기청구권보전을 위한 가등기가 마쳐진 부동산에 처분금지가처분등기가 된 후 본등기가 이루어진 경우, 그 본등기로 가처분채권자에게 대항할 수 있다.
   ③ 정지조건부의 지상권설정청구권을 보전하기 위해서는 가등기를 할 수 없다.
   ④ 가등기된 소유권이전등기청구권이 양도된 경우, 그 가등기상의 권리의 이전등기를 가등기에 대한 부기등기의 형식으로 경료할 수 없다.
   ⑤ 소유권이전등기청구권보전을 위한 가등기가 있으면 소유권이전등기를 청구할 어떤 법률관계가 있다고 추정된다.

   해설 ① 소유권이전등기청구권보전을 위한 가등기에 기한 본등기가 경료된 경우, 본등기에 의한 물권변동의 효력은 가등기한 때로 소급하여 발생하지 않고 본등기시에 발생한다. 다만, 본등기의 순위는 가등기 순위에 따르므로 소급한다.
   ③ 정지조건부의 지상권설정청구권을 보전하기 위해서는 가등기를 할 수 있다.
   ④ 가등기된 소유권이전등기청구권이 양도된 경우, 그 가등기상의 권리의 이전등기를 가등기에 대한 부기등기의 형식으로 경료할 수 있다.
   ⑤ 소유권이전등기청구권보전을 위한 가등기가 있으면 소유권이전등기를 청구할 어떤 법률관계가 있다고 추정되지 않는다. **정답 ②**

제5장 메타인지 학습체크 제3절 부기등기와 가등기

01 부동산 표시변경의 등기는 언제나 [① 주등기 / ② 부기등기]로 실행한다.

02 소유권에 대한 가압류는 [① 주등기 / ② 부기등기]로 실행한다.

03 전세금을 9천만원에서 1억원으로 증액하는 전세권변경등기는 등기상 이해관계 있는 제3자가 있고 그의 승낙이 없으면 [① 주등기 / ② 부기등기]로 하여야 한다.

04 지상권을 목적으로 한 저당권설정등기는 [① 주등기 / ② 부기등기]로 실행한다.

05 공유물분할금지의 약정등기는 [① 주등기 / ② 부기등기]로 실행한다.

06 가등기에 의하여 보전된 소유권이전청구권을 양도한 경우, 그 청구권의 이전등기는 가등기에 대한 [① 주등기 / ② 부기등기]로 한다.

07 가등기를 명하는 법원의 가처분명령이 있는 경우, 등기관은 [① 가등기권리자의 단독신청 / ② 법원의 촉탁]에 따라 그 가등기를 한다.

08 가등기에 관하여 등기상 이해관계 있는 자가 가등기명의인의 승낙을 받은 경우, 단독으로 가등기의 말소를 신청할 수 [① 있다. / ② 없다.]

09 가등기 후 제3자에게 소유권이 이전된 경우, 가등기에 의한 본등기 신청의 등기의무자는 [① 가등기를 할 때의 소유자 / ② 가등기 후 소유권을 취득한 제3자]이다.

10 하나의 가등기에 관하여 여러 사람의 가등기권리자가 있는 경우에 그중 일부의 가등기권리자가 자기의 가등기지분에 관하여 본등기를 신청할 수 [① 있다. / ② 없다.]

정답

01 ① 02 ① 03 ① 04 ② 05 ② 06 ② 07 ① 08 ① 09 ① 10 ①

메타인지 학습체크 제3절 부기등기와 가등기

11 가등기에 기한 소유권이전의 본등기를 한 경우에 가등기 후에 경료된 당해 가등기에 대한 가압류등기는 직권말소[① 된다. / ② 대상이 아니다.]

12 소유권이전등기청구권을 보전하기 위한 가등기에 대하여는 가압류등기를 할 수 [① 있다. / ② 없다.]

13 지상권설정등기청구권보전가등기에 의하여 본등기를 한 경우, 가등기 후 본등기 전에 마쳐진 당해 토지에 대한 저당권설정등기는 직권말소대상[① 이다. / ② 이 아니다.]

14 임차권설정등기청구권보전가등기에 의한 본등기를 마친 경우, 등기관은 가등기 후 본등기 전에 가등기와 동일한 부분에 마친 [① 부동산용익권등기 / ② 소유권이전등기]를 직권말소한다.

15 저당권설정등기청구권보전가등기에 의한 본등기를 한 경우, 등기관은 가등기 후 본등기 전에 마친 제3자 명의의 부동산용익권등기를 직권말소할 수 [① 있다. / ② 없다.]

16 토지에 대한 소유권이전청구권보전가등기에 기하여 소유권이전의 본등기를 한 경우, 그 가등기 후 본등기 전에 마쳐진 등기 중 해당 가등기상의 권리를 목적으로 하는 가압류등기는 직권말소대상[① 이다. / ② 이 아니다.]

정답

11 ②   12 ①   13 ②   14 ①   15 ②   16 ②

MEMO

MEMO

2026 메가랜드 공인중개사
표준 이론서
2차 부동산공시법

발행일 2025년 12월 1일 **초판 1쇄**
편 저 메가랜드 부동산교육연구소
발행인 윤용국
발행처 메가엠디(주)
등 록 제322-2007-000308호(2007.12.12.)
주 소 (06657) 서울특별시 서초구 반포대로 81, 2층
전 화 1833 - 3329
팩 스 02 - 6918 - 3792

정 가 41,000원
ISBN 978-89-6634-966-1(14320)
　　　978-89-6634-961-6(14320)(2차 세트)

잘못 만들어진 책은 구입하신 서점에서 교환해 드립니다.
본 책의 내용은 사전고지 없이 변경될 수 있습니다.

Copyright ⓒ 메가엠디(주)
* 이 책에 대한 저작권은 메가엠디(주)에 있습니다.
* 이 책은 저작권법에 따라 보호받는 저작물이므로 무단전재와 무단복제 및 배포를 금지하며
  책 내용의 전부 또는 일부를 이용하려면 반드시 저작권자와 출판권자의 서면동의를 받아야 합니다.
* 메가랜드는 메가엠디(주)의 부동산 교육 전문 브랜드입니다.

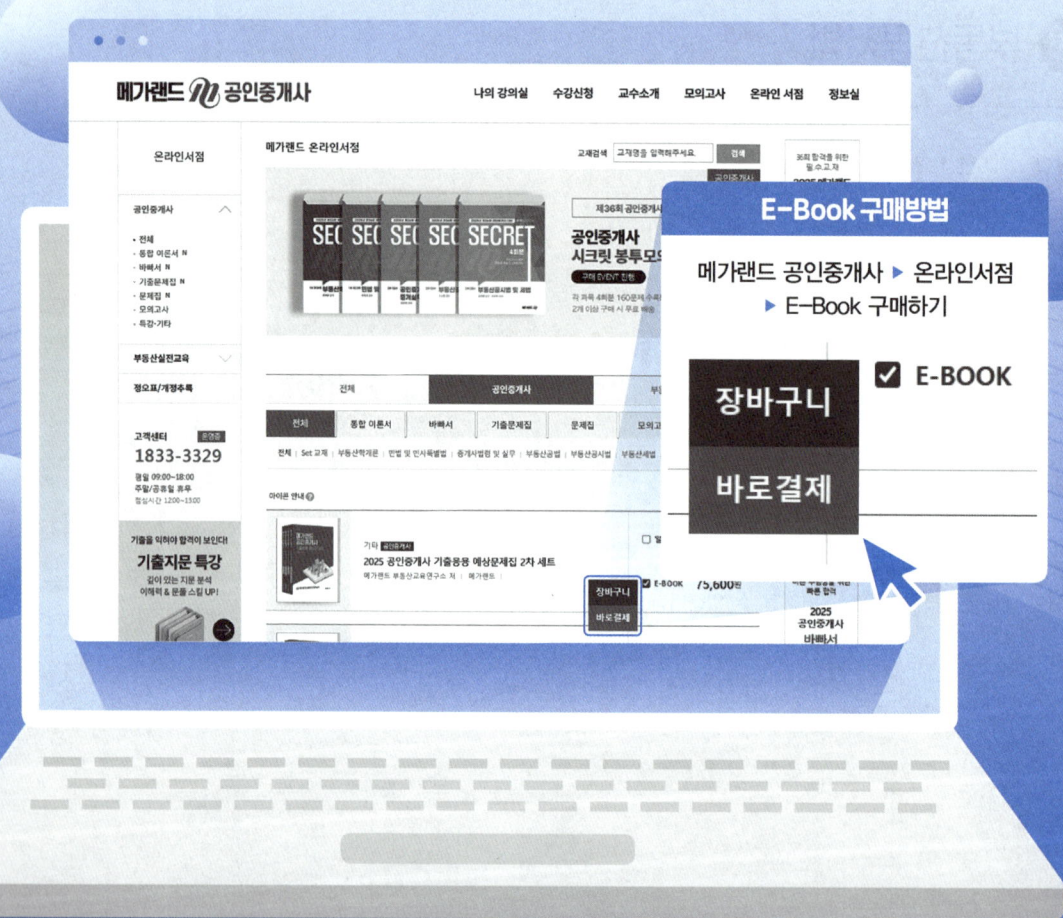